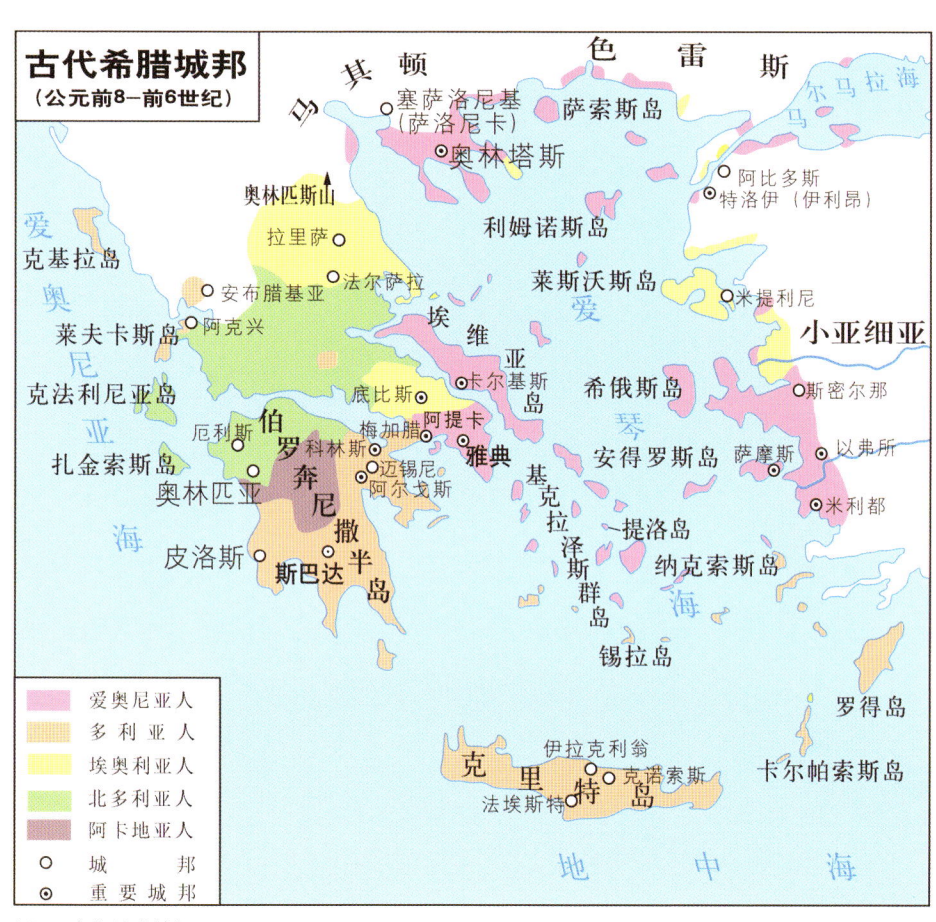

图1 古代希腊城邦

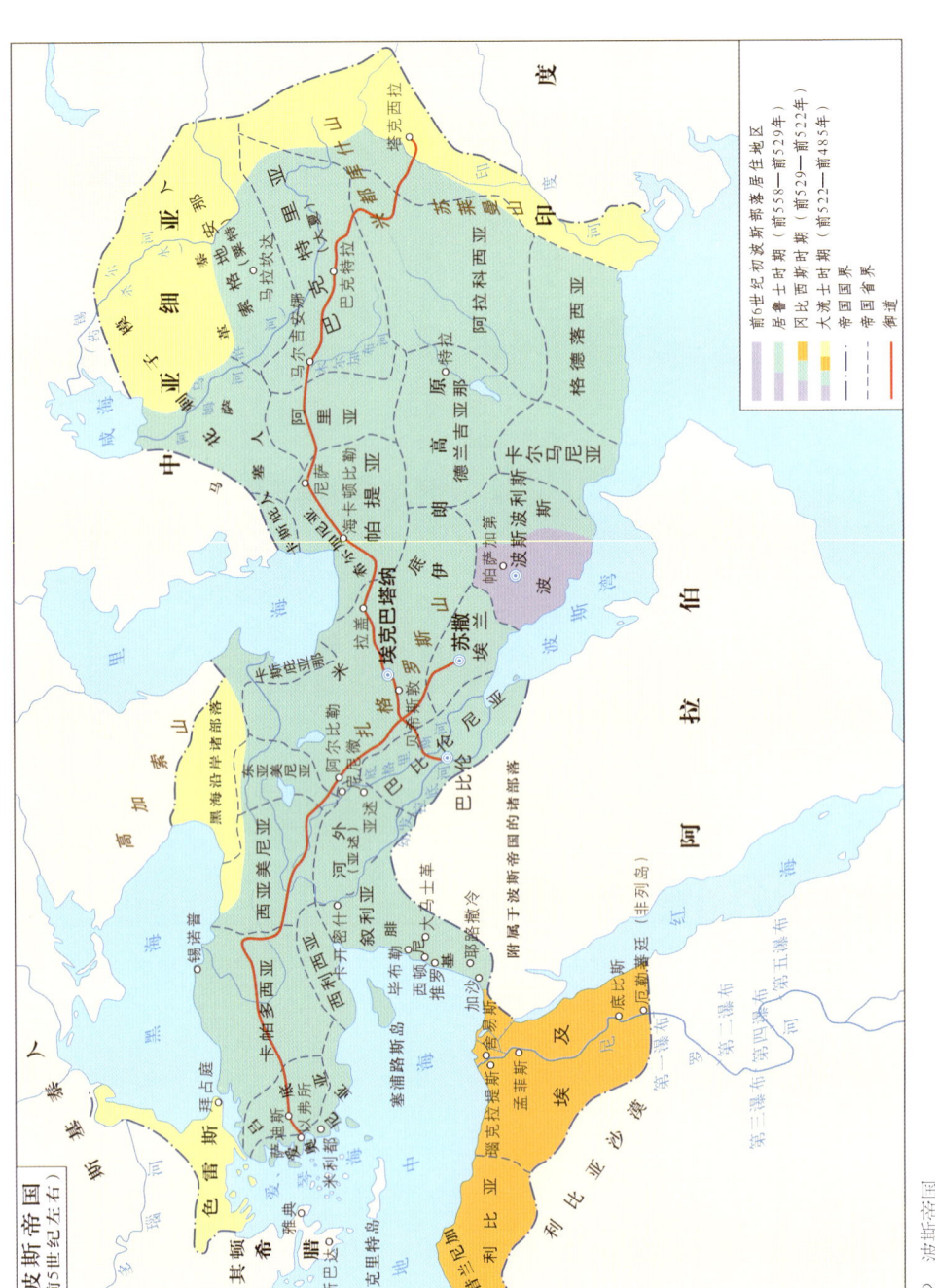

图2 波斯帝国

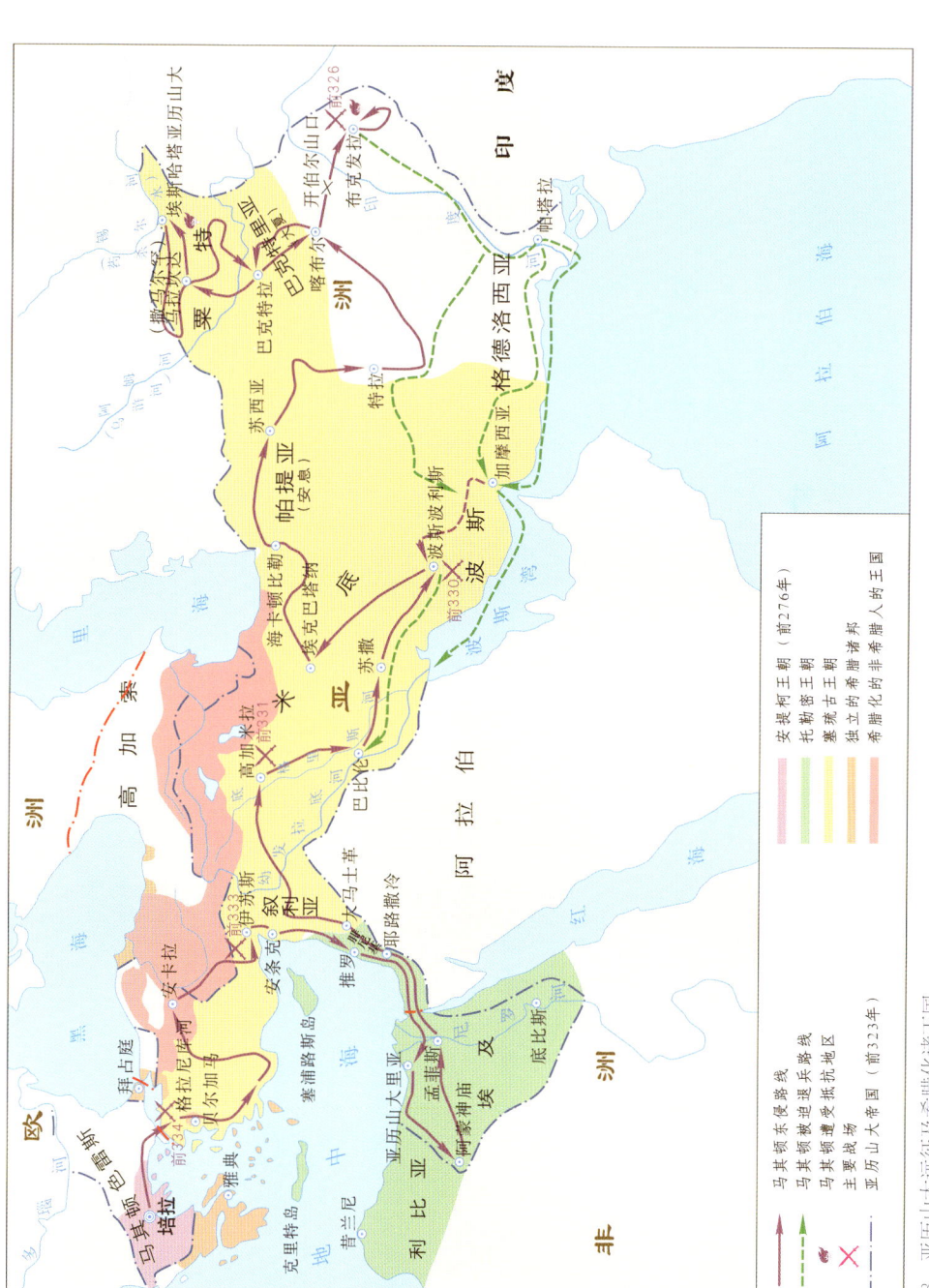

图3 亚历山大远征及希腊化诸王国

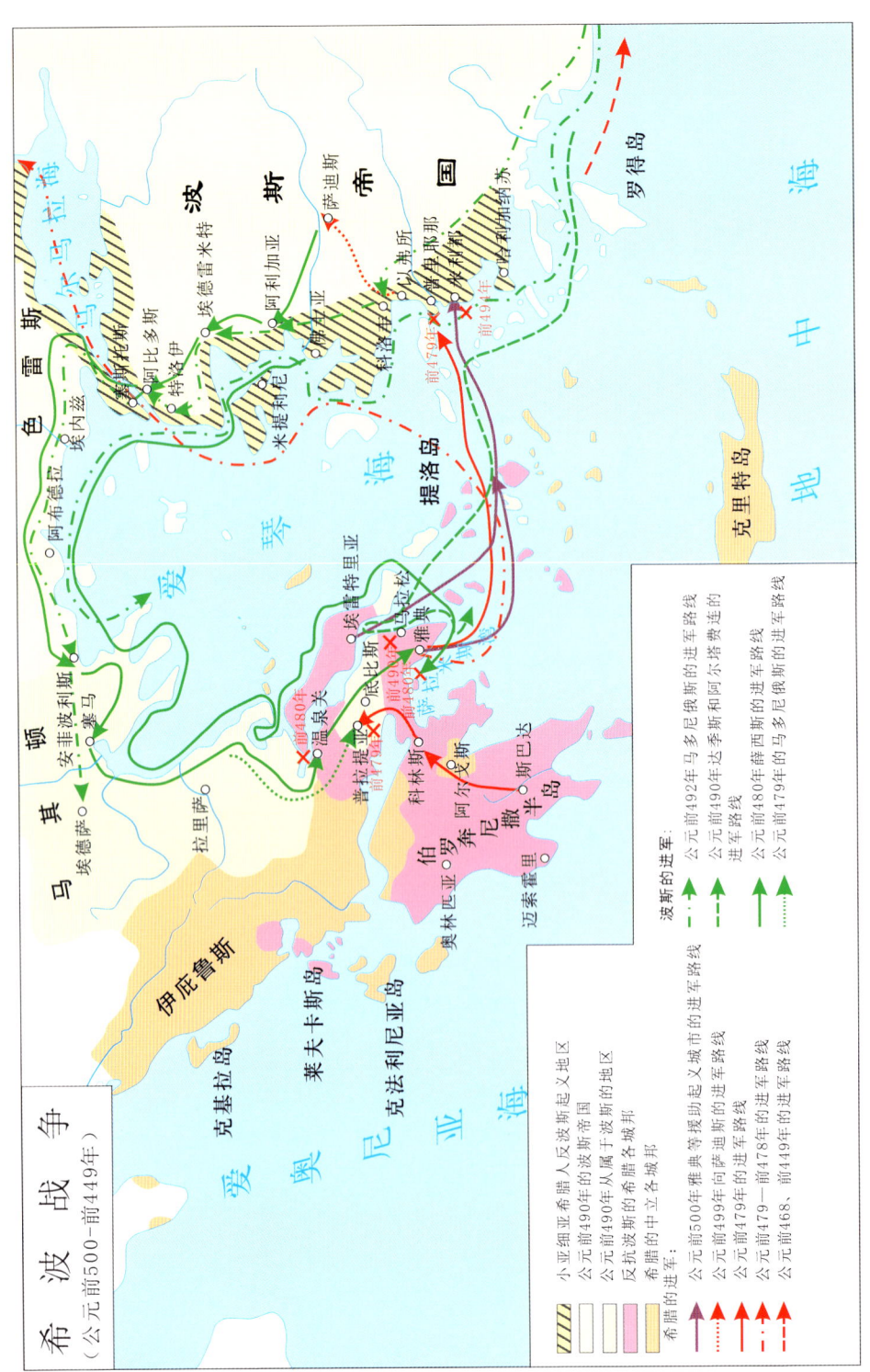

图 4 希波战争

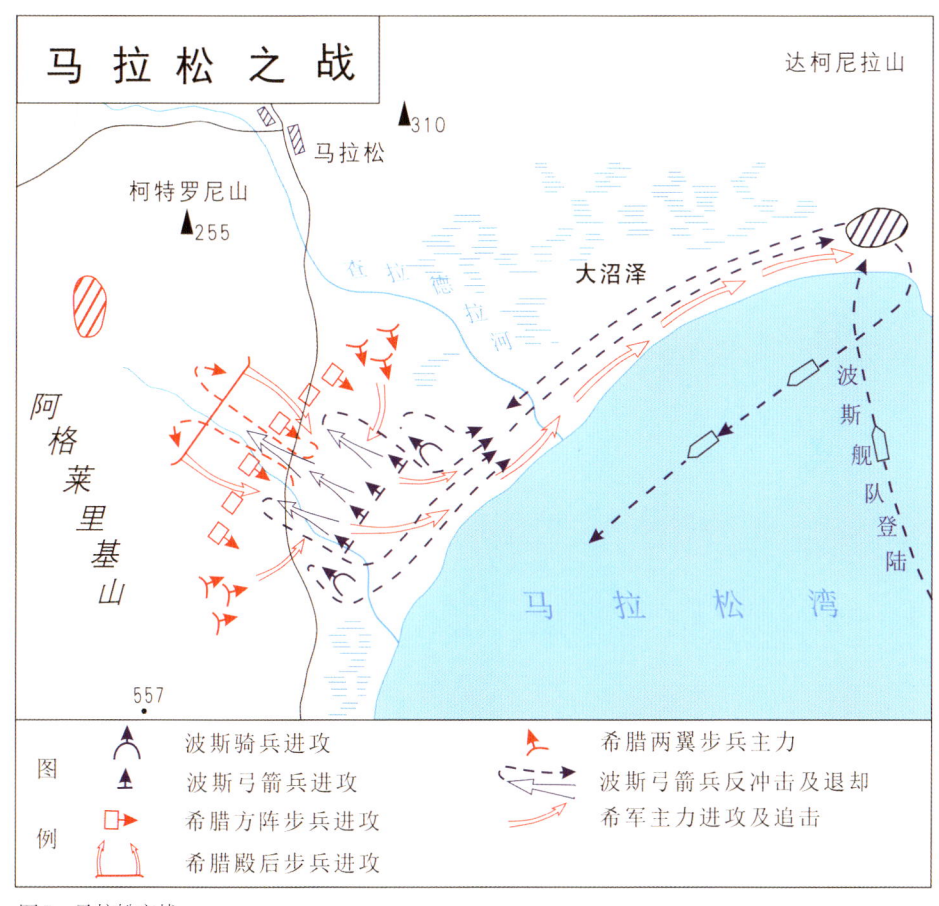

图5 马拉松之战

图6 温泉关之战

图7 萨拉米斯海战

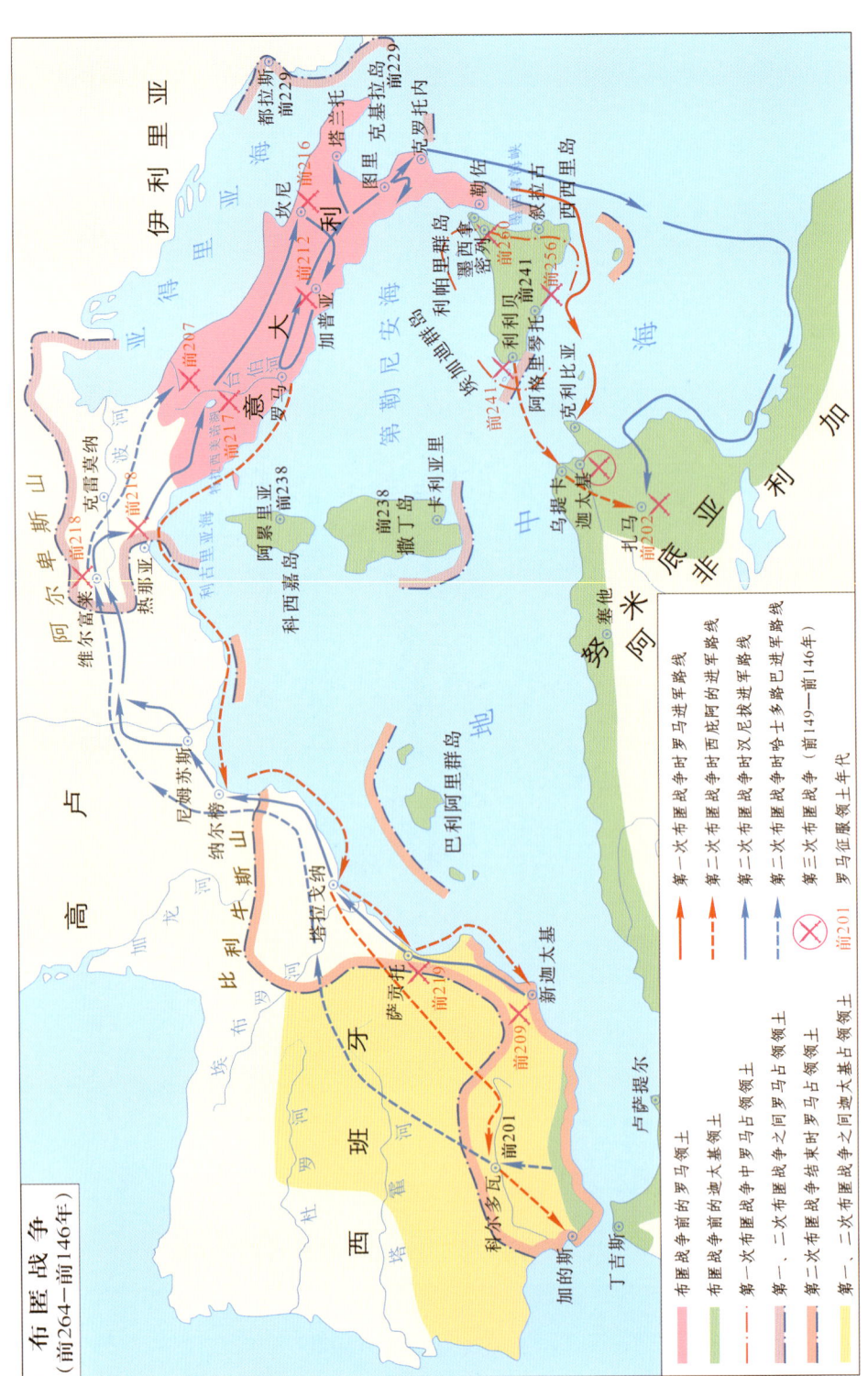

图 8 布匿战争

后浪

曲飞 —— 著

逐陆记
The Intercontinental
WAR 1
上古卷

从**希波战争**到
迦太基共和国的兴亡

民主与建设出版社
·北京·

大陆与大陆的角逐,文明与文明的争霸。

从马拉松到温泉关,

从伊苏斯到高加米拉,

从坎尼到扎马,

光荣属于希腊,伟大属于罗马。

从居鲁士到薛西斯,

从列奥尼达到亚历山大,

从汉尼拔到西庇阿,

千古兴衰成败,尽入渔樵闲话。

目录

Asia vs Europe 波斯希腊争雄记

- 引子　印欧人　003
- ❶ 两河终结者　004
- ❷ 居鲁士出世　008
- ❸ 帝国之祖　012
- ❹ 骆驼比马大　016
- ❺ 望见爱琴海　020
- ❻ 巴比伦的黄昏　024
- ❼ 疾风劲草　029
- ❽ 入埃及记　033
- ❾ 疯子国王　037
- ❿ 七　剑　042
- ⓫ 帝国的十字路口　046
- ⓬ 绝壁勒铭　052
- ⓭ 大哉流士　057
- ⓮ 遥远的桥　061
- ⓯ 两个世界　065
- ⓰ 第一滴血　072
- ⓱ 水、土、不服　076
- ⓲ 走向马拉松　080
- ⓳ 冲！冲！冲！　084
- ⓴ 青春期的薛西斯　090
- ㉑ 天下围攻　094
- ㉒ 向死而生　099
- ㉓ 万夫莫开　105
- ㉔ 地崩山摧　109
- ㉕ 赖以柱其间　113
- ㉖ 激流月神岬　117
- ㉗ 雅典的劫难　121

㉘ 沧海横流 125
㉙ 浪遏飞舟 129
㉚ 决战中的较量 136
㉛ 风卷残云 139
㉜ 走进新时代 144
㉝ 当年巨头 148
㉞ 两场内战 153
㉟ 日出马其顿 159
㊱ 波斯的挣扎 166
㊲ 谁与争锋 170
㊳ 三军可夺帅 174
㊴ 漫卷西风 179
㊵ 帝国的陷落 187
㊶ 尾声 192

迦太基共和国兴亡记
Europe vs Africa

① 我的名字叫红 197
② 牛皮圈地 200
③ 插曲：迦太基议员的一天 205
④ 罗马登场 208
⑤ 衅从此开 212
⑥ 淹死会水的 216
⑦ 闪电哈米尔卡 220
⑧ 悲情双雄 223
⑨ 大利西行 227
⑩ 一代走，一代来 231
⑪ 年少万兜鍪 235
⑫ 汉家大将北出师 239
⑬ 阿尔卑斯千里雪 243
⑭ 《告士兵书》 246

- ⑮ 特雷比亚，罗马的冬至 … 248
- ⑯ 特拉西美诺，血色的雾 … 253
- ⑰ 牛皮糖费边 … 257
- ⑱ 尖峰时刻 … 261
- ⑲ 城外的人不想冲进来 … 269
- ⑳ 加普亚岁月 … 273
- ㉑ 『汉尼拔就在城门外』 … 279
- ㉒ 罗马也有了自己的汉尼拔 … 283
- ㉓ 梅陶鲁斯，痛折一股 … 289
- ㉔ 北非谍影 … 293
- ㉕ 碧血黄沙 … 299
- ㉖ 断肠人在天涯 … 308
- ㉗ 魂魄毅兮为鬼雄 … 312
- ㉘ 这是最后的斗争 … 315
- ㉙ 覆巢之下 … 319
- ㉚ 遗响悲风 … 322

附录
- ❶ 波斯希腊大事年表 … 329
- ❷ 迦太基大事年表 … 331

参考书目 … 333

Asia vs Europe

波斯希腊争雄记

这天夜里,西顿的公主欧罗巴梦见,亚细亚和对面的那块大陆,化作两个妇人,打了起来。

——希腊神话

引子
印欧人

说起来这真是很久以前的事了，没有6000年，也有5000年。

在那个遥远的年代里，有一群白皮肤的人居住在黑海的东北岸边。当时的黑海周边生态系统还算健康，水肥土美，百草丰茂，适合人类及其驯养的有蹄类食草动物居住，那群操着今天被称为印欧语系语言的初民就在这里东边牧马，西边放羊。

后来，印欧语系诸部落放弃了这田园牧歌式的生活，相继离开故土，去寻找各自的梦想。相揖而别后，他们分头走向四面八方。

其中，向北的一支继续游荡于亚欧大草原，恪守着祖先的游牧生活习惯，怒马强弓来去如风，在此后的漫长岁月里，让各个定居民族不寒而栗；向东的一支来到印度河畔，消灭了盛极一时的哈拉帕文明，将其创建者达罗毗荼人赶进南亚次大陆腹地，进而鸠占鹊巢，成了印度的新贵婆罗门；向西北的一支，绕过黑海北岸，渡过蓝色的多瑙河，翻越栖息着众神的奥林匹斯山，南下巴尔干，一路浩荡开进狮子门，埋葬了阿伽门农的故国迈锡尼；还有一支，在向东南翻过扎格罗斯山后，又兜了一个大圈折向西北，散布在里海到波斯湾之间的广袤高原上，隔着底格里斯河与人类文明的发祥地美索不达米亚毗邻而居。

又过了若干个世纪，印欧人分居东西的两支苗裔在战场上相逢。那时，他们已不再记得彼此。

1
两河终结者

伟大古文明的肇始之地，多是在水一方。一条大河波浪宽，带来的不仅是鱼鳖虾蟹，更有大量肥沃的淤泥，对初识稼穑的人类来说，这是不可多得的礼物。凭借这份大自然的厚赐，再加上一些勤劳勇敢的品质，水边的先民们很快就"风吹稻花香两岸"了。

于是，吃饱了饭的人们开始创造文明，古埃及文明、古印度文明和古中国文明，就是这样被尼罗河、印度河和黄河浇灌出来的。而若是同时拥有两条大河，那浇灌出的文明自然就更绚丽多彩。

在西亚就有这么两条大河，从西北安纳托利亚高原的托罗斯山麓蜿蜒向南，一左一右地齐头并进，最终一起注入波斯湾。左边的一条是幼发拉底河，右边的一条是底格里斯河，两河之间冲积出的美索不达米亚平原，是今天公认的人类文明发祥地。考古发现证明，早在6000多年前，就有现在已知的第一个成熟文明苏美尔崛起于此，其中最著名的城邦乌尔，历史可追溯至公元前3500年，而已知最古老的尼普尔城更达到了令人瞠目的7000余岁高龄。

两河的水，不舍昼夜地向南奔涌，浪花淘尽千古风流。古巴比伦王国的立法国王汉穆拉比、阿卡德帝国的萨尔贡大帝，更远处甚至还有苏美尔传说中那个半人半神的乌鲁克王吉尔伽美什……星汉灿烂，若出其里。经过2000年的竞争与整合，到了公元前9世纪，几度沉浮的亚述人已经在两河流域诸文明的角逐中稳占上风。

亚述人祖居于美索不达米亚东北，两河流域诸文明的边缘地带，王国的历史最早能追溯到4000年前，放在别处，绝对称得上悠久，但在两河文明圈，就只能算是晚生后辈了。然而亚述人有一宗本事，足以吊打一干老前辈，那就是他们的勇猛善战。

亚述人历来有两大爱好，一是打猎，特别是打狮子。亚述历史上第一位名王提格拉·帕拉萨一世，据说一生猎杀过920多头狮子，此人生活在公元前11世纪，大致算是殷纣王的同龄人。后来另一位国王亚述巴尼拔也酷爱狩猎，并且他猎杀雄狮的英姿被亚述艺术家用浮雕记录下来，现今还收藏在大英博物馆。

亚述人的另一个爱好，是打仗。这个民族的智慧，似乎都体现在打仗方面。攻城用的抛石机、野战用的驴拉战车，都是他们发明的。铁制武器虽不是亚述人的发明，却是他们最早普及的。另外，他们还率先进行多兵种明确分工与协同作战，这可以算是人类历史上第一次军事技术革命，而在那之前，战争和群殴并没有明显的分野。

公元前8世纪，亚述帝国再一次凭借武功，实现复兴，史称亚述新帝国。从开国君主提格拉·帕拉萨三世（公元前745—前727在位）算起，一连五任帝王都战功非凡，先是灭掉了希伯来人的北支王国以色列，接着焚毁巴比伦古城、征服埃及，最后，亚述巴尼拔大破波斯湾北部的大国埃兰，屠掠其首都苏撒古城，他在记功碑上对这一煌煌武功大书特书，夸耀自己不但杀光了苏撒一城军民，抢光了财宝珍玩，还把历代埃兰国王的陵寝都给挖了。

从现存的文献及浮雕来看，上述这种"三光"政策似是亚述人的常例，这些赃物很大一部分流入了亚述的庙宇神殿，成为神圣的祭品，威尔·杜兰评价道："亚述的神明对于祭品，似乎只问有无，不问来源。"亚述人除了抢钱，还掳掠人民，以色列王国覆灭之后，希伯来遗民就被他们举族迁往亚述内地。至于被征服民族的首领，命运更加悲惨，他们的皮常被用来装点亚述帝国的都城——底格里斯河上游的尼尼微，这恐怖的景象让这座帝都得了一个令人闻之胆寒的别称：狮穴。

亚述人威风的时候，从黑海一带迁来的印欧语系诸部落已在他们帝国的东部边缘地带生活了几个世纪。经过多年的竞争与同化，这些移民大致分成了两支：北部高原地带的6个部落称为米底，南部沿海的10个部落称为波斯。亚述帝国的征伐不可避免地波及他们，其中米底人受影响尤大，他们居住地的西半边被亚述夺去，诸部落被迫东迁。

亚述人的侵掠如火，让许多文明化为灰烬，却也把原本分散的米底诸部熔铸成铁板一块。为了对抗亚述，公元前8世纪米底人纷纷建起军民一体的要塞，这就是他们国家的雏形。公元前727年，米底人的领袖戴奥凯斯将诸城邦捏合成一个统一的王国，他组织米底各部落在扎格罗斯山麓的交通要冲之地修建了有七道城墙拱卫的都城埃克巴塔纳，米底人的政治形态开始由部落模式向国家模式转型。但当时米底人的文明程度和军事力量尚显稚嫩，层层城墙并不足以保护这个不太成形的试验品。戴奥凯斯的王国存在了约半个世纪，然后被与亚述人结盟的游牧民族斯基泰人攻灭，但米底人的国家意识已被唤醒。

疯狂扩张了一个多世纪之后，亚述新帝国终于接近了极限。亚述巴尼拔毁灭苏撒后，无力在埃兰实施统治，对西北乌拉尔图王国和南方迦勒底人的新巴比伦王国的战事也大抵如此——可以打败对手，但无法征服他们，亚述人自己反被无尽的战争拖累。公元前626年，亚述巴尼拔去世，争夺继承权的内耗使帝国国力大衰，所有在他们淫威下苟延残喘的民族迎来了转机。

抓住机会的是米底人和迦勒底人。公元前624年，米底人的新领袖，戴奥凯斯的外孙库阿克萨列斯趁亚述内乱，摆了一桌鸿门宴，在席间将亚述盟友斯基泰人的首领尽数斩杀，进而将境内的斯基泰驻军驱赶出去。随后他仿照亚述军制建设国防，开展大练兵，又和亚述人的死对头新巴比伦王国结成攻守同盟。为了巩固这个盟约，库阿克萨列斯还将女儿（一说孙女）阿米提达公主嫁与巴比伦王子尼布甲尼撒。该王子也是个亚述式的扩张狂，《旧约》里不乏关于他残暴无情的描述，但他对阿米提达一往情深。继位以后，为了让这位来自高原的米底公主在美索不达米亚平原上也能感受故土风貌，尼布甲尼撒特意积土成山，建宫舍园林于上，聊慰公主乡愁。这份浪漫的礼物，就是后来名列世界七大奇迹之一的"巴比伦空中花园"。

十年生聚。公元前612年，武功初成的米底人联合迦勒底人对气息奄奄的亚述帝国发起总攻。亚述人失道寡助，虽有广阔疆域和众多臣属，但除了先人受过亚述恩惠的埃及法老尼科二世，谁也不肯发兵勤王。尼布甲尼撒很快打退了埃及援军，公元前612年，他在米底盟军的配合下攻陷了亚述帝国的都城"狮穴"尼尼微。巴比伦人从汉谟拉比时代起，就信奉"以牙还牙，以眼还眼"的复仇原则，亚述人昔日加诸他人的暴行，如今落在自己头上，尼尼微等四大重镇尽成焦土。亚述帝国前中后三朝，刀锯鼎镬宰制天下，尤其是新帝国，从开国君王提格拉·帕拉萨三世到末代雄主亚述巴尼拔，一个多世纪里无休止地发起战争，彻底打乱了两河流域的文明走向与政治格局。但这种酷烈征伐的反作用力也是惊人的，当亚述人国力耗尽之后，亡国灭种的厄运就接踵而至，征服者在他们打好的地基上建起了新的帝国。

巴比伦的尼布甲尼撒一战成名，但西亚霸主亚述的崩溃，最大的受益者还是米底人。库阿克萨列斯在消灭亚述后趁热打铁，把先前已被亚述打得奄奄一息的乌拉尔图、马纳等昔日强国都收入版图，又征服了东方的同种帕提亚人。到公元前590年，新兴的米底王国领土北起里海，南到波斯湾，东包阿姆河流域，西抵小亚细亚半岛的哈律司河，已占据西亚半壁江山，成为当时地球上首屈一指的强大力量。在这个过程中，米底人的政治形态也发生了质变，从部落、酋邦变成了中央集权的帝国。而这一次西亚霸权嬗变有别以往之处还在于，米底王国的建立标志着在闪米特人手中传承了2000年的两河文明已经中衰，在亚述与其敌人无休止的战争与破坏中，这个古老的文明日渐失去活力。不妨引用美国的考古学家兼历史教授亨利·布雷斯特德的观点，他在《文明的征程》中，为米底崛起赋予了另一层意义：印欧语系对闪米特语系的胜利。作为两河文明的开创者之一，闪米特人自此沉寂，要等到遥远的7世纪，才会被一位来自沙漠深处的先知唤醒。

至于新巴比伦王国，虽然尼布甲尼撒继位后（约公元前604年，史称尼布甲尼撒二世）国内经济文化也臻于鼎盛，但两河流域在战争中备受摧折，尤其是灌溉系统的破坏导致土质恶化、粮食减产，这成了新巴比伦王国积蓄实力的致命瓶颈。而一马平川、无险可守的美索不达米亚，又是一个四战之地，尼布甲尼撒在战略上处于被动，其时其势，决定了这个两河文明最后的直系继承者，无力阻止西亚霸权的易主。正如汤因比所说，面对西方时，迦勒底人是暴怒的狮子，但当他们转过脸朝向东方和北方的米底帝国时，又变成了战战兢兢的绵羊。步入中年的尼布甲尼撒，再也顾不得米底公主的思乡之情，在两国边界上修筑了一道长城。

击灭亚述之功让尼布甲尼撒得享大名，亚述帝国的政治遗产却大半由米底人继承，这正是螳螂捕蝉黄雀在后。而此刻作为黄雀的米底人未必能料到，自己的身后已有新的觊觎者登场，这就是他们的印欧语系同种，在南部闷声不响的波斯人。

2
居鲁士出世

一般的国王皇帝之流都有个混账愿望,希望自己的家天下能够二世三世直至万世,所以任何可能危及其王霸之业的风吹草动,都会触动他们的敏感神经,为此不少帝王都得了疑心病。米底王国的第二代君主阿斯提阿该斯(库阿克萨列斯之子)也是患者之一,他的病根就是他的女儿,芒达妮公主。

芒达妮公主年幼之时,也和其他小孩一样会尿床。大概她的这个毛病格外严重,给阿斯提阿该斯留下过于深刻的印象,以至于多年之后他还日有所思,夜有所梦。这一天,一个诡异而恐怖的景象在阿斯提阿该斯的梦中出现,他重温了芒达妮的尿床时光,而且这一次公主似乎格外尿意盎然,倾泻而出的竟是诺亚遭遇过的那种大洪水,淹没了埃克巴塔纳城,淹没了米底,淹没了整个大地。阿斯提阿该斯漂浮在一望无际的尿海上,浩浩乎如冯虚御风,而不知其所止。

尽管只是梦,但这种体验毕竟不太愉快,阿斯提阿该斯遂找来负责提供宗教服务的麻葛僧[①],向他咨询此梦主何吉凶。该麻葛僧听罢脸色大变,奏报此梦大凶,预示着公主将带来一场灾祸,淹没米底王国。阿斯提阿该斯倒吸一口凉气:还真是祸水。阿斯提阿该斯的名字在米底语中意为"标枪",但他本人并没有跟这个名字相称的军事才能,统辖这样一个大帝国难免战战兢兢,于是性格转向猜忌阴刻,对任何可能的威胁都如临大敌,因此他下令对公主严加看管。

但姑娘总有长大的一天,几年之间,她已到了待嫁之龄。阿斯提阿该斯不得不着手准备,为她找户人家。在实行种姓制的米底,国王嫁女自然要讲究门当户对,但阿斯提阿该斯又不敢将她许配给米底显贵,生怕患生肘腋。选来选去,

---

[①] 即magian,世袭的祆教祭司,这个词也是英语中魔术师(magician)一词的由来,因为祆教僧侣擅长研究化学、历法、占卜等知识,故而被古人认为拥有魔法。

他选中了藩属波斯的国王冈比西斯来做自己的女婿。

如前所述,波斯人与米底人本是同根生,当年他们的印欧人祖先曾在黑海之滨一起放牧牛羊。后来迁到西亚,米底人散居在高原上,波斯人则南下依附波斯湾北岸的埃兰王国,几世纪来小心做事,低调做人。波斯人大体分为10个部落,4个放牧,6个务农,诸部以居住在埃兰废城安善的阿契美尼斯氏为尊。后来亚述巴尼拔重创埃兰,波斯人借机摆脱控制,公元前7世纪后期,阿契美尼斯家族自称安善王。波斯人奉亚述为正朔,第三代波斯王居鲁士一世还曾送出他的长子阿鲁库王子赴尼尼微为人质。亚述灭国,居鲁士一世转而向同种的米底王库阿克萨列斯称臣。库阿克萨列斯统治12年后去世,阿斯提阿该斯继承了米底王国,也顺便继承了对波斯人的宗主权。波斯偏居一隅,地盘和军事实力都远逊米底,经济文化方面也都要仰仗米底提携,现任国王冈比西斯是居鲁士一世的次子,可能是因为大哥常年在亚述当人质,所以反倒是冈比西斯继承了王位。但他是出名的文弱仁柔之君,这样的属国弱君正可让阿斯提阿该斯放心。

然而,芒达妮公主嫁过去后不到一年,阿斯提阿该斯又梦到了这个女儿。这次的梦境更加不堪,女儿的子宫长出一片葡萄藤蔓,遮天蔽日,覆盖了埃克巴塔纳城,覆盖了米底,覆盖了整个大地……

再次从噩梦中惊醒的阿斯提阿该斯又找来那个麻葛僧解梦专家,这次的答案更令他心惊肉跳。麻葛僧说,公主怀孕了,诞下的孩子将取代你,成为国王。阿斯提阿该斯当时尚无子嗣,但对王权的迷恋使他完全不考虑关于继承人的问题——抑或他真的以为自己会长生不老——当听说任何人可能取代他时,阿斯提阿该斯条件反射般地发出命令:将该人肉体消灭!

随后,米底王的噩梦得到了情报人员的证实:芒达妮确已怀孕,阿斯提阿该斯下令急召公主回娘家"安胎"。

不知是计的冈比西斯于是送公主回了米底。孕中无话,一转眼,芒达妮已到了临盆之际。希腊神话中,宙斯的父亲克洛诺斯由于害怕被自己的子女取代,一连吞食了五个亲生孩子,这虽是神话,但权力的毒害确能使人泯灭亲情至此。芒达妮怀孕的这段时间里,阿斯提阿该斯内心的不安与焦虑,也和女儿日渐隆起的肚腹一样越来越大,生怕这个新生儿像预言中说的那样夺走自己的王位。最终,刚当上外祖父的阿斯提阿该斯决定"公而废私",除掉这个祸胎。于是,他招来了心腹内臣哈尔帕戈斯。

君王身边通常都有一种特别的得力助手，专门负责处理见不得光的事务，哈尔帕戈斯就是这样一个角色。这次他从阿斯提阿该斯那里接到的特殊使命就是：假借伺候月子之机，把公主生下的婴孩扼杀在摇篮里。然而，这回他却不知哪根筋搭错，把国王的密令告诉了老婆。哈尔帕戈斯夫人为丈夫剖析此中利弊：芒达妮公主乃是国王亲女，虽然远嫁波斯，但国王别无子嗣，继承权终究要着落在她身上。你现在弄死她儿子，待她继承王位，你岂有好果子吃？再说，疏不间亲，国王毕竟是这孩子他姥爷，万一日后后悔，还不是拿你问罪？因此，这孩子断不可由你来杀。你不如把这事交代给别人去办，既能向国王交差，日后公主追究，也有人顶雷。

哈尔帕戈斯听罢深以为然，于是按照夫人的妙计，着手去找替死鬼。他物色了一个人选——在埃克巴塔纳城北荒郊穷山恶水间放羊为生的牧人米特拉达梯。他将婴儿交给米特拉达梯，吩咐他寻个虎狼出没的猛恶去处，将孩子丢掉。

这个终年与牲畜打交道的牧人，却比那些政治人物更有人性。米特拉达梯将婴儿带回家，也将此事告知其妻。他的妻子闺名帕斯科，在米底语中意为"母狼"。说来也巧，帕斯科刚刚诞下一子不幸夭折，正经历丧子之痛的母狼夫人看到丈夫带回的婴儿，母性暴发，夫妻俩一合计，决定偷偷调包。他们脱下公主之子身上华贵的衣饰，穿在自己的死婴身上，将之埋葬。而这个出身王室的幸运儿，就被他们这样瞒天过海偷梁换柱，悄悄抚养了起来，后来哈尔帕戈斯差人来查看，也没发现破绽。

一晃十年，这个身兼米底、波斯两家王室血统的孩子茁壮成长，并且越发显露出天潢贵胄的气质，一起玩耍的小伙伴们都奉他为孩子王。一天，有个贵族子弟触犯了"王权"，被他狠狠修理了一顿。娇生惯养的小少爷哪受过这气，跑回家去找老爸哭诉，后者更是小题大做，竟为了这点小事入宫向国王控诉。由于此人乃是米底一大名士，阿斯提阿该斯也得卖他几分面子，于是传令将肇事者拿进宫中。

就这样，阿斯提阿该斯与这个他以为早已死掉的外孙重逢了。国王责问他，你一个小毛孩子，何以胆敢自称为王？男孩不卑不亢，答道："不是自称，我这个'王'，可是小朋友们选举产生的。"阿斯提阿该斯闻言大骇，再仔细一看，觉得眼前的男孩举止谈吐异于常人，眉宇之间更有几分与自己相似，一问年龄，恰好与自己命人抛弃的那个婴儿相符，他隐约猜到了男孩的身世。随后，阿斯提阿该斯又差人传唤米特拉达梯，逼问之下，牧人说明了原委。再招来哈尔帕戈斯对证，他也伏地请罪，供认不讳。

预言中将夺走自己王位的小子居然还在人世！阿斯提阿该斯怒从心头起，但他毕竟年事渐高，这些年来女儿的怨怼一直是他的心病，现在这孩子没死，惊惧之余，米底王竟也感到一丝轻松，而且他此时觉得这孩子似有神助，命不该绝，一时拿不定主意是否该再对他下手。于是，国王将怨气都撒在了哈尔帕戈斯头上。阿斯提阿该斯对他的宠臣说，他保住了王室血脉，实乃大功一件，要赐宴他们全家，并让他将儿子先行送进宫来。受宠若惊的哈尔帕戈斯遵旨照办，将13岁的独生子送进宫，自己则回家去沐浴更衣。

哈尔帕戈斯大概忘了他的主子是何许人。其实，在喜怒不形于色的外表下，阿斯提阿该斯的变态人格已经再次暴发。他下令将小哈尔帕戈斯大卸八块，做成一桌菜肴，用于款待其父。晚上，哈尔帕戈斯来到宫中享用了国王赐予的盛宴，小哈不是伯邑考，老哈也不是周文王，并没吃出什么异常，但觉唇齿留香，大快朵颐。

酒过三巡，国王问他知不知道吃的是什么肉，哈尔帕戈斯答曰不知。阿斯提阿该斯笑道，谅你也不知，这是难得的好肉，还剩了些，你既然爱吃，不妨拿回家去慢慢享用。他命人提来一个篮子交给哈尔帕戈斯，后者掀开篮子定睛一看，里面盛着的正是自己儿子的头颅和四肢。白发人吃黑发人，伤何如哉！但自来伴君如伴虎，老哈的心理素质早已相当过硬，他当场没做任何表示，只是拜谢国王赐宴之后，将儿子的遗骸打包带走。

老哈回家如何为儿子操办后事暂按下不表。再说阿斯提阿该斯，还面临着如何处置外孙的问题。他又招来当年解梦的麻葛僧问计，麻葛僧说，这孩子既然已经在那群顽童中当了王，也算应了当年的预言，不会再危及大王的江山。阿斯提阿该斯心下甚慰，命卫队将孩子礼送至安善城，交给其亲生父母。

波斯王冈比西斯和王后芒达妮没有想到失散十年的亲生儿子居然还在人间，喜出望外，自不待言，他们给这孩子取了个新名字：居鲁士。

3
帝国之祖

天赋异禀的少年居鲁士在父亲的调教下茁壮成长。他幼年流落民间的时候就表现出了领导人的潜质,再经过王室的培养熏陶,更是一日千里。这期间,由于他的养母帕斯科女士的名字有"母狼"之意,冈比西斯和芒达妮故意加以诱导,在国内宣传居鲁士是被母狼抚养长大的。这种造神手段效果颇佳,在居鲁士登基之前就在民众心目中为他平添了一分神异。

公元前559年,居鲁士子承父业,当上了波斯王,是为居鲁士二世(本书对其他居鲁士着墨甚少,故下文省略"二世"称谓)。其时他的年龄并无明确记载,但估计应在30岁上下。年在而立,正是一个男人想干点事业的时候,居鲁士走上前台之后,就开始着手统一波斯诸部,到了公元前554年,波斯人的十大部落已被他捏合成一个整体。

再说埃克巴塔纳城中,曾经权倾西亚的米底王阿斯提阿该斯已经年华老去,大概因他仍没能收获一男半女,所以一大把年纪还在宝座上发挥余热。不知是因老迈迟钝,还是承平日长久自我感觉过于良好,阿斯提阿该斯丝毫没有觉察到,他身后正有一双满怀仇恨的眼睛——哈尔帕戈斯——在盯着他。

大约20年前,以那样的恐怖手段整治过哈尔帕戈斯之后,阿斯提阿该斯觉得这个手下的忠诚度似乎并没因此下降,于是对他非但愈发不加提防,还像齐桓公对待易牙一样,信任有加。其实,恭顺的外表下哈尔帕戈斯并没忘记杀子之仇,迟迟没有发难,是因为他一直在等待一个机会——一个一击必杀的机会。居鲁士执掌波斯这5年来的表现,让远在埃克巴塔纳的哈尔帕戈斯嗅到了期待已久的机会:他的才略,他的血统,以及关于他将"推翻阿斯提阿该斯"的预言,都让哈尔帕戈斯认定,这个波斯人的新领袖就是帮助他复仇的不二之选。

公元前554年,哈尔帕戈斯一面暗中结纳被阿斯提阿该斯修理过的米底权贵，组成统一战线，一面联络居鲁士。他将一封密信缝在一只兔子体内，派手下的忠仆化装成猎人混过边境哨卡潜入波斯，将兔子面呈居鲁士，并嘱咐忠仆一定要让波斯王本人亲手剖开兔腹，不许别人在场。

兔子送到，觉察出事有蹊跷的波斯王按信使所请亲自动手，果然，在兔腹中发现了密函，展信看去，只见上面写道：

大王居鲁士钧鉴：

> 昔大王幼时，阿斯提阿该斯妒恨大王天纵之才，欲加惨毒，公之不死者，其间不能容发，盖亦已危矣。斯故诸神之佑，抑亦下臣之微劳也，而下臣因之获罪，所遭荼毒，实非笔墨可书，忍死偷生，而今二十余载，盖盼亲睹大王应天命，取米底，诛彼暴酋也。米底天下中枢，用武之地，非其主不能守，阿斯提阿该斯老迈昏聩威福自用，米底苦之久矣，大王岂无意乎？公波斯王室之胄，诸神嘉护，天命所归，王师所向，波斯诸部莫不拜服，米底士民之盼大王，如久旱望甘露，婴儿盼父母焉，下臣已盟米底众士，倘大王能将波斯之义师，吊民伐罪，长驱以入，米底之师必望风归顺。此上天以资大王也，天予弗取，反遭其咎，大王幸勿踟蹰。

果不出哈尔帕戈斯所料，作为冉冉升起的西亚政坛新星，志存高远的居鲁士并不满足于像父辈那样，仅仅做个小邦之君臣服于米底，尤其是此时他刚刚顺利统一了波斯诸部，事业正处在上升期，颇有锐意进取之志。经过分析认定哈尔帕戈斯所言非虚后，居鲁士开始认真考虑吞并米底的战略问题。

公元前553年秋天，成竹在胸的波斯王开始放手发动群众。这一天，他把手下的精壮劳动力都召集起来，全部赶下田干活，足足一整天，到了晚上收工时，戴月荷锄归的波斯人叫苦不迭。次日，居鲁士再次命他们在广场上集合，正当大家以为又要下田劳动时，居鲁士却吩咐捧出美酒，并命人将自己的牛羊都牵出来宰掉，摆开流水席犒劳三军，波斯人喜出望外，各自奋力大吃。

待得席上肴核既尽，杯盘狼藉，居鲁士登台讲话，他问道："你们是喜欢过今天的生活呢，还是喜欢过昨天的生活？"

谁会喜欢劳碌胜过享乐？全场人声雷动，齐称希望天天是今日，岁岁尽今朝，一时间群情激奋。居鲁士看着火候已到，抛出了演讲的主题："大丈夫生当五鼎而食，而我们波斯人，丝毫不比米底人差，却生为米底王辖下之仆役贱民，终日奔波苦，一刻不得闲，起得比鸡早，吃得比猫少，这岂是我们所能容忍的？米底人一直压迫我们，抢走了我们的银两跟女人，所以我们要反米底，抢回我们的银两跟女人！我就是受命于上天，要带领大家干这件事的，如果成功，非但从此不再受那奴役苦，还会有无数的银两跟女人，可以每日都享受今天的快乐，那我们的命运就会像这两天这样，苦尽甘来。路怎么走，你们自己挑吧。"

其实波斯人对米底的统治也都一直怀恨在心，此刻既然有领袖站出来说要领导咱打江山，大家自然借着酒劲，人人奋勇个个争先，咸与革命同去同去。

眼见形势一片大好，许多群众被发动起来了，居鲁士趁热打铁，提兵北上，攻入米底。战争的进程与哈尔帕戈斯规划的完全一致，许多米底的军政要员已与他结成卖国同盟，带兵与居鲁士接战时，不是成建制地投降，就是成建制地溃逃，战事乏善可陈。

但米底毕竟是当时西亚乃至全世界范围内的一大强国，居鲁士还是无法一口吞下它，战争迁延了三年之久，直到公元前550年初，波斯军才进抵米底都城埃克巴塔纳。此时，王城中的阿斯提阿该斯山穷水尽，无兵可调。面对围城大军，他只能征召城中所有能拿起武器的人，做最后的抵抗，这无异于驱犬羊与虎豹斗，拿着武器的平民们旋即被波斯人杀光，大势已去的阿斯提阿该斯下达了最后一道命令，处死当年建议他放走居鲁士的那个麻葛僧。接下来，身边仅剩的亲信们也背叛了他，他们将米底王五花大绑，送进居鲁士的军营。阿斯提阿该斯当年的梦，至此终于应验了。

据说，沦为阶下囚的阿斯提阿该斯看见哈尔帕戈斯兴高采烈地出现在居鲁士阵营中，忍不住痛骂他小人得志。满怀复仇快感的老哈告诉前主人，正是他与居鲁士里应外合，夺了他的王位。一生治国无方的阿斯提阿该斯此时却显露出了家国情怀，他叹道，你为了报私仇，断送了整个米底，此后米底人不再是主人，而要沦为波斯人的奴仆了。

阿斯提阿该斯猜中了一半，的确，他的失国标志着统治西亚182年（数字出自《希罗多德历史》第一卷）的米底王国关张大吉，政治意义上的米底就此江湖除名，居鲁士成了这片土地的新主人，波斯和米底这两个源出同门的印欧语系兄弟民族，也重新合为一体，从此再不分离。但米底人被融合之后的处境，并不如他预想的那么糟糕。从巴比伦和亚述时代起，冤冤相报已让西亚浸透了太多的血和仇恨，居鲁士决定让这样的局面有所改观，他兼并米底之后，对被征服者采取了极大程度的怀柔政策。因此，尽管征服的过程同任何改朝换代的战争一样伴随着流血和破坏，但战事一结束，居鲁士的新旧臣民都很快恢复了正常的生活，而且和阿斯提阿该斯的暴虐统治相比，此刻米底人的日子反倒好过了一些。气候宜人的埃克塔纳城被完好保留下来，作为波斯王每年避暑的夏都。至于阿斯提阿该斯本人的下场，也还算是差强人意，或是出于宽宏的气度，或是为了政治宣传，居鲁士并没为难他年迈的外祖父，只是将他软禁起来，直到寿终正寝。

吞并米底之后，波斯成了人类已知历史上规模空前的中央集权制大帝国。公元前547年，居鲁士于安善东南75千米处大兴土木，把他称王之前居住的一座没有城墙的小城翻建一新，作为波斯之都，取名为帕萨加第，意为"王权之所在"。而这只是居鲁士和波斯帝国霸业雄图的开端。对被征服者明智的宽容态度，将贯穿居鲁士政治生涯之始终，使他成为一个很大程度上有别于以往的新型征服者。如色诺芬所说，居鲁士生来具有三重爱心：爱人、爱知识、爱荣誉，正是这种智慧与胸怀，帮助他和他的后继者们开创了无论疆域、制度，还是国力都远迈前人的新式大帝国。

> **按**
>
> 《希罗多德历史》明言，埃克巴塔纳城陷之时，米底的统治者仍是阿斯提阿该斯，考虑到他的年龄，这似乎有些不可思议。关于阿斯提阿该斯的子嗣问题，色诺芬《居鲁士的教育》中称他有个儿子名叫居雅克萨勒，但该书非正史，且此说不见诸别处，恐系小说家言。

4
骆驼比马大

米底人的地盘变成了波斯人的地盘，米底人过去的邻居，也就变成了波斯人现在的邻居。这一干邻居之中有两个大户人家，一个是南边迦勒底人的新巴比伦王国，当年和米底人共同推翻亚述帝国的盟友；另一个就是小亚细亚半岛西部的吕底亚王国。

小亚细亚半岛是亚洲的最西端，由于地理关系，小亚诸族是最早与希腊世界打交道的亚洲人。他们最初交流的主要形式，是互相到对方境内抢女人。

如果追本溯源，这事儿要从宙斯算起。他当年化身公牛潜入西顿城，抢走了腓尼基公主欧罗巴，后来又有以伊阿宋为首的海盗团伙"阿尔戈英雄"，从亚洲诱捕了科尔奇斯女祭司美狄亚。有来无往非礼也，接下来亚洲人终于奋起反击，帅哥帕里斯从斯巴达王墨涅拉俄斯的后宫里拐带了希腊第一美女海伦，不想竟由此引出一场历时十年的惨烈大战，这就是特洛伊战争。这是目前已知的第一次欧亚洲际争霸战，结果大家都知道，特洛伊城被希腊联军用木马计攻陷，夷为平地，从此，小亚细亚半岛西部被希腊人纳入势力范围。

以上的神话故事固然不足为凭，但在古代小亚细亚半岛上确实生活着许多希腊民族，比如爱奥尼亚人、艾奥利斯人、多利斯人、开利亚人等，他们都曾有自己的城邦甚至王国，但在吕底亚崛起之后，这些民族尽成臣属。而吕底亚自己，尽管不被希罗多德视为希腊，但从《希罗多德历史》中可看出，这个国家与希腊也是关系千万重，非但文化和信仰深受希腊影响，而且该国的开国之君自称家族血统可以追溯到赫拉克勒斯。传至现任国王克洛伊索斯，已历五世。

克洛伊索斯于公元前560年上位，比居鲁士早了一年。由于吕底亚物产丰富，又有先进的经济制度——他们是现在已知的第一个铸造金银货币的国家，因此克洛伊索斯家底格外殷实。希腊谚语有云："像克洛伊索斯一样富有。"他也颇以豪富自傲，相传雅典大贤梭伦晚年曾云游至此，克洛伊索斯将他请进王宫，把自己的财富大大显摆了一番。谁知梭伦不屑一顾，无比深沉地说了一句："活着的人，没有一个是幸福的。"他对克罗伊索斯解释说，你这一切不过是身外之物过眼云烟，如果你能一直如此快乐富有，并且得享天年，那才是幸福，才值得骄傲。克洛伊索斯同样不以为然，他觉得这不过是下野政治家穷知识分子在泛酸水儿，宾主不欢而散。

梭伦走后，克洛伊索斯开始连走霉运。先是他悉心培养的接班人、次子阿杜斯在一次狩猎中被自己人当成野猪误杀，吕底亚王大悲，不问政事。而等他好不容易从悲痛中缓过神来，就听到了一个令人震惊的消息：米底王国覆灭了。

这让克洛伊索斯骤然惊觉。因为他对米底的实力印象深刻，他的父亲、吕底亚历史上最强大的君主阿律阿铁斯当年曾与米底王库阿克萨列斯大战一场，打了五年都不分胜负，直到第六年的一次战役中，双方激战正酣时，忽然天日无光，白昼变成黑夜。这种自然现象我们今天叫作日全食，而在古人看来这是上天的启示，表示诸神厌倦了刀兵。于是两军不敢再打，签了和平协议，以哈律司河为界实现停火（历史学家根据日食推断，此事发生在公元前585年5月28日）。并且在巴比伦的斡旋下，阿律阿铁斯将女儿嫁与库阿克萨列斯之子阿斯提阿该斯，两国就此化干戈为亲家。

如此算来，克洛伊索斯还是阿斯提阿该斯的小舅子，不过从米底被攻打三年都没向吕底亚求助来看，两人关系未必亲密，克洛伊索斯着急也不是因为姻亲之仇，而是担心唇亡齿寒——那么强大的米底，被居鲁士说灭就给灭了，等他再养成气势，吕底亚岂不是也要成刀俎之肉？与其坐待波斯越来越强大，不如现在趁着他国内初定，先下手为强。打定了先发制人的主意，克洛伊索斯开始组建反居鲁士同盟，拉拢的不仅有吕底亚在小亚细亚的一干仆从小国，还有埃及、巴比伦和希腊的斯巴达这三大强援。除了上述的人间盟友，他还准备寻求神界的支持，克洛伊索斯派人赶赴希腊的太阳神阿波罗圣城德尔斐，求取神谕。

在接受了吕底亚王献上的丰厚祭品后，但见德尔斐的女祭司佩提亚[①]在带有

[①] 德尔斐是古希腊著名的神谕所，原本供奉的是大地之母盖亚的儿子巨蟒皮同（Python），因此这里的祭司被称为佩提亚（Pethian）。后来随着多利亚人南下，阿波罗崇拜兴起之后，取代了德尔斐的传统信仰，这里转而成为祭祀阿波罗的宗教场所，此事也在希腊神话中被演绎为阿波罗射杀巨蟒皮同。不过德尔斐易主之后，佩提亚的名称仍然保存下来，成为阿波罗神谕所神职人员的名称。佩提亚通常由被认为有通灵能力的少女担任，她们常年服食致幻物品，处在半迷幻状态。佩提亚的职责之一，是以阿波罗的名义发布神谕，答疑解惑。然而，神谕通常很晦涩，可以有多种解释。

强烈致幻效果的高浓度乙烯气体中扭动曼妙身姿，头发散乱，舞姿怪异，仿佛在与阿波罗交流。舞罢，抽搐着瘫软在地的佩提亚以神明惯用的莫测高深的口吻，代表太阳神下达了最高指示："如果克洛伊索斯与波斯人开战，他就将会毁灭一个大帝国。"

克洛伊索斯闻之大喜，信心满满地准备出征，去毁灭波斯帝国。他手下的智谋之士桑达尼斯劝谏道："波斯国荒瘠贫苦，得其地不足以供给，得其民不足以使令，彼既不为我患，而我兴兵轻犯，不祥也。愿王三思。"但克洛伊索斯自认为有太阳神罩着，胜券在握，根本听不进去。公元前547年底，他率三军东渡哈律司河，进抵小亚细亚半岛东北部黑海南岸波斯境内的卡帕多西亚地区。

波斯方面，刚刚搬进新都城帕萨加第的居鲁士听闻吕底亚入寇，立即出师迎击。双方在卡帕多西亚的普铁里亚城下激战了一整天，难分高下。但克洛伊索斯见己方人数远少于居鲁士，加之天气渐冷，担心久战于己不利，打过这一仗后他决定撤回首都萨迪斯，等来年春暖花开，自己的三路援军到齐，再以优势兵力攻打波斯。于是，次日他就遣使分赴埃及、巴比伦、斯巴达，约定五个月后在萨迪斯会师，接着命全军拔营，回家猫冬。

再说居鲁士，他见吕底亚人并没吃亏却主动撤走，就猜到了克洛伊索斯的意图是休养待援，权衡利弊之后居鲁士决定一鼓作气，不给对手完成大规模集结的机会，他传下令去，敌退我追。波斯大军尾随克洛伊索斯，向吕底亚首都萨迪斯挺进。

克洛伊索斯回到萨迪斯，还没在王座上坐稳当就听说波斯大军杀到，大出意料，他没想到自己以寡敌众与波斯人打成平手之后，居鲁士居然还敢孤军深入。不过克洛伊索斯也并没在意，一是因为有阿波罗的神谕壮胆，二是他手中还握着一支令人生畏的劲旅：吕底亚骑兵。此前的西亚，驴拉或马拉的战车一直是沙场上的主角，机动性更强的骑兵当时还属于高科技兵种，尤其是在定居民族当中，掌握骑兵战法的更是寥寥无几，吕底亚人就是其中之一。希罗多德说，在（他所知道的）亚洲没有一个民族比吕底亚人更勇武，而他们称雄小亚细亚，靠的就是胯下马、掌中枪。克洛伊索斯对他的骑兵精锐非常自信，在萨迪斯城东有一片广阔的无树大草甸，名为辛布拉平原，正适合骑兵驰骋，克洛伊索斯决定就将这里作为居鲁士和波斯人的坟墓。

在居鲁士时代，波斯军中虽然也有骑兵，但主力还是步兵，而且很大程度上依赖弓箭手的支持。箭阵是早期波斯军队的精华所在，其战法承袭自亚述，每10人为一小队，打头的队长持一柄两米的长矛和一面皮革藤条编织的巨盾掩护队友，后面9人持弓箭，密集射击，有效地压制敌人，待对方被弓矢大量杀伤之后再由步兵冲上去近战。但箭阵的缺点同样明显，弓箭手用的还是简单的藤制单弓，射程只有150米到200米，而且缺乏肉搏战的武器和训练，他们只配有单面开刃的短刀，防护手段尤其差，弓箭手几乎没有护身的铠甲，只能仰赖队长大盾牌的掩护，阵法有点类似"老鹰捉小鸡"。可以想见，这样的部队在旷野上与骑兵遭遇，很容易被对手的大范围扯动搅乱，或遭遇侧翼包围。

从战略上说，居鲁士知道在吕底亚人聚齐盟军之前与之单挑，是战胜他们的最佳时机，所以他才不惜劳师远征直捣萨迪斯，但在战术层面上，他对敌军之长和己方之短都了然于胸，对吕底亚的骑兵满怀忌惮。正在他苦无良策之际，哈尔帕戈斯跑来献计，居鲁士听罢眼前一亮，决定就用这招，搏他一搏。

不出所料，两军对垒之日，吕底亚人尽遣骑兵出阵，但见长矛林立战马嘶鸣，威风凛凛。再看大平原另一端波斯阵中，居鲁士在阵线最前沿排出的也是一队骑兵，而他们的坐骑却是——骆驼。

这些大家伙原本是军中驮运辎重的，现下由脚夫变成了正印先锋，好不得意，待指挥官一声令下，迈着大步喷着响鼻就向敌阵冲去。吕底亚骑兵征战四方，还从没见过骑骆驼打仗的，他们的坐骑就更诧异，等靠得近一点，吕底亚战马闻到骆驼那一身怪味儿，更是惊恐万状，又叫又跳，把背上的骑手都掀了下来，这时骆驼队身后才闪出波斯人真正的主力步兵和骑兵部队。原来这就是哈尔帕戈斯的妙计，他知道马害怕骆驼的气味，于是用这招来骚扰敌人的坐骑，果然让强大的吕底亚骑兵不攻自破。这个故事写在《希罗多德历史》当中，大概算是第一次关于人类使用生物武器的记载。

就这样，吕底亚人的骑兵顷刻间瓦解，他们用兵以来，皆以此胜，不想竟被老奸巨猾的哈尔帕戈斯破尽破绝。其实此刻胜负已分，但吕底亚人"小亚细亚最猛民族"的称号不是浪得虚名，骑不得马，所有骑兵便下马徒步厮杀。奈何骑兵无马如同断腿，吕底亚人的战斗力大打折扣，尽管奋勇拼斗，最终还是败下阵来，逃回萨迪斯城，而获胜的波斯人也伤亡不少。接下来，大军围城。

5
望见爱琴海

公元前546年初,克洛伊索斯被围在萨迪斯城里。骑兵落败之后,他曾派人送鸡毛信到斯巴达请他们火速驰援,但由于他此前与对方说定5个月后再集合,一天不打仗就浑身难受的斯巴达人正乘此余暇修理他们的邻居阿尔戈斯人,现在战事正紧,抽不出身。吕底亚王只能寄希望于他坚实的城墙。

萨迪斯的城墙依山而建,其中有一段山势陡峭,吕底亚人以为天险,疏于防范。最安全的地方往往也最危险,波斯人围攻了两个星期,终于有人注意到了这个突破口,于是居鲁士正面佯攻,同时派出一队身手矫健的特种兵从绝壁攀缘而上,一举破城。

此时的克洛伊索斯才真正明白了阿波罗神谕的意思,原来所谓"开战就将毁灭一个大帝国"云云,是应验在自己头上的。猜中了开头,却猜不中结尾,吕底亚王苦笑着抬起头,只见那一轮惨白的太阳分明挂在冬日的天空中,似是阿波罗大神在嘲笑渺小的凡人竟如此自不量力,妄图揣度天机。

当吕底亚王再次进入自己的宫殿时,身份已变成阶下囚,萨迪斯城的新主人居鲁士优待俘虏,下令将克洛伊索斯推出烧死——这是当时处决敌国首领的通用办法,算得上是最体面的死刑,与其说是刑罚,不如说是典礼。此刻,丢了祖宗江山的克洛伊索斯总算没再丢祖宗的脸,他从容就缚,昂首登上柴堆,满脸淡定,只待在烈火中永生。须臾,火起,烟熏火燎中,克洛伊索斯此刻才明白了当年梭伦的话,果然是钟鼓馔玉不足贵,金钱财富不是保障幸福的充要条件,流动摇曳的金光,转瞬就会消逝散尽,人这一辈子能得善终才真正算是福气!克洛伊索斯仿佛有了点"朝闻道夕死可矣"的觉悟,他高声唤道:"梭伦啊梭伦!"

观礼的居鲁士听见了,觉得人之将死其言也善,这家伙眼看就变烤肉了,他这个时候说的话想必有点参考价值，于是派手下去问问克洛伊索斯，他喊的是什么意思。亡国之君起初懒得搭理，被追问得紧了，就回答说，我说的是一位伟人，一位圣人，一位所有帝王都应从而游之的人，一位我最想追随的人，我愿做一个门徒，陪在他身旁，我愿放弃那财产，跟他去放羊。接着他简要地说了梭伦曾经给他讲的道理——由于那个柴堆甚大，火一时还烧不到身上，所以克洛伊索斯得以将这个故事囫囵讲完。

居鲁士听了翻译的复述，颇感物伤其类，觉得克洛伊索斯当年的不可一世就和自己今天的志得意满一样，命运如此无常，实在不该弄死这个和自己有相似背景的人——他的昨天就是你的今天，焉知他的今天不会变成你的明天？于是他急命消防队出动，扑火救人，但此时火势已大，扑之不灭。柴堆上烤得半熟的克洛伊索斯见竟然还有活命的机会，于是跪下向他最崇拜的太阳神祝祷：请看在往日丰厚的祭品份上，救我一命。这次太阳神没有再捉弄他，冬日的天空忽然阴云密布，接着竟下起大雨来，柴堆的火被浇熄了。

居鲁士目睹了这个神迹，更加相信克洛伊索斯有神灵庇佑，于是礼遇甚隆。克洛伊索斯见识了波斯王的气度风华，也甚为倾倒，加上由死到生走了一遭，对成败荣辱也看得淡了，从此归附居鲁士。据说他们的第一次对话是这样的：居鲁士问克洛伊索斯，是谁让你选择做我的敌人，而不是朋友？克洛伊索斯虽然刚刚蒙阿波罗拯救，但对大神那道含糊不清的神谕仍然耿耿于怀，他沉吟半晌，答道："是希腊人的神。"大概就从这个时候起，希腊人第一次成了波斯君主心目中的假想敌。

接下来，克洛伊索斯还为居鲁士献上了一个对波斯帝国政治体制有深远影响的建议。事情是这样的：萨迪斯刚刚陷落，居鲁士手下的波斯人和米底人在城中四处抢掠，克洛伊索斯毕竟心怀故国，就找到居鲁士："陛下，你知不知道你的士兵们正在做什么？"居鲁士回答："他们正在抢掠你的城市，你的财富。""不，城市已不是我的，财富我也不再有份，他们是在抢掠你的城市，你的财富。"克洛伊索斯说。

居鲁士闻言如梦初醒，他屏退左右，问克洛伊索斯该如何是好。萨迪斯城的前任主人给现任主人分析：必须制止他们，否则将危害你。因为如果任由他们自行抢夺，那就意味着赏罚之权不由你出，军纪无以整饬，到时候抢到最多财富的人就会用这些财富来对付你，此所谓"万乘之国弑其君者，必千乘之家"。

居鲁士深以为然，接着问计将安出。克洛伊索斯回答，你手下那些波斯人和米底人都是一些蠢人，对付那些蠢人，绝对不可以跟他们说真话，必须要用宗教形式来催眠他们，使他们觉得所做的事都是对的。你可以让亲兵在城门设卡，将士兵们掠夺的财物都扣下，说是要向神明献祭，他们必定无话可说，而既然无利可图，他们也就不会再抢了。这样一来，一城财富就尽归你支配，你可以用它来赏功罚过，自然也就没有人不服从你的权威了。而你制止了乱兵之祸，吕底亚人也会感恩戴德，归心于你。

居鲁士大喜，就依克洛伊索斯之计行事，果然大大加强了君主的执政能力。而且波斯人从吕底亚学会了铸造金币，这种先进的金融工具大大提升了帝国财力，同时也带来了货币史上的第一次革命。彼得·伯恩斯坦所著《黄金简史》称，这一历史事件使原本仅作为抽象财富象征的黄金，变成了有明确价值和一定购买力的商品交换媒介，金币进入流通领域，促成了黄金的大众化。居鲁士及其后继者从此开始大量铸造发行带有国王头像的金属货币，这让波斯历代君主的形象，以比文字更直观的形式流传后世。并且这一币制被后来的安息、萨珊等历朝历代沿袭，加上波斯幅员辽阔，这些硬币流通范围甚广，时至今日还常有发现。

征服萨迪斯还让居鲁士悟出了一个道理：治理新征服的领土要倚重被征服民族的士民。波斯王一改以往亚述人动辄将被征服民族举族迁移的做法，他在保证帝国权威的基础上，尽量不干涉被征服地区居民的故有生活方式，让他们马照跑舞照跳，一切照旧。对待克洛伊索斯这样投降的旧权贵，也都保留他们的部分特权，用他们来帮助治理新征服地区。至于派驻在此的波斯官吏，则仅仅作为王权的象征，如汤因比所说，他们是监督而非取代原有的地方行政。这种统治手段，后来在他的继任者手中发展成"大一统，小自治"的模式，进而成为中央集权帝国此后千百年之通例。

作为吕底亚以前的臣属，位于小亚细亚半岛沿海地带的爱奥尼亚等一系列希腊民族，对宗主国的灭亡冷眼旁观。这些希腊人虽然又穷又弱，却颇以文明自矜，吕底亚在他们眼中不过是没文化的土财主，至于暴发户波斯，就更不足论了。因此，这些希腊城邦拒绝像之前臣服吕底亚那样对新主人居鲁士效忠，还言辞傲慢地要求居鲁士给他们更大的自治权。

居鲁士的回应是：派哈尔帕戈斯挂帅，扫荡了这些希腊小城邦，夺下了名城米利都。这让波斯帝国的疆域从波斯湾扩大到小亚半岛的大部分地区（半岛东南部的西利西亚当时尚保持独立）。来自亚洲腹地的波斯人，望见了爱琴海。

　　海对岸就是希腊本土。虽然在波斯征服小亚细亚的过程中，除了斯巴达曾经向居鲁士发出过一个没有任何作用的警告，希腊本土诸城邦基本都在隔岸观火，并没赶过海来援助他们的爱奥尼亚同胞。但波斯的出现显然打破了爱琴海周边的政治格局，而希腊诸城邦的存在，也让居鲁士感到了潜在的威胁。波斯帝国和希腊世界此后两百年间的梁子，从此就算是结下了。

按

关于克洛伊索斯的结局，希罗多德的描述显然太富戏剧色彩，以至于其真实性屡被后人质疑。有考古学的发现显示，巴比伦出土的泥板上记载居鲁士可能杀死了克洛伊索斯，倘果如是，则希罗多德关于吕底亚灭亡之后克洛伊索斯事迹的记载，自然皆谬。但由于泥板文字残缺，释读仍有分歧，此说也未获最终确认。《希罗多德历史》向来被学家目为正史，又是本书最主要的参考资料，故下文沿用该书说法，仍会有克洛伊索斯出场，凡涉及他处，真实性都有待学界定论，望注意，下不赘述。

6
巴比伦的黄昏

吞并了小亚细亚之后，居鲁士并没有继续西进去寻希腊人的晦气，因为他要先扫清卧榻之侧。

米底、吕底亚、巴比伦，这是西亚的传统三强，如今三者中硕果仅存的新巴比伦王国，自然成了波斯王的下一个目标。其时，新巴比伦的名君尼布甲尼撒早已作古，不过作为古代西亚地区的第一名城，巴比伦素以固若金汤著称。据希罗多德描写，这座气势磅礴的大城坐落于大平原之上，土地平旷，屋舍俨然，幼发拉底河从城中穿过。城市四周有一道周长480斯塔迪昂①的城墙拱卫，那墙有50王家佩巨斯厚，200王家佩巨斯高②，墙砖全部由从护城河中挖出的塞泥烧制而成，外面涂以沥青，在冷兵器时代可说是坚不可摧。城墙四角处设有瞭望塔和互成犄角的箭楼，守备森严，墙头上宽得可供战车奔驰。全城有100座城门，包括门柱、门楣，通体尽是青铜打就，而墙内又有一圈厚度稍逊但硬度不差分毫的内城，两道城墙之间可作为瓮城。

面对这样的防御工事，居鲁士也不敢贸然加兵，他从吕底亚归来之后，一面征伐东边和北边的一些小邦，扫清外围；一面密切注视着巴比伦城，以待天时。

不出居鲁士所料，越是坚固的堡垒，就越容易从内部出现裂痕。巴比伦城雄伟的外表下，其实暗流汹涌。

首先，如前文所述，这个王国是迦勒底人经过与亚述的连年争斗，在废墟上重建起来的。但是建国之后，尼布甲尼撒没有与民休养生息，王师屡出，灭犹

---

① 长度单位，1斯塔迪昂约等于185米，这个数字被认为过于夸张。
② 1佩巨斯约等于46厘米，王家佩巨斯又比普通佩巨斯长出20%，这样算来，巴比伦城墙有27.6米厚，110.4米高，大约相当于今天的40层楼高，这个数字显然夸张失实了。

大、降推罗、败埃及，虽然给统治者带来了服远之名，但对迦勒底人以及被征服民族来说，却是"洒向人间都是怨"。除了对外征服，尼布甲尼撒在内政方面也对民力进行了超负荷的役使。单看巴比伦城中的巴别通天塔、空中花园、马杜克神庙、王家宫舍，一砖一木，尽是蚁民血泪，如威尔·杜兰所说，"在空中花园下面，正是巴比伦的庶民们，一代一代，男耕女织，不停地以双手和双肩支撑整个王国"。作为一个资源有限的新生国家，役使民力至此，这就注定了宏伟的建筑之下，根基并不似看上去那么牢靠。

其次，巴比伦国内还有一个潜在的第五纵队，那就是在境内生活的大量其他民族。这些异族虽然处在社会底层，说起来历却很"风光"，他们当年都是在本民族中有头有脸的，是被尼布甲尼撒"请"来的。尼布甲尼撒四处征战，战利品中除了金银财帛，还有人，他承袭亚述遗风，每占一地，必将当地的大家富户、能工巧匠，以及有影响力的上层宗教人士搜罗一空，掠回巴比伦。其中最出名的是，他于公元前597年、前587年、前582年三打耶路撒冷，先后掳掠犹太族中精英数万人（犹太先知耶利米的记载中称4600人），史称"巴比伦之囚"。汤因比在《人类与大地母亲》中评价道："放逐一个社区的统治集团，是为了摧毁这个社区的特性。在绝大多数情况下，这种政策是行之有效的。"这种做法固然有利于"博采众长"，但这些异族精英是作为被奴役阶级存在的，这决定了他们不会与统治者同心同德，反而是潜在的社会不安定因素。尤其是犹太人，他们认为自己是上帝的选民，有着独一无二的宗教情怀和自我认同感，囚徒生活不会让他们忘记耶路撒冷，更不能让他们融入巴比伦社会，羁旅中的犹太人对这个征服者的国度冷眼旁观，心里默诵着祖辈的诗篇："巴比伦城，伟大的城，坚固的城，一时间，你的惩罚就要来了。"

最后，这重重社会矛盾，如果有个像样的君主，或许还可勉力维持，偏偏在尼布甲尼撒之后，巴比伦就没什么有作为的当家人了。《希罗多德历史》对之后的尼托克丽丝女王赞誉有加，她看出王国虚华外表下的危机，尤其是极具慧眼地看出米底（当时居鲁士尚未完成波斯诸部的统一，还不成气候）后必为患，于是主持高筑墙，广积粮，全力备战备荒。可惜天不假其寿，四年后尼托克丽丝就撒手人寰。她的儿子纳波尼德成了接班人，新国王与两千来年后中国的嘉靖皇帝朱厚熜是同道中人，无心政事，一意求仙。他于公元前556年继位，次年就开始辍朝，离开巴比伦城，带着一票人马，终日游荡于美索不达米亚，四处发掘苏美尔古墓，以求长生之法。

后来，或许是意识到帝国的东方和北方都已被强大的米底和波斯封堵，纳波尼德开始向南面的阿拉伯半岛发展，在沙漠中兴建新都城，留下年轻的儿子伯沙撒管理巴比伦城。根据巴比伦人的观念，镇守都城是国君的义务，擅离职守，于国不祥，因此民众对王室深怀不满。加上太子伯沙撒同样治国无方，与在巴比伦政界享有极大权威的祭司集团积怨重重，双方的关系已势同水火。

国君怠政、高层内斗、文恬武嬉、两极分化，这样的情势下，巴比伦的末日来临只是时间问题。纳波尼德还算幸运，这一天在他胡闹了17年后才告降临。公元前539年，已经人到中年的居鲁士决定进军美索不达米亚。

关于巴比伦城陷落的记载，有很多版本，希罗多德的故事最为精彩，他说迦勒底人与波斯人在巴比伦城下大战一场，败退回城，然后守军仗着城墙和充足的粮食储备坚守不出。居鲁士想出一计，他命人挖掘河道，将幼发拉底河从城中流出的河水引入沼泽，河水水位下降之后，他率兵从河道攻进城去，而巴比伦人此时正忙于祭祀庆典，敌人打进家门都没觉察到，糊里糊涂地亡了国。此外，也有文献称巴比伦城内发生了起义，不满王室的居民打开城门，迎居鲁士进城。

有道是君子之泽五世而斩，新巴比伦王国立国86年，从尼布甲尼撒算起，传到伯沙撒，虽然王室血统变了（纳波尼德是阿拉米人而非迦勒底人），但正好是五代人，开国的光辉转瞬间就被黄昏吞没。至此，两河文明的最后一个直系继承者新巴比伦王国灭亡，此后再也没有以"巴比伦"为国名的独立政治实体出现，作为"四大文明古国"之一的巴比伦，正式鞠躬谢幕。

不过，比起此前此后一些亡国灭种的古文明来说，巴比伦人（或者说迦勒底人）还算幸运，非但没有遭受屠杀和驱逐，他们的文明也作为气血魂灵，融入了波斯乃至希腊等后起之秀的体内，有些文明成果时至今日仍产生着影响。

入城仪式上，居鲁士像一个朝圣者，而不是征服者那样走进巴比伦。他命人在他前进的路上铺满象征和平的橄榄枝，鉴于他终结了纳波尼德父子不得人心的统治，巴比伦士民们也为他献上了欢呼。一统西亚的居鲁士心情大好，他出榜安民，历数纳波尼德父子的种种失德弊政，并将之全部废止，颁布了许多禁止扰民的法令，其中的某几项条文，被今天一些学者认为是史上最早的人权保障法。居鲁士用巴比伦人的楔形文字在记功泥柱上写道：

> 我，居鲁士，世界之王，伟大的王。统治风范受到巴尔神（巴比伦神话中的主神）喜爱，并被指定为王，以悦其心的嫡传之王，冈比西斯的儿子。……当我以朋友的姿态进入巴比伦，并于欢呼雀跃气氛之下，建立了政府的所在。马杜克神（巴比伦城的守护神）审视人间列国，寻找一位真正的统治者，最终他宣告了我居鲁士之名，让心胸宽大的巴比伦居民喜爱我，而我亦天天竭力地赞颂神明。……我的军队在和平气氛里行走在巴比伦城中，我不准任何人恐吓苏美尔及阿卡德的国度里的任何民众。……那些有违神的旨意的居民（指犹太人等被强制迁移到巴比伦的人），我已废止了他们的奴役，我为他们毁坏的屋宇带来救济，马杜克神对我的作为甚感快慰，并将友善的祝福赠予我，居鲁士，一国之王，世界之王。

这根柱子的残片，于1879年被考古人员从巴比伦城马杜克神庙的遗址中掘了出来，后来被英国的文物贩子带走，如今收藏在伦敦的大英博物馆里。这里的描述可能有歌功颂德的艺术化加工，但和事实相比，应该不至于有太大出入。比如关于"释放被掳者"一处，就有案可稽，《旧约·以赛亚书》可以作为佐证。

征服巴比伦之后，居鲁士允许被掠的犹太人返回故乡，重建耶路撒冷，也允许他们继续留在巴比伦，甚至移居波斯，去留听便。对此，犹太人感恩戴德，以耶和华的名义为居鲁士献上了象征崇敬的抹香膏之礼。不过，犹太人将这次获释归功于他们的"主"耶和华的意志，至于居鲁士，虽然拥有近乎"弥赛亚"的完美品质，但毕竟只是"上帝的工具"，以下是他们对这一历史事件的解读：

> 我耶和华所膏的居鲁士，我搀扶他的右手，使列国降伏在他面前，我也要放松列王的腰带，使城门在他面前敞开，不得关闭。我对他如此说，我必在你面前行，修平崎岖之地。我必打破铜门，砍断铁闩。我要将暗中的宝物，和隐秘的财宝赐给你，使你知道题名召你的，就是我耶和华，以色列的神。
>
> ……我凭公义兴起居鲁士，又要修直他一切道路。他必建造我的城，释放我被掳的民，不是为工价，也不是为赏赐。这是万军之耶和华说的。（《旧约·以赛亚书》）

犹太人的乐观与虔诚令人印象深刻，当年他们被尼布甲尼撒抓来时，也把巴比伦王看成"上帝的工具"，用以惩戒他们这些堕落的人。而对居鲁士来说，善待犹太人及其宗教，只是他的常规政策，并不代表对他们高看一眼。居鲁士的宗教政策是最开明也最聪明的，从尼布甲尼撒到纳波尼德，巴比伦国王一直致力于摧毁其他民族的信仰，"巴比伦之囚"就是这一政策背景下的结果。而居鲁士反其道行之，不搞移风易俗，不把波斯君主的信仰强加于新的臣民，非但如此，他还几乎是见庙就烧香，礼敬各种信仰，比如他对巴比伦人提出的宣传口号就是"和巴尔神携起手来"。这种明智的宽容态度让他获得了很多被征服民族的认同。

巴比伦从此成了波斯帝国的一个行省，这个新省份带来的收益，不是其他行省可比。尽管由于战乱破坏和迦勒底人后期无能的统治，巴比伦有所衰退，但此地毕竟是自古以来的西亚粮仓，经过居鲁士及其后继者的妥善治理，丰饶的物产渐复旧观。据希罗多德记载，在居鲁士之后波斯帝国的鼎盛时期，巴比伦一地出产的粮食，可供给整个帝国军队四个月的用度，而其他八个月的军粮，由所有其他省份一起承担。

手中有粮，心中不慌。得到了这个大粮仓之后，居鲁士开始将目光投向了更远的地方。

> **按**
>
> 关于巴比伦城失守，最直接的第一手资料来自巴比伦人的记载。目前出土的泥板称，由于纳波尼德父子不得人心，当居鲁士兵临城下时，巴比伦城未经过战斗就开城投降了。至于希罗多德描写的战斗，其实是发生在巴比伦王国的其他城市。但由于目前考古界对巴比伦楔形文字的释读仍有分歧，关于此事目前并无最终结论。关于居鲁士进城后受到民众欢迎，泥板上的记载与希罗多德的描述基本一致。

7
疾风劲草

征服了巴比伦之后，居鲁士一统西亚，此后，又经过近十年的励精图治，波斯国力日隆，幅员之广，更是旷古未有。此时的居鲁士已到了耳顺之年，但他既然号称"宇宙之王、万王之王"，自然是烈士暮年壮心不已，对现有的国土，仍然不满足。据希罗多德分析，他的下一个猎物可能是埃及。

拥有千年辉煌与富庶的埃及，对从赫梯到亚述的历代征服者都有着磁石般的吸引力。或许居鲁士也确实有过试剑金字塔、饮马尼罗河之志，但在冲出亚洲之前，他必须确保大后方的安全——对付埃及不用急，反正他们是定居民族，跑得了和尚跑不了庙，倒是帝国东北边境的中亚大草原上，来去无踪的游牧民族马萨格泰人，比较让人头疼。

马萨格泰人，原本和波斯、米底沾亲带故，大家的祖先都是当年生活在黑海到里海之间的印欧语系游牧民。后来印欧人大迁徙，马萨格泰人祖上这一支，迁到了咸海以南，锡尔河（中国史书称"药杀水"）东北到巴尔喀什湖一带。那里远离文明社会，所以当波斯人和米底人已经在两河文明的熏陶下掌握了先进文化时，马萨格泰这个印欧人种的东支仍然过着古老的游牧渔猎生活。他们崇拜日月星辰飞禽走兽等自然神灵，部落中实行原始共产主义，虽然是一夫一妻制，但妻子在婚后可以与任何男人发生关系，堪称古代的性解放先锋。他们基本不知城市文明为何物，勒内·格鲁塞的《草原帝国》中说，这些游牧民族虽曾与两河文明有过接触，但在生活方式上几乎没有受到后者的影响；希罗多德则说马萨格泰人终生都不播种任何植物。另有一种说法称，他们的名字"马萨格泰"一词，原意是"食鱼者"。

前文提及的曾消灭米底人第一个王国的游牧民族斯基泰人，也是马萨格泰人的远亲。斯基泰人被米底王库阿克萨列斯逐出米底国境，但仍为米底及波斯的边患。马萨格泰人也差不多，他们一样居无定所，仗着弓马娴熟，经常袭扰波斯边境，来如天坠，去似电逝，极大地威胁着定居的波斯人。

居鲁士虽强，毕竟不可能同时打赢两场战争，他深知如果不先稳固中亚就远征非洲，很可能会后院起火，首尾不能兼顾。因此，他决定先搞定马萨格泰人，手段是一贯的"先礼后兵"。

其时，马萨格泰人的首领是托米丽司女士，她是前任国王的遗孀，先王卒后权摄国政还不太久，她膝下有个王子，名叫斯帕尔伽披赛斯，年纪尚轻。居鲁士了解了这一情况，颇有心思"欺他寡妇与孤儿"，公元前530年，他给托米丽司写了一封热情洋溢的求婚信，大意是说：夕阳是迟到的爱，夕阳是未了的情，你晚年寡居寂寞，何不跟我来一场黄昏恋？我们都是一国之君，门当户对，若能成了好事，非但两人可以琴瑟和谐，两国也能和平共处。

这一招看起来眼熟，后世的匈奴大单于冒顿也对刘邦寡居的老婆吕后来过这手，这并不是游牧民族的专利，有教养的居鲁士大帝同样用此伎俩。由此可见，对男人来说，建功立业的英雄情结和凭着生理优势耍流氓的冲动，总是交织在一起的。

再说马萨格泰方面。大款上门求婚，托米丽司女王并没为之窃喜，马萨格泰人的文明程度比不了波斯，但政治智慧一点不差。女王知道波斯大帝并不是真的看上了她"半老徐娘，风韵犹存"，这所谓求婚，背后有着太明显的政治企图，居鲁士真正惦记的，是马萨格泰人的地盘和部族。女王给居鲁士写了一封回信，在信中，她没像吕雉女士那样玩虚文自谦"年老色衰不堪驱驰"，而是直截了当地答复波斯王：没门！

这一来，箭在弦上的居鲁士更是不得不发了，因为现在除了上述的战略考虑，又加上了他"万王之王"的面子问题。波斯王统领大军，兵进锡尔河。

此时居鲁士在位已近30年，他的征服之势有如浩荡之风，席卷西亚，这次却无法让草原低头。托米丽司女王不是怕事的人，她一面调兵遣将，严阵以待，一面派出使者带话给居鲁士："想打的话尽管过来，你要是敢渡锡尔河来犯，我非但不会击你于半渡，还会率部退让出三天的路程，给你留出战场；你若胆小不敢来，我就打过去，你也撤出三天路程，我们背水列阵，跟你一决雌雄。"

居鲁士此时愈发看出了这个女人不寻常，沉着机灵有胆量，不可小觑。他召集手下众臣商量。几乎所有人都表示，应该占据地利之便，放马萨格泰人过来打，只有一个人持不同见解，就是前吕底亚国王克洛伊索斯。他以自己的惨痛教训现身说法，向居鲁士解释所谓主场优势其实伴随着很大的风险，因为在自己的土地上作战，一旦输了敌人会乘胜追击直逼都城，而即便赢了，也不过是将敌人赶回边境线而已，战果远不如在敌国作战丰厚。因此他建议不要放马萨格泰女王过来，而应该采取主动，勇敢地打过去。

居鲁士也觉得克洛伊索斯与自己英雄所见略同，他是倾向于进攻的，进攻是最好的防守，况且，如果不敢回应一个妇人的叫阵，那波斯大帝的颜面何存？于是他答复来使，说决定渡河决战，让女王按照约定后退。

行前克洛伊索斯又献上一计，居鲁士听了更觉心里有底，他留下克洛伊索斯辅佐王储冈比西斯（居鲁士之子，他为儿子取了父亲的名字），并叮嘱儿子务必要尊敬克洛伊索斯。然后他亲率一支精兵，渡河而去。

马萨格泰人果然如约后撤，给波斯军让出了一大片空地，过河之后居鲁士在此扎营。随后，他依照克洛伊索斯的计策，向前推进一段，又虚设一座大营，只派了若干老弱士卒把守，自己则率领精锐潜回河边埋伏。同时，在空营中放置了美酒佳肴，命守军敞开肚皮吃喝。一时间草原上酒香四溢，传于数里。

马萨格泰人闻香而至，这一次他们出动了全族三分之一的兵力，由小王子斯帕尔伽披赛斯带队，杀奔波斯营帐，留守的酒肉兵招架不住，旋即走死逃亡。此时营中酒食尚多，马萨格泰人平素衣食简陋，加上打了胜仗心中快慰，当即就甩开腮帮子，享用战利品，不一会，自王子以下个个醉卧沙场。

这时，算准火候的居鲁士率兵杀了回来，醉眼蒙眬的马萨格泰战士们被波斯人一阵砍杀，死的死抓的抓，斯帕尔伽披赛斯王子也做了俘虏。

消息传回马萨格泰人处，得知爱子被俘，托米丽司女王这回真的着急了，为了保护小羊，老山羊都会目露凶光，何况是草原狼族的首领？她再派使者去见居鲁士，说如果波斯王肯放斯帕尔伽披赛斯回来，两国就此罢兵，马萨格泰人不为死于波斯人奸计的同胞寻仇，否则，女王撂下了狠话："凭马萨格泰人的太阳神起誓，不论你多么嗜血如渴，我都会让你把血饮饱！"

经此一役，居鲁士觉得马萨格泰人有勇无谋，其国损兵什三，旦夕可下，实在没必要跟女王再讲什么条件，他并没理会这个最后通牒。

再说被俘的斯帕尔伽披赛斯。他醒来后羞愤不已，向波斯王请求松绑。根据一贯的宽大政策，居鲁士也没打算为难他，便下令为王子解开束缚，可惜他不知道这个少年竟是如此烈性，他双手一获自由，立即抢了一柄战斧，劈开了自己的脑袋。居鲁士不杀王子，王子因他而死，这样的惨变他也始料未及，此时波斯人与马萨格泰人之间已没有任何缓和的余地，托米丽司女王尽起倾国之兵，来报血仇。

大决战开始了，双方都以弓箭见长，大草原上箭矢横飞，遮天蔽日，箭镞用尽之后，两军将士挥舞着利刃冲向彼此，车错毂兮短兵接，矢交坠兮士争先……关于这场大战的详情，我们今天所知仅限于此，《希罗多德历史》对这一战的描写仅有区区百来字，不过从希翁的字里行间，还是可以越过千年往事，感受到当时的惨烈与血腥，他说："在所有非希腊人进行的一切战争当中，这确实可以说是最激烈的一次了。"

厮杀持续了很久，居鲁士犯了一个严重的错误，他低估了对手复仇和求生的意志，经过血战，作为哀兵的马萨格泰人得胜，波斯大军几乎被全歼，在死尸堆中，马萨格泰人发现了居鲁士。此刻，曾经站在宇宙顶端的波斯大帝，和其他尸体一样倒在血泊之中，并不能多占一尺一寸土地。托米丽司女王命人割下居鲁士的首级，扔进一个盛满人血的革囊之中，她的誓言兑现了，"不论你多么嗜血如渴，我都会让你把血饮饱"！（另有说法称居鲁士死于公元前529年。）

克洛伊索斯的智谋和见识对波斯帝国的政治经济功莫大焉，他"御敌于国门之外"的策略，却导致了波斯王身首异处；而居鲁士的一生，长于牧人妻室帕斯科之手，死在牧民女王托米丽司刀下，真正是成败一知己，生死两妇人。后来居鲁士的遗体被波斯人寻回，葬在王城帕萨加第附近，那是一座高约10米的石头陵墓，古拙大气不尚奢华，墓志铭曰："世人啊，我是居鲁士，创建了波斯帝国的人，因此，无论你是谁，请不要记恨我这座陵墓吧。"时至今日，虽然墓穴早已被盗空，所幸地上的陵寝仍在，供包括亚历山大在内的后来者凭吊遐思。但对那颗浸泡在殷红的人血里的头颅来说，什么荣辱成败，什么千秋万代，都已与它无关。

8

入埃及记

号称"宇宙大帝"的居鲁士死了,但宇宙并不会为此停止新陈代谢,他的帝国也不会。妻妾们早已为他留下了足够多的继承人,其中嫡子两名,老大冈比西斯,老二巴尔迪亚(希罗多德书中写作"司梅尔迪斯")。据说老大患有癫痫,但根据波斯的嫡长继承制,他还是顺利接班,成了帝国的新一代领导核心,史称冈比西斯二世(下文简称"冈比西斯")。

冈比西斯此时年方壮盛,精力充沛,他继位后便出兵中亚为父报仇。其实居鲁士死在马萨格泰人手里是个意外,毕竟波斯帝国的国力强过对手太多,一旦冈比西斯认真经略中亚,几年之后那些游牧民族就招架不住了,他们遁向欧亚大陆荒莽未知的腹地,不复为波斯之边患。到了公元前525年,东方已定、甲兵已足的冈比西斯重拾其父遗志,准备率领波斯帝国冲出亚洲,走向世界,目标——埃及。

大概是为了把历史写得更好看,希罗多德为冈比西斯对埃及的野心提供了两个理由:第一,他向埃及法老阿玛西斯提亲,想迎娶其女儿,对方却偷梁换柱,弄了个前朝王室的女子来糊弄他;第二,居鲁士晚年宠幸一位来自埃及的嫔妃,以至于他的正室、冈比西斯之母卡桑达涅受了冷落,醋海生波,少年冈比西斯从此立志为母报仇,扫平埃及。

希罗多德号称西方的"历史之父",在他那个时代,历史写作的模式还处在探索阶段,"文""史"尚未完全分家,似上文这种将军国大事的出发点归结到女人身上的处理与《伊利亚特》如出一辙,明显带有荷马遗风。其实,稍加分析就会发现,不论上述故事真伪如何,对冈比西斯来说,进军埃及都是势在必行。首先,作为人类文明发祥地之一,埃及经过了两三千年的开发,当时的富庶甲于地中海,所谓怀璧其罪,就如巴比伦的财富招来了居鲁士的觊觎,埃及也因为同样的原因，被冈比西斯盯上。其次，埃及当年曾加入克洛伊索斯的反波斯同盟，是潜在的敌人。该同盟中的吕底亚和巴比伦都已被剪除，而埃及和斯巴达尚在，两相比较，又是埃及的威胁更大。此外，居鲁士的庞大帝国是在二十几年间建立起来的，许多部族归复未久，在居鲁士死后难免人心浮动，因此冈比西斯急需以军功来向这些怀有异心的属民展示实力。

再说此时的埃及。统治者阿玛西斯截至这一年（公元前525年），他已做了45年法老，确实够老了。此人是埃及第二十六王朝的最后一位中兴之君，他上台的方式与宋太祖赵匡胤类似，当年他在前任法老驾下为臣时，因精明能干而备受信用。有一次，他的前老板派兵攻打埃塞俄比亚，战事不利，后勤保障又跟不上，前线将士沸反盈天，随时有发生哗变的危险。前法老派阿玛西斯前去安抚，结果乱兵把象征指挥权的头盔戴在他头上，拥立他带头造反。阿玛西斯也不含糊，说反就反，带着部队打回舍易斯，不但推翻了前任法老取而代之，还将他的家族杀光，只留下一个女儿，动机不详（传说他就是用此女应付了冈比西斯的提亲）——从这一点看，他的人品可就不如赵匡胤了。

阿玛西斯是个很聪明的人。他由于出身卑微，最初被埃及人看不起，便把一个宫廷洗脚盆熔化了，铸成一尊神像，放在闹市街头。古埃及人信神，看见神像都过来拜，这时阿玛西斯现身，告诉善男信女们，这尊雕像本是个脚盆，有时还兼职做痰盂跟马桶，但现在成了神像，你们不也就顶礼膜拜了吗？同理，不管我先前是干什么的，既然我现在是你们的法老，你们也就应当敬重我。群众被他的智慧折服，从此尊他为王，国内的政治经济文化也渐入正轨。

但像阿玛西斯这种有小聪明的人，通常都很自鸣得意，不可能长保居安思危的忧患意识。他虽然看到了波斯的威胁，但自恃有沙漠作为屏障，又有萨摩斯岛上擅长海军作战的希腊城邦为盟友，足以高枕无忧，因此在他漫长的任期内，并没做太多的国防建设。后来，他又因为荒唐的理由与萨摩斯人反目，处境更加孤立。

在阿玛西斯统治的末期，埃及已开始走下坡路，而此时，冈比西斯正在等待机会，吞并北非。公元前525年，这个机会来了。地中海东部的第一大岛塞浦路斯知道冈比西斯的西进之志，日夜担惊受怕，这一年他们终于熬不住了，索性主动献土归附。此前已经成功收买了萨摩斯人，现在又兵不血刃得到了塞浦路斯，冈比西斯现在可以放心地沿着地中海前进，不用担心侧翼受到来自海上的攻击了。紧接着第二个天赐良机出现了。阿玛西斯手下的一员主持北部防务的干将帕涅斯叛逃到了波斯，此前冈比西斯正在为如何穿越沙漠犯愁，帕涅斯献计，让波斯王雇佣世居沙漠的阿拉伯人为军队向导。冈比西斯依计而行，果然，阿拉伯人派出骆驼队为波斯军队驮运水袋，波斯大军顺利走出沙漠，兵抵埃及的入口卡杜提斯，也就是今天的加沙。

波斯大军压境，老人家阿玛西斯无计可施，索性死掉算了。他的儿子普撒美尼托斯仓促继位，传说这时候终年干旱的底比斯城下起了小雨，许多在那儿生活了一辈子的老人，都是头一次看见雨水，此事被视为不祥之兆。国家危亡之际，普撒美尼托斯也顾不了吉兆凶兆，他带兵进抵尼罗河口，与波斯侵略军交战。在阿玛西斯治下，埃及人安享太平，武备不修，此时临急上阵，自然不是波斯精兵的对手，一触即溃。加上冈比西斯大撒金钱招降纳叛，许多埃及阵营的希腊和努比亚雇佣军都临阵倒戈，普撒美尼托斯的大军很快被打得七零八落。埃及地势一马平川无险可守——直到今天这仍是埃及的一大战略劣势——波斯军势如破竹，侵入埃及全境，舍易斯、底比斯、孟菲斯等名城重镇相继投降，普撒美尼托斯也被俘获。

普撒美尼托斯一家尽为臣虏，冈比西斯没有他父亲的雅量，对亡国之君大加折辱，命他跟一干囚犯一起坐在孟菲斯城墙外，同时让法老的千金与一干埃及富家小姐一起穿着仆役服色从他面前走过，又命手下当着他的面将他儿子押赴刑场砍头。普撒美尼托斯不为所动，而等他看到一个年迈的昔日埃及显贵在波斯人面前行乞时，忽然号啕痛哭。冈比西斯很不解，命人问他为何对自己的儿女无动于衷，却为了一个无亲无故的人落泪。虽然只当了半年的法老，但普撒美尼托斯此时表现得很有帝王气象，他说："儿女遭际，我自然哀痛，但作为王族，我们一家人以身殉社稷，理固然矣，何悲之有？而这个人，本是名门望族，不想垂暮之年竟遭离乱之苦，此皆我之罪也，能不悲乎？"一席话说得埃及降臣们无不大哭，连冈比西斯也有些恻然，下令放了普撒美尼托斯，赦免他家人，可惜话说得晚了，他的儿子已经人头落地。

普撒美尼托斯被给予礼遇，但他后来不甘为波斯人的傀儡政权服务，暗中煽动埃及人反抗入侵者，事败被杀。至此，被称为埃及中兴时代的第二十六王朝彻底灭亡。

后世的学者将从公元前525年冈比西斯征服埃及开始，长达121年的波斯人统治编入了古埃及世系，称第二十七王朝，或曰波斯王朝。但这一次的改朝换代不同以往，它标志着从公元前11世纪开始的每况愈下的埃及后王朝时代跌至谷底。此前，埃及的国土也曾沦于努比亚（即苏丹）人和亚述人之手，但旋即又获独立，传承了两千多年的文化、宗教和生活方式，也大抵没有改变，而波斯人的征服，不但历时之长史无前例，而且使埃及失去了长时间以来的大国地位，埃及古文明也从此衰落，直至消逝。虽然一个多世纪后他们趁着波斯内乱，一度逐走这些外来统治者，但那次光复仅仅是回光返照，独立的埃及纷乱不堪，短短60年内三易王统，当波斯人稍稍恢复元气之后，很快又重新将其占领。这还仅仅是一个开始，此后从亚历山大到拿破仑，一批又一批的征服者层出不穷，古老的埃及文明也和金字塔一样，渐被淹浸于黄沙之中。伟大的阿蒙神已无力庇佑他的子女，难怪普撒美尼托斯出师之前，底比斯城淫雨霏霏——那是埃及诸神的悲泣。

征服埃及的波斯帝国横跨两块大陆，为后世的亚历山大、罗马、阿拉伯、奥斯曼等大帝国一开先河。这要归功于冈比西斯在征服过程中体现出的谋略，他雇请阿拉伯人带路过沙漠，拉拢萨摩斯人使其背离埃及，在交战过程中又收买了本来就战斗意志不强的努比亚和希腊雇佣兵，最终事半功倍地拿下埃及。从这些手腕中可以看出，居鲁士的儿子并不缺乏攻城略地的本事，但冈比西斯惟能马上得之，在接下来对埃及的治理环节中，他就显得不及其父远矣。

9

疯子国王

占领埃及之后，冈比西斯将波斯帝国的疆界扩张到了非洲，这是第一块他亲自征服而非从父亲手中继承的领土，因此冈比西斯颇感得意。不过他的野心并不止于此，广袤的非洲大陆刺激着他的胃口，冈比西斯开列了一份新的菜单，上面的三道主菜分别是：迦太基、阿蒙（今利比亚南部）、埃塞俄比亚。

可惜，这三场征服无一成功。先是迦太基，该国地处埃及西北，有沙漠和突尼斯湾作为海陆屏障，又是当时北非首屈一指的海上强国，想征服它必须有足够的海军实力，但波斯的海军主力都是腓尼基人，他们与迦太基人本是同种，自然不愿同室操戈，这个计划遂不了了之。至于阿蒙人，是生活在撒哈拉沙漠中的游牧民族，据希罗多德说，冈比西斯派了5万大军去征伐他们，结果这支军队出征7天之后神秘失踪，活不见人死不见尸，就此人间蒸发。此后两千多年间一直有考古学者试图寻找这支军队的下落，却都一无所获。于是，冈比西斯的军队和后来的罗马第9军团、美国罗阿诺克殖民地，被并称为史上最诡异的群体失踪事件，现在看来，最大的可能是遭遇了沙漠风暴，全军覆没。

最有意思的是冈比西斯对埃塞俄比亚的战争。其实，作为今天全球最欠发达地区之一的埃塞俄比亚，也是一个有着悠久历史的文明古国，相传《旧约》中记载的那位曾和所罗门王有过一段露水姻缘的示巴女王就来自这里。埃塞俄比亚雄踞东非高原的万重山间，地势险要，这些山地居民也素以孔武强悍著称，因此，这一次蛮横的冈比西斯也采取了先礼后兵之策。他派人送给埃塞俄比亚王象征尊贵的紫罗袍、黄金带，外加美酒琼浆，表达自己的善意。结果埃塞俄比亚王一见到这伙肩负着间谍使命的波斯外交人员，立刻识破了他们的来意，他对波斯人说："你们带来的这堆破烂我根本看不上眼。"原来，紫色在埃塞俄比亚文化中象征奸诈，而黄金，是该国最普通的金属，埃塞俄比亚的囚徒都带着全套的金质镣铐，只有波斯人的酒，有幸入了他们的法眼。埃塞俄比亚王喝完了波斯人的酒就把使团打发回去，让他们告诉冈比西斯，"吃粪的人不要打吃肉的人的主意"。（埃塞俄比亚人全以肉和奶酪为食，将吃粮食视同吃粪便，因为粮食是用粪肥培育的。）他拿给使者一张弓，让他们回去带话给波斯王，列国自有疆，像你这样总是惦记别人土地的家伙，不是什么好东西，我们不屑与你为伍，要是想打，等你们波斯人中有人能拉开这张弓再来不迟。

冈比西斯闻报自然暴跳如雷，因为他确实拉不动那张弓，不过他觉得这并不是决定胜败的关键，扔下弓之后他立刻亲率大军南下。结果这一次怒而兴兵，冈比西斯忘了最重要的补给问题，当时埃及以南的道路修建得并不完善，军粮很快告罄。士兵们饿得急了，把战马和骆驼都宰来吃，接着就要吃人，冈比西斯这才想起皇帝不差饿兵的道理，怕这些士兵饿极了连他一块吃，急忙下令班师，此后再不言南征之事。

至此，冈比西斯的扩张告一段落。这说明在当时条件下，波斯帝国已达到极限。但在当时，或许是由于这些挫折感的刺激，或许是由于癫痫发作，冈比西斯性格中的残忍暴戾、骄横乖张等一起涌现出来。

刚占领埃及的时候，冈比西斯尚能遵循居鲁士时代的惯例，向埃及诸神献祭，还入乡随俗地为自己起了个埃及名字"梅苏提拉"，意为"阿蒙神之子"，并且沿用拉美西斯统一埃及以来历代法老的规矩，以"上下埃及之王"的名义实施统治，算是充分尊重埃及人民的信仰和政治传统。但南征埃塞俄比亚失败之后，冈比西斯像是变了一个人，愈发喜怒无常，他下令将阿玛西斯法老的木乃伊从金字塔里拖出来焚烧。埃及人固然大为悲愤，而波斯人也非常不满，因为根据他们的袄教（即拜火教）信仰，用火焚烧尸体，是玷污了火的清洁，因而此举一出，怨声载道。

接下来又发生了一件更加伤害埃及人民宗教感情的恶性事件，这就是"圣牛阿庇斯"事件。埃及人崇拜牛，将健美的牡牛（即公牛）作为给神的最高规格祭品。在牛当中，有一种被称为"阿庇斯"的极品，体貌特征如下：身体是黑色的，前额有一个四方形的白斑，背上有鹰一样的纹饰，尾巴上的毛是双股的，舌头上有一个圣甲虫的标志。

牛长成这样，确实不容易，因此，埃及人一旦发现这样的牛，便会举国欢庆，以为盛世之祥瑞。这一天，在孟菲斯的冈比西斯看见埃及人在举行庆典，一问之下，原来有一头阿庇斯圣牛出现了。冈比西斯闻言很是不满，因为作为埃及的最高统治者，他实在不能接受有什么生物比他还牛，于是下令埃及祭司将阿庇斯牵来看看，祭司不敢不从。

阿庇斯被领进宫殿，冈比西斯看了一眼，十分不屑，拔刀便刺，那牛躲闪不及，被刺中腿部，受伤倒地。冈比西斯大大地嘲笑了埃及人一番，说你们的神不过如此，他下令驱散欢庆的人群，并把祭司判了罪，扬长而去，那头可怜的小牛不久后不治而亡。

此事在埃及引发众怒，冈比西斯也不得不按照埃及风俗厚葬了阿庇斯，算是危机公关。但不久后，冈比西斯狂态日甚，可能是癫痫病加重，但埃及人普遍相信他是因为杀害阿庇斯而受了神的诅咒。这期间他的作为，和历史上那些混蛋帝王别无二致，比如：有一次，他对留守波斯的弟弟巴尔迪亚生了猜忌，疑心生暗鬼，据冈比西斯说，神仙托梦警告他巴尔迪亚将图谋篡位。色诺芬在《居鲁士的教育》中曾描写，居鲁士晚年将冈比西斯兄弟叫到一起，以折箭为喻，要他们在自己死后团结互爱。但身处帝国权力顶端的冈比西斯此时已顾不得这些，不管他的鬼梦是真是假，既然他杀心已动，弟弟就非死不可。他命令心腹普列克萨斯佩斯回到波斯，将巴尔迪亚秘密处决。此事对帝国民众瞒得甚紧，但王室内部尽皆知晓。不久后，他强行娶了自己的妹妹。这可能是受当时尚未成为波斯国教的祆教思想影响，但不明就里的外人如希罗多德辈，则称此举迹近乱伦。一个不够，冈比西斯又娶了一个。后来第二个嫁给他的那位妹妹和他一起观看斗兽，见两只小狗合力斗败了一只小狮子，触景伤情道："动物尚知袍泽之谊，可叹我们家族却骨肉相残。"冈比西斯当即暴怒，亲自动手将她活活打死，而此时她已怀有身孕。

冈比西斯的驭下之道更堪称恐怖：他发现手下的大法官西萨尼受贿，便下令将他剥皮。这种惩治腐败的方式和朱元璋一样，但冈比西斯的变态程度更胜一筹，他把西萨尼的皮铺在大法官的座椅上，又任命西萨尼之子欧塔涅斯继承父业，坐在皮上，一边感受老爸的体温一边办理公务。对待亲信元勋，也毫不留情，比如那个帮他杀弟弟的普列克萨斯佩斯，有次劝谏冈比西斯不要嗜酒太甚，以至于迷失心智，冈比西斯当即抄起弓箭，一箭射死了普列克萨斯佩斯站在宫门口的儿子，得意地对后者说："心智迷失的人，能有这等箭法吗？"当年受居鲁士托孤之重的克洛伊索斯，自恃资格老，又曾用巧妙的马屁讨得冈比西斯欢心，也站出来规劝，不想波斯王完全不买他的账，说"先王就是听了你的鬼话渡过锡尔河作战，结果身死他乡"，随后喝令将克洛伊索斯推出砍了。卫队长了解冈比西斯的脾气，知道他这是气头上的话，倘若真杀了克洛伊索斯，冈比西斯日后后悔，必定要怪在他头上，于是将老克藏匿起来。果然冈比西斯疯劲过去，想起杀了克洛伊索斯，深感追悔，这时卫队长报告克洛伊索斯没死，是他特意刀下留人以备大王不时之需。冈比西斯大喜，但转念想到卫队长竟敢不听自己命令擅作主张，又令人将卫队长杀了。

冈比西斯的暴虐作风，丝毫看不出居鲁士的宽宏风范，倒像是出自他的曾外祖父阿斯提阿该斯的隔代遗传。这里面或许有历史记录者的添油加醋，但可以肯定的是，冈比西斯的统治手段确实不高明，不但在埃及引起民怨沸腾，连在老家波斯，也发生了意想不到的变故。

奉冈比西斯之命留守波斯的官员中，有个他极为倚重的麻葛僧，名叫高墨塔。此人是米底人氏，但由于冈比西斯的信任，对宫闱秘事皆有所闻，巴尔迪亚被诛一事他也知道。公元前522年3月，他眼见远在埃及的冈比西斯疯病日甚，有机可乘，就冒充巴尔迪亚，在波斯重镇苏撒宣布自立。他以巴尔迪亚的名义昭告天下，历数冈比西斯罪状，随后派人赴埃及要冈比西斯投降。

此时冈比西斯正统兵驻在巴勒斯坦一带的小城埃克巴塔纳，高墨塔的使者到达时已是当年7月。冈比西斯听说家里后院起火，还以为弟弟巴尔迪亚没死，招来普列克萨斯佩斯对证，后者一口咬定已杀了巴尔迪亚，并分析说现在作乱的必是高墨塔。据说冈比西斯此时幡然悔悟，伏地大哭，说原来神谕里的"巴尔迪亚篡位"，指的是高墨塔，他错杀好人，悔之无及。冈比西斯随即下令回师平叛，结果上马时佩刀不小心掉下来，刺伤了他的腿——受伤处正与他当年刺中神牛阿庇斯的部位一样。

由于沙漠气候炎热，又没有及时消毒，冈比西斯的伤口感染。他想起曾有一个神谕说他将死在埃克巴塔纳，当时他还以为指的是米底故都，现在才发现这个与之同名的小镇，就是他冥冥中早已注定的毙命之所。强烈的心理暗示又加剧了伤势，伤口的溃烂很快蔓延到整条腿上。冈比西斯自知命不久矣，这个疯了半辈子的国王此刻灵台一片清明，他对身畔的众人说道："居鲁士的嫡子，至此已经死光，阿契美尼德宗室的诸位，念在祖宗创业维艰，务必要讨伐逆贼，匡扶王统，切不可使波斯人的大业被米底人篡夺。否则，你们将和我一样，惨遭横死。"言罢气绝。

至此,在位七年半的疯子王冈比西斯驾崩,居鲁士家族也就此消亡。冈比西斯开创了横跨亚非的帝国基业,但他暴虐的统治也让这个帝国面临危局,接下来,将出来收拾残局,并让波斯帝国更上一层楼的,是阿契美尼德家族另一支系的杰出人物——大流士。

按

高墨塔在希罗多德书中写作"帕提载铁司",这是希翁的误记,因为"帕提载铁司"不是人名,而是波斯语"总督"的意思。因为这个错误,《希罗多德历史》把篡位的麻葛僧写成兄弟两人,说是帕提载铁司让他与巴尔迪亚同名的弟弟冒充王子巴尔迪亚,自己则居于幕后。此说已被波斯的贝希斯敦铭文证谬。

此外,关于冈比西斯种种暴政的记述,《希罗多德历史》是唯一出处,因此有些过于戏剧化的情节真实性在学界一直存疑。美国东方学家奥姆斯特德的遗著《波斯帝国史》中提到,神牛阿庇斯的墓葬已经被找到,墓葬铭文显示,阿庇斯死于冈比西斯出征埃塞俄比亚期间,而下一代的阿庇斯平安活过了冈比西斯统治时代,直到之后的大流士时代才寿终正寝。因此冈比西斯杀死阿庇斯的说法,可以存疑。

10
七 剑

公元前522年7月，冈比西斯糊里糊涂地死在了沙漠里。虽然临死前揭了高墨塔的底，但鉴于他一生行事狂悖不近情理，手下们都拿不准他的遗命是不是弥留之际神志不清的胡话，因此也就没有认真贯彻落实。就这样，最早获知天字一号机密的人们坐失良机，因为不论真相如何，这都是一个难得的政治宣传的题材，这些拥兵在外的前朝重臣们大可以此为口实，谋取在新朝廷中的政治资本，可惜他们都没有这个头脑。一个多月后，这则小道消息辗转千里流传回帝国本土，传到波斯行省总督叙斯塔斯佩斯的公子大流士耳中，他立刻意识到传闻的价值。

论起辈分来，大流士算是冈比西斯的远房堂弟，他们有个共同的曾曾祖父，即第二代安善王提比亚斯，而在当时，大流士祖先的这一支还是兄长，居鲁士、冈比西斯这一系反倒是小支。除了出身帝室，大流士身上还不乏各种或真或假的"天降祥瑞"。《希罗多德历史》中说，当年居鲁士大帝远征马萨格泰人，渡过锡尔河后忽然做了个梦，梦见当时在后方的大流士肩头长出两只翅膀，一只遮盖了亚细亚，一只遮盖了欧罗巴。醒来后居鲁士觉得此事非同小可：长翅膀的不一定都是天使，莫非大流士这鸟人将有篡逆之举？尽管没读过弗洛伊德，居鲁士也明白梦绝不是偶然形成的联想，他把这视为天神示警，于是招来堂弟叙斯塔斯佩斯说起此事。后者尽忠王事，当即就赶回国内将儿子看押起来，表示一待王师凯旋，就送子伏法听凭处置，结果居鲁士战死草原，此事也就不了了之。

大流士和居鲁士一样，险些毁于一个帝王的梦，又一样逢凶化吉，坏梦变了好梦。在冈比西斯时代，叙斯塔斯佩斯被委派镇守波斯本部，大流士也备受器重，曾在冈比西斯身边做过"持矛者"，这可不是韩信的"执戟郎中"那样的保镖之职，而是波斯军队系统中颇为重要的职位，基本相当于御林军总司令。居鲁士的梦果然不是白做的，大流士确实才略不凡，经过这几年的历练，已成为帝国军政两界的新锐。冈比西斯远征埃及时，大流士和父亲一起驻留本土。

麻葛僧出身的高墨塔篡位之后，为了培植自己的班底，大幅度提高了麻葛僧侣的地位，同时，为了维护统治并收揽远地人心，高墨塔下令波斯之外的其他行省免除三年兵役赋税。此举虽然有惠于民，但并没起到加强国家凝聚力的作用，中央政权的控制力减弱，地方豪强纷纷乘势而起，割据一方。而且，高墨塔的"仁政"让帝国的运转成本全压在了波斯人身上，原本享受优惠税率甚至是免税特权的主体臣民现在却要受歧视待遇，这让波斯人对新的统治者怨愤不已。所以，当获知高墨塔身份的秘密后，大流士意识到这是一个天赐的机遇，可以趁着乱局建功立业，有所作为。说干就干，28岁的大流士提剑入苏撒，准备相时而动。

再说此时的苏撒城中，另有一个人洞悉了高墨塔的秘密。他叫欧塔涅斯，出身望族巨室，他的女儿帕伊杜美被冈比西斯纳为妃嫔。新王"巴尔迪亚"继承了冈比西斯的王位，根据波斯习俗，也继承了他的后宫（这已是很明显的祆教风俗），因此欧塔涅斯也算是众多"国丈"之一。

高墨塔既然是冒充巴尔迪亚，自然尽量避免抛头露面，以防被人识破，他躲在城砦中，半年来几乎从不出来。这种潜居深宫神秘兮兮的举动，加上坊间的各种流言蜚语，让欧塔涅斯心生疑窦。他知道国王可以把政务交给手下代办，但在后宫床笫间，却必定"躬亲"，于是写密信给女儿，询问与她同床的到底是何许人。

不想，他的女儿帕伊杜美回信说，自己只是为国王服务，却不知具体是为哪位国王服务。她还介绍，国王制定了新规定，每位妃嫔只能在指定的居所等待临幸，彼此间不得走动，更绝不可和出身王室的妃子讲话（如前所述，波斯风俗提倡近亲结婚），违者重处。

欧塔涅斯愈发觉得事有蹊跷，这个巴尔迪亚十有八九是高墨塔假冒。他再次字谕女儿，说出了当前形势的严峻与复杂，并让她务必寻找机会，验明国王的正身。具体的求证方法是，高墨塔当年曾经犯罪被割了耳朵，这个明显的生理特征，一摸便知。

尽管冒险，帕伊杜美还是决定为国为民，摸他一摸。终于，这一天又轮到她值班，这个女人怀着崇高觉悟走进了国王的寝宫。高墨塔平常自然对他耳朵的问题十分留意，但既然是在后宫榻上，帕伊杜美总有机会"上下其手"。待伪国王沉沉睡去,她轻轻一探,果然,耳朵没有了,该长耳朵的地方,只剩下硬硬的颅骨。

掌握了这个铁证的欧塔涅斯马上找来几个波斯的忠义之士,密谋勤王反正,已凑了六个人。恰在此时,这伙人听说大流士来到了苏撒,他们想到大流士父子乃波斯宗室之胄、股肱之臣,自然是极佳的同谋人选,当即将他也拉了进来。

9月29日这一天,七人谋划于密室,提起高墨塔篡夺大位、秽乱内廷,无不气愤填膺,但说到对策,都没什么好办法。欧塔涅斯主张继续发展人手,扩大统一阵线,大流士之外的另五人也大抵同意。大流士却说:"此事宜早不宜迟,自来举大事者不谋于众,如果再联络更多的人,非但延误时机,还会走漏风声。"欧塔涅斯等都劝这个年轻人从长计议,不可操之过急,结果大流士真急了,说:"我已有计较,你们再磨蹭,不用等别人,我就去告发你们。"大家拗不过,只好依他。欧塔涅斯问他,如何突破宫廷的守卫。大流士说:"我们这就进宫求见,以我们这些人在朝堂上的权位,那些守卫必不敢拦。倘若真有人问,反正我刚从波斯来,就说家父有重要军情奏报。情非得已,说说谎话也无伤大雅,我们跟高墨塔是敌我矛盾,斗争的方式上大可灵活。"

或许这就是所谓领袖气质,欧塔涅斯等人虽然觉得这个年轻人太过胆大妄为,但终于还是决定按照他的计划行事,七人怀揣利刃,向王宫进发。

大流士等人不知道,当他们在欧塔涅斯家谋划的时候,宫中发生了一件极富戏剧性的事。关于高墨塔身份的传言,其实已在波斯各地有所流传,历来统治者最头疼的就是如何让人民缄口不语,尤其是高墨塔自知得位不正,见不得光,不过他也想出了对付流言的办法。亲手杀死巴尔迪亚的普列克萨斯佩斯在波斯威望素著,他是唯一确知真相的人,但又万不敢说破真相,因为一旦说破,他自己也将承担莫大干系。因此高墨塔把他当作证明自己身份的最佳人选,他召集了一次苏撒居民大会,让普列克萨斯佩斯在会上作证,说现在王位上的正是货真价实的巴尔迪亚,这是与人方便,自己方便。

高墨塔打的本是如意算盘,但不知出于什么考虑,普列克萨斯佩斯到了大会上,竟将真相和盘托出,他在王宫的城楼上将自己杀死巴尔迪亚、麻葛僧高墨塔冒名顶替、冈比西斯临终遗嘱等全部讲给楼下听众,然后跳楼自杀。

这一下,可在苏撒城中掀起了轩然大波。高墨塔弄巧成拙,赶紧命人驱散人群,同时召集心腹搞危机公关,紧急磋商如何抓舆论导向挽回影响。就在这时,大流士一行人到了。

七人叩阕请见，王宫门卫见了这些勋戚大员，开门放他们进来。众人走进宫去，一路未遇阻碍，一直进至内室附近，才有侍卫出来喝令止步。

此刻已到了图穷匕见的时候，大流士一声呼喝，七剑齐出，拦路的侍卫们措手不及，纷纷被刺倒在地。高墨塔闻声赶了出来，他见状不妙，向宫殿深处逃去。七剑紧追不舍，高墨塔从侍卫手里夺过一条长矛，且战且退，他武功不弱，七名剑客中，一个伤了大腿，一个被刺瞎了一只眼睛。但高墨塔毕竟寡不敌众，逃进一间屋内，被大流士和同伴戈布里亚斯堵住，一场激战，按照希罗多德的说法，正是大流士本人手刃了假王高墨塔。

大流士、欧塔涅斯这七人本都是波斯显贵，千金之子，这次却亲自上阵为刺客之事，而且还"以匹夫之力而逞于一击之间"，七剑诛却伪君，实在是世界政变史上的一段传奇。大流士接下来提着高墨塔的人头跑到人群聚集之处，将此消息广为传播。对高墨塔和麻葛僧们素来怀怨的波斯人无不称快，此时向麻葛僧僧侣们清算，不但不用负责，而且有了一层爱国忠君的意义，在政治上是绝对正确的。他们大杀特杀在苏撒城中遇见的每一个麻葛僧，这种群众性的狂热是会传染的，麻葛僧们很快血流成河。这一天在后来一度演变成了波斯人的一个节日：麻葛僧屠杀节，直到后来祆教再度得势才渐被废止。

而当欢快的杀人庆典如火如荼之时，首倡者大流士等七人却回到了居所，他们要在麻葛僧们的血泊中商讨波斯帝国的未来。

按

威尔斯《世界史纲》中说大流士是米底人，该书成书于20世纪初，但后来考古学家通过对古波斯文献的释读，已经证明了大流士的阿契美尼德宗室血统确系无疑，故威氏之说当为误传。

还有学者认为所谓"高墨塔篡位"是大流士后来的杜撰，"高墨塔"就是真正的巴尔迪亚。此说也有若干推断作为佐证，但多是推论，并无文献和考古方面的支持，不赘述。

11
帝国的十字路口

大流士等人打碎了高墨塔缔造的这个仅存在了七个月的短命旧世界,接下来众人的愿景自然是建立一个万古长青的新世界。写到这里,希罗多德再次为历史加料,他描写了七人之间一场决定波斯命运的大讨论。这段场景更像小说,或许希罗多德自己也意识到了,于是特加批注曰:"在会上发表的意见,在某些希腊人看起来是不可信的;但毫无疑问这些意见是发表了的。"这句话更让我们隔着两千多年的时空,看见了老先生信誓旦旦宣称此地无银的可爱。

不过,抛开考据不谈,这段描述确有着历史文献难以比拟的意义,千载之下仍值得研读玩味,甚至在一些后世的政治史研究家看来,希翁浩浩九卷,精意唯此一段。以下就是他描写的这场辩论。

夺宫之变后的第五天,也就是公元前522年10月4日,欧塔涅斯、大流士等七大功臣再次聚首,讨论国家的未来。作为首倡义举者,欧塔涅斯率先发言,他认为,冈比西斯的暴虐和高墨塔的篡逆足以说明独裁之害,他历数了君主制的弊端:

> 以君为主,天下为客,凡天下之无地而得安宁者,为君也。是以其未得之也,荼毒天下之肝脑,离散天下之子女,以博我一人之产业,曾不惨然,曰:"我固为子孙创业也。"其既得之也,敲剥天下之骨髓,离散天下之子女,以奉我一人之淫乐,视为当然,曰:"此我产业之花息也。"然则为天下之大害者,君而已矣!向使无君,人各得自私也,人各得自利也。呜呼!岂设君之道固如是乎?

当然,欧塔涅斯的原话不是这样,上边这段话是两千多年后的中国明代大儒黄宗羲在《明夷待访录》中说的，但欧塔涅斯表达的意思大抵相同。他认为，一个乾纲独断的君主，本身就是国家和人民灾难的根源，因为不受任何限制的权力，必将使其拥有者任意妄为。因此，必须取消国君的无限权力，将权力平等地交给每个国民，政府通过选举产生，国家事务交由全体民众投票裁决。

接下来，"七剑"中的另一位美伽比佐斯表态，他对欧塔涅斯关于独裁之危害的论述完全赞同，但坚决反对将权力交给公众，在他看来公众掌权必将导致动乱，他阐述道：

> 专横和偏执是群体有着明确认识的感情，他们很容易产生这种感情，而且只要有人在他们中间煽动起这种情绪，他们随时都会将其付诸实践。群体对强权俯首帖耳，却很少为仁慈心肠所动，他们认为那不过是软弱可欺的另一种形式。他们的同情心从不听命于作风温和的主子，而是只向严厉欺压他们的暴君低头。他们总是为这种人塑起最壮观的雕像。不错，他们喜欢践踏被他们剥夺了权力的专制者，但那是因为在失势之后他也变成了一个平民，他受到蔑视是因为他不再让人害怕。……群体随时会反抗软弱可欺者，对强权低声下气。如果强权时断时续，而群体又总是被极端情绪所左右，它便会表现得反复无常，时而无法无天，时而卑躬屈膝。

当然，美伽比佐斯的原话也不是这样，上边这段话是两千多年后的法国社会学家古斯塔夫·勒庞在《乌合之众：大众心理研究》中说的，但美伽比佐斯表达的意思大抵相同。他认为公众是盲目的、非理性的、不可控的，如同蕴含着强大破坏力的洪流，会将一切秩序之堤冲毁。他主张，建立一个由一群优秀的人组成的寡头政府，同心同德，群策群力，以集体的智慧治理国家。

轮到大流士发话，他表示民众之治和寡头之治都不好，还是要坚持君主制。因为民主导致行政效率低下，寡头导致党争倾轧，直至流血，而当一派斗败另一派之后，结果又是君主独裁，既然如此，不如一开始就搞君主制。至于独裁统治带来的问题，只要找出最适当的人选来当王就可以解决。

这是大流士的聪明之处，他不但切中了当时技术条件下民主政府和寡头政府的最大弊端，更用君位吊起了大家的胃口，所谓"最合适的人选"云云，分明是暗示同伴，他们每个人都有机会成为至高的君主。对大多数人来说，喻之以利的效果要胜过喻之以义，因此，比之欧塔涅斯的理想主义，大流士为他们规划的前景显然更加诱人。王政派获得了七人中四个人的支持，成了定议。众人以民主投票的方式，决定了帝制的执行，这不失为一个历史的黑色幽默。

上述这段关于"民主与专制"的讨论出现在古人著作中，尤其是关于帝制之弊的陈述，早于阿克顿的名言"绝对的权力导致绝对的腐败"两千多年。这确实显得非常超前，它给人的震撼不啻从两千多年的古墓中挖出一台笔记本电脑。其实，君主制–僭主制、贵族制–寡头制、共和制–平民制这三种政体的优劣，正是古希腊人热衷于讨论的问题。希腊诸城邦普遍实行的是后两种，而波斯实行的是君主制，因此后来的希波战争，不唯是两个国家、民族的较量，也是这两种政治制度和与之伴生的思想文化的争衡。正如汤因比概括的，第一波斯帝国的统治集团与其同时代的希腊城邦国家公民，各自为一种政治体制所沉迷……前者的政治忠诚集中于一个人——阿契美尼德王朝的帝王身上，后者的忠诚则集中于一个神化了的抽象观念——主权的城邦国家之上。当这两种忠诚互相碰撞之际，双方之间持久的和平共处也就不复存在，一方必将打倒另一方，并取而代之。

没有证据表明波斯在成为帝国之后，曾有过改变政治体制的尝试，因此上述希罗多德的描述，基本可以确定是出自他的演绎，希罗多德让波斯帝国和希腊城邦两种政治文明形态，在他的想象中来了一次提前交锋。

在这场虚拟大辩论中，希罗多德替大流士拉了偏架，藏下了其说辞背后的致命漏洞：在早期的技术条件下，帝国体制较之民主或贵族体制，确实更容易积聚国力，一个"最合适"的有道明君，其作用确实胜过一群盲目的民众或教条的议员，对那些"大国"来说，尤其为然。但是，这个看似简单又高效的方案中，藏着一条悖论，那就是所谓君主制，必以血缘作为君主法统沿袭的绝对依据，这一条，就已经否定了大流士所谓"选出最合适的人"这种模式持续操作的可能性。也就是说，帝国只有一次"选"的机会，之后，能否再有"最合适的人"来执掌帝国，就完全要靠运气了。而包括波斯帝国在内的绝大多数帝国的历史都将证明，这样的运气的确极少降临到帝国臣民的头上。

希罗多德用春秋笔法让大流士代表的帝制派在这场论战中得胜，是为了忠于史实，并不能说明他倾向帝国模式，但希翁借美伽比佐斯和大流士之口道出的民主制和贵族制的弊端，堪称一针见血。他没有像指明民主制和贵族制那样直斥帝国制之非，也可以看作是对这两种希腊体制利弊的反思。要理解这种反思，我们不得不暂时停下故事，花一点篇幅简述希腊的政治形态及其沿革。

希腊式"民主"的源头，其实起点很低，他们最初的政治结构颇为简单，由一个称为巴塞勒斯的军事指挥官，加上负责部落内部事务的酋长会议组成。摩尔根的《古代社会》中，将这种形态定性为中级野蛮社会。由于社会规模小，生产力低下，剩余产品有限，因此这种体制下，那个带有"王"的性质的巴塞勒斯其实并没多少好处，对日常政务没有决策权，财产方面和一般社会成员相差无几，在军事以外的其他领域，对部落民众也没有绝对的支配权。打仗要冲锋在前，平时又没有太多的威仪和油水，可见巴塞勒斯不是什么好差事，就像韩非子说的，"虽臣虏之劳，不苦于此矣"。

最初希腊的大小部落基本都是上述的组织结构，后来发展发展着，有的部落变强了，他们便开始欺负发展程度较低的部落，从人家手中抢钱抢粮抢地盘，这些部落也因此做大。这个历史阶段就是希腊从部落、村寨结构向城邦结构转型的过程，雅典的建立可以作为样本。普鲁塔克《希腊罗马名人传》的开篇之作《忒修斯传》，正是这一时期的写照："忒修斯设想了一个奇妙的计划，他要把阿提卡的全部居民集中到一个城镇，使他们成为同一个城市中统一的人民……他逐个走访所有的城镇和部落，劝说他们接受自己的计划……他很快说服了一些人，其余的人慑于他那日益强大的威力和他的勇猛，感到与其被迫就范，还不如接受劝告为妙。"忒修斯作为一个神话人物，其存在与否可以存疑，但上面这段描述，基本可以看成对希腊城邦形成过程的真实还原。由强力部落或人物主导的不同部落的联合与统一，使希腊人的组织形态具备了所谓城邦的两个要素：城区（asty）和城郊（chora）。前者是商业、手工业和居住区，后者则提供农产品和原材料。雅典就是这样诞生的。在这个过程中，由于军事领袖的作用日益凸现，巴塞勒斯的"王权"也随之膨胀，逐渐从军事领域渗透到行政等其他领域，对社会总财富的占有比例逐渐增多，其个人意志对部落社会的影响也逐渐加大。

接下来，希腊政治史似乎也要沿着我们熟悉的轨迹发展了，但就在这个时候，希腊特色来了。城邦在巴塞勒斯和酋长会议之外多出了一个权力机构，即公民大会，希腊城邦进入了摩尔根所说的高级野蛮社会。公民大会的作用很快体现出来，当巴塞勒斯们越来越接近真正意义上的"王"的时候，他们被废黜了。此后希腊政治模式的发展，开始和其他文明分道扬镳。

> 政府权力的分化有了进一步的发展，起初授予巴塞勒斯的军事权力现在改归受到更大约束的将军和舰长们来行使。……出现了司法权，交由执政官和大理官来行使，行政权现在交给了市行政官吏。凡可以说成是人民把酋长会议作为一个代表团体而曾委交给该会议的一切权力，都随着经验的积累和进步，而逐步地从这个原始会议所总揽的全权中分化出来了。（摩尔根：《古代社会·第十章　希腊政治社会的建立》）

为什么到了别的古文明该迈向集权的这个历史节点上，希腊人能"逆潮流而动"？是因为他们的"民主素质高"吗？

不能这样对历史做简单化的解读，希腊城邦之所以出现，与其地理条件有直接关系。巴尔干半岛三面环海，陆上层峦叠嶂、丘壑纵横，有人形容，如果能用熨斗把这个半岛熨平，其面积会大过整个欧洲。希腊世界的核心部分，是巴尔干半岛南端的阿提卡半岛和伯罗奔尼撒半岛，地形同样是千沟万壑。诸部落被自然分隔在各个角落，没有开阔的可耕种平原，他们的人口和国力难以积蓄，而山川海洋，也是诸城邦的天然屏障，使其能够划地自守。这样的环境决定了希腊城邦不得不走"迷你化"路线，从斯巴达的"立法者"吕库古到柏拉图，他们理想中的城邦人口为5000—9000人，亚里士多德在《政治学》中提出：城邦的理想公民人数的上限是保证公民间相互熟悉。

这种小国寡民的模式，天然适合发展民主，在当时的条件下，"小"是一个城邦或国家实现全民表达权的必要条件，唯其小，唯其人少，才不至于产生过多的利益群体，才可能在技术上保证全国公民共商国是一人一票，才能让民众通过彼此的熟悉来判断，管理城邦事务，究竟谁是适合的人选。

因此，古希腊时代的"民主"，完全不能与现代政治之民主等量齐观（尽管后者是由前者发展而来）。如前所述，希腊城邦的形成过程与帝国的初创阶段并无太大分别，古希腊人选择民主，其实应该视为他们在由原始公社阶段迈向帝国阶段时，被自然条件绊了一跤。他们的民主是与贫困、保守、生产力低下共生的。古希腊城邦的民主政治在当时完全不具普世价值，不能推广到幅员辽阔的国家。相反，如果希腊也有那些国家的地理条件，几乎可以肯定他们也会走上帝国之路。而且，当后来雅典经过伯利克里时代的大发展，有了扩张的条件后，也确实走上了"帝国化"道路，他们的"民主"也逐渐变得名存实亡，越发转向野心家和多数人暴政的结合体。有修昔底德《伯罗奔尼撒战争史》为证：虽然雅典名义上是民主政治，但事实上权力是在第一公民手中。

此外，这种制度的缺点也和优点一样突出。比如议而不决；比如"抽签定官吏"这种与专业化分工背道而驰的荒唐做法；比如执政官为了讨好选民不得不放弃主见，朝令夕改，从而导致执政能力低下；比如仅有多数原则而缺乏对少数的保护（参见苏格拉底之死）……这都是希腊式民主为后世诟病之处。综上，作为一种政治形态，民主也好，君主也罢，都是手段，而不是目的。

上面的论述似乎推导出一个悖谬的结论，即在人口众多的地方实现专制，反而要比在人口少的地方容易，统治多数人，反而要比统治少数人容易。要理解这个看似不合情理的问题，还需要回到前面提到的大众心理研究。勒庞在《乌合之众》中写道：芸芸众生总是愿意听从意志坚强的人，而他也知道如何迫使他们接受自己的看法。聚集成群的人会完全丧失自己的意志，本能地转向一个具备他们所没有的品质的人。

这段说的是领袖的作用，当然，也可以理解为领袖的危害。勒庞说的这种领袖（意志坚强的人），通常可以通过"断言、重复和群体间的情绪传染"，将其影响施加于人。这种影响会在群体中传播，而群体的基数越大，这种影响的传播也就越快、越广，在规模较小的群体中，则作用有限。根据弗洛伊德和其弟子荣格的群体无意识学说，人的精神结构包含两个主要部分：意识部分和无意识部分。弗洛伊德以冰山为喻，称前者的比重相当于冰山露出水面的八分之一，而人精神中八分之七的部分都是无意识。身处群体中的人会因彼此的共性而相互影响。当一种情绪或信念在群体中传播时，处在无意识状态的八分之七部分会因为先天的从众心理而被轻易占领，群体的数量多寡则决定着这种无意识状态的强弱，这就是为什么一士可以"谔谔"，而众士则通常只能"诺诺"。

洞悉了这种群体心理的人，往往能凭此成为领袖，带领人类走向进步，或走向毁灭，大流士就是这种人。因此，当波斯这个人类史上第一个巨无霸走到决定命运的十字路口时，他的出现，保证了波斯在帝国之路上继续前进。

12
绝壁勒铭

凭着大流士的说辞，众人一致认同了他"选一个合适的人当王"的主意，但究竟谁是"合适的人"，大家却无法达成一致，因为每个人都不认为有谁会比自己更合适。最终众人决定，明天日出的时候一起骑马到城外的树林，谁的马先叫，谁就当王。

这是一个荒唐的裁决方法，但确实是成本最低的。所谓陇中脱兔，万众齐呼，空悬的王座产生的诱惑力会越来越大，如果让这种无政府态势持续下去，很可能演变成派系斗争甚至内战。而在矛盾激化之前，将君臣名分以这种方式定下来，大家机会均等，各听天命，不论谁输谁赢都不伤和气不损面子，局面自然缓和。于是众人都表示同意，而作为坚定的民主派，欧塔涅斯主动声明退出竞争。其他六人便请他做次日的公证人，并约定无论谁当王都给他一份铁券丹书，规定他的家族只需遵守法律而不需为王室效劳，还可以与王家通婚，安享富贵，世袭罔替。议定之后，众人各自回家准备。

虽然希罗多德没有明言，但几乎可以肯定这个点子又是大流士提出来的，因为这是一个完全有利于他的方法。他手中有张王牌——马夫欧伊巴雷斯。此人最擅操控马匹，他能与马顺畅交流，堪称"马语者"，因此当大流士把马鸣决天下的方案告诉他时，欧伊巴雷斯胸有成竹地对主人保证，尽管准备登基事宜吧。

待到夜幕低垂，欧伊巴雷斯牵出一匹雌马，悄无声息地来到大流士等人约定的树林拴好，随后又牵来了大流士的坐骑：一匹正在发情期的雄马，也是先前那匹雌马在马厩中的伴侣。其时秋风送爽，月色撩人，两匹马脱离了主人的掌控和鞍辔的羁绊，干柴烈火，一夜激情。事毕，欧伊巴雷斯将依依不舍的两匹马带回去，隔离起来。

次日，太阳升起在地平线上，大流士等人如约出城，他们骑着的，就是决定帝国命运的六位仲裁官。走到林子跟前，众人勒马站住，大流士的坐骑认出了这里，它刚在这经历过销魂的一夜，林间的风一阵阵送来残留着的爱侣芳泽，触景生情，这匹马忍不住仰头向天，"咴咴咴"，一阵嘶鸣。

骏马一唱天下白，大流士大王在上，受众人一拜。

这又是一个充满传奇的故事，但希罗多德此次拿出了证据，他说在波斯看见过大流士骑马的雕像，配有铭文称：叙斯塔斯佩斯之子大流士，因为他的马和马夫之功，赢得了波斯帝国。

于是，波斯帝国有了新的主人：大流士一世。或许是自知手段不够光明磊落，大流士上台之后娶了一大批与阿契美尼德宗室沾亲带故的女人，有居鲁士的女儿，也有包括欧塔涅斯那个做过间谍的女儿帕伊杜美在内的前朝嫔妃，以此强调他的王族身份。但不论上台时的小小花招，大流士日后的作为称得上逆取顺守。马夫和马虽然帮助他在一班战友中树立了核心地位，但并非整个帝国也会因此而立即听命于他。当时的波斯经历了冈比西斯后期的种种苛政，以及高墨塔事件导致的混乱，已有崩离之态势，许多边远地区脱离了中央政府的统辖，还有人趁火打劫，借着乱局拉起队伍来造反。这些人纷纷诈称名人之后，以此为号召。这种冒牌的公子王孙，算上高墨塔共有九个，他们当中比较没创意的，重施高墨塔之故技，自称巴尔迪亚；而想象力丰富的，则冒充古埃兰王乌玛尼什之裔、古米底王库阿克萨列斯之裔、古巴比伦王尼布甲尼撒之裔，甚至有人自称是尼布甲尼撒本人。这些来自各个时代的名人们济济一堂好不热闹，一时间波斯仿佛时空错乱。

反王们旋起旋灭，两三年之间就被大流士一一平定，其中最难的是最后一战，二度收复巴比伦城之役。公元前519年，巴比伦城第二次叛离波斯中央政府，煽动此事的，是一个名叫阿拉哈的亚美尼亚人。他自称末代巴比伦王纳波尼德（就是喜欢盗墓的那位）之后，招纳信众割据城池，与大流士作对。

大流士亲率波斯大军攻城，但这一回的巴比伦人不肯像上次居鲁士来的时候那样打开城门主动配合，他们进行了殊死抵抗，并且为了显示决死之心，自己杀光了城里的妇女儿童。面对死守在高墙后的巴比伦人，大流士也无计可施，他围城20个月仍无斩获，愈发焦急。此时，他的老战友美伽比佐斯之子、名臣佐皮鲁斯急主上之所急，使出苦肉计——他自残容貌，割去鼻子和耳朵，剃光头发划花脸，混进城去诈降。佐皮鲁斯声泪俱下地向巴比伦人控诉大流士的暴行，他这副尊容有极大的说服力，巴比伦人同情他的遭遇，于是收留了他。入城之后，佐皮鲁斯依照事先与大流士的约定，屡献奇谋，累计消灭了波斯军队7000人，当然，这都是大流士精选的老弱残兵，专作炮灰之用，还在一次大战中把标枪投向大流士本人。有了这样的表现，巴比伦人对佐皮鲁斯信赖有加，把城门防务的重任交给他。接下来的情节不难想象，城门对波斯军打开，佐皮鲁斯向惊怒悔恨的巴比伦人说："对不起，我是卧底。"

这是大流士重新平定波斯过程中的一个缩影。在这些战役中他使出铁腕作风，酷烈远胜居鲁士，比如攻克巴比伦城之后，他下令拆毁城墙，并把3000余名主犯从犯钉上十字架。至于首逆阿拉哈，他在上十字架之前也像佐皮鲁斯一样，被做了耳鼻切除手术。在那个年代，这些残忍行为也算是世界通例，大流士凭其杀伐，先后削平了僭号称王者九人（包括高墨塔），镇压小股叛乱不计其数。这是他对波斯的第一个历史贡献：维护了帝国的统一。

对于这个功绩，大流士本人十分得意，他命人在今天的伊朗贝希斯敦村一处离地百米的悬崖上刻凿了一幅浮雕，画面中他本人昂首傲立接受献俘，身后护卫随侍，他的头顶上，祆教大神阿胡拉·马兹达在云端显圣，照临下土。浮雕正下方，配有一篇记功铭文，以大流士时代开始普及的波斯文字母写成，浮雕左侧和左下侧，分别是该铭文的阿卡德文和埃兰文译本。可惜后来时间久远，这三种文字全部失传，后人看不懂这铭文写的是什么，以至于西方人长期误以为该浮雕上的人物是耶稣和他的十二门徒。直到1838年，浮雕和铭文的秘密才由一位英国业余考古爱好者劳林森揭开，他冒险攀上峭壁将铭文拓下来，穷极智力译成英文，至此世人方知，原来这就是传说中的大流士。这一发现进而揭开了古波斯语的秘密，其意义等同于罗塞塔石碑之于古埃及象形文字，一时轰动考古学界。节选该铭文的开头部分，戏仿古代用语翻译如下：

> 朕大流士大帝是也，至高之王，万王之王，波斯之王，列国之王，阿契美尼斯之苗裔，朕皇考曰叙斯塔斯佩斯。
>
> 朕大流士曰：朕之远祖讳阿契美尼斯，故朕之宗族曰阿契美尼德氏。天潢贵胄，累世为尊，传至朕躬，凡九世焉。蒙列祖之荫，阿胡拉·马兹达神授朕以大柄。朕之属地，为波斯，为埃兰，为巴比伦尼亚，为亚述，为阿拉

比亚,为滨海之埃及,为萨迪斯,为爱奥尼亚,为米底,为亚美尼亚……凡此廿三行省矣。蒙阿胡拉·马兹达神庇佑,率土之滨,尽皆俯首,称臣纳贡,朝夕罔替,朕之意旨,莫敢不从。诸邦之民,为忠善者,雨露及之,为奸佞者,雷霆加之,由是朕之法度,列国凛遵,令法之行,如朕亲临。

朕之得国也,实蒙大神之加惠。先王冈比西斯,居鲁士大帝之嫡长,阴戮其弟巴尔迪亚,国人皆不知也。冈比西斯王师西出,以取埃及,臣其国后,骄奢淫逸,王业不修,人心尽坏,流言四起。时有妖僧高墨塔者,造逆于米底(原文为Paishiyauvada),矫称巴尔迪亚。波斯米底诸省,久不直冈比西斯王,复为妖言所惑,乃附骥尾。冈比西斯王旋崩。列祖之基业,遂沦于妖僧之手。及其篡国,恐人窥知阴私,乃尽戮巴尔迪亚之故旧,刑人犹恐不胜,国家困顿,宗室束手,国人皆道路以目。方其时也,朕践此土,仰赖神佑,率数人诛彼妖僧及附逆为恶者于其巢穴(原文为Sikayauvati),拨乱反正,复我邦国,朕临君位,顺天应人。

朕中兴帝业,尽复旧观,葺神明之庙宇,还黎庶之屋舍,波斯米底及诸省,流散之民,得返故土,褫夺之物,悉归原主。朕重修王室宫舍于其旧址,蒙阿胡拉·马兹达神庇佑,百废俱兴,妖僧高墨塔篡逆之祸,至朕救平矣。

这篇铭文此后的部分,讲的就是大流士平定各地叛乱的事迹。值得庆幸的是作乱者们普遍能力一般,都被大流士轻易消灭,因此平乱过程没给波斯人带来更大的伤害。当帝国再次统一,大流士开始将工作重心转向了国内的经济建设。

按

贝希斯敦铭文现存76个章节,用古波斯语、埃兰语、阿卡德语的楔形文字书写,现有多个英译本,各版本文意大同,辞章小异,有一款用"圣经体"翻译的中古英语版本,很有雅趣古意,但晦涩难解之处,所在亦多。本书根据现代英语版本译出,该版本合英文单词约4279个,这里仅译出前14个章节。15节以后讲的是大流士平定波斯各地叛乱的事迹，细节很含糊，限于篇幅不逐句翻译了。本段中有几处需要注意的是：1.大流士历数族谱，他的高祖是波斯人的第二代首领，阿契美尼斯之子提比亚斯，当时尚称为安善王，如此算来，大流士应该是家族中第七位王，但他后边又称此前家族中出过八位王，他自己是第九位。2.英译本中把"巴尔迪亚"写作Smerdis，即希罗多德所述"司梅尔迪斯"，据说这是英语和古波斯语拼写不同所致。3.关于冈比西斯杀巴尔迪亚的时间，铭文中说是在冈比西斯进攻埃及"之前"，而不是《希罗多德历史》中说的"之后"。这是一处疑点，目前尚无定论。4.英译本中言及冈比西斯之死，是这样说的：Cambyses died by his own hand.（冈比西斯死于自己之手。）有人据此认为冈比西斯乃是自杀，此说亦无定论。5.铭文中说大流士等人是在一个位于米底的要塞Sikayauvati杀死高墨塔及其党羽的，与希罗多德所述不符。考虑到高墨塔是米底人氏，他应该会把统治重心放在米底，因此在这一点上铭文应该更符合情理，但目前尚无进一步佐证。而希罗多德描写的大流士等人入宫行刺的情节戏剧感更强，故本书中姑且沿用之，特此注明望读者善加甄别。

13

大哉流士

要想富，先修路。大流士深谙此理，他的大帝国全盛时期东北跨过锡尔河达中亚腹地，东南包括印度河流域，南到波斯湾彼岸的阿曼，西南领有埃及和利比亚东部，西北直抵巴尔干半岛北部的色雷斯地区，总面积超过600万平方千米。因此，必须建立能保证军队行进和财赋流转的交通体系，才能对这个庞大帝国如臂使指。大流士在波斯广阔的领土上修建了一个完备的公路网，称为御道。这个网络由帝国南部的波斯发源地法尔斯地区向四周发散，东北到巴克特里亚，东南到印度河流域，西线扩建了当年冈比西斯远征埃及的路线，西北干线则是这个公路系统中最出名的一条御道，从吕底亚故都萨迪斯直到波斯王宫所在地苏撒，全长2400余千米，道路平整开阔，每隔25千米设一驿站，可供信使换马换人，这是当时最富效率的邮递方式。这条大路边上还有许多地窖，用于储备给养，以遗大军出征之需。此外，大流士还疏浚了由埃及法老尼科二世开凿的法老运河，使地中海和印度洋两大水系连接起来。

如此便捷的交通系统保证了大流士的统治力，但他审慎地运用无限权力，不仅设置了权力极大的御前顾问机构来襄赞军国大计，还非常明智地沿用了居鲁士的统治模式，给各地区以充分的自治权，并将这一做法细化为行省制。他把全国编为23个行省（据贝希斯敦铭文。希罗多德记为20个，许多历史书沿用），各省名义上的最高总督由波斯人（通常是宗室成员）担任，但政府部门的官吏，尤其是负责民政事务的，通常是本地人。国王还在各地派有军事指挥官和监察官员，后者称为"王之耳目"，这个名称让人想起锦衣卫，但他们的任务仅限于监督地方官吏，很少扰民。各行省还享有很高的司法自治权，虽然理论上波斯王言出即为令法，但事实上大流士还是更多地采用各地习惯的法规来帮助统治。比如以《汉穆拉比法典》治巴比伦人，以《摩西五经》治犹太人。

与行省并存的是军区，驻军的存在确保了各地政务在行省制的框架下有序运转，而不至于形成地方割据。行省制度不是由波斯人首创，行省作为政治单位在亚述时代已有了雏形，但和亚述人那种简单的画地为牢、分而治之不同，波斯帝国的行省只需要平时缴税战时出兵，此外并没有更多的来自中央政府的干涉，更不像亚述时对异族属民采取举族强制迁徙。波斯的行省制如同黏合剂，使中央集权与地方自治结合起来，这种统治模式由居鲁士首创，在大流士手中完善成型。这是一次了不起的制度创新，它使得管理一个幅员辽阔、人种各异的帝国从技术上成为可能，堪称大流士和波斯帝国对人类政治文明的一大贡献。布雷斯特德《文明的征程》中对此的评价是，"这即便不是整个世界古代史上，起码也是东方古代史上最伟大的创见"。富勒在《西洋世界军事史》中援引前人称"（波斯帝国的组织模式）似乎是一切帝国的模范，尤其对罗马人为然"。

尤为难能可贵的是大流士在宗教方面的开明，从贝希斯敦铭文中我们不难看出波斯王对祆教的尊崇。他登基以后马上结束了对麻葛僧阶层的迫害，并在波斯人和米底人中大力推广祆教，以此作为自己君权神授的理论依据。但他并没因此而像后世的一些统治者那样，将官方意识形态强行推及全体国民，而是礼敬各种宗教。在伊朗出土的泥板上，有关于他向埃兰诸神庙献祭的记载；犹太人重建锡安山圣殿也获得了他的支持；在小亚细亚，希腊民族的信仰得到保护；在埃及，他重修在冈比西斯时代毁坏的神庙，试图以此弥补前任对埃及人宗教感情的伤害。祆教是最早提出善恶二元论的宗教，其教义充满斗争哲学，因此，作为一个信奉该教的帝王，大流士能让多种信仰共存，实在需要博大的心胸和开明的头脑。结果，他的宗教政策确也收到奇效，除了埃及积重难返不肯买账，其他各地的祭司阶层无不因此归心，帮助波斯王统治属民，维护稳定。由此可见，根据每个人心中固有的信仰因势利导，其实更能使之忠于统治者，正所谓"汝助神，神助汝"。

除了自治，帝国当然还要有统一，比如文字、度量衡，当然，最重要的是货币政策。大流士大力发展铸币，发行的金币上有他一手持弓一手持矛的全身像，称为"大流克"，这种钱币流通于波斯全境，利于经济发展。大流士没学过格雷欣法则，不懂得劣币驱逐良币的道理，采用金银双本位制（各省总督还有权铸造在自己辖区内流通的铜币），结果金币很少出现在流通领域，但也正因为此，得以流传下来，让我们在今天还能看见这位波斯大帝的形象——如果钱币上的图案是用写实主义手法表现的，那么大流士的头大得有些不成比例。

大流士的各行省，除了波斯本部，都要背负帝国沉重的赋税。波斯帝国地大物博人口众多，捐税来源格外可观，每年的岁入合白银12 480塔伦特（超过400吨）。其中税额最高的巴比伦，每年要缴纳白银1000塔伦特（与其他行省缴纳白银不同，印度用金砂缴税，这样折算起来他们的税额可能更高）；埃及次之，700塔伦特；最少的是今天巴基斯坦一带的犍陀罗，170塔伦特。除了税款，各省还要进奉其特产，比如埃及在税银之外还要交付60万吨粮食，印度要缴纳大象，米底要进献10万只山羊，亚美尼亚要提供3万匹战马。此外，阿拉伯、埃塞俄比亚等地虽不在帝国版图之内，但慑于波斯的威势，也会纳贡献宝，他们的特产乳香、黄金、象牙，也源源不断地涌入波斯的新旧两都城波斯波利斯与苏撒。在大流士时期始建的波斯波利斯城，宫墙上的壁画表现了这种四夷宾服万国来朝的盛景：米底人赶来肥羊，埃兰人抱来幼狮，穿长袍的吕底亚人捧来碗盏，戴高冠的斯基泰人献来骏马，赤裸上身的印度人担来金砂，披发虬髯的巴克特里亚人牵来大夏双峰驼……各国贡使你挑着担我牵着马，将八方风雨聚于帝都，正是埃及之收藏，两河之经营，小亚之精英，几世几年，倚叠如山。大流士也因其敛财手段而得了个不太好听的绰号："小商贩"——以前波斯臣民是把居鲁士称为"父亲"的。

以天下之利尽归于己，大流士不可避免地走向奢华与腐化。帝国海量的黄金储备不光用于铸币流通，也被他拿来装点私人生活空间。据说他有黄金的御座、黄金的澡盆，还有不止一辆黄金马车，要知道，只有希腊神话中的太阳神阿波罗才有这么夸张的代步工具。波斯王驾着这款车出巡虽然未必舒服，但不难想见，那气派可远非今天的法拉利或加长林肯可比。

大流士不光注重在臣民面前彰显王家威仪，也很讲究生活质量。他一个最著名的嗜好就是吃爱琴海的鲜鱼，波斯王觉得自己泱泱大国中一切江河水泽出产的鱼，都不及爱琴海的鱼之鲜美。西晋名士张翰张季鹰，因见西风起，思念故乡鲈鱼堪脍，就弃官出走，回家吃鱼。大流士也会为了口腹之好而放下一切，不过他想吃鱼无须像季鹰先生那样千里跋涉，帝王肚里的馋虫作祟，整部国家机器都要加速运转。此时，波斯帝国四通八达的御道上驿马飞驰，六七日内就将爱琴海的水产转运数千里，送到苏撒的王宫之中，驿站一切其他的事务都要为之让路。

但作为当时世界上威权最重的人间统治者，大流士自然不会仅仅满足于"出有车，食有鱼"的幸福生活，他还有更宏伟的梦想、更高远的追求。当时波斯人视野内的三个大洲，亚细亚的已知部分已尽在掌握，利比亚（即非洲，当时被称为"利比亚"，"阿非利加"是后来罗马人起的名字）除了沙漠蛮荒，也没什么值得征服的了；因此，大流士的目标只剩下一个——欧罗巴。

14

遥远的桥

大流士以风卷残云之势扫清了波斯的各路烟尘之后，又于公元前518年左右征服了印度河流域。此时，所谓四大文明古国之中，埃及、印度、巴比伦都已是囊中之物，波斯人在其所能触及的整个文明世界中，再无敌手。但为文明之患者，向来不是文明，而是野蛮。波斯周边的野蛮人，首推生活在亚欧大草原上，今天俄罗斯南部的游牧民族斯基泰人。

斯基泰人前文已有数次提及，关于他们的起源，希罗多德提供了好几个神话，有的说他们是宙斯和第聂伯河女神跨国恋的产物，有的说他们是大力神赫拉克勒斯与一个人首蛇身的女妖所生。这些说法固然荒诞不经，但其中也多少折射出一些斯基泰人真实的生存状态，比如各种说法都提到他们的王族是由幼子一系传承，这正是游牧民族的幼子守产制的写照。其实斯基泰人的出身没那么神秘，他们与波斯、米底以及印度的白种人系出同种，都属于印欧语系，只是当年印欧人大迁徙的时候，他们这一支的祖先选择了大草原。结果几千年之后，当他们的其他远亲都已创造出了不同程度的文明时，唯独他们还过着与祖辈相差无几的生活。

斯基泰人在别的方面没什么建树，但放牧骑射的本事已练得异常过硬。他们通过牧业来满足吃喝穿戴，而此外更高的物质和精神追求，则要凭借着骑射本领向定居民族抢掠。格鲁塞在《草原帝国》中说，在相当长的时间里，这群身高力大的印欧种野蛮人是最令东半球害怕的人。

前面提到过，米底建国之初曾遭受斯基泰人长达28年的统治，因此《希罗多德历史》认为，大流士对此事还耿耿于怀，于是决定出兵征讨斯基泰人为先辈报仇。该结论之不靠谱一望可知，那个时代距离大流士已有将近两个世纪，波斯人不讲究"大九代之恨"，没理由记恨这么多年。而且也完全没必要扯那么远,无论是为了保护边境不受侵扰,还是仅仅出于彰显武功的目的,大流士都必须对斯基泰人有所动作,就像当年居鲁士必须出征马萨格泰人一样。

这一年大概是公元前514年(史学界通说,尚无定论),波斯帝国做好了北狩的准备。希罗多德说大流士调集了70万军队,或许这个惊人的数字有待考证,但波斯王肃清漠北的决心不容置疑。他的亲弟弟阿塔巴诺斯谏阻未果,另有一个不识相的贵族来走后门,请大流士放回他被招进军中的三个儿子,结果波斯王一怒之下将这三兄弟全部处死示众,以明进取之志。

庞大的帝国动员起来了,大流士统辖的各个民族都要抽调人手,加入远征军,其中当然也包括小亚细亚半岛的希腊民族爱奥尼亚人。从地图上看,斯基泰人的活动地带就在波斯疆界的正北方,但两地之间隔着黑海和高加索山脉,因此大流士不得不放弃两点之间线段最短的几何学原理,转而从西北绕过黑海,进剿大草原,这就需要取道欧洲。于是,波斯大军指向了博斯普鲁斯海峡,此处已是希腊世界的边缘地带,有若干独立的城邦,大流士假途灭虢,顺手征服了他们。由于这些城邦不是这次出征的主要目标,而且也几乎没做抵抗,因此他们归降之后免遭屠戮。大流士把他的新属民也编进了远征军,其中有一个二十几岁的年轻人,将在日后波斯帝国与希腊世界的争雄中成为风云人物,他就是雅典人米泰亚德。

跨过博斯普鲁斯海峡,亚洲帝国的远征军就踏上了欧罗巴的土地。他们的第一站是色雷斯(今保加利亚南部靠近黑海一带),大流士收编了当地诸部落后继续北上,来到多瑙河畔(当时叫伊斯特河)。波斯王下令架起浮桥,爱奥尼亚人和新归附的米泰亚德等希腊人受命保护浮桥。据说大流士拿给他们一根绳子,在绳上打了60个结,命他们每天解开一个,全部解开之后,就可以收工回家。这又是一个被后世的疑古派学者质疑的情节。不错,对于波斯和希腊这两个文明程度极高的民族来说,结绳记事确实不像他们的作风,但这个故事还是反映了大流士的期望与信心。他带着规模庞大的部队深入草原,必须期以速战速决,否则后勤保障将成为大问题,而波斯大军的浩荡声势也让他有这样的把握。

事与愿违。进入草原之后,波斯人才发现他们的对手不是斯基泰人,而是一望无际的焦土。游牧民族毁掉了补给点,堵塞了水井,然后骑着马溜之乎也。以步兵为主的波斯军团追赶不及,被他们牵着鼻子在大草原上转来转去,从多瑙河追到第聂伯河,从第聂伯河追到顿河,甚至可能又从顿河追到了伏尔加河,但两条腿如何能跑得过四条腿？斯基泰人敌进我退之余，还常常敌驻我扰，波斯人疲于奔命，给养日尽。大流士发现势头不妙，一面下令在第聂伯河沿岸（一说顿河沿岸）修筑永久性工事，一面遣使去告诉斯基泰人首领有种就别逃，结果这给了斯基泰王丹图伊索斯一个嘲笑万王之王的机会。他对波斯使者说，我们不是逃而是在遛弯锻炼，而且我们居无城郭，不事稼穑，土地对我们来说没什么意义，自然也没必要守土抗敌，等我们觉得是时候了，就会去收拾你们。在此之前，我们的土地你们想怎么踩躏都随便，愿意的话，大可以把我们的祖坟都掘了。

对方的无赖态度让大流士绝望了，吃的东西已不多，军中的骡马还可以啃啃草皮吃自助餐，但人的肠胃无法消化牧草的粗纤维，再僵持下去，全军不是饿死，就是以皮包骨头来迎接斯基泰人可怕的复合弓。此时战略目的和面子都已顾不得，大流士抛弃了老弱残兵，带着精锐部队循着来时路连夜遁逃，逃向多瑙河上希腊人把守的那座遥远的桥。

此时60天之约早已过去（甚至有学者认为大流士的远征历时3年），按说希腊人已完成了任务，可以回家去了。大流士十分清楚这一点，波斯王现在或许已有些后悔当初把话说得太满，他只希望希腊人还在忘我加班。

大流士的担心不无道理。多瑙河畔，希腊人绳子上的60个结早已经全部解开了（如果真有这么一条绳子的话），但对于此后何去何从，他们却心有千千结。原来斯基泰人发现波斯军遁逃，知道他们军需已尽，于是追上来准备聚而歼之，结果他们在草原中也迷失了方向，先于波斯人到达多瑙河畔。斯基泰人对彼岸的希腊人喊话说大流士已经大败，只要他们拆掉浮桥，波斯人将全部葬身草原，片甲无归，那样的话希腊人就可以摆脱他们的统治，重获自由。

希腊人讲究民主，诸城邦的首领们一起研究斯基泰人的提议。以雅典人米泰亚德为代表的一派主张拆桥，断掉波斯人退路，借斯基泰人之手除掉大流士恢复自治；但以米利都僭主希斯提亚欧为首的小亚细亚希腊人意见刚好相反，他说："我们在各自城邦的权位都来自波斯人的支持，一旦波斯人垮台，我们还能享有这些吗？"统治者们固然也会说民主是个好东西，但在他们真正的计较中，民主和既得利益比起来实在无足轻重。希斯提亚欧的意见得到了大多数僭主的共鸣，为了把位子坐得更牢，他们用臀部决定了脑袋，准备尽忠于波斯王，不抛弃，不放弃。

希腊人佯装同意斯基泰人的提议，把浮桥靠近北岸的部分拆掉了一小段，而南岸的一大段仍然留着。斯基泰人走后不久，大流士率领残兵败将也到了，他派出军中一个埃及男高音，以 High C 调门呼唤希腊人。两下一齐动手抢修，重新搭好浮桥，命悬一线的波斯王这才算是逃出生天。

希罗多德写到这里，借用斯基泰人之口对希斯提亚欧之流表达了鄙夷："如果把他们看作自由人，他们就是世界上最怯懦的人。如果把他们看作奴隶，他们就是世界上最顺从的奴隶。"但这个评价和这个故事本身一样，都未必准确。首先，希腊人肯拯救波斯人，不是因为愿意当奴隶，而是由于游牧民族的侵扰也会波及他们，如果坐视波斯人被斯基泰人全歼，那此后就再没有能与他们制衡的力量了，而如果大流士能剿除他们，希腊人也可以凭守桥之功获得战后的政治资本，扩大在黑海周边的贸易。其次，米泰亚德虽然来自雅典，但当时他也是僭主政治的既得利益者，说他准备在大流士死后推行民主，未免是往他脸上贴金，他治理自己的城邦时也没表现出这么高的政治觉悟。最后，希斯提亚欧也不是那种奴性入骨之人，日后的希波战争导火索爱奥尼亚大起义，就与他有莫大关系，他选择守桥完全出于对他个人和城邦利益的考虑，日后的起义另当别论。此所谓没有永远的朋友，只有永远的利益。

再说大流士。经历了这次仓皇北顾，他不再做征服斯基泰人的打算，但波斯人远征也不是全无收获，他们在欧洲取得了立足点。大流士班师之时，留下了他最信任的将领美伽比佐斯，要他带领 8 万人马经略色雷斯。这位从大流士出道之始即与之并肩战斗的老战友不负所托，几年之内征服了欧亚大陆之间的海峡赫勒斯滂（今达达尼尔海峡），并把势力扩展到巴尔干半岛北端。这样一来，半岛南端的希腊世界也进入了帝国的视野。

15

两个世界

时间进入了公元前6世纪的最后10年。

在这个历史节点上回首即将过去的一个世纪，之前的90年，居鲁士和大流士是当之无愧的时代主角。他们金戈铁马、气吞万里，建立了旷古未有的大帝国，将统治者的权力威仪推向了空前的顶点，这是人类政治文明史的一次了不起的尝试。而接下来的10年，另有一群人要沿着与之截然相反的路线，进行另一种探索：将统治者赶下宝座，关进囚笼。或许多年以后，他们才更有资格像《百年孤独》里面创建马孔多的布恩蒂亚那样，把自己的政治制度叫作"我们时代的伟大发明"。

他们就是雅典人。

大约就在美伽比佐斯奉大流士之命征服色雷斯的时候，雅典的政治界发生了一个重大变革——僭主希庇亚斯被赶下了台。

这里需要先交代一下僭主（tyrannos）这个概念。根据中文来理解，僭者，僭越、篡逆也，比如在方孝孺眼里朱棣就是这号角色。而这个词后来演化成英文中的tyrant（暴君），故而有许多混用的地方，中文也就将之译作暴君，比如查良铮先生翻译拜伦的《哀希腊》，原诗That tyrant was Miltiades一句，被译为"暴君米太亚得留名至今"。但古希腊语境中的僭主，不是指不具备合法继承权、擅自抢皇位的人，也不是指残暴的统治者，而是指不经选举就自立为首领、擅自单方面宣称代表广大人民的家伙。

僭主是怎么产生的呢？以雅典为例。僭主制度的兴亡得失，需要放到公元前6世纪雅典整个政治沿革的脉络下来解析。

在这个世纪里，雅典先后经历了贵族共和制、僭主制、民主制，而且几种政体又常彼此杂糅，翻来覆去，转型转起来没完。根据摩尔根《古代社会》中的说法，这是因为传统的氏族社会正在朝政治社会过渡，旧的组织模式和阶级划分都在被颠覆，社会也在朝各种方向尝试改组。

这个过程与几位重要人物密不可分。头一位，是前面已经约略提过的雅典大贤，梭伦。

梭伦是雅典自传说中的创建者忒修斯以来头一号的贤人。他出身贵族家庭，早年经商致富，后凭军功入仕，一生经历丰富，而他最大的建树还是在政治方面：他主导了公元前6世纪的雅典改革。

在那之前，雅典法律严酷，阶级固化严重。梭伦对症下药。首先，为了缓解两极分化、遏制人口兼并，他下令禁止以人身自由为抵押的借贷，什么卖身葬父、卖身葬夫、卖身葬全家之类的，统统不许搞了，梭伦以此来保住雅典共和制的主体——公民阶层的规模与独立。其次，免了穷人某些名目下的公私债务，为民减负。最后也是最重要的，梭伦给了全体公民对官员的起诉权和法庭上的陪审权，这使得民众凭借数量优势，在法庭上获得了极大的话语权。面对不法官员，可以以法律为盾牌，也使得雅典权力结构更趋多极化，官员也要向民权机构负责。

此外梭伦还废除严刑峻法，提倡执政清廉，等等。不过梭伦的改革也就到此为止，他并不想、更不可能做到让所有人在所有方面都平等，也不想彻底颠覆主要依据财产多寡而形成的雅典阶级序列和官员选拔制度，因为他认为那样只会导致雅典变成一个只属于民粹主义者和流氓无产者的城市。用他自己的话说，他要做一个手持盾牌的人，挡在贫富两个阶级之间，不许他们伤害彼此。他在雅典政坛的将近30年时间里，确实尽职地扮演着这样的角色。

不过短视的时人却无此眼光，雅典富人不满债权凭空蒸发，原本惦记着"打土豪分田地"的无产阶级也埋怨梭伦革命不彻底。两头不讨好的梭伦索性挂冠而去，离开雅典四海云游。前面提到他在吕底亚拜访克洛伊索斯，就是他晚年游历生涯中的一站。

再说梭伦走后，雅典政坛冒出三大派来抢占权力真空，分别是代表"地主阶级"的平原派、代表"海商资本家阶级"的海岸派，以及代表传统穷光蛋、新晋破落户（因梭伦免债而破产的前富人）、血统不纯者等边缘人的大杂烩高地派。而最后胜出的，就是高地派。这要归功于他们的核心人物，继梭伦之后又一个决定雅典政治走向的节点性人物——庇西特拉图。

庇西特拉图曾经是梭伦的助手和政治盟友，他年轻时英俊倜傥，在男色成风的雅典颇有艳名，他的绯闻男友名单里甚至还包括梭伦。虽然亚里士多德在《雅典政制》中指出了他们二人的年龄差距来证明该说法不可能成立，但这则绯闻流传甚广，普鲁塔克的《梭伦传》中仍将之作为信史收录。

不过，庇西特拉图的价值不在于这些花边新闻，而是他宦海沉浮的经历。他的政治生涯几起几落，公元前560年第一次取得了政权，之后两度被放逐又两度复起。最终，庇西特拉图用经营银矿的钱请来其他希腊城邦的雇佣军，在雅典城北的马拉松平原，打败平原、海岸两党的军队，武力夺回政权，这是公元前533年的事。

就此，庇西特拉图开创了雅典政治的又一个先河：凭借以私人财富为保障的武力，获得政权。于是他也成了雅典的第一位僭主。

由贵族共和到僭主专制，这看起来像是开历史的倒车了。但平心而论，庇西特拉图在僭主岗位上成绩斐然，不但经济、外交等方面有所发展，甚至在民权、民生方面也比梭伦时代又有提高，他进一步分割贵族田产，分给穷人，改善其生活质量——当然，按亚里士多德《雅典政制》上的说法，他这是为了让民众满足于物质生活水平提高，从而听任他的统治。

总之，庇西特拉图干得不错，但僭主制也面临着和君主制一样的致命尴尬，那就是它的权力通过血缘关系来传系，不管多贤明的君主，一旦去世，他生前的善政会否人亡政息，就只能听天由命了。

庇西特拉图在僭主岗位上坐了七年，死后由他的长子希庇亚斯即位。此人起初效法其父，亦步亦趋，执政十几年间没出什么大错，但经过他们父子两代将近二十年把持权柄，这个家族已经不可避免地走向腐败。希庇亚斯的弟弟在雅典横行霸道，搞得天怒人怨。

有一次，僭主之弟试图霸占雅典著名的美少年哈莫迪俄斯，惹恼了后者的男友，盖拉家族首领阿里斯托格同。这对同性情侣在公元前514年的泛雅典娜节上出手刺杀了僭主的弟弟，本来他们还想除掉僭主希庇亚斯本人，可惜未能得手。后来两人相继牺牲，后人为他们立了雕像，名为"刺杀僭主者"，是西方美术史上的名作。再说希庇亚斯。兄弟遇刺后他既怒又怕，借机兴起大狱，罗织罪名打压像盖拉家族这样有实力的雅典门阀大族。随着打击面的扩大，又放逐了雅典的另一大政治门阀阿克密尼德家族（后来的柏拉图就出自这个家族）。该家族掌门人克莱斯铁涅斯买通了德尔斐神谕所的女祭司，让她唆使斯巴达人驱逐雅典僭主。此计果然成功，公元前509年，克莱斯铁涅斯在斯巴达人的帮助下打回老家，已经年迈的希庇亚斯不是对手，仓皇出逃。

反动派被打倒，希庇亚斯夹着尾巴逃跑了，翻身做主人的雅典公民掀起了建设民主体制的高潮。克莱斯铁涅斯推行了一套缩小贫富差距、调和阶级矛盾的政策。他打破原有的地域藩篱，重组雅典各部族，以弥合因地区差异而产生的传统敌对情绪，同时削减元老院的影响力，保障梭伦立法中赋予底层的监察、陪审等权力，确保了雅典在民主政治之路上继续探索。

但追求民主的代价也是沉重的。雅典还有另一派势力，他们当年曾和克莱斯铁涅斯并肩作战反抗希庇亚斯家族，但由于政见不同后来反目。这个派别希望恢复僭主制度，并且拉了斯巴达人做外援，几次发难。虽然最终克莱斯铁涅斯和雅典人民打退了这伙顽固分子的反攻，但斯巴达仍虎视在侧，为了抵御他们的威胁，克莱斯铁涅斯不惜忍辱向波斯人称臣。

再说希庇亚斯被赶出雅典之后，他几经辗转，投靠了波斯帝国驻吕底亚总督阿尔塔普列涅斯。阿尔塔普列涅斯是大流士的亲弟弟，驻地是吕底亚故都萨迪斯，辖区包括整个小亚细亚半岛以及新近征服的爱琴海诸岛屿，算是爱琴海的头号实权人物。波斯境内的爱奥尼亚等希腊民族都生活在这个范围内，这些城邦的僭主们都归阿尔塔普列涅斯节制，少不了巴结这位御弟，颇得后者欢心。而且对作为宗主国的波斯来说，一个僭主当权的属国更加易于控制，因此阿尔塔普列涅斯对僭主制度很是推崇。当希庇亚斯前来求助时，他一口答应帮助复国。随后雅典的代表也来交涉，阿尔塔普列涅斯以命令的口吻要求他们将前任僭主恭迎回去重登君位，他们自然无法从命，于是雅典和波斯短暂的蜜月期就此结束，双方的关系急转直下。

或许是考虑到爱琴海的阻隔，或许是觉得这事还不值得兴师动众，阿尔塔普列涅斯没有立刻对雅典采取行动，但就在这个时候，偏偏有人惹事，将希腊世界和波斯帝国拉上了宿命对决的擂台。此人名叫阿里斯塔戈拉，是爱奥尼亚头号城邦米利都的僭主（前任僭主希斯提亚欧因守浮桥之功被大流士调到苏撒当京官去了）。他主动向阿尔塔普列涅斯请缨，要求借一支舰队去征服爱琴海上的纳克索斯岛，并许以重酬。阿里斯塔戈拉对岛上财富夸张的形容，让阿尔塔普列涅斯心动，他二话不说就拨给米利都僭主200艘战船，约定来年春天出征。

阿尔塔普列涅斯的作战计划得到了大流士的首肯，他还派了一位宗室将领来帮忙，结果此举完全变成了添乱。皇亲大人到达战区之后根本不把阿里斯塔戈拉放在眼里，军队号令不一，拿不下纳克索斯岛，无功而返。这下阿里斯塔戈拉傻眼了，没抢到预期的战利品，非但事先给阿尔塔普列涅斯的许诺无法兑现，连波斯舰队的出场费都付不起了，加上得罪了王室成员，必然没有好果子吃，索性一不做二不休，反了吧。

阿里斯塔戈拉借故不回萨迪斯复命，跑回米利都老家召集民众大会，鼓动起义。为了取悦于民，他辞去僭主之位，宣布如果能起义成功，将在米利都实行民主制。其时雅典已走上民主之路，榜样的力量是无穷的，久受僭主及其幕后老板波斯人之苦的米利都民众也都有心反抗，阿里斯塔戈拉开出的条件让他们无法拒绝。而更重要的是，波斯人已征服了赫勒斯滂一带，控制了黑海到爱琴海的通道，严重威胁爱奥尼亚人的商业利益，大家正备感紧迫。于是，在阿里斯塔戈拉的号召下，他们决定一起造反。

阿里斯塔戈拉却知道仅靠米利都人远不足以和波斯抗衡，必须到希腊本土去寻求援助，他乘船出海，去了著名的猛男之国——斯巴达。

斯巴达是希腊诸城邦中的老字号，早在特洛伊战争时代就已存在。但此时的斯巴达人，其实已非当年的斯巴达人。史学界传统上认为，此时的斯巴达人是多利亚人的一支，他们祖居在希腊世界北部边缘的伊庇鲁斯一带，也说希腊语，算是古典时代希腊族群中比较落后的一支。公元前12—前11世纪，大约在特洛伊战争结束半个多世纪之后，多利亚人南下，征服了当时的希腊盟主迈锡尼。其中有一支占据了伯罗奔尼撒半岛东南部三面环山的拉科尼亚平原，接管了原来的斯巴达王国，奴役此地的原住民。这一支多利亚人沿用了斯巴达的名称，并且他们根据神话里赫拉克勒斯子孙"三次成熟后就回伯罗奔尼撒"的预言，自称是那位大力神的后裔，以此作为自己统治的理由，还编撰了言之凿凿的族谱为证，比如他们历史上最负贤名的领袖"立法者"吕库古，据称就是大力神的十一世孙。

"斯巴达"一词在希腊语中的意思，本是"适于耕种的平原"，但这些新斯巴达人却不耕不种。该国的土地被平均分成9000份，给每个公民作为"采邑"，耕种等下等差事都交给被征服的原住民希洛人（Halots），这些人还有个更形象的译名："黑劳士"。他们是斯巴达的国有奴隶，平时做农奴，战时做炮灰，每年要以全部农业收成的一半供养斯巴达主人，却换不来一点公民权，即便没有过错，每年之中也要被鞭打至少一次，为的是让他们记住自己的奴隶身份，永不忘本。坐享庄稼的斯巴达人，并没像八旗子弟那样走向安逸享乐，而是继续在军事化道路上前进。士兵是斯巴达人唯一的职业，他们的孩子出世时要用烈酒洗身，如出现痉挛，就说明体质不强，会被弃之荒野。男子7岁起学武，20岁从军，此后终日里使枪弄棒，打熬力气。他们的训练如此艰苦，以至于真正的战争反倒像是度假。这样熬到60岁（如果能活到）方可退伍。如此漫长的服役期限，比得上乐府诗中所载的"十五从军征，八十始得归"了。至于繁殖问题，适龄男青年会抢个女子做老婆，但通常只是为了传宗接代才与之同房，平时则长年住在军营之中。斯巴达女性的生活也非常简单有序，一辈子全然没有时装、首饰、化妆品、肥皂剧之类的低级趣味，只以繁育下一代斯巴达战士为生命的全部意义，为此她们也和男人一样刻苦锻炼。

斯巴达人的政治结构也属于"简单粗暴型"，最高权力机构由28名元老加上2名只享有军事指挥权的"王"组成，没有雅典那样永远争吵不休的公民大会，代之以5名由公民选举出的代表组成的监察院，行使监督权和司法权。政府的全部工作就是打仗或者准备打仗，其他有关经济、文化、娱乐的职能一概欠奉，简捷高效。民间生活同样单调，吕库古创立的制度，核心内容就是杜绝奢侈与享乐。他发行了只能在斯巴达境内流通的铁制货币，借以割断民间同外界的贸易往来，实现政府对外贸的完全垄断，防止"经济渗透"；同时推广公社大食堂制度，将民众编为若干公共食堂，大家同吃同住同操练，通过压缩民众的个人空间，使之弃绝物欲，潜心向武。但斯巴达人不是穷兵黩武的扩张狂，由于同国内希洛人之间的阶级矛盾格外尖锐，统治基础不牢靠，他们不太敢劳师远征。同时，由于斯巴达土地国有化，公民只有使用权而无所有权和继承权，也普遍没有私人财产，因此他们也无意于兼并邻人的土地，甚至对抢掠财富都不怎么热心。后来伯罗奔尼撒战争期间，斯巴达名将莱山德出国征战掠回大批战利品，却遭到了国内各界的批评，认为这些奢侈品是糖衣炮弹，会腐化斯巴达人的意志品质。总之，斯巴达人排斥一切享受，排斥一切奢侈，排斥一切物欲。这种政治理念在某种程度上与老子的思想有几分契合，"不见可欲，使民心不乱；不贵难得之货，使民不为盗"。一点不同之处在于，斯巴达人并不反对"为盗"，甚至还提倡偷窃，将之作为锻炼的一个项目。

斯巴达人用集体生活和禁欲主义、严酷的锻炼和森严的法纪、尚武情结和军事化管理，培养出了强大的战斗力和纪律性，以及简单质朴、诚实守信的作风。这令希腊诸城邦艳羡不已，比如主旋律诗人品达曾写诗称颂斯巴达："那里有元老议事的地方／有青年人出奇制胜的标枪／有舞蹈歌唱／还有欣喜欢畅……"需要强调的是，所谓舞蹈歌唱，即便有，也都是清一色的意气风发斗志昂扬，斯巴达人与外界唯一的文化交流，就是将一些善于激励斗志的诗人和作曲家请回来谱写军歌。古希腊人将斯巴达的生活方式视为至善至美，但以现代人的眼光来看，诚如王小波所说，"这种生活被设置得了无生趣，其目的就是要使男人成为亡命战士，使女人成为生育机器，前者像些斗鸡，后者像些母猪"。

阿里斯塔戈拉来求援时，接待他的是斯巴达王克列欧美涅斯，也就是日后温泉关主角列奥尼达的异母兄长。口若悬河的阿里斯塔戈拉向他极力渲染波斯人傻钱多，说他们的军队不堪一击，夺取他们的财富如拾草芥。阿里斯塔戈拉也知道斯巴达人对钱财土地不太感兴趣，他特别投其所好地强调征服庞大帝国的荣誉。斯巴达人崇尚荣誉，尤其是军功，克列欧美涅斯被他说得有些心动，但从阿里斯塔戈拉口中得知了波斯帝国不可思议的辽阔疆域后，他又犹豫起来，阿里斯塔戈拉只好把引诱他参战的价码越开越高。这时，国王的女儿、年仅9岁的戈尔戈（后来嫁给了列奥尼达）提醒父亲："别再听这个外邦人夸夸其谈了，他的话越来越不靠谱，再这样下去你会被他的蛊惑毁了。"

克列欧美涅斯想想有理，送客。阿里斯塔戈拉只好另赴别处拉人，他的下一个游说目标，就是雅典。

如前所述，雅典人因为阿尔塔普列涅斯支持希庇亚斯，已对波斯帝国心生芥蒂，波斯人在爱琴海一带的扩张，更令他们忧心忡忡。现在既然爱奥尼亚的头号城邦米利都要叛离帝国，他们自然愿意帮忙，以期遏制波斯人的西进势头，并取得一个站在自己一方的战略缓冲带。助人助己，一举数得，雅典人决定出兵。

公元前499年，20艘雅典战船载满战士，雄赳赳气昂昂跨过爱琴海，希腊好儿女齐心团结紧，去打波斯野心狼。就这样，印欧人分居东西的两支终于要在战场上一较高低，历史上第一次大洲之间的全面争霸战，也就此打响。

16
第一滴血

米利都人刚开始起义的时候，阿里斯塔戈拉的心气还是蛮高的，他一面联络爱奥尼亚地区的各个希腊城邦组建统一阵线，一面制订了一个勇敢的计划：在波斯大军前来征剿之前，突袭萨迪斯。

公元前498年，阿里斯塔戈拉派他的弟弟卡罗皮洛斯，带领包括雅典人和埃雷特里亚人等希腊本土援军在内的部队北进。船队沿着海岸线进发，在小亚重镇以弗所登陆，然后在当地向导的帮助下，翻越了萨迪斯南部的屏障特莫罗斯山。希腊人的进军神不知鬼不觉，萨迪斯城中的阿尔塔普列涅斯直到敌人兵临城下才反应过来。由于不知敌人底细，他亲率城中全部的兵力驻守卫城，这样一来却把城里的居民区和商业区都丢给了入侵者。希腊人纵火焚烧，小亚细亚最富庶的大城尽成灰烬，连在当地久负盛名的库贝贝神庙也化作瓦砾。那里存放着当年克洛伊索斯供奉的巨额财富，本来也是希腊人这次奇袭的重点抢掠目标，结果现在玉石俱焚，胜利者什么都没抢到。

进攻出奇顺利，这让希腊联军反倒有些不知所措，而城中的波斯和吕底亚人眼见驻军指望不上，便组织起来抗敌自救。他们人数众多，又是情急拼命，爱奥尼亚人也不敢恋战，沿着原路遁去。很快，驻守小亚东部的波斯军闻讯赶来，他们和萨迪斯驻军合兵一处，南下追击，在以弗所追上了希腊人，双方大战一场。拼凑起来的希腊联军被打得落花流水，死伤不计其数，余者四散奔逃。

这是雅典人和波斯人首次兵戎相见，过程就是如此虎头蛇尾。经此一役，雅典人看出爱奥尼亚是乌合之众，不足与谋，果断地抽身离去，退回欧洲。但为时已晚，他们的名声已不胫而走，传到千里之外的苏撒城，传到大流士的耳朵中。

据说，万王之王听说雅典人参与了此事，愤然朝着天空连发三箭，以明复仇之志，随后他又命人每日三餐时向他进言："主公，勿忘雅典人！"东西方的历史，读得多了就会发现很多相似之处。大流士此举，完全是吴王夫差的翻版，这不是因为他们得了早老性失忆症需要人不停提醒，而是在向臣下表明一种态度：誓灭仇人。

公元前496年，帝国反击战开始了。此前阿里斯塔戈拉的起义军四处出击，北边占领了赫勒斯滂和拜占庭，南边扫荡了开利亚诸城邦，赶走僭主，建立民主制，又挑动塞浦路斯人加入起义军，一时间小亚西部海天之间烽火遍地，大流士的两个女婿先后在镇压起义时阵亡。但到了这一年，当波斯帝国做出回应时，爱奥尼亚的蚁聚之众完全不是对手。波斯军中最活跃的将领是欧塔涅斯——不是那个民主派欧塔涅斯，而是在之前出现过的那位当过大法官的欧塔涅斯，冈比西斯将他的父亲西萨尼剥皮处死，并将那张皮制成椅子垫，命他坐在上面办公。不难想象，此事给欧塔涅斯留下了难以磨灭的心理阴影，以至于他的性格有些变态。在镇压爱奥尼亚起义过程中，他数次屠城，手段甚是极端。

翌年，大局已定。除了起义策源地米利都，各地都被收复，起义成果归零。阿里斯塔戈拉此时将工作重心转向寻找逃跑的落脚点，他最终选中了色雷斯，准备"战略转移"。这一年他从海路攻入色雷斯，却在与当地人的冲突中阵亡。

公元前494年，帝国平叛进入收官阶段，大军包围了米利都。波斯阵营中，还包括一个还乡团，他们是被爱奥尼亚以及开利亚的诸城邦赶出来的僭主们，波斯将领命他们写信劝降自己的族人。这封最后通牒上说，只要投降就既往不咎，否则城破之日，必将他们举族抓回波斯，女的奸，男的阉。

守城一方将最后的希望寄托在他们的海军上。米利都人有80艘战船，军港里还集结了来自希俄斯岛、萨摩斯岛、波凯亚岛、莱斯沃斯岛等地的盟军，他们提供的舰只，多者百余艘，少者三艘，合计353艘。面对恐吓，他们表现得英勇无畏，但出于亚洲希腊民族的痼疾，这些人值此生死关头依旧闲散无序。似乎只有一个人认识到了事态的严重性，他叫狄奥尼修斯，来自波凯亚。他召集大会，对爱奥尼亚人晓以大义说，生存还是死亡，这是一个问题，我们正面临生死抉择，为了战胜强敌，你们现在必须和我一起刻苦操练，不能再散漫下去了。

众人觉得有理，于是选举他作为联军舰队总指挥。狄奥尼修斯是个魔鬼教练，他没日没夜地操练水军，最初几天大家还肯听他的，但到了第7天，惯于安逸享乐的爱奥尼亚人受不了了，他们拒绝登舟练习，都跑到沙滩上搭起凉棚躺下休息，大战在即的米利都变成了一个海滨游乐场。巴顿将军说，一盎司的热汗值一加仑的鲜血。爱奥尼亚人显然不明白二者是这样换算的，他们表示，即便真成了波斯人的奴隶，也比在狄奥尼修斯手下出苦力舒服些。狄奥尼修斯的城邦波凯亚国小力弱，这次只提供了3艘船，因此他也无力强迫这些老爷兵少爷兵就范，只能徒呼奈何。

这没心没肺的表现，让联军中有的人动摇了。先是萨摩斯人，他们吃过波斯人的苦头，知道与帝国为敌的下场，于是暗中和波斯人达成协议，在开战时自行撤退。

决战之日到了，联军舰队与波斯海军的600艘战船对峙于米利都与萨摩斯岛之间的拉德湾。萨摩斯人的60艘战船中，有47艘如约开溜，与他们相邻的莱斯沃斯舰队见状，也跟着一块跑了，接下来又有许多船只效仿。起义军最后的抵抗力量，没等开战就逃了一半，最后只有受过米利都恩惠的开俄斯人全部留了下来。被抛弃的米利都人绝望地与兵力四倍于己的帝国海军精锐相搏，此时他们为以往的懒散懈怠付出了代价，全军覆没。至于狄奥尼修斯，早就预料到了这个结果，他带着自己的三艘船远远逃走，跑到西西里岛落草当海盗去了。不过此后他一直没忘了与希腊人的香火之情，不论劫财劫色都只挑迦太基人的船下手，对希腊船只一向秋毫无犯，也算是盗亦有道了。

海战大获全胜的波斯人随后攻陷了米利都城，他们果然兑现了最后通牒中的警告——米利都人被杀被抓被阉割，曾经繁华无比的爱奥尼亚明珠，如今成了人道主义重灾区。当时有位雅典的剧作家普律尼科斯以此为题材排演了一出悲剧，名为《米利都的陷落》，上演之后雅典观众全场飙泪。可如此感人的作品非但没使剧作家获利，还让他大大地破了财：他被罚款1000德拉克马，该剧也被雅典当局紧急叫停。原来古希腊的悲剧讲究哀而不伤，用后来亚里士多德的话概括，"（悲剧的）目的在于引起怜悯和恐惧，并导致这些情感的净化"。像普律尼科斯这种一味凄苦、引人下泪的表现手法，是有违悲剧精神的。

劫后的米利都人被押往苏撒，大流士将他们安置在波斯湾沿岸的一座城市阿姆培。而在前线，波斯大军继续扫荡爱奥尼亚诸城邦。波斯帝国的海军主力是腓尼基人，他们和这些亚洲的希腊民族是商业上的死对头，因此借机公报私仇，所到之处杀掠无算，爱奥尼亚、艾奥利斯等地一片狼藉。

公元前493年，前米利都僭主、当年力主守护多瑙河浮桥的希斯提亚欧从苏撒逃回爱奥尼亚，继续领导起义，但当时大局已定，加之他的僭主身份不受当地人民欢迎，终究没能再掀起什么风浪。次年，他被阿尔塔普列涅斯抓获，凌迟处死。据说此举惹得大流士很不高兴，他下令厚葬了希斯提亚欧。

至此，爱奥尼亚大起义历时7年，终告失败。既然首恶已诛，疆土已复，波斯人也就没有秋后算账，阿尔塔普列涅斯规定辖区的税率不变。更值得一提的是，大流士委派他的女婿、戈比亚斯（"七剑"之一）之子马多尼奥斯进驻爱奥尼亚。值得注意的是，后者在当地顺应民意，没有恢复僭主政治，而是建立起了民主制，从这个事件中可以看出波斯人的政治智慧。

亚洲的希腊人摆平了，但更远处的欧洲还有雅典人，让大流士无时或忘，波斯王决定兑现他的复仇誓言，兵进雅典。

17

水、土、不服

公元前492年，秋冬之交，爱琴海北部海域的萨索斯岛，波斯帝国的西疆，烽烟俱净，海天一色。一支由300艘船组成的舰队，从这里起航，他们向西贴向色雷斯的海岸线，然后捋着陆地的轮廓蜿蜒向南，这就是波斯的远征军，他们的目标——雅典。

爱奥尼亚起义平定之后的一年之中，大流士的爱将马多尼奥斯出征色雷斯，他仅用半年时间就为帝国收复了普罗彭提斯海（今马尔马拉海）沿岸和色雷斯、派欧尼亚等在起义中脱幅的欧洲领土。对于这些地方，既然经过武力规劝回到了"祖国怀抱"，波斯王也就不计前嫌，让他们的生活和赋税悉遵旧制，仿佛什么都没发生过。但管理波斯这样的大帝国，仅有怀柔手段是不够的，大流士也很懂得恩威并用，对曾支持爱奥尼亚人的雅典和埃雷特里亚等希腊城邦，他就决不会宽待。现在，马多尼奥斯正带着国王"拆毁他们的城市，奴役他们的人民"的指令，向希腊本土进发。

希罗多德将大流士讨伐雅典的原因归结为他尽职的仆人每天提醒他"勿忘雅典人"，如电视购物广告一般没完没了不厌其烦。其实这并非主要原因，大流士发动远征绝不仅仅是因为积怨难平，人主不可怒而兴兵，如果连这道理也不懂，那他是万万混不到这个地位的。说到大流士发动战争的原因，汤因比所说的"两种政治体制的对立"是一方面；另外，波斯治下有众多的民族，爱奥尼亚起义，尤其是萨迪斯的被焚，让帝国的威信在异族属民面前动摇，因此波斯王急需采取行动杀鸡儆猴，为此波斯人严惩米利都人。但仅有此举还是不够，对雅典这样的境外敌对势力，也必须拿出点"虽远必诛"的雷霆手段，才有足够的震慑力。富勒的《西洋世界军事史》中还指出，波斯帝国的边境线最薄弱之处就在赫勒斯滂到拜占庭一线，这道窄窄的海峡，两岸住的都是希腊同胞，同文同种，过从甚密，一旦有事极易呼应，爱奥尼亚起义的教训让大流士看到，必须让帝国的政治边界和人种边界跨过赫勒斯滂向西推进。同时，赫勒斯滂又是黑海到地中海的咽喉，是波斯辖下小亚细亚以及巴勒斯坦的商船进出黑海的必经之路，关乎巨大的经济利益，波斯人必须将希腊本土人在这一地区的影响力排挤出去，才可以独享巨利。这种种原因，决定了波斯帝国与希腊世界的这场不对称战争势在必行。

于是，马多尼奥斯奉命出征。他的大军水陆并进，陆军由他亲自率领，除了途经马其顿时遭到布里齐部落的夜袭，一切还算顺利，但他的海军，即开头提到的那300只舰船就没那么幸运了。

船队担负着运送给养的任务，本来他们与陆军是齐头并进的，但由于途中要经过一个突出的半岛卡尔启迪斯，因此海军不得不从东南方绕行。卡尔启迪斯半岛的末端，又有三个凸出的狭长地带伸向大海，这三个嶙峋的小半岛由北向南，依次是阿克特、西敦尼亚、帕利尼，它们仿佛海神波塞冬的三股叉，波斯舰队遇到的，就是这柄钢叉最锋利的一角：阿克特半岛边缘的阿托斯山。这座孤峰在陆地尽头，悬于海上，山岛竦峙，每年秋冬季节，爱琴海强劲的北风吹抵此地，会因其阻挡而向四周流散，不规律的气流极易形成风暴，因此这里是著名的海难多发区，古希腊人将之归咎为海底潜藏的怪兽作祟。

波斯水手们既不了解爱琴海的气象，也没听过海怪的凶名，他们对前途的凶险茫然未知。其时已是初冬，孟冬十月，北风徘徊，他们乘风南行，本来一路顺畅，但到了阿托斯山海域，风忽然变得猛烈而不可捉摸。波斯人的船以桨作为主要动力，抗风浪的能力很差，此刻大海上波涛翻涌，海风把战舰往死里摇，水手们乱作一团，失去控制的船被卷向陆地，在阿托斯山的崖壁上撞得粉身碎骨。300艘船，片帆无归，死者达到两万。

马多尼奥斯听闻补给舰队全军覆没的消息，不敢再进。希腊土地贫瘠，马多尼奥斯的大军无法因粮于敌，一切用度全赖船只运载，现在手中无粮，心下犯慌，马多尼奥斯只好传令向后转，返回色雷斯。

爱将有负所托，大流士备感失望，他撤换了马多尼奥斯，另择良将再图西征之举。筹备的同时，他又派遣使者分赴希腊诸城邦劝降，希望能不战而屈人之兵。

当时的希腊还没有形成国家与民族的概念，个个城邦都是独立的政治实体，可以从本城邦的利益出发，制定外交政策。因此许多城邦选择了与波斯人合作，用他们的话说就是"献上水和土"。比如雅典北边的名城底比斯（Thebes，与埃及名城同名），就站在了波斯一边，并不觉得这样做算是叛国投敌。而雅典，这个当年曾主动跑到萨迪斯去进献水土的城邦，这次选择了说"不"，他们将波斯使节扔下大海，让他们"自己去找水和土"。在实行民主制的雅典，此举固然出自民意，但也与一个人的出现密不可分，他就是米泰亚德。

　　米泰亚德曾在前文中短暂出镜，现在补上他的简历。古希腊人自我介绍，习惯把父亲的名字也一并报出来，米泰亚德的父亲叫客蒙，本是雅典豪族，不但家中有屋又有田，更有一辆超豪华大功率跑车，足有四马力——有四匹马拉着。这虽比不得大流士那辆黄金车，但在希腊已经算是顶级的代步工具了，要知道荷马史诗里的第一英雄阿喀琉斯的战车，也只有两匹马拉着。说起米泰亚德的先辈，还真跟阿喀琉斯扯得上关系，他们这个家族的远祖，就是阿喀琉斯的表亲，特洛伊战争中的另一位猛人大埃阿斯（Ajax，也译作阿贾克斯，那支著名的荷兰足球队就是用他的名字命名的）。大埃阿斯被奥德修斯算计死在特洛伊之后，他的家人就从萨拉米斯岛移居到了雅典。直到米泰亚德的父亲客蒙那一辈，家业仍很兴盛，族中的掌门人是客蒙的兄长老米泰亚德，他在奥林匹克竞技会上得过赛车冠军，是雅典城的偶像。当时的雅典，还在僭主庇西特拉图治下，所谓木秀于林风必摧之，米泰亚德家族的声望，让这位僭主深感忌惮。有鉴于此，老米泰亚德离家出走，去开创自己的事业，客蒙则留在了雅典。

　　老米泰亚德一路北漂，来到了赫勒斯滂西北岸边的切尔松内索城，取得了僭主地位。该城扼守海峡，与对岸的小亚半岛艾奥里斯地区隔海相望，地理位置甚是紧要，他也凭此成为地中海的一方豪强。后来老米泰亚德死了，由于他膝下无子，当地人就请他的侄子，客蒙的长子斯特萨戈拉来接班。再说留守雅典的客蒙，也当上了奥运赛车冠军，而且连续三届夺冠，这在古代奥运史上是极为罕见的。根据奖励机制，如果一名选手三次折桂，古代奥组委就会在奥林匹亚为其竖立雕像，由希腊第一流的雕刻家量身打造，让他与众神一起接受膜拜。这份荣誉顶得上凌烟阁上留画像，星光大道按手印，因此车王客蒙的大名传遍希腊。此时的雅典僭主，已换成了庇西特拉图之子希庇亚斯，客蒙声望日隆，让他如芒在背，于是派人去暗杀他。客蒙善良单纯，对人从不设防，因此僭主的刺客一击即中，奥运冠军惨遭横死。青年米泰亚德成了孤儿，而此时的雅典城中危机四伏，他也不敢久留，于是收拾行囊，北上切尔松内索投奔兄长去了。

刚到切尔松内索，米泰亚德的大哥也死了，兄终弟及，他一来就做上了僭主。随后就发生了大流士远征斯基泰的事，米泰亚德从征，并力主拆桥（这都来自他自己的讲述）。后来的爱奥尼亚起义中，他又加入起义一方对抗波斯。事败之后，已经人到中年的米泰亚德自知得罪帝国太多，切尔松内索已不可久留，于是把全部家当装了五艘船，准备回归雅典。途中正碰上前来征剿的波斯海军，米泰亚德的坐船冲出重围，但他一个儿子所在的船被俘获，小伙子后来被解送至苏撒，大流士没难为他，还给他找了一房波斯媳妇，让他就地安家。不过米泰亚德对此并不知晓，以为儿子已被加害，他跟波斯更加势不两立。

米泰亚德回到雅典，早已物是人非，僭主制度已被推翻。尽管与前僭主希庇亚斯有着杀父之仇，但毕竟米泰亚德也是做过僭主的人，又曾在波斯一方作战，阶级成分可疑，历史问题极不清白，因此他一回来就被雅典公民送上了法庭。在法庭上，米泰亚德痛说革命家史，还讲了多瑙河浮桥的故事，说自己跟波斯人不共戴天，又说自己正是为了帮助雅典人民抵抗波斯入侵才回来的。其时，对雅典人来说，与波斯人的民族恨才是头等大事，于是他们放下阶级仇，接纳了归来的游子米泰亚德。不久后大流士的使者到访，正是在米泰亚德的主张下，他们被抛下大海。米泰亚德这么做不仅是因为国恨家仇，还因为反波斯的立场就是他政治号召力的全部来源，甚至是安身立命的保障。

对付几个外交人员并不难，米泰亚德也知道，大流士看见"先礼"不能奏效，接下来必将"后兵"，那才是对雅典和他本人真正的考验。

按

献上水和土象征臣服，希腊人说这是波斯的规矩。但在波斯的文献和考古发现中，从来没有这个记载，或许这是翻译引发的误解，可能受降过程中，并不是真的有"献水土"的仪式。

18
走向马拉松

果然,大流士的遣使招降,不过是摆个仁至义尽的pose,从他上一次下达给马多尼奥斯的命令中不难看出,波斯王是下了狠心要将雅典从地图上抹掉的。外交手段失败,虽然损失了一些使者,但波斯人用他们换来了整军备战的时间。公元前490年,筹备停当的波斯大军再次向希腊进发。

这一次波斯大军走的是南路,从基克拉泽斯群岛向雅典所在的阿提卡半岛稳步推进,全体士兵和辎重都用船只运载,既解决了携带给养的问题,又避开了狂风肆虐的阿托斯山。大军的统帅是大流士的侄子、吕底亚总督之子小阿塔普列涅斯,副帅是来自米底的海军将领达蒂斯,这个任命比较搞笑,让一个来自内陆国的将领统管海军。关于这次出征的兵力,各种资料记载不一,来自希腊方面的数据一个比一个离谱,比如柏拉图竟然说有50万人。相对可靠的还是希罗多德,他说来了600艘船,这个数字被普遍采信,据此折算,整支舰队最多可以运载12万人,除去划桨的水手,战斗人员应在6万左右。但希罗多德同时表明,这些船包括很大一部分运粮船和运马船,因此6万之数(注意,仅指兵将)还要再打折。军事专家富勒断言,波斯的兵力是"2.5万名步兵加1000名骑兵"。姑且信任他的专家眼光,认为波斯的战斗人员在3万上下。

即便真的只有3万波斯士兵,对雅典来说也算是压倒性优势了,因为他们的全部人口,也只有十几万。面对以巨石压卵之势来袭的敌军,雅典人不可避免地陷入了恐慌。他们开始寻求一切可能的救兵。

首选目标当然是斯巴达,他们与雅典的关系十分微妙。斯巴达人曾四次出兵雅典,两次是应雅典公民的邀请来驱逐僭主,另两次是直接或间接的侵略。最近的一次是大约20年前,他们出兵对付雅典民主派领袖克莱斯铁涅斯,试图扶植新的僭主上台,作为自己的政治代言人。如果说雅典是希腊诸城邦中民主制的典范，斯巴达就是寡头制的代表；雅典重视文化，斯巴达崇尚武力；雅典开放，斯巴达保守；雅典人睿智热情，斯巴达人深沉冷峻；雅典致力于海洋，斯巴达固守着陆地；雅典是民主泛滥极度自由，斯巴达则是政府高效整齐划一。这两个城邦几乎有着完全对立的性格，而雅典的崛起，虽然一时还不会影响斯巴达所在的伯罗奔尼撒半岛格局，但势必会削弱斯巴达在整个希腊世界的优势地位。那么，雅典的危亡之秋，斯巴达人会拔刀相助吗？被派去求援的雅典传令兵菲迪彼得斯怀着惴惴之心上路，奔向伯罗奔尼撒。

汤因比说当时的世界上有三个最擅长骑马的民族，希腊人是其中之一，但其实当时骑马的希腊人主要限于北部帖撒利亚等地的边民，在中南部希腊世界的核心地带，由于地形限制，交通还是基本靠走。菲迪彼得斯就是徒步前往斯巴达的，他是个长跑健将。他沿着海岸线向西南奔去，穿过连接阿提卡与伯罗奔尼撒半岛的科林斯地峡，翻越海拔1200米高的帕特农山，一直跑到半岛南端的斯巴达。这段路程长达246千米，菲迪彼得斯硬是跑完了全程，耗时不超过36个小时，这惊人的速度和耐力，恐怕神行太保戴宗也要瞠乎其后。

斯巴达人没有辜负菲迪彼得斯的辛苦，他们同意出兵助战，但不是现在。当时正值斯巴达人的一个宗教节日，根据宗教习俗，在此期间他们不能擅动刀兵，要一直等到月亮变圆，才能解禁。其时天色向晚，弯腰喘气的菲迪彼得斯听完斯巴达人的解释，抬头望向夜空，但见新月如钩。据说当时距离月圆尚有9天时间，也就是说，斯巴达援军已不可能赶在敌人到来之前驰援雅典。

菲迪彼得斯徒劳奔走，雅典人只得奋力自救，而此时波斯的舰队已经逼近。雅典的前僭主希庇亚斯这次也随军出征了，根据富勒的说法，他的任务是拉拢雅典城中的内奸，与波斯人里应外合。这个说法是许多后世研究者的共识，他们还把阿克门尼德家族锁定为这个潜在的第五纵队。其实这是千古奇冤，克莱斯铁涅斯就出自阿克门尼德家族，该家族是最坚定的民主派、希庇亚斯家族的世仇，纵然后人不肖，也不至于与僭主联手，颠覆自家先辈手创的民主政体。而且从后来的事实来看，当雅典大军倾巢而出时，城里也并没有什么人捣乱破坏。因此，希庇亚斯的作用，基本相当于顾问，甚至只是向导，正是在他的指引下，波斯舰队驶向了日后名扬天下的战场——马拉松。

雅典城里，正召开着高级作战会议。当年克莱斯铁涅斯改革，将雅典分成10个部族，每个部族都有自己的将军，米泰亚德现在也做到了这一职位。将军们聚在一起商讨御敌之策，有人建议固守城池，等待斯巴达和其他城邦的援军，这一想法得到了半数人的认可。米泰亚德则主张主动出击，当时情报人员已探明波斯舰队最可能的登陆地点就是马拉松平原，米泰亚德提出，我们就到马拉松去迎击，在雅典的卫城外面加筑一道血肉城墙，这样才能更有效地保护城邦，并为盟军赢得时间。这个大胆的计划也得到了4位将军的支持，两种意见正好5比5战平。此时，雅典名义上的最高司令官"波勒马克斯"（官职名称）卡里马克斯的意见变得至关重要，米泰亚德动员他："雅典到了最危险的时候，或沦为奴隶，或保住自由，在将军一念之间。倘若坐失战机，我们人民的抵抗意志必将在敌军威势面前动摇，雅典也将沦于异族之手，那样希庇亚斯势必卷土重来，届时家家过火、人人过刀，自不待言。而如果我们一鼓作气，趁着敌人立足未稳果断出击先发制人，也未尝没有战胜强敌的机会，那样非但雅典可望凭此一战之功成长为希腊首屈一指的城邦，你个人也将得享千秋美名。何去何从，将军决之。"

卡里马克斯被米泰亚德的激情感染，投下了同意出战的一票，于是雅典全城动员起来，合计1万名（一说9000名）20—60岁的男性公民被征召入伍。马拉松在雅典东北，两地间的距离尽人皆知，乃是42.195千米，因此雅典人后发先至。当波斯大军在此上岸时，只看见两千米外已经站满了雅典人，披挂整齐，严阵以待。这一天是公元前490年8月3日。

马拉松平原是希庇亚斯为波斯人选择的登陆地点，许多研究者说这是因为此地地势开阔，适于骑兵驰骋。其实这个迷你平原最宽处只有三千米，北有河流南有沼泽，中间又是灌木丛生，怎么也算不上理想的骑兵战场。时年已近八旬的希庇亚斯选择此处，如果不是老糊涂了，那就一定是出于迷信思想：他的先人曾在这里打过胜仗，于是他希望遥借祖宗余荫，重现历史。这位老僭主年事已高，苍苍者或化而为白矣，动摇者或脱而落矣，登陆之后，久违的爱琴海风呛得他一阵咳嗽，不小心，一颗牙齿竟在剧烈震动下飞离牙床，掉在了沙滩上。老头大急，满地找牙，却遍寻不见，他那颗老牙像人参果一样遇土而入了，希庇亚斯叹道："看来这片土地就是我的埋骨之处了。"言毕大悲。这个不祥的小插曲也给波斯大军蒙上了阴影。

接下来的9天，波斯、雅典两军在这个狭小的平原上对峙。这时，雅典的盟邦普拉提亚派来步兵1000人（一说400人）助阵，但这点人只是杯水车薪，远不足以缓解希腊人兵力上的绝对劣势。将军们也不敢轻举妄动，他们每天紧守营盘，苦苦等待月圆，斯巴达人可以早日抵达。至于波斯人为什么不动，富勒分析这是他们事先拟定的战略方案。波斯人分兵去袭击此次远征的另一个主要目标埃雷特利亚，该地位于与阿提卡半岛平行的埃维亚岛上，由于曾参与焚毁萨迪斯，大流士特意交代将这个城邦也一道铲平。波斯人打算等他们的海军攻克埃雷特里亚，解决后顾之忧后，再绕道向南直扑雅典，在此之前，波斯陆军的任务就是拖住倾巢而出的雅典步兵。小阿塔坐镇马拉松观察希腊人动静，达蒂斯则率领一旅偏师去攻打埃雷特里亚。埃雷特里亚国小力弱（他们支持爱奥尼亚起义时只派出了5条船），勉力支撑了5天，到了第6天，波斯人在内奸的配合下攻破城池，将埃雷特里亚夷为平地。现在波斯将领们已握有完全的主动权，可以从容地筹划下一步的行动了。

19

冲！冲！冲！

8月12日清晨，经过9天的对峙之后，波斯人开始行动，他们并不是向对面的敌军发起进攻，而是退回大海。此前他们已经悄悄地把马匹牵回了船上，从他们后来的行军路线上判断，波斯人的意图可能是扔下面前这些希腊人，直接去打雅典。这一举动也证明富勒的分析高估了波斯人的战略水平，因为他们并没用一部分兵力进攻以拖住雅典主力，甚至没有妥善地组织后卫部队，而是将雅典人视若无物，就这么观光旅游一般地鱼贯登舟。这个时候，雅典人也动起来了。

原来，米泰亚德早就主张进攻。此前3天，埃雷特里亚陷落，得到消息后的米泰亚德知道波斯人将彻底摆脱后顾之忧，接下来就会全力以赴进犯雅典，而如果退守城市，定将在撤军途中遭遇敌人骑兵的追击，因此必须在回防之前主动进攻，消灭敌人的岸上部队。后来的情况证明，这个战略完全对路，但雅典的极端民主制使他的军事才略无从施展。根据军规，雅典的部队由10位将军轮流行使指挥权，每人一天，熬到米泰亚德说了算时，已经是第9天了。恰在这天的拂晓时分，侦察兵报告了波斯人的动向，米泰亚德知道敌人准备从水路进攻雅典了，时间就是生命，一刻都不能再拖，米泰亚德下令全体整队，向波斯阵地冲锋。

这里需要介绍一下双方的装备情况。雅典人全是重装步兵，主要的进攻武器是一柄3—5米长的长矛，矛尖是铁质的，尾部也有铁钉，主要用来保持平衡，必要时也有杀伤力。此外每人还配有一把铁质短剑，长约60厘米。他们的防具是一面圆形盾牌，用硬木制成，外面裹以一层青铜，有的还用皮革装饰，大盾直径0.92米，士兵们将其持在左手，可以有效防护身侧的队友。他们的甲胄比较夸张，头盔用黄铜制成，严丝合缝，护住整个头颅和面部，只露出双眼和口鼻。科林斯式的头盔顶上还有一丛红色的马鬃作为装饰，雅典式的没那么花哨，就是一个厚实的空心金属疙瘩。据说这种头盔重达9千克，大英博物馆有收藏实物，其厚重坚实的质地，一望可知。铠甲部分，上身是加厚的亚麻衣，镶有青铜甲片，总重量超过15千克；下身是剪碎的亚麻战裙，外罩条状的金属甲叶，长及膝盖，这种剪裁是为了便于奔跑。小腿上覆盖两片青铜胫甲，每片重约3千克，脚上穿的则是简易的凉鞋。这样算起来，他们每人的负载超过30千克，是名副其实的"重步兵"。他们最常用的战法就是排成方阵向对方推进。

反观波斯就要简单得多了。希罗多德没有详细描写他们的装备，但从波斯波利斯宫墙上的壁画可以看出，波斯军人都是宽袍大袖峨冠博带，袍子做工考究五彩斑斓，但基本没有装甲，防护作用约等于零，不适合沙场相搏。那是波斯最精锐的王室禁卫军，可想而知，前线的战士不会有更好的装备。这样的配置保证了士兵的灵活性，但由于防御手段的缺乏，正面对冲的能力肯定赶不上希腊的"青铜圣斗士"。此时波斯随着地盘的扩大，吸纳了许多其他民族的兵种，但主力仍是居鲁士时代的弓箭手集群，近战的武器和技巧仍然很差。

比较双方的装备就能看出，希腊人利在速战，只要他们能快速推进到波斯人跟前，就可以让那些弓箭手无用武之地。这也就是说，希腊人最大的对手不是波斯人，而是他们那一身沉重的行头。

希腊的重装步兵方阵一向是稳步推进的，但米泰亚德这次要求他们"跑着进攻"。两军相隔约1.5千米，为了保持体力，希腊人像往常一样起步，但越走越快，到了大约与波斯人相距200米的时候，就进入了波斯射手的火力范围。波斯人张弓搭箭准备发射，这时希腊方阵突然加速，大家齐声呐喊，同时用右手的矛柄敲击左手的盾牌，声震四野，气势逼人。波斯军放箭，方阵中有人中箭扑地，但大多数人在甲胄盾牌的保护下冲过了火力覆盖区域，弓箭手来不及再次上弦，飞跑的金属已撞到面前，双方短兵相接，展开肉搏。

希腊的方阵通常有八行，但这次米泰亚德为了在冲锋中保持阵型，同时防止敌人凭人数优势从侧面包抄，故意削弱了中间的厚度，将之减为四行，从而使阵线的宽度拉大，这让他们更快地突破了波斯弓箭手的火力网。而在两翼，米泰亚德保留了八行士兵的配置，最精锐的部分放在右翼，由"最高指挥官"卡里马克斯亲自带队，他们以冲刺速度撞向敌军。波斯人的箭阵第一行只设一名持盾的护卫，自然抵挡不住，他们倒下之后，身后既无护具又无长武器的弓箭手们便暴露在雅典人的铁矛之下，只能任人宰割。而由于波斯人已将战马运回船上，因此无法通过骑兵的侧翼扯动来搅乱雅典人的阵型，算是自废武功。左路的情况也差不多，来助阵的普拉提亚人同样英勇，波斯人的左翼也被迅速打残。希腊两翼并不追赶败军，而是向内旋转90度，如铁钳一般夹击波斯的中军。中路的战斗还处在胶着状态，希腊人以寡击众，遇上的又是波斯军的中坚力量波斯本部人和萨迦人（斯基泰人的一支），尤其是后者，人人手使一柄铁镐，能凿穿雅典步兵的铠甲，因此希腊人陷入了苦战。但来自两翼的希腊人投入战斗之后，局面立刻逆转，波斯军发现自己的侧面失去了保护，有被敌人合围之虞，不由得心惊胆战，心下一怯，又被冲上来的希腊人放倒一片，余者士气瓦解，纷纷掉头逃窜。希腊人追上去放手大杀，波斯人兵败如山倒，争相逃向海边，想上船逃离这个地狱战场，慌乱中被踩踏致死者，不可胜数。

此刻的雅典人已完全进入亢奋状态，他们一直追到海上，还夺下了波斯人的7艘战船。有位希腊将军冲到水中，牢牢抓住一艘船的船舷，似乎想以一己之力将其拖曳上岸，波斯人的战斧落下来，他的手应声而断，倒在沙滩上，不久后因失血过多不治身亡。他叫库涅盖洛斯，这不是一个响亮的名字，但他有个弟弟，也参加了马拉松的冲刺，名叫埃斯库罗斯，多年以后他将有个外号，叫"悲剧之父"。

马拉松之役在清晨开始，希罗多德说"他们战斗了很长的一个时候"，但后来的研究者分析认为，这次战役不像一场"马拉松"，倒像是百米冲刺。波斯军的两个边路一触即溃，失去保护的中路也就支撑不了多久，可能到中午的时候，战斗就结束了。清点战场时，希腊人发现波斯人留下的尸体足有6400多具，另有为数不少的俘虏。战前希腊人曾向月亮女神阿尔忒弥斯许愿，每消灭一个敌人就向她献上一头羊，看来此后相当长的一段时间里，这位女神看到羊肉就会反胃。至于希腊方面的阵亡人数，只有192人（不含普拉提亚人，后者伤亡数字不详），其中包括冲锋在第一线的卡里马克斯。这样的伤亡比例堪称完胜，但他们还不能享受胜利的喜悦，波斯人的舰队尚在，雅典城还处在危急之中，必须火速赶回去保卫家园。于是，胜利者们擦干身上的血迹，掩埋好同伴的尸体（顺便把波斯人也都埋了），立刻掉头，回援雅典。

传说雅典人又派出了菲迪彼得斯先行赶回去报捷兼报警，他跑完著名的42.195千米，将胜利的消息传达给家乡父老之后，就倒在地上力竭而死。19世纪法国人顾拜旦创办现代奥运会时，还特地设计了全长42.195千米的马拉松长跑，来纪念这位英雄。但这个故事九成是后人杜撰的，直到马拉松战役之后一个多世纪才首次被人提起，连"故事大王"希罗多德都没有采信。须知菲迪彼得斯能在三天内徒步往返雅典和斯巴达，跑完近500千米，区区一个马拉松的长度，对他来说恐怕只能算是热身，倘若他泉下有知，听到后人说他跑了这点路程就累死了，没准儿会气得再死一次。不过后人也根据可稽考的史料，另外创办了一项名为斯巴达松（又称"超级马拉松"）的长跑，路线就是从雅典到斯巴达，全长246千米，途中翻山越岭，与菲迪彼得斯当年的行程别无二致。这项比赛创办于1983年，每年9月在希腊举行，该赛事颇有古韵遗风，不接受任何商业赞助，优胜者的奖品仅有清水一杯，参赛者称这是为了保证最纯粹的原生态体育精神，他们将这视为一次神交古人的精神之旅。目前斯巴达松的世界纪录由美国人尤雷克保持，成绩是23小时12分，比菲迪彼得斯时代又有提速，这是后人对他最好的纪念。

再说波斯人。他们的船队确实驶向了雅典，但途中不知为何，又调转了船头，向他们的西征基地基克拉泽斯群岛方向撤退。这或许是因为知道无法在雅典主力赶回城前攻克雅典，或许是被刚才希腊人的战斗力吓倒，但流传最广的说法是，波斯舰队途经阿提卡半岛尽头的苏尼昂岬时，岸上有个人用盾牌反射阳光，给他们发了一个信号，波斯人看见闪光，就撤退了。时人普遍称这就是阿克密尼德家族的人所为，并将此事作为他们通敌的罪证，但这一指责并没有真凭实据，《希罗多德历史》极力为他们辩白。至于事情的真相，则成了悬案，恐怕永远无法揭开了。

但不管怎么说，波斯人撤退了，他们的远征再次以失利告终，雅典人可以为他们的伟大胜利欢呼了。三天之后，当斯巴达人姗姗来迟时，他们也对雅典人的功勋赞叹不已。

波斯人在这场战役中惨败，但从战略全局上看，这个挫折还远远谈不上伤筋动骨。他们已控制了基克拉泽斯群岛和色雷斯南北两条通往希腊的通道，仍然握有进攻的主动权，在爱琴海的制海权方面，也能与希腊人平分秋色了，所得足以偿失。

但对雅典乃至整个希腊来说，胜利的意义仍然是巨大的。希罗多德说，这是希腊人"第一次奔跑着向敌人进攻，又是第一次看到米底人（此处代指波斯人，下同）的服色而不感到害怕，在以前，他们只是听到米底人的名字就给吓住了"。雅典凭借这场胜利，不仅确立了对波斯人的心理优势，同时也缔造了在希腊世界的空前声望，如米泰亚德预言的那样走上了通往"第一城邦"的道路，以雅典为代表的希腊文明，就从这时发轫。

富勒在《西洋世界军事史》中评价马拉松战役称："虽然双方都是雅利安民族，但它却是欧亚两洲之间、东西两方之间，有史以来的第一次大战，这和以后（西方的）的许多次战争都不同，因为那大部分都是欧洲民族和国家之间的斗争。"他说希腊人通过此役获得了把握自己命运的信心，并由此创造出自己的文明，他把马拉松战役比作欧洲文明诞生时的一声初啼。

但就如希腊神话中的大力神赫拉克勒斯在摇篮中就遭遇了毒蛇的袭击，民主的雅典，这个刚刚诞生的新生儿，也注定命运多舛。波斯帝国与希腊世界绵亘一个多世纪的洲际争霸，才刚刚开始，马拉松的辉煌，在这段波澜壮阔的大历史中，仅仅算是一个序幕。

按

马拉松战役的时间历来有多种说法，天文学家根据月圆的时间推算，这一天应该是公元前490年8月10日，战斗在此后两天打响，因此应该是公元前490年8月12日。而考古学家根据斯巴达人的节日考证，称这战役应该发生在9月，具体又有9月12日和9月21日两种说法。9月说历来是史学界主流，但近年来越来越多的研究结果显示，8月的可能性更大，本书采用公元前490年8月12日这一说法。

希腊人作战的细节，有人描述雅典方阵以跑步速度冲过1.5千米，这是不可能的。奥运会的武装赛跑，距离也不过746米，雅典人再怎么勤于锻炼，也不太可能1万士兵都具有两倍于奥运选手的体能。因此富勒在《西洋世界军事史》中的推断应该更接近于事实，即雅典人是在即将进入波斯弓箭手射程时才跑起来的。关于波斯人的战略意图，并没有任何来自波斯方面的记载，一切后人的著述，包括本书，都仅仅是分析推断，很难说究竟有多大的准确程度。事实上马拉松之战本身，在现有的波斯文献中也完全失载，或许这次失利并不被他们视为严重事件。

关于菲迪彼得斯，现存最早的记载来自罗马时代的希腊作家普鲁塔克，他生活的时代距马拉松战役已有500多年，且这个故事缺乏文献佐证，故不能视为信史。菲迪彼得斯的名字，其拉丁文拼法在奈波斯《外族名将传·米泰亚德传》中写作Phidippumque。国内有些文本称他为"菲利彼得斯"，当系误传。

20
青春期的薛西斯

从波斯人手中拯救了雅典,这让米泰亚德的威望如日中天。可惜任何人都无法永远停留在辉煌的巅峰,所谓强极必损,接下来,他的命运就急转直下,跌入了人生的谷底。

事情是这样的:公元前489年,米泰亚德携马拉松大捷之余威出征帕罗斯岛,他借口该岛曾与波斯人沉瀣一气,要清算他们的叛国罪行。但希罗多德则说,此举有公报私仇之嫌,因为帕罗斯僭主曾在波斯人面前说过他的坏话。结果战事很不顺利,经过62天的围困,雅典人还是没能得手,米泰亚德本人也负了伤,他无功而返,灰溜溜地回了雅典。这一来,雅典人全不顾念米泰亚德的功绩,将他送上法庭,判了死刑,后来改判监禁,并处以50塔伦特的罚金。前面提到过,波斯帝国有的行省,一年的"份儿钱"也不过是170塔伦特,可想而知,在逃离切尔松内索时损失了大量财产的米泰亚德拿不出这么多钱,于是,这个年近花甲的老人凄惨地死在牢中。父债子偿,米泰亚德凑不上这笔巨额罚款,他的儿子小客蒙也因此身陷囹圄。后来,已与小客蒙有婚姻之约的同父异母妹妹埃尔皮尼克为了救他,嫁给了一个经营银矿的土财主卡利阿斯,由于后者的资助,米泰亚德之子才得以重获自由。

雅典人的忘恩负义确实令人齿冷,不过换个角度考虑也可以理解,他们当时的核心工作就是防火防盗防僭主,米泰亚德的威望,已隐然具备了当僭主的条件,故而他们防患于未然。但对米泰亚德个人来说,这个惩罚还是太重了,就算他有丧师之过,也罪不至此,何况他还是曾经拯民于水火的雅典救星。故而罗马时代的史学家奈波斯在《外族名将传》中为他鸣冤:"只要有人在一个享有自由的城邦中拥有终身权力,就会被视为僭主……比之继续生活在(对僭主的)恐惧中,雅典民众情愿惩罚这位无罪的人。"

米泰亚德挽救了雅典濒临危亡的民主之路，而被他拯救的公民们却用"民主"将他送进牢狱。2400多年后，丘吉尔在"二战"中力挽狂澜拯救了大不列颠，不想却在战后的首相选举中败于工党领袖艾德礼，当时丘吉尔很绅士地说了一句："这就是我想要的民主。"而此时，处境比丘吉尔更惨淡百倍的米泰亚德，不知又会作何感想。从吴起、岳飞，到贝利撒留、华伦斯坦，古今中外为君王效命的能臣干将一旦功高震主，就难免被鸟尽弓藏，这是帝制的罪恶，而谁曾想到，"民主"也同样会翻脸无情，兔死狗烹。

不久之后，在战场的另一头，这场战争的终极发动者大流士，也带着无尽的不甘作别了他的时代。本来他打算对希腊人发动更大规模的进攻，在马拉松战役之后的三年间，波斯人一直在为此做着准备。但帝国在希腊的失败，使得统治基础本就不够牢靠的边缘地区更加松动，大约公元前486年，埃及人也发动了起义。这一事件打乱了大流士西征的部署，对暮年的他来说，更是个不小的打击。终于，在这一年，主宰了半个文明世界长达36年的波斯大帝撒手人寰。

大流士在他的墓志铭中自诩"伟大光荣正确"（I am a friend to right, I am not a friend to wrong）。以功业而论，他无愧于伟大之誉，但在他执政的末期，堂堂波斯帝国竟奈何不得小小的希腊世界，这不免使他的一世英名蒙上了些许瑕疵。所以，他的后继者在继承这份庞大家业的同时，也肩负了完成大流士未竟之志的使命。

帝国的接班人，是大流士的嫡长子薛西斯一世。和此前出场的几位波斯帝王一样，薛西斯的出生日期也没有明确记载，但希罗多德说他生在大流士称王之后，由此推断，他的出生年份不会早于公元前520年。这也就是说，在公元前486年接掌帝国大权的时候，他是一个至多不超过34岁的青年。

薛西斯的母亲，是被大流士册封为正宫娘娘的居鲁士之女阿托撒，因此，他身上流着波斯帝国两大皇族的血，若论出身之尊贵，只怕在当时的整个地球上，也无人能出其右。凭着如此高贵的血统，薛西斯早早被确立为储君，他庶出的大哥阿塔巴扎涅斯，尽管年长得多，但在夺嫡斗争中对他几乎不构成威胁。而薛西斯也确实拥有着无愧于父祖的才智，在《希罗多德历史》中我们时常可以看见，他会表现出哲学家般的思考、艺术家般的灵性。

所谓三代造就一个贵族。从居鲁士的戎马一生，到大流士提三尺剑取天下，前两代人的努力已为帝国的继承人打下了殷实的家底，因此，尽管"薛西斯"

这个名字就是战士的意思,但作为波斯第三代领导核心,他不必像先辈们那样为了自己的事业而亲自上阵奋斗打拼。他生来就含着金钥匙,生于深宫之中,长于妇人之手,这使薛西斯身上有了前人没有的雍容华贵的气质。甚至遗传学也帮忙装点这位天之骄子,给了他一副英俊潇洒的面孔和一具孔武有力的身躯,希罗多德后来写到波斯远征希腊的"五百万"大军时曾说,"以身材和相貌而论,这数百万人中没有一个比薛西斯更有资格来统率大军";奈波斯的《外族名将传·王者篇》中则写道:"'长臂'薛西斯的名望,主要来自他高大健美的身姿,论膂力,他强于任何波斯人。"至高的尊荣、绝对的权力、绛贵的血统、显赫的声威、无匹的财富、良好的教育、英俊的相貌、雄伟的体魄……这一切让薛西斯理所当然地自视为凌驾众生的神明,同时也造就了他典型的帝王性格:养尊处优、好大喜功、威福自用、喜怒无常。

希罗多德没有过多地正面介绍薛西斯的性格,但圣经中的篇章《以斯帖记》,也被视为薛西斯时代的侧记,研究者们认为,薛西斯就是故事里"波斯王亚哈随鲁"的原型。该文中描写了这位大王的排场:

> 王于多日,以其荣国之富有,及其威严之煊赫示之,凡历十有八旬(流水席摆了180天)。此日既过,又宴书珊(即苏撒)宫中之人,自尊逮卑,历有七日,在宫之院,以白绿蓝三色之布为帷,系以紫枲之绳,缀以银环,在于白石之柱,内有金银之床,设于红石白石,黄石黑石,所铺之地。金卮赐酒,卮式不一,御酒孔多,示王厚贶。饮酒有令,勿得强人,盖王曾命宫中百工,使人各随所欲……

这就是薛西斯王的气派,由于生来就有用之不竭的财富供他挥霍,因此单纯的物质享受已满足不了他,在薛西斯的时代,波斯的君权加强到了前所未有的程度。祖传的"万王之王"尊号似乎还不够显赫,薛西斯又以"神王"自居,在帝国大兴个人崇拜,并用一套全新的朝仪来加以强化,比如他的近侍面见他时,都须包上严严的面纱,以防呼出的气息玷污他的圣体;即便是最尊贵的王公大臣与他说话时,也必须垂首侍立,不经允许断不可抬头窥视他的龙颜——须知,在大流士时代,那些御前顾问是可以同君王坐而论道的。薛西斯的自神之术收到了成效,对于波斯臣民来说,他俨然就是一尊神,帝国里每一个人的身家性命，全任他予取予求。比如在《以斯帖记》里，亚哈随鲁宠信权臣哈曼，后者向他建议诛杀全国的犹太人，亚哈随鲁想都没想，就让哈曼"自己看着办"。而随后，经过宠妃犹太人以斯帖的求情，波斯王又改变主意，如脱敝屣般抛弃了哈曼，将他一门良贱都钉死在十字架上，并且任命他的死敌、以斯帖的养父犹太人末底改继任宰相。甚至为了保护以斯帖的族人，亚哈随鲁还批准犹太人攻杀自己的仇敌，结果不到两星期，7.5万人死于非命，这一切仅仅是因为国王随随便便的一个闪念。

居鲁士和大流士都善待犹太人，也没有资料显示波斯帝国曾发生过排犹反犹事件，因此基本可以确定《以斯帖记》的情节和人物都只是出自犹太人的杜撰，并非信史。但"亚哈随鲁"既然是根据薛西斯的事迹依样画葫芦，则后人也可从这个艺术形象中窥见些许波斯王的影子：雷霆雨露，天威叵测，醉卧美人膝，醒掌天下权。

用现代心理学的眼光来看，薛西斯具有明显的表演型人格障碍。该种症候表现为情绪外露、喜怒哀乐皆形于色、矫揉造作、冲动易怒、意气用事、言行夸张，喜欢吸引他人的注意，行为举止常带有挑逗性，十分关注自己的外表，以自我为中心，好表现，对别人要求多，不大考虑别人的利益，思考问题肤浅，不习惯于逻辑思维，显得天真幼稚……

年过而立的薛西斯，仍是这样一位仿佛永远处于青春期的帝王，但他毕竟不完全等同于那些纨绔子弟，论智慧和武功，他比中外史书上那些屡见不鲜的二世祖还是高了些许。他继位之后，几乎没费吹灰之力就平定了埃及的起义，这使得帝国重回到巅峰状态。接下来，或许薛西斯更想安心享受帝王的幸福生活，但是不行，希腊的存在还时刻提醒着他"王业不偏安"。

按

本书中的薛西斯大致出生年份为通说，另有说法称他生在大流士出征斯基泰归来之后，那样算起来，他继位时的年龄将更小，不超过25岁。事实上，从他的表现来看，我个人更倾向于这种观点。

21
天下围攻

公元前480年,正是草长莺飞的暮春时节。在伯罗奔尼撒半岛西北部的厄利斯,人们已经开始提前筹备秋天的盛典。按照近三个世纪以来的惯例,每隔四年,当爱琴海的海风吹熟了半岛漫山遍野的葡萄,来自希腊各城邦的健儿们将在该国克洛诺斯山麓,阿尔菲斯河畔的圣地奥林匹亚济济一堂,举行神圣的奥林匹克竞技会。这一年,正逢第76届盛会,厄利斯人作为世袭的东道主,已开始为此忙碌。

当年,奥运会的创办者厄利斯王伊菲图斯和斯巴达"立法者"吕库古曾约定,在比赛期间停止一切军事行动。后人们把协议条款铭刻在一块巨大的镀金铁饼上,高悬于奥林匹亚的赫拉神庙,象征和平奥运的精神牢不可破,天人共鉴。这个"神圣停战协定"后来也逐渐为绝大多数的希腊城邦所认同,但是,今年的情况有了变化,在这个本该属于和平的年份,他们将迎来一场决定命运的规模空前的大搏杀。

就在这个春天,与希腊隔海相望的小亚细亚半岛上,历经四年筹备,薛西斯庞大得难以想象的远征军,已经挥师西进。大军汇集了来自波斯各地的数十个民族,这些民族的形象,曾出现在波斯王城的浮雕之上,如今那些浮雕上的人物仿佛活了起来,破壁而出,不同的是,他们这次的使命不是进献玉帛,而是挥舞干戈。

亚述人已不如祖辈那么神勇,但这个能征惯战的民族仍是大军中不可或缺的部分,他们头戴青铜盔,配备青铜短枪,铁制短剑,还有包铁的大棍。马拉松之战中波斯一方为数不多的亮点,来自北方的萨迦人,他们带着战斧再度出征。帝国东部的巴克特里亚、粟特、花剌子模、犍陀罗等地,派出了手持藤弓和短枪的战士。印度人也是类似的装备,他们穿着产自热带的木棉衣甲,使用铁头的箭矢。阿拉伯人还是一袭长袍，此时他们的冶炼技术还欠发达，著名的"圆月弯刀"尚未铸就，不过他们的远程武器已属高科技军备，是当时尚不多见的复合弓。他们的邻居，同样来自沙漠地带的叙利亚人，穿着过膝的长筒皮靴，配有短刀短枪。吕底亚人是最"欧化"的部队，他们一身青铜盔甲，长矛大盾，与希腊人几无二致。而别具特色的当属来自非洲的埃塞俄比亚分遣队，他们身披狮皮豹皮，手使大木棒，俨然是神话中的赫拉克勒斯。埃塞俄比亚人很少有金属装备，箭镞是石头打磨的，枪头是羚羊角制成的，但这并不等于他们的战斗力低下，他们的独门兵器是超长的大弓，这种弓曾是埃塞俄比亚人傲视波斯帝国的资本，因为当年冈比西斯和他的手下们没一个人能拉得动，而如今非洲的硬弓也要为波斯王而鸣放。

但说到大军真正的主力，还是波斯人和米底人。他们头戴软毡帽，穿着色彩鲜亮的战袍，上身配有铁质的鱼鳞甲，手持短枪，背负长弓。波斯人还有一支最最精锐的特种部队：由1万人组成的"不死军"。号称"不死"，当然不是说这些人都会"神功护体刀枪不入"，而是因为这支部队每当有人阵亡，立刻有人入替，凑足1万的编制，部队作为整体是永远"不死"的。加入"不死军"者无不是百里挑一的勇士，他们训练有素，悍勇无伦，冠于三军，装备和待遇也大大高于其他兵种，他们的武器是用黄金装点的刀枪，行军时后勤部队会为他们特别准备一支骆驼队，驮运专供他们使用的给养。"不死军"平常作为国王的禁卫，而到了必要时候也会担当尖刀部队，执行一般兵士无法完成的任务。为了保证血统的纯正，"不死军"由清一色的波斯人组成，更有很多人来自显贵家庭，甚至宗室。据说大流士称王之前就曾在冈比西斯的"不死军"中做过指挥官，因此，对于波斯军人来说，加入这支部队是至高荣誉。

骑兵也是波斯人的精锐力量，这从他们的装备可以看出：他们戴的不是步兵那种毡帽或头巾，而是防护功效更好的铁制头盔。还有一支称为撒伽尔提欧伊人的奇兵，他们约有8000人，上阵不用刀枪，而用牛皮套索，作战时将套索抛出，套中目标后就纵马拖曳，直至绞死。后世的欧洲文献对匈奴人和蒙古人都有类似的描述，这是典型的游牧民族战法。此外还有战车兵，利比亚人和印度人都是有车一族，当时的战车虽已近没落，但尚未退出历史舞台。尤其是一种改良版，在车轴两端加装利刃，驰骋之际敌方步兵难以靠近，这就是长镰战车，即电影《宾虚》里大反派梅萨拉驾驶的那种。在骑兵和战车兵身后，有阿拉伯人的骆驼队压阵,如前所述,骆驼是对付敌方马匹的法宝。

这仅仅是远征军的陆上部分,远处的爱琴海上,还集结着规模同样庞大的海军,连樯接舰,旌旆映水,只待起航的命令。波斯人的海军是成倍增长的,第一次,远征希腊,结果在阿托斯山沉没的舰队有300艘船;第二次,马拉松之战,波斯人出动了600艘;而这一次,舰队的规模再次翻倍,仅战船就达到了1207艘,包括1000艘三列桨战船(这是那个年代的战列舰),以及207艘快船,以运载量计算,舰队中仅战斗人员就有6万之众,运粮船不计在内(希罗多德说这支后勤保障部队竟有3000艘船)。腓尼基人是海军的主力,他们出动了300艘战船;埃及人次之,提供200艘;塞浦路斯人再次,150艘;还有爱奥尼亚、多利斯、艾奥利斯等被征服的希腊民族,也被征调去与同胞自相残杀。

波斯王的远征军究竟有多少兵力?这个问题两千多年来就从没有说清过。希罗多德给出的数字是5 283 220人,这个说法吓倒了后世的所有研究者,大家一致认定,这个天文数字出自毫无根据的臆测。其实希翁的书中还是提供了一个明细表的,他说这500多万人包括:从亚洲带来的步兵170万,骑兵8万,战车兵和骆驼兵合计2万;海军23万,包括桨手和水兵,外加水上运输队人员24万;进入欧洲后在色雷斯、马其顿以及后来在帖撒利亚招募的马步军合计30余万。这样加起来,战斗人员(含运输船水手)总数约为260万,而陆上的工程兵以及后勤人员至少也有这个数目,所以总计有500余万之众。

后世的各种专家,从考古发掘、文献记载、运输能力以及沿途的供给能力等诸多方面考证,一致认定500万之数绝不可信。至于真实的数字,目前最主流的说法是陆军包括辅助部队在20万左右,至多不超过30万。海军方面希罗多德的说法倒被普遍采信,1207艘船的说法基本没什么争议,以运载能力来看,至少载有20万的兵力(包括桨手),这样算起来,波斯水陆兵力的总数为40万—50万。

但不论是50万,还是500万,对希腊人来说,都绝对是个雷霆万钧的数字。当波斯大军驻留小亚细亚时,希腊人曾派出细作去打探他们的军情,这些间谍被拿获,薛西斯非但没有伤害他们,还敞开营门,派人指引他们随便参观,然后放行。当这些情报人员把他们看到的场景报知后方,希腊人震惊了,在当时他们的知识范围内,全天下的兵戈都已指向了希腊,全天下的战士都已挺枪荷载,向他们小小的城邦围拢过来。是以《希罗多德历史》感叹:"亚细亚的哪一个民族没有被征发呢？"这段历史的亲历者，悲剧之父埃斯库罗斯后来在其剧作《波斯人》中写道：

鲁莽的王者
统治着人口稠密的
亚细亚大地
驱赶战斗的人群
勇猛的武士
有的人走在陆上
有的人渡水前行
自信于手下粗蛮的将领
剽悍的杀手
而他自己
地位与神明等一

诚如他所说，作为众多生灵的主宰者，薛西斯确实像高踞奥林匹斯山巅的大神一样，俯瞰宇宙人生，把它当成一个梦境来赏玩，大自然用一泓海水将欧亚大陆隔开，这位神王则要用人力将其合为一体。大军的先头部队进抵赫勒斯滂，他们奉命搭建浮桥，工程进展并不顺利，最初的两座桥都刚刚建好就毁于风暴。此时尚在后方的薛西斯闻报龙颜震怒，神王不能容忍一道窄窄的海峡阻碍他的远征，于是他传旨，鞭笞大海。

薛西斯的手下们按照国王的旨意，用皮鞭抽打海水，足足300下，直打得水花四溅，接着他们又把一副烧红的镣铐投入水中，向海神宣读了战书："你这毒辣的水！我们的主公这样惩罚你，因为你伤害了他，尽管他丝毫没有伤害你。不管你愿不愿意，薛西斯王也要从你上边渡过去；任何人都不会向你献祭，因为你不过是一摊险恶而苦涩的水！"

前线的工程兵为薛西斯发泄了王者之怒，但他们清楚，要战胜自然，最终还是得在工程技术上下功夫，否则他们也将和第一批施工队一样，被薛西斯杀光出气。这次他们不惜血本，调来600余艘巨舰，将之并排停在赫勒斯滂海峡之中，下锚钩住海床，然后以船身作桥墩，连以长索，覆以巨板，搭成了两座不畏风浪摇撼的浮桥。最终波斯大军就从这两座桥上踏过，进入了欧洲。至于薛西斯，当然认为是自己的神威战胜了大海，这更增添了他"欲与天公试比高"的壮志和"敢教日月换新天"的豪情。

拥有无限权力的帝王，真是一种有如天神般的存在。当薛西斯乘着御辇打着伞盖，前呼后拥之下通过赫勒斯滂浮桥时，就有一个当地的目击者绝望地仰天问道："宙斯啊，你为什么要化作一个波斯人的样子，带着全人类去灭亡希腊呢？！"

帝王的意志，有时确能改天换地，但他们终究也是凡胎，而非万能。鞭笞大海的薛西斯，随即就会知道，原来这次征程并不似他想象的那般如拾草芥，如踏蝼蚁。

两千多年后的法兰西文豪维克多·雨果曾作诗怀古：

> 每一记鞭子都触怒着波塞冬，
> 于是这位神，
> 这位被与他同样变幻莫测的命运女神爱戴，
> 并甘愿受他差遣的神，
> 便创造出了列奥尼达。
> 他将这三百下鞭挞，
> 化作三百名勇士，
> 守护着山峦，守护着律法，守护着城池。
> 薛西斯随后便在温泉关，发现了矗立着的他们。

这就是接下来将要发生的。

22

向死而生

在薛西斯的大军抵达前，来索要"水和土"的波斯使者再次出现在希腊的各个城邦，由于背后有着空前的军力，这一次许多使者完成了薛西斯的使命。一些希腊城邦默默地按照他们的要求，做出了恭顺的表示，比如伯罗奔尼撒半岛的第二大城邦阿尔戈斯宣布当波斯大军到来时，将"保持中立"；至于主犯雅典和斯巴达，鉴于上一次波斯使者曾在他们那里被抛进大海或水井享受"水土自助餐"，因此这一回薛西斯干脆省了这番无用功，他早就宣布"首恶必办"，对雅典人和拉希第梦人（即斯巴达人）务须严惩，决不姑息。

历时七天七夜渡过赫勒斯滂之后，来自亚洲的远征军再次踏上了欧罗巴的土地。他们沿着海岸线向西推进，沿途有此前四年中早已准备好的五个超巨型储粮仓，而往返欧亚的运粮船更把后方的给养源源不断地运到军中。这一次途经卡尔基迪斯半岛，波斯海军从运河顺利通过。原来早在三年前波斯王就已下令在此挖一条运河，以免再次遭遇阿托斯山的妖风，工兵们开山凿渠，历时三年，挖出了一条长2.5千米，深20米，宽30米的河道，这条运河的遗迹今天还能看到。

似乎来自大自然的任何险阻都无力阻拦薛西斯的意志，波斯王也由此判断，在他的军威面前，雅典人和斯巴达人定会吓得全民瘫痪，引颈就戮。这是很合理的推断，与这样毁灭性的军事力量对抗，无异于以卵击石，至少从理论上讲是这样。

但并不是每个人都如此乐观。马拉松战役有雅典前僭主希庇亚斯参与，这次的波斯大军中也有一个来自希腊的显要人物，他就是被放逐的原斯巴达王戴玛拉托斯。与希庇亚斯不同，戴玛拉托斯投效波斯不是因为在斯巴达混得人厌狗嫌，很大程度上是由于另一位王克列欧美涅斯的排挤，但不管怎么说，既然现在吃的是薛西斯的饭，就少不了要为波斯王出谋划策。

薛西斯也很重视这个出身敌方的高参。进军途中，他有一次心血来潮，招来戴玛拉托斯问他："足下久居希腊，必晓彼之虚实，今我亲统王师做雷霆之击，以公之见，希腊能当否？"戴玛拉托斯很了解波斯王的秉性，知道他听不得逆耳之言，便沉吟不答，直到薛西斯向他许诺言者无罪，这才开口："别的人我不敢说，但斯巴达人决不会向您屈膝，纵使希腊的其他邦国都臣服于您，他们也会抵抗到底，即便斯巴达人剩下不到一千，也必会与您一战。"

大概是这天心情不错，薛西斯没有责怪戴玛拉托斯拂逆他的意思，他只是向后者报以讪笑，并为他分析道，以斯巴达的人力，要想与我军对抗，要以一当十，甚至以一当百，这怎么可能？倒是我手下"不死军"的勇士，每个都能对付至少三个希腊人。况且我军号令严明，调度得法，所有人都敬畏我，唯我所命，自然能一往无前、所向披靡，而希腊人则军纪涣散，缺乏指挥，到了战场上看见我军的威势，必会吓得各自逃窜，没人能约束得了。

斯巴达人都是实践主义者，不喜欢多言辩难，而惯于用行动来作为自己观点的注脚。戴玛拉托斯也保有着这种作风，他告诉波斯王："斯巴达公民在人格上是自由的，但他们对法律满怀尊崇，因为正是法律保障了他们的自由。法律要求他们在战场上不后退一步，直到战胜或者战死，他们就会凛然遵从。他们敬畏法律，超过了波斯臣民敬畏您。至于您那些能对付三个希腊人的'不死军'勇士，我虽衰迈怯懦，但不惧与他们中的任何人一战。"

这一来，薛西斯更加确信戴玛拉托斯是在说胡话，因为"自由""法律"之类的概念是这个帝王不能理解的，他觉得实在没必要再和这个信口雌黄的家伙纠缠下去，就笑着把戴玛拉托斯打发走了。他要用战绩来向后者证明，不可能有什么"自由"或"法律"比他这个神王更值得敬畏。

薛西斯低估了自由的力量，更低估了希腊人捍卫自由的决心。当他的大军向南推进时，希腊人也动了起来，谋划救亡图存之计。

当时的希腊有无数大小城邦，其中不肯向波斯屈服的计有31家，包括三个大户：雅典、斯巴达、科林斯。这些城邦的代表们在科林斯会盟，因此称为"科林斯同盟"，但真正说了算的还是雅典和斯巴达。同盟成员们商定，停止彼此的一切冲突与纷争，一致对外。本来颇有实力的阿尔戈斯也准备加入这个统一阵线，但他们刚在与斯巴达的一次冲突中元气大伤，因此开出了一个入盟条件：与斯巴达单独签订为期30年的双边停战协议。可惜斯巴达人这次表现得十分短视，他们拒绝了提议，于是阿尔戈斯宣布"中立"，其实就是倒向了波斯。

联盟还在做着最后的外交努力，他们派使者分赴海外，寻找有实力的希腊同胞来共赴国难。使者们到了西西里岛的叙拉古，这是所有希腊海外殖民地中的翘楚，但叙拉古人正与其最大对头迦太基人争夺西地中海的霸权，杀得难分难解。叙拉古僭主盖伦无利不起早，他宣称派兵可以，但他要担任联军的最高统帅，这其实就是变相地拒绝了，因为联军不可能把指挥权交给一个远在海外的僭主。另外几路使者带回来的同样是令人失望的消息：亚得里亚海的暴发户柯尔库拉岛答应出兵，却暗中指示赴援的舰队慢慢前行，故意错过战机，以求避战自保。希罗多德鄙夷地写道："他们就这样推卸了对希腊的责任。"爱琴海上的第一大岛克里特，古希腊米诺斯文明的直系继承人也拒绝帮忙，他们翻出几百年前的旧账，说当年为了帮助斯巴达王墨涅拉俄斯抢回出轨的老婆海伦，他们义无反顾地参加了特洛伊远征，结果非但损兵折将，元气大伤，还没得到斯巴达人的任何回报，这一次决不会再帮他们强出头。

希腊陷入了空前的孤立与无助，科林斯同盟只能奋力自救，各家代表开始商讨在何处阻击敌军。军事研讨很快变成了争吵，各城邦都想动用全联盟的力量来保护自己的老家，但全希腊的人手也就这么点，势必顾此失彼。最主要的意见大致有两派，斯巴达人主张全体退守科林斯地峡，该处是伯罗奔尼撒半岛和大陆的连接处，地形狭窄便于封锁，波斯的大军无法展开，适合斯巴达人发挥其单挑特长。这个计划的潜台词是，如果守住了科林斯地峡，那么地峡以南的斯巴达自然也就可保无恙。而雅典等位于地峡以北的城邦当然不同意，因为退守地峡意味着他们要放弃家园，他们主张将防线向北推进，同时将海军作为主力，阻挡波斯舰队的前进。

这是一招好棋，挡住了波斯海军，就等于截断了敌人的补给线，波斯的陆军自然也就寸步难行。反观斯巴达人的策略，则有点"一根筋"，科林斯地峡固然是天险，但如果失去了海上的侧面保护，波斯人完全可以乘船绕开这里，直插伯罗奔尼撒半岛南部，那局面就像"二战"时法国人全神贯注地盯着马其诺防线，德国人却取道比利时，绕到了他们身后。但斯巴达人的固执是出了名的，而且比起不熟悉的海洋，他们更愿意用引以为傲的陆军来保家卫国，于是双方争执不下。

这时来自北部的帖撒利亚人献策，他们建议北上腾配关阻击波斯军，封锁奥林匹斯山和奥萨山之间的奥林匹斯通道，御敌于国门之外。腾配关是希腊北部的第一个险要隘口，如果能在这里退敌，雅典等城邦都可以保全，这个计划兼顾了雅典和斯巴达的意愿，算是个理想的折中方案。而帖撒利亚人又是希腊最出色的骑兵，对科林斯同盟来说是得力的臂助，因此同盟决定按照他们的计划，派出1万步兵，北上腾配关。

科林斯同盟进抵腾配关后，开始修筑工事。这时，邻近的马其顿王亚历山大派来一位信使，这个亚历山大就是后来那位世界征服者亚历山大大帝的五世祖。当年美伽比佐斯受大流士之命经略色雷斯时，也曾打过马其顿的主意，结果当时尚是王储的亚历山大使出美人计，将波斯使团尽数诱杀于席间，这个辣手让美伽比佐斯放弃了征服马其顿的念头。后来波斯在色雷斯一带的势力越发壮大，特别是这次薛西斯起倾国之兵闯入欧洲，亚历山大也支撑不住了，就向波斯人请降，但他仍有不甘，秘密为科林斯同盟通风报信。亚历山大的使者告诉希腊联军，腾配关断不可守，因为此处虽然地势险要，但西侧另有路径可以绕行，起不到阻击作用。希腊联军经过一番勘查确认了这一情报，决定后撤，另寻险要。这一来，帖撒利亚人借助科林斯同盟保卫国土的计划破产了，他们感到自己被同盟抛弃了。此时，波斯人已推进至派欧尼亚南部紧挨马其顿的南征基地铁尔玛，兵锋直指帖撒利亚，绝望的帖撒利亚人索性向薛西斯投降，并他们表示要为王前驱，向不顾他们死活的希腊人开战。

在希腊联军的徒劳往返中，时间已经到了公元前480年仲夏。由于帖撒利亚倒向波斯，北方的门户大开，而从帖撒利亚再向东南，就是以底比斯为核心的波奥提亚地区，他们也早就向波斯人献过"水和土"，这意味着一旦放敌军进入希腊中部，他们可以不受阻碍地直逼雅典。就这样，在何处布防的老问题又摆到了联军的桌面上。

波斯军有个致命的弱点，那就是他们现在已进入希腊境内，前方不再有补给点，大军用度只能仰仗海上的粮道，因此他们必须紧贴海岸线前进，否则走不了多久就会断炊。这样一来，希腊人就可以很清楚地判明波斯人的进军路线，联军将领们的目光落在地图的两个点上，这里是他们阻挡敌军深入的仅剩的希望——温泉关和月神岬。

前者是山间的隘口，后者是狭窄的海峡，这两处是波斯军进入波奥提亚的必经之路，又都是地势局促、易守难攻之处，如果占住地利，波斯大军将无法充分发挥其数量优势。这是希腊人最理想的阻击阵地，能否保住雅典和希腊中部的诸多城邦，可以说成败在此一举。

为了保护雅典人而倾尽全力孤注一掷，斯巴达人终究不太情愿，他们还是准备在科林斯地峡留个后手，作为伯罗奔尼撒和斯巴达本土最后的屏障。但身为同盟中的最强有力者，他们也深知自己的表率作用，如果逡巡不前，那会让其他城邦丧失抵抗的意志。进退维谷的斯巴达人遣使赶赴德尔斐，聆取太阳神阿波罗的裁决，结果女祭司的神谕令他们如坠冰窟：

> 斯巴达的居民啊，对你们来说，
> 或是你们那光荣强大的城市，在波斯人手中变为焦土，
> 或是你们的土地，为流着赫拉克勒斯血脉的国王而恸哭。

这是一个更加两难的抉择。如果他们不想整个城邦都与敌人玉石俱焚，就必须牺牲他们最优秀的武士，他们的王。此时，斯巴达双王之一，列奥尼达站了出来。

列奥尼达大概是后世知名度最高的斯巴达王，这个军人流水线上锻造出来的武士，自然也具有斯巴达人标志性的深沉勇毅，但从仅有的一点史料记载来看，他并不是那种鹰扬伟烈的铁腕君主，反而性格平和低调，甚至他成为王都是一个意外。他本来无心政治，但他的异母兄长、颇有扩张野心的前任国王克列欧美涅斯后来精神失常，不能履职，而另一位兄长因与克列欧美涅斯不和，远走西西里，并最终客死他乡。公元前489年，列奥尼达被选为王位继承者，当时他大约40岁，现在则已年近知命。如前所述，斯巴达的"王"除了一些尊荣，只享有战场上的指挥权，在内政方面基本没有说话的份，财产方面也仅比普通公民略好而已。列奥尼达也不例外，他不是薛西斯那种富有四海、乾纲独断的国君，但他似乎更懂得"国君死社稷"的庄严使命——既然神的意旨如此，那么与其整个城邦一起坐以待毙，不如由他这个国王来舍却此身奋起一击，拼他个鱼死网破。

于是，列奥尼达决定，留下主力部队驻守科林斯地峡，他自己则带着由300名重装步兵组成的卫队，以及作为仆从的1000名希洛人轻装步兵，北上抗敌。

毫无疑问，这是一次自杀式行动，势必无人能够生还，这一点，自列奥尼达以下人人清楚，因此他们选择的这300名斯巴达死士都是已留有子嗣的，并且在出征前他们都为自己举行了葬礼。

的确，众寡悬殊，列奥尼达自己都不抱战胜的希望，此行的目的仅在于尽量延缓敌军脚步，为留驻伯罗奔尼撒的人争取时间。列奥尼达和他的战士们明知必死，但他们愿意以此来为同胞换取一丝绝境求生的机会。其时已是公元前480年的夏末秋初，大地万物将在这个季节收获新的生命，这些斯巴达战士则选择向死而生。

临行时，王后戈尔戈来送别丈夫，斯巴达的妇女也都是男子之风，没有发达的泪腺，更从不唠叨婆妈。因此，尽管是生离死别，王后也只是依照斯巴达人历次出征时的惯例，指着盾牌，对她的男人说："带着它回来，或者，躺在它上面回来。"

此刻的列奥尼达，同样没做更多的表示，没有"马革裹尸"的豪言壮语，没有"风萧萧兮"的诗情画意。他只是头也不回地向北去了，像一个斯巴达人那样，沉默地走向他生命最后的辉煌顶点——温泉关。

23

万夫莫开

北上温泉关,艰哉何巍巍。

这个隘口位于崇山峻岭之间,与它安闲惬意的名字不太相符,温泉关是希腊中南部第一号的险恶之所。此处得名于附近的一眼山泉,传说当年赫拉克勒斯射杀了九头蛇怪海德拉之后,曾在这泉里洗去溅在身上的毒汁,从此泉水就翻涌如沸。温泉关虽然叫"关",但事实上并无堡垒城砦,有的只是一条羊肠小道,从西北的帖撒利亚通向东南的福西斯。通道西南侧倚靠着陡峭的卡利兹罗蒙山脉,东北侧则是一片断崖,崖下就是玛利亚湾湛蓝的海水。这条小径全长大约5千米,最窄处仅有14米宽,和今天足球场上禁区弧顶到球门线的距离差不多。小道有三处隘口,分别是"西关"安铁拉、"东关"阿尔佩尼,本来还有一道远古的破墙被称为"中关",那是福西斯人的先辈所修建,用以阻挡帖撒利亚骑兵的,如今早已年久失修。不过温泉关天造地设的险要,无须仰仗人类添加的工事,也足可一夫当关,万夫莫开。

希腊人来到这里时,已是8月上旬,他们驻扎在中关福西斯墙遗址附近。此时他们的兵力已增加不少,由于有斯巴达王身先士卒,途中的希腊诸城邦纷纷附其骥尾,一路上不时有城邦出兵助阵,进抵温泉关时已汇集了7000人,本来还可能有更多的兵力,但当时很多城邦忙于奥运会,腾不出人手来守土抗敌。列奥尼达手下的主力来自伯罗奔尼撒,除了他带来的1300人(包括希洛人),还有来自科林斯、曼提尼亚、泰耶阿、斐琉斯、迈锡尼,以及亲斯巴达的阿卡狄亚诸城邦的战士。温泉关所在地福西斯的诸城邦,也凑出了1000名步兵。此外,据说还有400名来自底比斯的士兵,尽管他们的城邦已同波斯媾和,但他们仍愿意来与列奥尼达并肩作战。这支联军赶在波斯人之前,占住了各处险要。

列奥尼达和希腊联军的将领们开始修缮福西斯墙,部署防御阵地,拟定作战计划。他们就这样在温泉关度过了大约两个星期,其时已是初秋,肃杀的空气中仿佛流淌着死亡的味道。终于一天,帖撒利亚方向传来了闷雷般的脚步声,远处,风烟滚滚来天半,波斯大军的旌旗已遥遥在望。

来的正是薛西斯。一路之上,他的大军吃光了无数的村寨,喝干了众多的河流,不论人还是自然,都无法阻碍他们的前行,想不到现在竟有这一小撮希腊人胆敢螳臂当车。他们是怎么想的?希腊人出乎常理的行为让波斯王陷入了困惑。于是,就像曹操面对立马当阳桥的张飞不敢贸然出击一样,素以勇力自负的薛西斯也不敢草率行事。他怀疑这群希腊人身后隐藏着陷阱和圈套,为了确认这一点,他派出一名轻骑兵去侦察敌人的阵地。

探马小心翼翼地靠近希腊人的防线,但对方完全无视他的到来,只是自顾自地做体操,而斯巴达的战士们还在梳理他们凌乱的长发,仿佛要去参加社交活动。波斯侦察兵有足够的时间左看右看,上看下看,他甚至能有余暇将希腊人的数目点数了一遍,然后毫发无伤地返回本军阵中。

薛西斯接到他的汇报,又招来戴玛拉托斯,问他斯巴达人在搞什么名堂。后者回答:"斯巴达人平素不修边幅,只在生死之战前才会理容,看来这些人已抱了必死之心,如果您能征服他们,则普天之下就再没有人敢跟您抗衡了。"薛西斯仍和上次一样不以为然,由于在数量上占据绝对优势,他将那些希腊人视为板上之肉,但这位神王也很乐于展示自己的好生之德,在与希腊人对峙的同时,他依照波斯王族一贯的先礼后兵的作风,派出了劝降的使者。

薛西斯不愧是大手笔,他开出的价码可不是"金条美女"之类的俗物,而是对男人来说有着最大诱惑力的权力。他许诺将列奥尼达扶上王位——不仅仅是斯巴达的王,而是全希腊的王——只要他投降。对此,列奥尼达的回答是:"如果你明白幸福的真正含义,你不会贪求从别人那里攫取什么东西。至于我,我宁愿为希腊而死,也不愿成为一个君王来统治我的同胞。"

波斯王有些不耐烦了,他懒得和列奥尼达争辩有关君主制的问题,只是派出了第二个使者,下达了简洁明了的命令:"放下武器,缴枪不杀!"

斯巴达王报之以更简洁更明了的答复:"有种来拿!"

以上的对话出自普鲁塔克的《道德论丛·拉科尼亚箴言集》,该书成文于温泉关战役之后500余年。这段描写不乏为列奥尼达塑造高大形象之嫌,很难说究竟在多大程度上与事实相符,但有一点可以笃定是事实,那就是,在与波斯的千军万马对峙时，列奥尼达和希腊联军整整四天，寸步未退。

第五天，战斗打响了。

19世纪初，法国画家雅克·路易·大卫画过一幅名作《列奥尼达在温泉关》，这幅油画中的列奥尼达和希腊士兵们都是近乎全裸的，不像军营，倒像是天体营。其实这幅画不是还原历史，而是以古喻今。该画创作于1814年，当时正是法国61万远征大军兵顿莫斯科、拿破仑从天寒地冻的俄罗斯铩羽而归之后，敌国联军进逼巴黎的那段日子，艺术家用此画作来激励民众，因此将列奥尼达等人画得从容无畏，好整以暇。雅克·路易·大卫笔下的形象成为后世人们对斯巴达300壮士的普遍印象，也对后来的漫画和影视作品产生了影响。但事实上，当年斯巴达王和他的战士们用以抗敌的，并不只是600块胸大肌和2400块腹肌。

斯巴达人是希腊诸城邦中唯一的职业军人。硬件方面，他们有着同前述的雅典人一样的盔甲武器，防御能力远在穿长袍的波斯兵之上；软件方面则更胜一筹，那就是他们在训练方式上有着波斯人以及希腊其他城邦无可比拟的优势。阿彻·琼斯的《西方战争艺术》介绍了斯巴达人的作战方式：

> 斯巴达城邦的重型步兵部队在对其方队细分的基础上，确实具有了机动的能力。作为希腊唯一的职业军队，斯巴达人按音乐行进，并根据所有方阵在前进时都向右偏移的倾向，进行了战场训练……这样，斯巴达人就运用其有限却高人一筹的灵活性，在战争中实施了最基本的战术运动。

斯巴达人凭借其训练有素、号令分明的阵法称雄于希腊。虽然在温泉关狭窄的山道上他们攻击侧翼的战术无从施展，但良好的队列训练基础和协同作战能力，使得他们能有效地形成一个整体，成为一个活动的金属堡垒。当地形受限，敌人无法倚多为胜时，这个优势就更加明显。

斯巴达人带领着希腊联军用盾牌垒成铜墙铁壁，严阵以待。10年前正是全金属外壳的阵势击溃了大流士的远征军，但薛西斯并不知其厉害，他下令手下正面攻击。

打先锋的是米底人，薛西斯命令他们"生擒"敌人，但这无疑是个不可能的任务。米底人使用的是短刀短枪、藤条盾牌，这样的装备，从正面硬碰，只能是送死。在督战队皮鞭的呼啸声中，米底人前赴后继地冲上去，撞死在希腊人的矛尖上。接下来波斯军又遣出奇西亚人，但他们的装备还不如米底人，更加无济于事。波斯方面不管派上多少人，都是有去无回。数十万大军竟对区区数千人束手无策，一直到黄昏时分，薛西斯终于接受了这个事实。持续了一天的单方面屠杀总算是结束了，米底人和奇西亚人尸骸枕藉；希腊方面，则仅有两三个人阵亡。

但薛西斯并没有灰心，他认为敌师已疲，自己又握有绝对的数量优势，再来一天车轮战，希腊人必定撑不住。次日，他动用了大军中的头号劲旅"不死军"，准备将"毕其功于一役"的光荣交给他们。薛西斯对他们的战斗力颇有信心，认为他们每个人都足以对付三个希腊人。

波斯王派出波斯勋戚叙达涅斯（其父亲老叙达涅斯曾与大流士一起刺杀高墨塔）指挥"不死军"出击，但即便是他们也让波斯王失望了。希腊人扎紧阵势，根本不给他们展示个人武功的机会，而且这一次希腊联军按照不同的城邦结成方阵依次出战，节省体力，配合也更加得心应手。在希腊重装步兵的装甲面前，"不死军"不像特种部队，倒像是仪仗队，他们的兵器镶金饰银，但这并不能增加杀伤力，华丽的武器还没递到希腊人面前，后者三米长的长矛已经刺穿了他们的身体，正所谓一寸长一寸强。希腊人还利用他们的队列优势，时常后退诱敌，"不死军"追赶上来，希腊人急停转身，使出霸王回马枪，"不死军"被成片地刺倒。这一天希腊人伤亡数量大增，但仍能牢牢地掌握住温泉关的通道，因此希罗多德评价道："与希腊人交手时，'不死军'表现得丝毫不比米底人高明。"

这次薛西斯真的沉不住气了，他观战时三次从王座上跳起身来，最终，他只能带着万般的无奈传令收兵。已经六天了，面对着冲不破绕不开的青铜堡垒，薛西斯也一筹莫展，这大概是这位自命为神的波斯王有生以来第一次觉得力有不逮。

24
地崩山摧

三百夫当关，百万夫莫开。但坚不可摧的温泉关也和普天下所有的堡垒一样，最容易从内部攻破。"不死军"被击退的这天晚上，薛西斯的御帐里来了一个人，他是波斯军的救星，希腊人的灾星。他叫埃菲亚特斯，是个当地人，有着出众的商业头脑，他知道在希腊阵地右侧陡峭的山壁中，潜藏着一条比温泉关主径还要狭窄隐蔽的小路，可以绕过希腊联军把守的中关，直抵他们身后的东关。其实当地人中知道这条秘径的有不少，但以牺牲同胞为代价，用这条绝密情报向波斯王换取荣华富贵，这个主意只有埃菲亚特斯想得出来。大喜过望的薛西斯果然没有吝惜给他的赏赐，他命埃菲亚特斯做向导，指引波斯人即刻启程，暗度陈仓。

入夜，叙达涅斯率领白天血战无功的"不死军"，在埃菲亚特斯引导下摸上山去。秋月如圭，秋露如珠，"不死军"乘着月色，在满山的槲树林间穿行，如长蛇般向着希腊人阵地的后方蜿蜒而进。山路崎岖难行，但毕竟好过面对斯巴达人可怕的长矛，撼山易，撼斯巴达军难。走了大半夜，天已蒙蒙亮，或许"不死军"们想到胜利在望，心下有所放松，脚步也就重了起来，他们踩踏叶子的声音，惊动了小径上埋伏的守军。

原来希腊联军在温泉关布防时，已经探知了这条路，列奥尼达派那1000名福西斯士兵在此驻守。中关主战场杀得天昏地暗，而这里却不见战事，福西斯人也有所懈怠，直到敌人的脚步声传到近前他们才反应过来，跳出来仓促列阵。

经过昨天一战，叙达涅斯和"不死军"已成惊弓之鸟，起先还不敢发起进攻，直到埃菲亚特斯告诉他们前方的不是斯巴达人，波斯的精英军团才壮起胆子，对福西斯人万箭齐发。福西斯人确实不是斯巴达人，他们抵挡不住，向高处退走，准备居高临下占据有利地形迎击敌军，结果这一来就把道路让给了

"不死军",叙达涅斯下令穷寇勿追,全速通过小径,向东关包抄。

再说此时驻守在中关的希腊联军,也是枕戈露刃,彻夜未眠。原来埃菲亚特斯去波斯军营告密之事,当地群众已向他们汇报,随后,福西斯人防区方向传来的打斗声也表明,最糟糕的情况发生了。自列奥尼达以下,人人知道问题的严重性,敌人发现了秘径,意味着他们可以绕到东关隘口,前后夹击,届时失去地利的希腊联军将难逃被围歼的命运。

大家开始商讨对策,此时他们的阵地已失去防御价值,与其留在这里做无谓的牺牲,不如撤下去保存实力以利将来,这是最理智的决定,也是伯罗奔尼撒诸城邦的共识。事实上有些城邦在与波斯人对峙时,就觉得取胜无望,不如退守到有大部队驻防的科林斯地峡,是列奥尼达顾及地峡以北的福西斯等盟友,才强行要求他们留下的,现在大势已去,这些人又打起退堂鼓。

列奥尼达以联军统帅的名义下达了命令:"你们撤,我掩护。"

或许他是为了遵守斯巴达"一履战地,不胜则死"的法律,或许他还想着那则"王不死则国亡"的神谕,但最直接的原因还在于,重装步兵撤退,不能没有人断后,否则到了开阔地带,他们会被敌人的骑兵追上全歼。尽管此时温泉关仅剩下4400多人,但这些步兵,每一个都是希腊的骨血,现在多保全一个,将来就多一分驱逐异族的希望,多一个报仇雪恨的战士,必须让他们尽可能多地安全撤离。而掩护友军撤退,战至最后一人的任务,当然要由他和他的三百壮士来完成,作为联军的统帅,作为一个斯巴达的男子汉,这是他列奥尼达责无旁贷的义务。

科林斯人、曼提尼亚人、泰耶阿人、斐琉斯人、迈锡尼人、阿卡狄亚人,3000多人渐次撤了下去,而另有700名铁斯匹亚人和400名底比斯人,感于斯巴达王之义勇,坚决要求与他一起留守,勠力杀敌,至死方休。

目送战友们走下山去,列奥尼达等人制订了最后的作战计划:既然是最后一战,那么何不打得再痛快些?与其像前两日那样坐待敌人攻过来,这次何不由我们来攻过去?斯巴达战士甫一出生就要接受烈酒的洗礼,此刻他们体内深埋的酒神狄奥尼索斯精神集体复苏,对即将到来的死亡浑不在意,只想冲进敌阵虎入羊群般的厮杀一番,在兵戈的嘉年华中流尽最后一滴血,仿佛酒神祭上的酩酊大醉,在狂歌醉舞中忘记了人生的苦恼,从而感受生命的酣醉和欢愉。

天已大亮,秋日的太阳跃然于远处的海平面,日光洒在温泉关的阵地上,照着联军将帅的铜铁征衣，照着他们皮肤下跳动偾张的血管。希腊人在享用最后的早餐，把每一口食物都化作冲锋陷阵的力气，此时已是必死之局，列奥尼达无法像岳飞那样激励部下"直捣黄龙与君痛饮"，看着这群流着同样的武士之血的手足袍泽，斯巴达王说：

"Tonight, We dine in hell!"——今夜，让我们在地府畅饮！

希腊人的冲锋开始了，列奥尼达亲自率领的三百斯巴达壮士冲在最前面，铁斯匹亚人居中，底比斯人殿后。这个方阵呼啸着冲出西关，杀向屯于隘口外的波斯大营。波斯人还在等着"不死军"合围的信号，想不到这群敌人竟这么发疯一般地奔了出来，他们猝不及防，他们肝胆俱裂。死于希腊刀枪者，不计其数；死于坠崖落海者，不计其数；死于自相踩踏者，不计其数。此时督战军官的皮鞭都已不能阻止他们的溃散。

普鲁塔克说，列奥尼达的意图是直冲薛西斯的王帐，实施斩首行动。他确实只差一点就成功了，波斯王的两位异母兄弟阿波罗科美斯和叙佩兰铁斯就死于这场自杀式袭击，而薛西斯本人虽然号称勇士，但终究是千金之子，不会与杀红眼的敌人以命相拼，他在卫队的保护下，及时撤离了。

以希腊重装步兵的负载，冲锋半小时是他们的体能极限，温泉关勇士们在肾上腺激素狂分泌的情况下，或许坚持得更久些。但人力终有衰竭之时，尤其是列奥尼达，毕竟他已50岁上下了，披坚执锐的身躯愈发沉重迟缓。终于，身被数创的斯巴达王倒了下去。

目睹主帅阵亡的希腊战士们非但没有溃散，反而更被激发了斗志，他们奋力抢夺列奥尼达的尸体，前后向数倍于己的敌军发起四次冲锋，终于得手。

这时，叙达涅斯率领的"不死军"占领了无人把守的东关，从希腊人身后赶上来夹击，希腊联军已经战至脱力，盔甲碎裂，被逼退到一处名叫克洛诺斯之丘的山坡上。但他们至死不屈，做着最后的负隅之斗——用折断的矛、用卷刃的剑、用磨掉皮的拳头、用咬出血的牙齿。四下合围的波斯人向他们倾泻一阵箭雨，箭矢铺天盖地，掩得天日无光。此前斯巴达人就曾听说过"波斯人射出的箭可以把太阳遮盖起来"，他们报以一笑："那样我们就可以在阴凉处作战了。"现在，疲惫不堪的战士们确实感到一阵惬意的凉爽，成吨的箭镞——铜的、铁的、兽骨的、燧石的——冲刷着他们的残躯，希腊人——斯巴达人、铁斯匹亚人、底比斯人，或许还有希洛人——被牢牢钉在他们誓与之共存亡的阵地上，他们求仁得仁。

温泉关战役结束了，波斯人获胜了。但这个胜利的代价太惨痛，波斯军损兵两万，在他们庞大的基数面前，这个阵亡数字或许还不算触目惊心，但经此一役，帝国大军自薛西斯以降，人人都心有余悸，进兵欧洲时那股"神挡杀神"的自信与豪气，已荡然无存。越想越气的薛西斯命人找出列奥尼达的遗体，枭首示众。但这种向死人开战的精神胜利法完全于事无补，反倒对大军的士气造成了负面影响。要知道波斯人也是敬佩勇士的，此前他们俘获作战英勇的希腊士兵，非但不折辱伤害，还礼敬有加。薛西斯丧失理智的做法只会为他的对手增添悲剧英雄的壮烈色彩，顺便让他自己背上了残忍暴虐、小肚鸡肠的骂名——从他一生的行事来看，这多少有点冤枉了。

温泉关之战，波斯人胜于当时，希腊人则胜于万世。列奥尼达与斯巴达三百壮士的千秋令名，世代传诵于希腊于欧洲于全世界。少年时代的鲁迅曾满怀崇敬地写道："巍巍乎温泉门之峡，地球不灭，则终存此斯巴达武士之魂。"希波战争之后，希腊人在温泉关勇士们最后的殉国之地修建纪念碑，诗人西摩尼得斯撰铭文曰："汝旅人兮，我从国法而战死，其告我斯巴达之同胞。"①

这块纪念碑只是一方简单的石头，深得斯巴达人简朴至真的审美情趣，希罗多德曾见过碑文真迹。现在，这块石头早已遗落在历史的某个角落，不复见于世矣。但列奥尼达及斯巴达壮士之灵，亦必不以为忤，"死去何所道，托体同山阿"。斯巴达人生为沉默的武士，死后也宜做沉默的山峰，镇守希腊的雄关。

---

① 此处引用的译文，采用自鲁迅《斯巴达之魂》。

25

赖以柱其间

斯巴达有两位王,当列奥尼达浴血奋战时,另一位王也没闲着,当时他在希腊联军的海军中出任最高指挥官。

当希腊的陆军奔赴温泉关时,科林斯同盟的另一支中坚力量雅典人,正出动舰队开赴月神岬,准备在那里迎击波斯海军。这支联合舰队共有280艘船,包括271艘三列桨战舰和9艘快船。出战的船只半数以上来自雅典,斯巴达尽管只出动了10艘船,但由于联军之中人人崇仰他们的威望,因此名义上的联合舰队司令之职交给了斯巴达王欧里彼得亚斯。但实际上,这200多艘船5万多号人的灵魂人物,是雅典人地米斯托克利。

此人是接下来的希波战争中无可争议的男一号,因此值得我们暂时放下月神岬的战事,用一些篇幅来大致讲讲地米斯托克利的早年二三事。

关于他的阶级成分,按照奈波斯《外族名将传》中的说法,不是地主也是富农。该书称他的父亲涅奥克利斯是雅典名流,地米斯托克利早年游手好闲、不务正业,因此老父一怒之下剥夺了他的继承权。但修昔底德、普鲁塔克等人的说法截然相反,他们都称地米斯托克利是苦孩子出身,父亲是一介老农,母亲是偏远地区嫁过来的外来媳妇。从地米斯托克利本人的言行风格来看,后一种说法应该更接近事实。

或许正是因为出身底层,地米斯托克利自幼就对"出人头地"有着近乎偏执的追求。他少时的老师看出了这个学生的志向与才能,鼓励他:"孩子,不论从善还是济恶,你将来都必定不会默默无闻。"这有点像桓温的自勉:"不能流芳千古,亦当遗臭万年。"而从这位老师的弦外之音中也可以听出,地米斯托克利并非勤勉上进的乖乖仔。的确,地米斯托克利是那种不按牌理出牌的鬼才,很大程度上靠的是旁门左道、鬼蜮伎俩。他成年后师从"智者"姆涅西菲洛斯学习诡辩术，练得巧舌如簧，后来凭借着老师的人脉和自己的才智，地米斯托克利进入了政治圈。

走上仕途的地米斯托克利告别了青春的岁月和放浪的生涯，他开始尽心于公职，并且成绩卓越。他最大的长处在于非常清楚自己没有豪族背景，全部的政治基础就来自社会底层的支持，因此竭力在政府中扮演"民众代言人"的角色。工作之余，他还常有出格举动，比如跑到奥运会上去摆阔，以此增加曝光度。他在生活中也经常仗义疏财，当然，这些功夫都是做在明面，结果一来二去，类似"及时雨""呼保义"之类的名头也就不胫而走了。

当然，不论装大款还是装大侠，都需要高昂的成本，地米斯托克利家底不够殷实，因此弄钱的时候也免不了巧取豪夺。普鲁塔克曾讲过他的一桩恶行，他看中了某人的一匹马（在当时马是很值钱的），去索要，人家不给，结果地米斯托克利发狠说，你不给，我就拆了你家屋子做一匹木马。对方知道惹不起，只好就范。但作为雅典的平民来说，既然地米斯托克利总是为他们争取利益，对他这些行止不端的细节，也就睁一只眼闭一只眼了，他们在政治上给予他很大支持。在梭伦时代雅典的平民阶级就取得了相当的政治权利，因此得到他们助力的地米斯托克利平步青云。在马拉松之战时，他已做到了雅典的十名将军之一。

但仅有民众支持还远远不够，要想在雅典政坛上有所作为，背后非有军队和军功作保障不可。当时的雅典和其他希腊城邦一样，主打的是陆军重装步兵。从这群青铜战士那身造价不菲的行头就能看出来，他们都是来自富有家庭或起码是中产阶级，这群人与立足底层的地米斯托克利道不同不相为谋，这让后者很是不爽。尤其到了马拉松之后，米泰亚德的声望如日中天，地米斯托克利更是醋意盎然，这不仅是出于对他个人荣誉的嫉妒，更是因为地米斯托克利很清楚，米泰亚德派得势，意味着雅典步兵将在城邦事务中握有更大的发言权，他的空间将被进一步挤压，他意识到必须建立自己的军事班底。

好运气很快垂青地米斯托克利。米泰亚德的光环来得快去得更快，不到一年他就从大救星沦为阶下囚，地米斯托克利抓住雅典政坛这个短暂的真空期，迅速走向前台。这时，他要面对的是他一生的竞争对手阿里斯提德。后者是雅典政坛另一颗新星，贵族阶级的代表人物，同时他又是那个时代的道德楷模，普鲁塔克评价"性格坚定不移，主持正义，不争虚名，不务庸俗，不施欺诈，甚至连娱乐都不参加"，最后一条无疑是受他最推崇的斯巴达生活方式的影响。马拉松之役，他和地米斯托克利曾在战事最艰苦的中路一起作战，获胜后他受命率部下看守海滩上的战俘和战利品。面对波斯俘虏献上的金银，他不为所动，秋毫无犯，并严令部下不得私藏，颗粒归公，此举一时传为盛谈。由于有这些优秀品格，阿里斯提德被称为"正义的化身"，在民众心目中有着类似超人或蝙蝠侠的地位。

阿里斯提德热心公益事业，关心民间疾苦，严于克己，宽以待人，但说到底他毕竟是贵族出身，他心目中理想的政治体制是斯巴达的寡头模式，在军队建设问题上也主张依赖由贵族和中产阶级组成的重装步兵。这样一来，他从政见、派系到出身、性格，样样都和地米斯托克利完全对立，两人的关系几乎达到了冰火不同炉的地步。地米斯托克利想在雅典出人头地，就必须扳倒阿里斯提德。

通常情况下，君子斗不过小人。雅典人有一项很有意思的"陶片放逐法"，每年进行一次全民公投。每人拿一块陶片，在上面写出自己认为最可能威胁到雅典民主制度的人的名字，这项海选中"支持率"最高的，就将被放逐，刑期10年。该项法律是克莱斯铁涅斯制定的，初衷是为了防止僭主出现，但这种基于有罪推定的做法很快就不可避免地变成了政治迫害的工具。只要有人能煽动民众，使其相信某人正是蠢蠢欲动的潜在僭主，那么这个人就难逃被贬黜的命运，而煽动民众，正是地米斯托克利的特长。他在政府会议上多次公开提出牺牲城邦长远利益来讨好民众的议案，而稳健的阿里斯提德则知道这都是祸国之举，就加以阻拦。民众自私而短视，自然因此而记恨阿里斯提德，地米斯托克利就成功地把他推向了"人民的对立面"。终于，经过了几年的铺垫，公元前483年，地米斯托克利煽动公民用陶片放逐了阿里斯提德。

据说，当时阿里斯提德在大街上遇见一个不知他身份的文盲，后者请他代笔，在陶片上写出他想放逐的人的名字，阿里斯提德欣然应允，问他想写谁的名字。"阿里斯提德！"文盲冲口而出。阿里斯提德不解地看着这个人，问道："阿里斯提德什么地方得罪您了？""他没有得罪我，但我整天听人说他如何如何公正，实在是听烦了。"文盲回答道。阿里斯提德一言不发，在文盲递给他的那张陶片上，写下了自己的名字。不知此事是否出自地米斯托克利的导演，不过阿里斯提德确实因此大受打击，他知道地米斯托克利已经在民意争夺战中完胜。他宁愿就此永远消失在雅典人的记忆中，也不希望他的同胞今后因为遭受劫难而再念起他的好。这位正义的化身向天祈祷："雅典，今夜请将我遗忘！"随后坦然地接受了放逐。

逐走阿里斯提德后，地米斯托克利成了雅典事实上的头号人物。恰在这一年，雅典城西南发现了一个大银矿，全城人欢欣鼓舞，准备平均分掉，每个公民10德拉克马，这笔钱大致相当于熟练工人半个月的工资，虽不太多，也算笔小财，吃顿好的，添件新衣，应该绰绰有余了。这时，一贯讨好民众的地米斯托克利却表示了反对意见，他劝大家，不应该这样挥霍掉，而应该把钱拿来造战舰，用于当时正在进行的对厄基纳岛人的战争。地米斯托克利似乎有操纵民意的魔法，雅典人尽管不太情愿，但最终还是把到口的肉吐了出来。地米斯托克利用这笔钱置办了200艘当时最先进的三列桨战舰（普鲁塔克说是100艘），到了公元前480年，这支舰队刚好可以下水服役。

后人说地米斯托克利此时已经判断出波斯人必将来犯，并明智地预见只有依靠海军才能克敌制胜。或许他确有这等先见之明，但兴办海军对地米斯托克利来说还有另一层意义，那就是海军的划桨手都是来自底层的。如果雅典凭借海军取得战功，则地米斯托克利所依靠的阶层将有更大的发言权，他本人也将握有更大的政治资本。他确实是大力扶植主要出自底层的水兵们，将国防建设的全部重点放在海军上，以至于出身贵族和中产阶级的重步兵们抱怨道："地米斯托克利夺走了同胞的长矛和盾牌，把雅典人降格成划船摇橹之辈。"但不管他是出于公心也好，私心也罢，最终拯救雅典和整个希腊的，正是地米斯托克利打造的这支海军。故而后人修昔底德赞叹道："他有特别惊人的本领，他能看透未来，看出事物最好和最坏的结果……凭此敏锐的洞察力和雷厉风行的效率，他总能在恰当的时候做出最恰当的事，这一点远非他人能及。"

26

激流月神岬

果然，波斯人来了。作为希腊陆军的翘楚，斯巴达人迷信他们的长矛，而地米斯托克利则知道，这场战争是他的海军崭露头角的机会，而他的海军，也是拯救雅典乃至希腊的唯一机会。于是他想方设法当上了雅典的海军统帅，手段，是不太光彩的贿选。

列奥尼达向温泉关进发的同时，地米斯托克利也组织联盟的海军开赴月神岬。尽管迷恋权力，但地米斯托克利没有权迷心窍，他看见斯巴达王在联盟中拥有他所不具备的号召力，于是将名义上的统帅之职让与斯巴达王欧里彼得亚斯，以此维系联盟。不过，欧里彼得亚斯这个旱鸭子不善海战，斗心眼更不是地米斯托克利的对手，因此舰队事实上的指挥权，还是稳操于雅典人之手。

舰队进抵月神岬，此处是位于马格尼西亚半岛和埃维亚岛之间的一个海峡，也是保护上述两地免遭侵略军蹂躏的前沿阵地。埃维亚岛上的诸城邦对当年埃雷特里亚城毁人亡的可怕命运印象深刻，不想步这个倒霉邻居的后尘，因此对希腊联军舰队的到来格外高兴。随后波斯舰队也到了，尽管他们途中又遭遇风暴损失了400余艘船，但仍占有数量上的绝对优势，浩荡的声势让包括欧里彼得亚斯在内的不少希腊人心生怯意，准备开溜。这下岛民大急，他们砸锅卖铁凑出了30塔伦特白银的巨款，送给联军舰队，请他们不要撤走，实在要撤也等埃维亚人转移到安全地方之后再撤。这笔钱送到了地米斯托克利手里，他不客气地笑纳了，由于保密工作做得好，此时别人没听到一点风声。随后地米斯托克利从中拿出5塔伦特，以自己的名义送给欧里彼得亚斯，请他坚守阵地。斯巴达王拿人手短，只得答应下来，联军舰队中也就没几个人再言撤退。只有一个例外，科林斯海军将领阿迪曼托斯。由于科林斯人这次出海没带足饷银，水手们士气低落，嚷嚷着要返航，而阿迪曼托斯也是个心高气傲的人物，不想留在这儿任人差遣。地米斯托克利来到他的船上,假意请他吃饭,阿迪曼托斯拿起饭盒里的面包,才发现下边压着一根银条,地米斯托克利坏笑道:"你不肯跟我合作,我就把你的水手们都喊来看看,他们都没领到饷,银子却在你手里。"阿迪曼托斯着了这个无赖的道,只好听从,地米斯托克利又命人送来3塔伦特,助他缓解薪酬危机。这样一来,斯巴达和科林斯两大实力派,最终都要听雅典人调遣,而地米斯托克利非但自己没搭什么本钱,还从埃维亚人那里净赚白银22塔伦特。

接下来,月神岬之战就开始了。波斯人本来派出200艘船准备绕过埃维亚岛,结果没完没了的风暴如影随形,战船在途中全部沉没了。而此时从雅典来了53艘支援的战舰,将这个消息带给希腊人,备受鼓舞的联军舰队主动向波斯人发起进攻。希腊人的船驶出月神岬,来到开阔水域,他们把船尾并拢,在海面上排成一个圈。这是当时的海军主要战术,随着三列桨船的普及,战舰的主要攻击武器由弓箭变成了船头的撞角。撞角是希腊人的海外支系、居住在撒丁岛的福西亚人发明的,他们曾在公元前535年用这一新式武器大败迦太基和伊特鲁里亚的联合舰队。所谓撞角,是安装在船首下方水线附近的一个金属突起物,通常由不易锈蚀的青铜制成。打仗的时候,船只快速从侧面靠近敌船,用撞角撞击对方的船舷,使之漏水直至沉没,而如果撞击的瞬间速度够快,能将敌船直接拦腰撞断,这是一种很霸道的打法。而技术更好,还可以从侧面撞断敌方的船桨。但由于在月神岬的希腊船只数量上远不如对手,不能贸然冲锋,只能先排成铁桶阵,用撞角保护自己。第一天的战斗比较平淡,波斯方面损失30条船,希腊方面可能略占上风,具体的战斗减员数量,希罗多德没有交代。

次日再战,波斯人不知道自己派出去包抄的奇兵已经沉没,还在等待战机,因此打得比较保守。希腊人采取逐个击破的战术,消灭了波斯海军中的西利西亚分遣队。

到了第三天,迂回舰队遭遇风暴的消息终于传来,气急败坏的波斯人没什么可等的了,他们倾巢而出。这下杀了希腊人一个措手不及,双方展开决战。这一天恰好也是列奥尼达等人在温泉关发起自杀式冲锋的那天,两军在陆地上血肉横飞之时,水中的搏杀同样惨烈。希腊方面雅典人是中坚力量,波斯方面表现最优越的则要数埃及人。对于这场战斗,普鲁塔克写道:"他们(指希腊人)面临危险,在实际战绩中得到教益:对于那些能够进逼敌垒,敢于与敌人短兵相接的战士来讲,不论战船众多或是船头的雕饰多么辉煌,也不管蛮族人的战歌虚张声势的吼叫，都无所畏惧，他们全不顾及这些，只是冲向敌人，英勇搏斗，血战到底。"他还援引大诗人品达的诗："在那里，雅典人的英雄的子孙们在光辉中，树立起不朽的自由的奠基石。"两军直杀到月升日落，才各自罢手返回基地。清点损失时地米斯托克利发现，仅是雅典的船就损失了90艘，他的血本都快拼没了。而此时，他们也收到了温泉关失守的消息，继续在月神岬与敌人打消耗战已经没有意义，于是，联军舰队开始向雅典撤退。

途中地米斯托克利又玩了个花招，他命人在沿途醒目之处的山壁上留下书信给波斯军中的爱奥尼亚人，劝告他们赶快洗心革面回到希腊阵营，不要再做异族鹰犬，为亲痛仇快之事。后来他说他几乎不指望爱奥尼亚人会真的倒戈，只是希望薛西斯知道此事之后，对他们心生疑忌，这一手兼具釜底抽薪和反间计的双重功效，确实厉害。

地米斯托克利回到雅典时，这座城市正陷于有史以来最严重的恐慌：温泉关沦陷，月神岬弃守，水旱两路的大门都已向敌军洞开，雅典成了波斯恶狼狰狞目光下的赤裸羔羊。濒临绝望的人们只好再次找出来自德尔斐的神谕壮胆，但那上面的言辞反而让他们的心情更加沉重：

> 不幸的人们啊，为何还在这里坐等？
> 逃离你们的家，你们那轮形城市高耸入云的卫城，
> 逃到大地尽头去吧。
> 从头到脚都不能安然无恙，它们都要被毁灭掉，
> 因为火和战神阿瑞斯，驾驶着飞驰的叙利亚战车，
> 要把这座城市毁掉。
> 他们不仅将毁灭你们和城砦，还要把神的殿宇交予火焰吞噬，
> 屋顶将有黑色的血流下来，预示着无可避免的凶事，
> 因此你们离开神殿，拿出勇气来制服你们不幸的遭遇吧。

这就是开战之前阿波罗给出的最高指示，这样的神谕显然是死刑判决书，当时不甘心认命的雅典人软磨硬泡，要佩提亚再给个好点的，于是有了下面这条更著名的：

……

一切都被夺去的时候，

远见的宙斯终会给一道难以攻破的木墙，

用来保卫你们和你们的子孙。

切莫安静地居留在你们原来的地方，因为大地方向来了千军万马，

你们应当在他们来的时候撤退，把背向着敌人，

不过总有一天，你们还会与他们交战。

神圣的萨拉米斯啊！在播种或收获谷物的时候，

你将把妇女生的孩子全部毁灭！

神谕的颁布是一回事，解读则是另一回事。比如后一则中的"木墙"，就引起了众人的争论，很多人觉得木墙就是雅典卫城。当时雅典的卫城还没经过伯利克里时代的大工程，规模远不如今天看到的那么雄伟，真的就只是一道木头篱笆，但经过了陆军的失地丧师，海军的无功而返，许多雅典人已经没了别的念想，只准备用这一圈篱笆来保护自己。这种解释得到了许多人的认同，这些人听天由命，得过且过，没有扼住命运咽喉的智慧和勇气，只希望神仙保佑，那道木墙真有那么神奇。

就在此时，地米斯托克利越众而出，他说大家曲解了神谕，坚守卫城是死路一条，神谕中的木墙另有所指。地米斯托克利素有人望，于是大家问他怎么理解神谕，木墙究竟是指什么？

地米斯托克利以不容置疑的口吻宣告："你问我要去向何方，我指着大海的方向——那里，我们的舰队，那才是神赐予我们的木墙。"

27

雅典的劫难

或许是觉得地米斯托克利的阐释太过抽象，比起舰船，很多雅典人宁可相信神谕会应验在卫城上。与其说这些人理解能力太差劲，不如说他们的侥幸心理太严重，希望凭借神的佑助守住卫城，守住他们在雅典的带不走的家底。因此，他们还是愿意从写实的角度来理解神谕，而不愿接受地米斯托克利这个诗化的解读。他们忘了，太阳神阿波罗本就是一位诗人。

区区一道木头篱笆，自然阻挡不住薛西斯的天子之怒。温泉关惨胜之后，波斯王还是愤恨难平，因为打扫战场的人已向他报知，波斯军死了2万多人，而希腊方面死亡仅3000多人，阵亡比例接近7∶1。为了避免疫病流传，薛西斯命令将尸体就地掩埋，此举有违波斯人的殡葬习惯——由于袄教信仰，他们采用的是"天葬"，不准掩埋——不过现在已顾不了那么多了。此时薛西斯又想出了一个小诡计，他命令留下己方的1000具尸体作为样品，同时把阵亡的3000多具希腊人的尸体全部留下，堆成另一堆，这样仅从留在地面上的尸体数量来看，好像是波斯人大占便宜。薛西斯将这个虚构的统计数据通报全军，还专门差人传唤海军的代表前来参观，希望以此恢复手下们的信心与士气。可惜仓促间布置不周，还是露出马脚，这个把戏只能自欺，没能欺人，适得其反。

于是波斯人将他们郁结的怨气撒向接下来遇到的每个希腊城邦、每个希腊人，不再顾及他们是军士还是平民。冲破温泉关，远征军来到福西斯境内，由于这里的许多城邦都曾参与温泉关阻击战，波斯人对他们进行了残酷的清算，德律莫司、安菲凯亚、埃拉提亚……无数城市被烧成白地，人民被屠掠殆尽，许多妇女死前遭到玷污，这是以前很少发生的。薛西斯已不想表现"神王"一贯的宽宏，只想展示严惩的凶暴，希望以此击垮希腊人的抵抗意志。

大军继续向着东南雅典的方向逼近，所到之处，兵连祸结，除了底比斯等早已"弃暗投明"的，大多数城邦都遭蹂躏，尤其是和列奥尼达一起死守温泉关的铁斯匹亚，还有曾参与马拉松之战的普拉提亚两地，攻杀尤惨。据说波斯人还曾分兵去进犯圣城德尔斐，结果惹起上天的震怒，神用雷电击落了两座山峰，压死许多波斯人，侵略者遂不逞而退。这当然都是事后德尔斐人的自吹自擂，但希腊在古代是地震多发区，可能真有某些波斯部队倒霉遭遇地震引发的山体滑坡也说不定。

躲在木墙后面的雅典人，已经能听得见敌人的脚步声，依靠地上的木墙，还是海里的木墙，还悬而未决。有识之士已经看出，卫城断然挡不住残暴的敌军，必须趁着敌人的海军封锁港口之前，乘船转移到安全的地方。但无论怎么讲这道理，观念保守安土重迁的人们仍拒绝放弃故土。事急从权，为了不让这些人白白牺牲，雅典政府，或许就是地米斯托克利本人，想出了一个主意。

这一天，雅典娜神庙的祭司忽然宣布，"圣蛇"不见了。原来，雅典人奉雅典娜为城市守护神（他们的得名正由于此），进而崇拜一切与智慧女神有关的东西。传说雅典娜养有一条大蛇作为宠物，雅典人也找了一条蛇，供在神庙里作为圣物。祭司们每天喂给它一个蜜饼（这蛇肯定吃不饱），但这一天他们再去喂食的时候，却发现蛇不见了。主张出海的人借机宣传，"圣蛇"出走，意味着神已经遗弃了雅典城，大家也宜另谋出路。这十有八九是地米斯托克利串通祭司玩的把戏，玩得确实高明，对固执的人来说，宗教有着比理性分析更大的说服力。许多不相信地米斯托克利说辞的人，现在选择追随那条蛇，离开雅典。

地米斯托克利趁热打铁，主持通过了法案，命令雅典人清空城市，集体转移。他还下令免除了对阿里斯提德等流亡在外的雅典公民的放逐令，号召全体雅典人都回来，投入保家卫国的生死决战。法令通过后，大撤退开始了，雅典人挈妇将雏，扶老携幼，准备离开这座被神明抛弃的城市。

虽然去意已决，但真的要告别生于斯长于斯的故乡，大家毕竟还是依依不舍，他们久久流连于街道与宅地，卫城与神庙。海港里船只已经备好，码头上也聚满了人，但登船的那一步，竟是谁也迈不出去。这时，一个孔武有力的青年纵马驰进雅典娜神庙。他走进大殿，拿起自己的马具向女神献祭，祝祷良久后，他站起身来取下墙上的长矛和盾牌，大步出门，走向码头。许多人认得，此人就是米泰亚德之子，小客蒙。不少雅典人跟在客蒙身后来到码头，只见他径直走上甲板，既没有慌张也没有沮丧，只有毅然决然的表情，长矛和盾牌紧紧地握在他的手里。这个青年的形象忽然打动了雅典人，重整河山待后生，有这样虎虎有生气的青年在，有他们的长矛和盾牌在，雅典人实在无须过于顾惜坛坛罐罐。人们不再犹豫，跟着客蒙的脚步登船，起航。

除了个别的肩负守护神殿职责的神职人员，以及极度贫困无力迁徙的人，绝大多数雅典人都撤走了。这时，雅典民主制度的优越性体现了出来，握有巨大财富的"战神山议事会"发给每个公民8德拉克马。这个机构在梭伦时代前曾是雅典的权力中枢，在克莱斯铁涅斯的民主改革后权力被大大削减，基本成了纯司法机构，但他们仍把往日的积蓄拿出来赈济民众，这对当时经济尚不发达的雅典来说，是一笔救命钱。

大多数雅典人选择先到伯罗奔尼撒半岛北部的特洛伊真暂避。这个城邦国小力弱，在月神岬战役中，他们仅能提供5艘战船，但患难关头，他们没有关起门来独善其身，而是接纳了雅典人。非但如此，他们还倾尽国库的财力，按照他们国内伤残军人的补贴标准，无偿提供给雅典妇女儿童每人每天2奥波尔的救济金（约合0.3德拉克马）。钱虽少，但无异于雪中送炭。其他的邻邦如萨拉米斯岛、厄基纳岛也都收容了很多寻求庇护的雅典人。尤其是后者，他们的表现比特洛伊真还要仗义，薛西斯来犯之前他们本来一直在与雅典人作战（地米斯托克利组建舰队的直接原因就是为了对付他们），已经快被打趴下了，但希波战争爆发后他们立即尽弃前嫌，参加了雅典和斯巴达主导的科林斯同盟。现在也有一些雅典难民船来到这个岛上求助，厄基纳人同样给了他们妥善的安置与保护。

民众撤走了，士兵没了后顾之忧，地米斯托克利率领海军从港口起航，开赴萨拉米斯岛与赶来驰援的科林斯同盟船只会合，准备在这片狭窄的水域与敌人决一死战。

雅典几乎成了空城。波斯人兵临城下，仅剩的一些守卫依托着卫城，拼死抵抗。他们的木墙并不顶事，波斯人射出火箭，很快就让这道篱笆灰飞烟灭，但雅典人置之死地而后生的决心，却比木墙结实得多。他们据守卫城高处最后的据点，用大石头砸向攀缘而上的波斯人，后者一时竟奈何不得他们。可惜，温泉关的悲剧很快重演，波斯人从后面的一条密道攻上山头，将他们团团围住——这条密道连雅典人都没几个知道，因此几乎可以断定波斯人能发现它又是因为叛徒的告密。雅典最后的守卫者们躲进神殿，在那里自杀。那条令人恐惧的德尔斐神谕，完全应验了。

至此，薛西斯终于夺下了这次远征的头号战略目标——雅典。从他在赫勒斯滂挥鞭渡海到现在，仅用了4个月的时间。波斯王下令焚城，以报当年萨迪斯被焚之仇。雅典变为一片火海，卫城、神庙、广场和民居，统统化为焦土。这次大浩劫，直至今天还可寻见蛛丝马迹。

敌人根本之地的陷落，让薛西斯觉得夺下整个希腊也已指日可待，志得意满的波斯王命使者骑快马赶回苏撒，向留在后方的宗室成员告捷。但就在他踌躇满志的时候，没有注意到一件事：

在雅典娜神庙烧焦的残骸中，有一棵橄榄树。相传这就是当年雅典肇建之时，雅典娜为了与波塞冬争夺城市主神之位而赠给当地人的礼物。现在，这株已经被烧成炭棒的植物，竟长出了一根半米长的枝丫。雅典的嫩枝在深秋吐着新绿，似乎是在预示着，这座城市和她的人民，也会与这树一样，野火烧不尽，春风吹又生。

28
沧海横流

雅典沦陷了，城市被烧成废墟，但雅典人还在，雅典的伟大不在于城镇街市，而正在于这些人。20世纪，流亡的托马斯·曼可以骄傲地宣称"我在哪，德意志就在哪"，同样，对此时的雅典来说，作为伟大文明的缔造者，这些雅典人在哪，雅典就在哪。即便失去了一切，但只要人还继续存在，雅典就没有灭亡，他们完全有理由相信自己的文明前程似海，来日方长。更何况，他们还没有失去一切，他们还有一支舰队，正停靠在萨拉米斯岛的港口。

萨拉米斯岛是荷马史诗中的英雄埃阿斯的故乡，这个小岛位于阿提卡半岛与伯罗奔尼撒半岛之间，形状像一个朝左侧平放的字母"U"。希腊联军的舰队从月神岬撤下来之后，就停泊在那里。

月神岬一役，雅典战船报废90艘，他们目前只剩了110多艘，再加上科林斯同盟的其他成员，这个拼凑起来的舰队总共只有300多艘战船，这已是希腊联军全部的海上力量。既然是最后的赌本，那么在哪里下注，就必须格外慎重。在这个问题上，地米斯托克利有着清醒而准确的认识：众寡悬殊，决战地必须是一片狭窄水域，这样才能抵消波斯舰队数量上的绝对优势，才有获胜的希望。萨拉米斯与阿提卡半岛间的海峡，就是这样合乎标准的理想战场。所以地米斯托克利需要做的事有两件：第一，让波斯人在这里作战；第二，让希腊人在这里作战。

某种程度上，第二件事的难度尤甚于第一件。希腊联军由三十余个大小城邦组成，大家虽然同仇敌忾，但涉及具体的战略战术，人人又都希望能让自己的城邦利益最大化。雅典沦陷之后，科林斯同盟陷入了空前的紧张。尤其是以斯巴达为首的伯罗奔尼撒诸城邦，还是更倾向于陈兵科林斯地峡，而不愿把有限的兵力浪费在海战上，即使真的要打，他们也更倾向于在科林斯地峡附近的水面作战，这样万一事有不济，还可以弃船登岸，撤进地峡上的防御工事。

在联军的作战会议上，这一种意见占了上风。作为为数不多的清醒者，地米斯托克利则力主在海峡作战。其实这个道理谈不上高深，也很容易想到，但恐慌使人失去判断力，在很多人看来，雅典人这个绝地反击的计划太过激进。比如科林斯的海军将领阿迪曼托斯就敲打地米斯托克利："在跑赛时抢跑的人，是要挨鞭子的。""是的。"后者反唇相讥，"但是起跑太慢的人是得不到冠军的。"作为联军司令的欧里彼得亚斯也觉得地米斯托克利有点咄咄逼人，拿起手里的权杖就要打他，地米斯托克利则全无惧色地直视着斯巴达王："尽管打吧，但要听我说完！"斯巴达王气为之夺，只好让他讲下去，口若悬河的地米斯托克利力陈固守海峡的优点和必要性：第一，如果弃守萨拉米斯和厄基纳岛，等于放任敌人的陆军不受牵制地全力进攻科林斯地峡；第二，萨拉米斯岛上有众多雅典等城邦的难民，如果联军撤退，等于把他们交给波斯军屠戮；第三，萨拉米斯海域狭窄，希腊人有机会凭借地利之便以少胜多；第四，如果守住了萨拉米斯，就等于在伯罗奔尼撒半岛外围加筑一道城墙，半岛上的斯巴达等城邦自然可保无恙，而且摧毁了敌人的海军，就意味着截断了波斯陆军的粮道，他们自然无力再进，如此一来，非但伯罗奔尼撒半岛，连地峡以北阿提卡半岛以西的梅加腊等希腊城邦都能得以保全。

最后，他像当年米泰亚德劝导卡里马克斯那样，对欧里彼得亚斯说："希腊世界能否得以保全，就凭你一言而决了。"斯巴达王还下不了决心，这时刚被地米斯托克利抢白的阿迪曼托斯又出言相讥道："你们雅典人连自己的城市都已经没了，身为败军之将还在这里觍颜言勇，莫非想让大家都给你们陪葬不成？"

这下地米斯托克利彻底炸了，他愤然道："我们放弃了城市，是因为不想为了那些没有生命的东西而牺牲我们的人民，我们的城市沦于异族，但我们有能力在任何地方重建家园，因为我们还有200艘船，可以载着我们全体雅典人远走高飞。我们这些船，可以作为盟军来保护你们，如果你们再次临阵脱逃，抛弃我们，那么在失去我们之后，你们将会了解到这个后果有多严重。"

成大事者，仅会晓之以理、动之以情是不够的，必要时候就得拿出地米斯托克利这样的光棍手段才行。雅典是科林斯同盟中的海军中坚，各城邦都害怕他们当真就这么一走了之，于是欧里彼得亚斯勉强同意，联军舰队留驻萨拉米斯。其时天色已晚，诸城邦将领各自回船准备，人人心下惴惴，默诵各路神仙之名祈求佑助，按下不表。

再说此时的薛西斯，尽管经历了温泉关的损兵折将、月神岬的船毁人亡，但此时他的陆军已尽占阿提卡半岛，此番远征的头号目标雅典已经摧毁，而海军也正赶来会合，届时水陆并进乘胜追击，将残余的抵抗力量尽数歼灭只在他一振作间，接下来征服希腊全境乃至整个欧洲应当也不在话下，这样一来，他的开疆拓土之功绩，将足以与居鲁士、大流士并驾齐驱。震古烁今的丰功伟业即将建立，一统天下的王霸雄图就要成真，薛西斯已经开始预支这胜利的喜悦，他提前撰写了征服希腊的记功铭文，并差人将样稿送回苏撒，交给留镇都城的皇叔阿塔巴诺斯开工雕刻。

面对蜷缩在海峡和地峡里的希腊人，薛西斯尽情感受着猫捉老鼠的快意，就在希腊人为最后的战略部署而吵得焦头烂额时，薛西斯也召集了御前军事会议。公元前480年9月21日这天，波斯海军赶到之后，他立马亲自来到设在雅典城南帕列隆港的水师大营，向麾下众将征询意见，问他们是否应该在海面上与希腊人决战。

波斯海军这一路上，历经天灾人祸，战绩乏善可陈，正自灰头土脸，不意大王竟亲来垂问。海军众将喜不自胜，觉得捞取功名的机会送到了眼前，西顿、推罗、埃及等地的将领们纷纷表示，要将希腊舰队一网打尽，人人奋勇，个个争先。

这群男人在薛西斯面前比着夸海口，海军中唯一的女将提出了不同见解。这个女人是多利斯城邦哈利卡那苏斯的僭主（这个城市正是希罗多德的故乡），闺名唤作阿尔忒弥西亚，这名字一看便知，是取自月亮女神阿尔忒弥斯。而这个女僭主也和那位箭法绝伦的月神一样生猛勇悍，薛西斯出兵希腊，本来她和她的城邦不在征召之列，她却自告奋勇，前来助战。尽管她只有5艘船，但都是第一流的好船，因此波斯大军中也无人敢小觑于她。阿尔忒弥西亚向波斯王献策：不理屯聚在萨拉米斯的希腊舰队，直接绕道向南袭取伯罗奔尼撒半岛，半岛诸城邦的船必会撤出战场回援老家，这样联军将不战自溃。

女僭主的主张颇有见地，诚如她所说，与希腊人海战，乃是弃长就短，因为敌人已经占据了地利。萨拉米斯岛与陆地之间的水域，如果用《孙子兵法·地形篇》的眼光来看，是具有样本意义的"隘形者"，这种战场的注意事项是：若敌先居之，盈而勿从，不盈而从之。现在希腊人已经牢牢扼守住这片狭窄水域，那就应该"勿从"，而阿尔忒弥西亚提供的战术也十分对症，如果波斯舰队绕过萨拉米斯岛直逼伯罗奔尼撒，必能起到调动敌军的效果，既是围魏救赵，又是釜底抽薪，那时候再对付落单的雅典人，就容易得多了。

可惜，薛西斯是个喜欢追求戏剧效果的人，比起阿尔忒弥西亚规划的经济适用型胜利，他更青睐中宫直进、所向披靡的形式，先击破希腊的海军，再屠戮萨拉米斯，最后登陆伯罗奔尼撒半岛。于是波斯王好言相慰，告诉阿尔忒弥西亚他自有主张，他不想这个女人破坏他酝酿的史诗式的征服。自命为天之骄子的薛西斯只把波希两方的百十万生灵视为棋子道具，他只想下一盘很大的棋，导演一出很壮观的戏，至于成本，那不在他考虑范围之内。次日，波斯大军就按照薛西斯的意旨，开赴萨拉米斯岛。

波斯这次远征动用的海军最初有1207艘船，一路上两次遭遇风暴，损毁了共计600艘，月神岬一役，又折损上百（占上风的雅典人损失了90艘船，这样看来波斯方面的减员应该更多）。他们进入欧洲后最大规模的一次扩编，是在色雷斯征召了120艘船，此外可能还有些小规模的补充。这样算来，此时的波斯舰船数量应在700—800艘，比之希腊舰队，数量优势已不那么明显，但仍能维持以二敌一的局面。

因此，当这支舰队浩浩荡荡地出现在海平线上，希腊联军又是一片恐慌，众寡悬殊，人人自危，退兵之声，又嚣嚣然挟飞尘以磅礴于军中。地米斯托克利知道，如果让这种悲观畏战情绪在军中蔓延开来，那希腊就真要万劫不复了。因此，必须在联军的士气衰竭之前尽早开打，而这又需要波斯方面的配合，因为联军不能放弃有利地形主动出击，所以战斗必须由波斯人发起。地米斯托克利能操控雅典的民意、联军的军机，那么，他能操控得了薛西斯吗？说不得，也只好勉力一试。

就在这天夜里，一艘快船划开黑沉沉的海面，驶向波斯的水军大营帕列隆港。船上的乘客名叫西琴诺斯，他是地米斯托克利手下的波斯裔仆人，这个身份卑微的人，却肩负着拯救整个希腊的使命。西琴诺斯向波斯哨兵报信，希腊人慑于大军声威，正准备明天一早就四散逃跑，如果让他们逃走，以后再想逐一剿灭就不容易了，正宜趁此良机，将他们聚而歼之。哨兵不敢怠慢，当即将此重大军情奏报薛西斯。

波斯王闻言，深以为然，他不想放过一劳永逸铲除希腊舰队的机会。薛西斯当即传令埃及舰队连夜起航，绕过萨拉米斯岛，准备截断希腊船只的逃窜之路，同时命令其他各路人马，准备天明登舟，兵进海峡。

29
浪遏飞舟

9月23日,太阳升起在爱琴海海面上。波斯水军渐次起锚,驶出港口,水面之上,千樯照海,列舰百里。朝阳之中,波斯王的近侍们在海峡北岸埃伽列欧斯山上安置了黄金御座,薛西斯踞坐其巅,临海点兵。他身后是一字排开的波斯书记官,人人手擎羊皮功劳簿,准备记下每一艘波斯战船的表现,以便战后赏功罚过。

早有探子将敌军动态报与地米斯托克利,雅典人知道,自己下的这一手筹码,薛西斯跟了,他已经把整个联军舰队都押了上去,那些人再想撤也已经来不及了,现在置身死地,只能大家一起横下心来,杀出一个黎明。恰在这时,大陆方向一艘快船载来了从流放地赶回的阿里斯提德,国难当头,他早就不把与地米斯托克利的旧怨放在心上,这位正义的化身找到他的宿敌说:"如果我们明智,那么现在应该放弃彼此间无聊而幼稚的个人恩怨,让我们在拯救祖国的事业中进行一场光荣而崇高的竞争吧,看我们两人谁能为祖国做出最有用处的事情。"阿里斯提德提倡的是良性竞争,他非但没有拆地米斯托克利的台,还帮助后者劝服那些心存侥幸的人:"现在后路已被埃及人断掉,大家退无可退,希腊与波斯之间的一切恩怨,都只能在这个海峡里做个了断,要么战胜,要么战死。"

阿里斯提德的一席话,如同当着所有人的面打开了潘多拉魔盒,希腊人仿佛看见无数的灾祸与苦难、恐怖与凶险都飞出来,将他们团团围住,但是,当这令人窒息的惊怖稍稍散去,人们忽然又想起,那盒子里还有最后一件东西——希望!希腊人必须从这个如潘多拉魔盒般深不见底的海峡中,用自己的双手,捞起仅存的一丝希望。

如果说此前欧里彼得亚斯还有些荷戟彷徨,那么此刻当逢绝境,这位斯巴达王也毫不含糊。他披挂登舟，率领本部的16艘战船，居于舰队中位置最重要的右翼；地米斯托克利的雅典战船，则领衔联军左翼；其余部分，厄基纳人居中，科林斯人殿后，诸路舰只各司其职，只待这场命运的决战。

波斯舰队一入海峡，顿觉希腊人的决死之志扑面而来，他们听见一阵高亢的歌声："前进呀，希腊的男儿啊，快解救你们的祖国，解救你们的妻儿子女，解救你们祖先的神殿与坟墓！你们此刻是在为自己的一切而努力战斗！"

希腊人虽然歌唱得热血沸腾，但头脑仍保持着冷静，非但没急着扑上来厮杀，还倒着划桨向后退去，继续诱敌深入，把尽可能多的波斯船放进这个口袋一般的海峡。为了加强效果，他们还派科林斯人佯装逃跑，掉头行驶。

敌退我追，波斯战舰鱼贯而入，但海峡入口处甚为狭窄，大约只有1300多米宽，波斯战船只能排成纵队，一次进来几十艘，最先进入战区的百余艘船还能布成阵势，后面的则已找不到立锥之地。其时已是上午8点左右，本来大战在即，剑拔弩张的氛围仿佛让空气都凝固了，但就在这个时候，波斯船上的每个人都清晰地感觉到了空气又开始流动。天地之气，溥畅而至，这风由东南刮向西北，越来越快，越来越急促，从青萍之末的微拂，转瞬间就变成了翻动扶摇的劲吹。秋风萧瑟，洪波涌起，波浪在愤怒的飞沫中呼叫，跟狂风争鸣，波斯的海军和高尔基笔下的海鸭一样，"享受不了生活的战斗的欢乐"，他们早领教过爱琴海风浪的厉害，此刻海面上风云变色，这些惊弓之鸟也已吓得面无人色。就在这时，希腊人的战船乘风破浪，冲了过来。

波斯海军的主力是腓尼基人，他们的船造得十分高大，重心太高导致高挂的船帆兜满了侧后方吹来的劲风，摇晃得格外猛烈。而希腊人的船则矮得多，所以重心低，抗风浪能力强。波斯大船被风浪掀得在海上打转，正好把侧舷暴露给了敌人的撞角，希腊小船轻易将他们撞倒撞穿。看起来像是天助希腊，其实这一切非唯天时，抑亦人谋。美国人劳拉·李在《天气改变了历史》一书中解释，爱琴海的秋天，每日都会有由南向北的季风光顾，时间大约是在太阳升起之后的两个小时。久居此间的希腊人很清楚这一点，波斯人则对此完全不知，故而地米斯托克利事先已做了安排，让海风来打头阵。果然，季风如期而至，波斯人阵脚大乱，被冲上来的希腊船撞得溃不成军，先头部队的百余艘战船顷刻之间损毁殆尽。

对波斯人来说，更糟糕的还在后头。由于有薛西斯亲自督战，舰队的各位船长都急于卖力表现，深恐这位天威难测的神王认为自己畏缩不前，因此后面的舰只还是前赴后继地涌进海峡。此时海面上浮着的尽是先头部队的残鳞败甲，本就狭小的水域更加拥挤不堪。腓尼基人是那个时代最出色的水手，但他们的技战术在这样的作战环境中完全无从发挥，希腊舰队依托两岸的陆地护住侧翼，从正面冲上去撞击敌船。一旦接近，全副披挂的重步兵就跳上波斯舰船厮杀，波斯水兵人数占优，无奈基本都是弓箭手，近战中抵敌不过，很多船只被希腊人轻易俘虏，很快第二批部队又所剩无几。幸存的战船想撤退，退路却又被己方拥上来的第三梯队堵住，于是新一轮的杀戮与溃败，又周而复始。

希腊舰队排出的阵型，完全没有采用田忌赛马式的智慧，他们用己方最强的雅典人与敌方最强的腓尼基人正面硬碰，而海战能力相对较弱的斯巴达人，则面对波斯海军的爱奥尼亚分遣队。这是一个拼凑起来的乌合舰队，船只来自各个城邦，成分复杂、怯勇不一、各怀心事，其中颇有一些人，在途中看见了地米斯托克利号召起义的留言，暗自动心，此刻己方战事不利，有许多战船真的就倒戈加入了希腊同胞一方。那位哈利卡那苏斯女僭主阿尔忒弥西亚此刻也在战场，此前希腊人曾悬赏1万德拉克玛捉拿她，现在阿尔忒弥西亚眼见势头不妙，不敢恋战，准备先行溜走。但此时她的退路被乱作一团的己方船只堵住，又有一艘希腊战船已将她锁定，正冲过来。女僭主知道落入敌手的下场，情急之下她命令调转船头，撞沉友军，夺路逃生。她身后那条波斯船上，坐着的恰恰是与她素来不睦的卡林达僭主达马西提莫斯，阿尔忒弥西亚正好可以丝毫不受良心谴责地牺牲他来保全自己。至于那个倒霉蛋达马西提莫斯，可能至死都不知道他实在不该得罪这个女人。

那艘原本正冲过来的希腊船见了这个惊人的情形，还以为这艘船也临阵起义了，于是就放弃了追击划向别处，他们一定不知道这艘船上的人就是阿尔忒弥西亚，巨额赏金就这样失之交臂了。薛西斯也目睹了这个场景，不明就里的波斯王询问手下，左右回禀道，阿尔忒弥西亚英勇地撞沉了一艘敌船。薛西斯一头雾水，他分明看见撞人的和被撞的都是自己的船，但由于这一上午目睹了太多的失败，好容易看见一艘自己的船撞沉他船，波斯王最终还是说服自己相信了手下们的报告。"阿尔忒弥西亚英勇地撞沉了一艘敌船。"他喃喃地叹道，"难道我手下的女子变成了男人，而男子汉却都变成了妇人？"

其实薛西斯的苛责，的确冤枉了他手下的将士们。波斯海军以众击寡，却在他眼皮底下节节溃败，这确实令人气恼，但此非三军不肯用命，出现这样的局面，无论从战略上还是从战术上，薛西斯本人都要负首要责任。首先，兵法有云，围师必阙。本来希腊联军人心惶惶，若是留出一条活路，联军中必会有人在重压之下选择逃跑，届时趁其队伍分崩、士气怠惰，再全力击之，恐怕希腊就要从史书上除名了。偏偏薛西斯好大喜功，只想着毕其功于一役，把网收得太紧，逼得希腊人别无选择，只能跟他拼个鱼死网破。其次，"兵非益多也，唯无武进，足以并力、料敌、取人而已"。这就是说兵不是越多越好，再多的兵也不可轻敌冒进，薛西斯一味恃众逞强，失之轻率，疏于料敌，把大军主力引入险地，结果天时地利人和都尽让于人，这仗自然打不赢。而作为典型的"无虑而易敌者"，他本人最终能免于"必擒于人"的命运，已经实属万幸。

但作为"神王"，薛西斯是不会反省自己的，他坚信自己的神威最终必会征服希腊人，于是，他手下的士卒们也还得继续血染海峡。

如果是在陆地上作战，司令官还可以置身于安全之处指挥调度，但在这个风高浪急局促不堪的死亡之海上，没有一块地方是安全的。波斯的海军统帅，薛西斯之弟阿里亚比格涅当时也在战舰之上，希腊人的撞角将他的坐船拦腰撞断，神王之弟也和普通士兵一样，在大海中溺毙。此前波斯军虽然落尽下风，但还能勉力支持，现在最高指挥官阵亡，舰队群龙无首、进退失据，局面从混乱变成严重混乱。更加不可思议的是，原本按照作战计划绕道包抄希腊人后路的埃及舰队的200艘船，竟被假装逃跑的阿迪曼托斯率领40艘科林斯战船击退，后者得胜归来时，腓尼基人和爱奥尼亚人就明确地知道了埃及人的命运，而他们自己的心理防线也彻底决堤。

战斗还在持续。2004年美国的历史学家巴里·施特劳斯写了一本关于萨拉米斯海战的专著，名叫《拯救希腊和西方文明的萨拉米斯海战》，他在书中推测，这场战役进行了整整12小时。其实战役的后半段，几乎变成了单方面的屠杀，后来，当事人埃斯库罗斯在其剧作《波斯人》中模拟波斯信使的口吻，描述了杀戮的惨状：

> 海面上看不见水，尽是破船片和被杀的尸体；海滩上和礁石上也满堆着尸体。其余的波斯船都在纷乱中逃遁。我们的兵士就像是金枪鱼或是一网小鱼，让人家用断桨和船片打击宰杀。

呻吟与哀唤的声音充塞了海上，直到黄昏后才停止。惨痛的事情多着呢，就叫我细数十天，我也数不完哪！但您可以相信，我们从未在一日之内丧失过这样多人！

岸上的薛西斯，从清晨起就愤怒地看着他的战舰一艘接一艘沉入大海，现在已是黄昏时分，血一般的夕阳，正慢慢滑向被血水浸染的海平线，风浪渐已归于平静，波斯王心头的怒火也随之熄灭，取而代之的是无可奈何的绝望。据说，不久前兵渡赫勒斯滂时，薛西斯看着望不到尽头的大军蜿蜒西去，曾对身旁的阿塔巴诺斯感言："今日军容如此浩荡，可叹百年之后，他们就将一无所存。"当时的薛西斯，哀吾生之须臾，独怆然而涕下。彼时波斯王何曾想到，用不了百年，仅仅一天之间，他的大军就已经樯橹灰飞烟灭。作为光明之神阿胡拉·马兹达嘉护的万王之王，他曾有志于做一轮太阳，光耀欧罗巴，而如今，大海沉沉日已过。终于，他无奈地承认，这一场仗打输了，波斯神王"高声地号叫着，他撕破了王袍"。

得到撤军命令的残存舰只如蒙大赦，退出战场。

物换星移，到了19世纪，桂冠诗人拜伦游历希腊时，试图唤醒希腊人对祖辈辉煌岁月的记忆，他在长诗《唐璜》(*Don Juan*) 中写道：

> A King sate on the rocky brow
> Which looks o'er sea-born Salamis;
> And ships, by thousands, lay below,
> And men in nations;—all were his !
> He counted them at break of day—
> And, when the Sun set, where were they?

这个段落，在中文中被译作《哀希腊》，译本有胡适的骚体、查良铮的自由体等，精彩纷呈，我最喜一代诗僧苏曼殊的五言古风：

> 名王踞岩石，雄视逊逻滨。
> 船师列千艘，率土皆其民。

晨朝大点兵，至暮无复存。

一为亡国哀，泪下何纷纷。

经过精心的设计，地米斯托克利等人为希腊赢得了胜利，数不尽的波斯战船折戟沉沙，残骸被风浪卷到岸上，当时的人说滨海地区的妇女们以后可以用船桨来烧火煮饭了。但地米斯托克利没有被胜利冲昏头脑，波斯庞大的陆军尚在，他和阿里斯提德一致认为，不能犯薛西斯的错误，不能把失败的敌军逼得太紧，与其让这支庞大的军队留在希腊做困兽之斗，不如用计让他们自行撤退。为此，地米斯托克利要再次祭出他的诡诈之道。

读《希罗多德历史》第八卷，总有一种时空穿越般的似曾相识之感，恍然觉得看的是《三国演义》。萨拉米斯较之赤壁，不但进程与形势相近，竟连一些细节都对得上。如果说西琴诺斯事件可比"阚泽诈降书"，地米斯托克利趁风浪破敌可比"孔明借东风"，那接下来要上演的就是希腊版的"周瑜戏蒋干"了。

在被俘的波斯人中，有个人名叫阿科那斯，是薛西斯的心腹太监，此人就是地米斯托克利精心挑选的"蒋干"。地米斯托克利将他找来，屏退左右之后，告诉这位公公，希腊人正在酝酿一个阴谋，准备偷袭赫勒斯滂，断掉波斯人的浮桥，将波斯王和远征大军尽数困死在希腊，自己尽心王事，探知机密，冒死以闻。他还煞有介事地表示，愿意偷偷放公公回去禀报薛西斯，请大王速离险地，善保万金之躯云云。阿科那斯死里逃生，自然大喜过望，他对地米斯托克利所说深信不疑，回到波斯军驻地后尽职地扮演了"蒋干"的角色，然后波斯王就撤军了。

希罗多德的记述为地米斯托克利赢得了世代传诵的声名，比如奈波斯就曾在《外族名将传》中赞道："这样，由于一个人的深谋远虑，希腊得到了解放，欧罗巴征服了亚细亚，这是一场堪比马拉松的胜利。"其实，希翁所谓"阿科那斯事件"的这段文字，其可信程度也和《三国演义》相仿，如此戏剧性的情节与其说是还原史实，似乎更像是为了凸现主人公智慧而创作的故事。兵败萨拉米斯之后薛西斯确实是撤了，但原因并不这么简单。富勒的《西洋世界军事史》中援引古希腊史家狄奥多罗斯的说法，称波斯损失了200多艘船，4万多名水兵，另有若干船只被俘或投降，而希腊方面有40艘船沉没，人员伤亡不详。从这个数字中可以看出，萨拉米斯海战的失败对波斯人来说还算不上致命打击，事实上薛西斯也准备在路上修筑长堤直通萨拉米斯岛，用陆军再较输赢。由此可见他撤军绝不是因为希罗多德说的"吓坏了"，也不完全是因为地米斯托克利的"妙计安天下"，更重要的原因有二：第一，跟粮食有间接关系。此时帝国的后方出了乱子，头号粮仓巴比伦发生了叛乱，总督佐皮鲁斯（就是当年毁容赚城的那位）被杀，薛西斯急需回国平叛。第二，跟粮食有直接关系。海军失败之后，爱琴海的制海权易手，陆军的补给线已经岌岌可危，规模巨大的远征军，随时可能陷入断粮的窘境。从冈比西斯征埃塞俄比亚，到大流士征斯基泰，再到薛西斯征希腊，粮食补给问题又一次成为波斯大军的命门。

薛西斯终于要撤了，尽管有着十万分的不情愿，但有一点令他不得不正视现实：遭遇重创的波斯海军现在已无力再发动一次大规模的进攻了。波斯王的牙咬了又咬，终于从牙缝里挤出一道命令：撤。大约在萨拉米斯海战之后的一个星期，残存的波斯海军在女僭主阿尔忒弥西亚带领下，驶离帕列隆港，以最快的速度绕过阿提卡半岛尽头的苏尼昂岬，然后乘着西风，驶向小亚细亚半岛的以弗所。

船儿弯弯出海港，回头望望沧海茫茫，薛西斯目送着他的舰队仓皇离去，他本人也在不死军的护卫下兼程向北，赶往这趟远征的起点——遥远的萨迪斯。他就要回到老地方，他就要走在老路上，不过，来时的意气风发斗志昂扬已经荡然无存，倒是埃斯库罗斯在他的剧本里描述了波斯王形同逃难的惨象。耀武扬威而来，偃旗息鼓而去，这一切竟似发生在转瞬之间，恍然如梦。别了，希腊。别了，欧罗巴。别了，我曾经的光荣与梦想。

此时，在他的王城苏撒，他预先准备的那篇歌功颂德的凯旋铭文已经被刻在一块泥板上，但如今那些文字的每个笔画都变成了对他的嘲讽。这块泥板的残片，在1935年被考古学家们挖出来了，称为瓦代铭文，这一发现害得薛西斯千载之下仍然贻笑于人。

不过薛西斯在撤军的时候，还是不甘心就此作为希腊人的一个笑柄，他命大将马多尼奥斯率领一支殿后的部队留驻欧洲，将这场虎头蛇尾的远征进行到底。

30
决战中的较量

对希腊人来说，萨拉米斯之战的过程和结果都太过戏剧化：在这天早上，他们还是一群绝望无助的人，为了保卫奄奄一息的文明而背水一战，谁也不敢确定自己还能看见明天的太阳；而仅仅过了一天，他们就击溃了看似不可战胜的庞大力量，赢得了神话中都不曾有过的至高荣誉。由地狱到天堂的转变来得太快，希腊人坐了一趟"心灵过山车"。

波斯海军溃败之后，原本在攻打科林斯地峡的波斯陆军也随即退走，大获全胜的联军将领们聚集在地峡名胜海神庙召开表彰大会，投票选举萨拉米斯的头号功臣。结果，这些将领们还真是当仁不让，每人的选票上写的都是自己的名字，与此同时，大部分人都将地米斯托克利选为第二号功臣，这样一来，他反而在第一名空缺的情况下，独享了最大的尊荣（集体荣誉奖被授予厄基纳舰队）。斯巴达人授予他一顶橄榄枝编成的花冠，这顶绿色的帽子看似平常，其实意义非凡，它取材自希腊圣地奥林匹亚的爱神庙，是用纯金的刀子从一株相传是赫拉克勒斯亲手种植的圣树上割下来的，本来只作为至尊奖品授予奥运冠军。当年马拉松大捷之后米泰亚德也曾想要这么一顶桂冠，结果不但没能如愿，还遭到了希腊人的集体讪笑：等你独力打败敌人的时候，再来要求独享这一荣誉吧。可见，现在的希腊人真的将地米斯托克利看成了只手补天的民族英雄。

地米斯托克利安享名利，但被烧成瓦砾的雅典还百废待兴，马多尼奥斯统率的十余万波斯大军还虎视在侧，革命尚未成功，"仍需努力"的重任，就交给了阿里斯提德。由于在萨拉米斯之战中同样有着抢眼表现，阿里斯提德于次年被选为新的雅典执政官，如何对付逗留在希腊北部的波斯大军，是他的工作重点。

再说波斯方面。《希罗多德历史》称，薛西斯留给马多尼奥斯30万人，希翁关于波斯军队的记载一向离谱，这个数字也被认为过于夸大，后来在波斯宫廷做过医生、可能接触过第一手资料的希腊人克特西亚所著的《波斯史》（残卷）称，留在欧洲的波斯军有12万人，这跟后来的考古证据大致对得上；《剑桥古代史》中给出的数字是10万人，与之大抵相符。即便只有10万人，吃饭也是大问题。本来波斯海军撤走后，留驻欧洲的陆军已经断粮，他们抢光了希腊北部所有的友邦敌邦，仍然填不饱肚子，只好靠草根树皮来果腹。但目光短浅又各自为政的希腊联军没有趁势一举剿除侵略军，萨拉米斯海战之后，科林斯同盟的联军处在事实上的解散状态，雅典等城邦忙于战后重建，以斯巴达为首的伯罗奔尼撒诸路人马也都各自返回本国休整。这给了波斯统帅马多尼奥斯喘息之机，他乘此良机稳住军心，恢复了元气。

前文曾有提及，马多尼奥斯是大流士的女婿，薛西斯的姐夫，也是波斯军中数一数二的将领，有勇有谋。当年波斯平定了爱奥尼亚起义，大流士曾派他去招抚爱奥尼亚诸城邦，他顺应当地民意罢黜僭主，实行民主制，爱奥尼亚很快恢复了稳定。如今他再次把自己的政治头脑用于忒萨利亚、色雷斯等地，一手萝卜一手大棒，恩威并用，很快把这些地区归置得服服帖帖，尤其是底比斯，表现得极为铁杆，派了两万希腊重装步兵加入波斯军阵营。对于科林斯同盟，马多尼奥斯也打算采用连拉带打、软硬兼施的手段，使其从内部解体。

公元前479年，马多尼奥斯出其不意地率领大军奔袭雅典，此刻毁于战火的雅典卫城还没修缮完毕，雅典人抵挡不住，阿里斯提德只好再次率领全城老少战略转移，撤往萨拉米斯岛。马多尼奥斯几乎兵不血刃地重新占领雅典城，但他不像薛西斯那样焚掠泄愤，而是严令全军不拿雅典一针一线，同时派马其顿王亚历山大出面跟雅典人讲和，他这次没有索要什么"水和土"，只是表示愿意代表波斯帝国和雅典人签订平等的和约。

按说这个条件已经足够优渥，但阿里斯提德很清楚马多尼奥斯的真正用意，他知道后者并不是真的谋求和平，也不是想建立平等互利、安定和谐的国际政治新格局。所谓和约，不过是他分化瓦解、逐个击破的缓兵之计，雅典人严词拒绝了马多尼奥斯的好意。

其实雅典遭袭，更着急的反而是斯巴达人。战后这一年，两个城邦间同呼吸共命运的蜜月期已经逐渐过去，在对付波斯人的问题上他们产生了分歧。薛西斯率主力返回亚洲之后，地米斯托克利主张袭击赫勒斯滂，策动小亚细亚的希腊城邦再次起义，斯巴达人也支持他的主张，但稳健持重的阿里斯提德认为应当先肃清留在欧洲的马多尼奥斯，解除雅典面临的威胁，这一次他的主张得到了更多雅典人的支持。这件事上雅典和斯巴达各怀鬼胎，前者想用陆军消灭马多尼奥斯，其实就是想借重斯巴达的力量，而斯巴达自然也不甘为人驱驰，他们倾向于进攻小亚，潜台词是想让雅典的海军去打前站，帮助他们消除来自海上的威胁。双方争执不下，隔阂渐生。斯巴达人听说马多尼奥斯示好雅典，生恐两者单方面媾和，连忙也派出使节到萨拉米斯来见阿里斯提德，表示愿意帮助雅典人收复失地。

重压之下，雅典和斯巴达再次携手作战，他们达成了折中协议：雅典出船，斯巴达出人，渡海东征小亚细亚，同时斯巴达再出动主力部队，与雅典人并力北上，驱逐马多尼奥斯。

协议生效，斯巴达军开出了科林斯地峡，这是他们继温泉关战役之后第二次北上，军容之壮盛，远非前番可比，仅重装步兵就有1万人（其中一半来自斯巴达的各个附属城邦），外加3.5万希洛人，由新任的斯巴达王保萨尼阿斯率领。这是斯巴达的一位军界新星，是前任国王克列欧美涅斯之子、列奥尼达的侄子，也是他年龄尚幼的儿子的监护人，时年34岁，年富力强、血气方刚。雅典方面，阿里斯提德也组织了7000名重装步兵和1000名弓箭手，从萨拉米斯岛返回大陆，加入斯巴达人的行列，并且老成的阿里斯提德非但不争权，还主动力挺后生辈的保萨尼阿斯担任联军主帅。

眼见敌人不肯屈服，马多尼奥斯露出本来面目，他下令将雅典城再烧一遍，然后率军北返，撤回普拉提亚。此处本就是平原，加之原先的普拉提亚城已被烧成白地，地势更加平坦开阔，适合骑兵驰骋。马多尼奥斯在阿索浦河北岸扎下营盘，严阵以待。

不出数日，希腊联军也到了，这一路上他们的兵力如同滚雪球一般上升，抵达普拉提亚城废墟时，已有10.8万人，这在希腊历史上是个空前的数字，大概科林斯同盟中每个能拿得起长矛的男人都来了。进抵战场后，联军背靠希泰隆山，分三处扎营，斯巴达居右，雅典居左，其他城邦的军队组成中军，营垒安置妥当，两军隔阿索浦河对峙，相距大约10千米。希波战争中最大规模的一场陆战，一触即发。

31

风卷残云

  对峙的双方兵力相差无几，正是麻秆打狼，两头害怕，都盼着对方先沉不住气，然后自己击其半渡，但谁肯把这样的现成便宜拱手让人？于是这场大战的最初几天就在静坐中度过。先忍不住的是波斯人，因为他们多出了大约1万多张嘴，粮食消耗得更快。此外，马多尼奥斯觉得己方的骑兵优势明显，可以凭借其机动性发动试探性进攻，即便不胜也可望全身而退。这一天，有情报说希腊联营中段的梅加腊人营地防守松懈，马多尼奥斯立即命骁将马西提西亚斯率数千骑射手前去劫营。

  这一下猝不及防，梅加腊人果然抵挡不住，弃营而走。好在希腊联军选择营地时已经考虑到了敌人的骑兵，他们依山列阵，梅加腊人且战且退，向山坡上撤走，山路崎岖，波斯人的战马行走不便，无法将他们消灭。这时邻近的雅典人派来300名重装步兵，外加1000名弓箭手前来助阵，战局顿时逆转，波斯人又落了下风。步弓手能胜马弓手，这看起来有点不可思议，琼斯的《西方战争艺术》中对此有解释，当时马镫尚未发明，因此马背上的射手必须分神控制马匹，徒步弓箭手则能够将全部精力集中于拉弓瞄准，所以无论是射箭的准确性还是发射效率均占上风。

  其实波斯骑兵已经完成了奇袭扰敌的既定目标，可以撤了，偏偏马西提西亚斯生性勇悍，依然猛攻不止，并且身先士卒，纵马冲在最前面。他鲜亮的衣甲暴露了身份，雅典射手知道这是敌军重要人物，羽箭齐冲他招呼，射人先射马，马西提西亚斯的战马中箭，他随之倒地，接下来，擒贼先擒王，在希腊人的长矛乱捅之下，这位波斯悍将身披重甲躲闪不便，被扎成筛子。马西提西亚斯生前在波斯军中极得人心，士卒见主帅阵亡，都拼死来夺他的尸身，终于得手。退走之后的波斯骑兵队哀声动地，他们回到营中之后剃光头发，剪下马鬃，向马西提西亚斯致祭。马多尼奥斯也大感郁闷，连续几天闭门不出。

这就是普拉提亚战役的第一回合，希腊人凭借诱敌加斩首战术反败为胜，先得一分。

丧失了最得力的骑兵将领，马多尼奥斯更不敢贸然向屯驻在山地的敌军发动强攻。他只想诱使希腊人主动进攻，甚至派人去下战书，邀保萨尼阿斯来与自己单挑。但这样就更暴露了他的求战心切，保萨尼阿斯自然不会逞这种无谓的血气之勇，相反，他也做出种种举动，又是调换营地，又是假意撤退，想引波斯人再次渡水来攻。

双方都努力诱敌，各出奇招，但无一奏效。最终还是马多尼奥斯棋高一着，他探明了希腊联军的水源，派人前去投毒，同时用轻骑兵绕到联军背后，袭扰他们的粮道，连连得手。这时，保萨尼阿斯终于坐不住了。

其时双方已对耗了近半个月，补给压力日甚一日。希腊联军虽然主场作战占有地利，但地主家也没有多少余粮，现在后方供给不畅，保萨尼阿斯和阿里斯提德等将领都认为，应该回撤到阿提卡，再做良图。就这样，马多尼奥斯通过后勤战逼退希腊人，扳回一局。

出于职业武士的荣誉感，保萨尼阿斯和当年的列奥尼达一样，安排盟军先撤，他自己率领4.5万人的斯巴达军团殿后。这天傍晚时分，梅加腊、雅典等部分军队按照既定部署先后拔营而走，入夜，本该轮到斯巴达人撤了，不想营中又生出变故。保萨尼阿斯手下有个老资格的将军名叫阿蒙福里塔斯，此人久经沙场，对斯巴达战士的荣誉看得极重，他以斯巴达人不胜则死的传统法则为由，坚决不肯撤退。保萨尼阿斯拿他没辙，只好发扬民主，说召集各位将领投票表决，阿蒙福里塔斯更来了劲，搬起一块大石头砸到国王脚下，说："这就是我投的票。"保萨尼阿斯用了一整夜也没做通他的思想工作，眼看晓月西流，再也耽搁不得，年轻的斯巴达王只好咬牙下令，不管阿蒙福里塔斯及其所部，其他人即刻启程，撤往希泰隆山以南。

阿蒙福里塔斯留在原地生闷气，过了一会天已大亮，他才骤然惊觉，原来偌大的营寨已经空了，只剩下他和为数不多的本部士兵，这下他才大呼不妙，杀身成仁的锐气顿时泄尽，阿蒙福里塔斯招呼手下赶紧跑路，去追赶大部队。

马多尼奥斯方面，这次情报工作做得不好，直到希腊人都撤了一夜，才探知敌情，波斯统帅连忙下令全军追击斯巴达人，同时派出底比斯降将波利克拉特斯率领所部2万余人，去追赶雅典人。和保萨尼阿斯一样，马多尼奥斯身后也有人掣肘，而且此人的危害远大于区区一个阿蒙福里塔斯。波斯营中的副统帅是阿塔巴佐斯，他负责指挥军中波斯、米底以及希腊附庸城邦之外的人马，辖下大约有4万人。阿塔巴佐斯不认同马多尼奥斯的战略，因此作战时总是出工不出力，这次马多尼奥斯一马当先，他则带着第二梯队磨磨蹭蹭，缀在后边。

波斯军的先头部队6万余人，在希泰隆山附近的一处丘陵地带追上了斯巴达人。保萨尼阿斯眼见来不及撤退，连忙指挥部队抢占有利地形，以山丘上的赫拉神庙为中心布防，登高据守，同时命令随军的祭司在庙里祝祷问卜，随时与各路神仙保持联系，等他们指示最佳的战机。古希腊流行的占卜方式是观察动物的内脏，当时的宗教人士们能从牛羊下水里看出神的意旨，就像今天的股票分析人士们能从那些乱七八糟的K线里看出价格走势一样。斯巴达的随军神职人员遵照保萨尼阿斯的命令，在神庙里把作为军粮的牲畜们宰了又宰，仔细研究它们五脏六腑里藏着的天机。

此时是公元前479年8月27日，普拉提亚战役的第三阶段，也是最后的决战，现在就要打响了。马多尼奥斯先出招，他派出骑兵向斯巴达人占据的小丘后侧迂回，但丘陵地带地形支离破碎，马匹施展不开，加上斯巴达人排出无懈可击的全方位方阵，只守不攻，波斯骑兵对这刺猬一样的阵势无从下手。波斯以弓箭手为主力的步兵，也难以对敌人造成太大的杀伤，他们的箭雨徒劳地冲洗着斯巴达人的青铜盾牌和甲胄。战斗进行了好一会儿，斯巴达人逐渐进入了状态，恰好此时阿塔巴佐斯率领的后援部队也到了。他和马多尼奥斯缺乏默契，一上来就把部队紧紧贴在弓箭手身后，堵住了他们的退路，波斯方面兵力多了，阵形却乱了。保萨尼阿斯在高处看见敌军阵脚自乱，知道现在该是反攻的时候了，于是示意随军祭司，后者心领神会，宣布吉兆降临，斯巴达全军士气大振，从山坡上猛冲下来，杀向敌阵。

波斯轻步兵与希腊人装备上的差距再次暴露出来，斯巴达人加上希洛人组成的方阵共有36行，一冲之威，势不可挡，波斯箭阵前排的藤牌手根本抵挡不住，被踏成肉泥，后面的弓箭手不甘示弱，纷纷弃弓拔刀，与斯巴达人肉搏。在整个波斯战争中都表现欠佳的波斯步兵，这一次终于拿出了几分神勇。希罗多德写道："（波斯人）很多时间是抓住希腊人的长矛，将其弄断，由于其勇敢和好战精神，波斯人比希腊人一点也不差；但是他们毕竟缺乏防护和训练，并且在突击行动的技能上比希腊人确实差得太远,很多人白白送了性命。"

攻守易位,斯巴达人占了上风,但其实这也正是马多尼奥斯一心等待的时机。他知道对手有地形作为屏障,可以限制己方骑兵的发挥,而波斯步兵且战且退,把斯巴达人吸引到平旷地带,接下来可以用骑兵攻击其侧翼,扰乱其方阵,为后排的弓箭手赢得机会。斯巴达人进入骑兵打击范围,马多尼奥斯决定亲自解决问题,他下令骑兵再次出击,而他本人则骑着一匹白马,冲锋在前。

这个计划进展顺利,波斯骑兵绕到斯巴达方阵侧后方,砍杀缺乏装甲保护的希洛人。可惜马多尼奥斯重蹈了马西提西亚斯的覆辙,他不但冲在第一线,而且衣着太过醒目,被敌人轻易地锁定为重点目标。一杆标枪呼啸飞来,马多尼奥斯应声落马,当场毙命,这个狙杀了波斯统帅的士兵名叫阿里姆尼斯塔斯。

本来马多尼奥斯身边的1000人卫队都是波斯军中的勇悍之徒,个个武艺高强,但主帅阵亡,大家失了主心骨,无心恋战,纷纷掉头逃窜。尤其是后边的阿塔巴佐斯,见势不妙立即掉头,他来得虽慢逃得却快,率领所部一溜烟跑回了阿索浦河北岸的营垒之中。

波斯人溃逃,斯巴达人乘胜穷追,其他的希腊人闻讯也赶回来助战,联军一举打过河去,夺了波斯大营。阿塔巴佐斯又遁向忒萨利亚方向,并辗转逃回亚洲,而营中走得慢的,都被攻进来的希腊人杀得一个不剩。

战后希腊人清点伤亡,他们得出的数字是:消灭波斯军9.7万人(《希罗多德历史》没有直接提这个数字,但称只有3000名骑兵逃走),希腊方面,雅典阵亡52人,斯巴达阵亡91人,其他城邦合计只有16人战死。这个伤亡比例被认为过于夸张,过了几百年,普鲁塔克将之修正为1360人——这仍显得过于一边倒,仅从希罗多德对战役过程的描写来看,就很难相信希腊方面的阵亡人数只有这么点儿,真正的数字仍有待进一步研究确认。

在斯巴达的阵亡名单上,还有一个特殊的人,他本是列奥尼达的300名壮士之一,结果在温泉关开战之后眼睛受伤,被先行送回后方休养,没能赶上气壮山河的最后一战。回到斯巴达后,他被当作逃兵,备受歧视,甚至没有一个人肯借火种给他,如今他终于沥血沙场,换回了本该属于他的那份荣誉。(此人的名字在《希罗多德历史》中写作"阿里斯托戴莫斯",后来鲁迅的小说《斯巴达之魂》,即以此人为主人公。)

再说底比斯人。他们本来被派去追击雅典人,却在途中与联军其他城邦的部队交上了手。底比斯人的武力远远强于那些乌合兵团，本来已经取胜在望，这时雅典人赶来增援，底比斯人听说马多尼奥斯的主力部队已经战败，当下也无心恋战，向自己的城市退却。传说底比斯将领波利克拉特斯急着去找马多尼奥斯留下的宝藏，但找遍波奥提亚仍一无所获，请示德尔斐神谕后知道要"翻转所有的石头"，这个财迷依言而行，最后真的找到了宝藏。这个典故后来演化为西文中的一句谚语"leave no stone unturned"，直译为"别剩下一块没翻过来的石头"，比喻想尽办法不惜代价，基本相当于"掘地三尺"之类的意思。不过这个传说定系后人杜撰，因为波利克拉特斯根本没时间去翻石头。普拉提亚战役结束后希腊联军进逼底比斯，围城十日底比斯投降，城中亲波斯的政治人物全都遭到清算。

波斯侵略军及其在希腊本土最重要的盟友都已被消灭，而就在普拉提亚战役决战的同一天，那支远征小亚细亚的希腊舰队也在萨摩斯岛对面的米卡列海角大获全胜，小亚沿海的希腊城邦再次揭竿而起。

而这一回薛西斯已经无力弹压，只能听任这些希腊城邦脱辐而去，希腊人终于收复失地，将势力范围重新扩大到了整个爱琴海。至此，薛西斯发动的希波战争，事实上已经结束，这场人类历史上第一次亚欧大陆东西两半之间的全面争霸战，以希腊的完胜而告终。

解除了警报的希腊，在各个城邦都举行隆重的祭祀，感谢诸神庇佑，天不绝人。德尔斐的祭司们宣布，为了彻底清除波斯入侵的遗毒，希腊全境应熄灭所有的公用或私用火，重新到德尔斐采集神圣的火种。这个倡议虽然不乏"垄断主义"之嫌，但还是得到了全希腊人的赞同，家家户户都换上各自城邦请回来的新火种，渡尽劫波的希腊文明，也在熊熊烈焰中浴火重生。

萨拉米斯之战是战争的转折点，普拉提亚战役则是制胜的最后一击。富勒在《西洋世界军事史》中这样评价这两场战役："随着这一战（萨拉米斯），我们也就站在了西方世界的门槛上，在这个世界里，希腊人的智慧为后来的诸国奠定了立国的基础。在历史上，再没有比这两个会战更伟大的，它们好像是两根擎天柱，负起支持整个西方历史的责任。"

但希腊人的胜利，并不是和平的起点。洲际争霸的大格局中，胜利的天平已偏向西方，但波斯人不会就此罢手，希腊人也不会不为已甚。对东西方的两个世界而言，就如歌德所说，不是做铁锤，就是做砧板，宿命一般的碰撞，还将在新的时代里敲击出更强的音符。

32
走进新时代

马多尼奥斯败亡之后，波斯势力被彻底逐出希腊。至于薛西斯，本来还打算依靠这支军队维持帝国在欧洲的统治，以待来日，但回到苏撒之后，刚经历了远征之苦的波斯王立刻沉醉在久违的温柔乡里。这就是宫廷教育的悲哀，由于生来就是绝对顺境里的温室之花，这些帝子神孙们的神经无比脆弱，稍遇挫折就可能一蹶不振。薛西斯现在知道，战争并不像他想的那么浪漫，他的兴趣迅速转移到兴建宫舍、追求享乐方面，以至于无论马多尼奥斯、阿塔普列涅斯的死，还是小亚细亚的战事、爱奥尼亚人的起义，他都视而不见，听之任之。

不过也恰是他躲尽危机、消残壮志的逃避态度，将古波斯艺术带上了一个前所未有的高峰。大流士在世时，在帕萨加第以南的扎格罗斯山麓修建了一座新的都城，名为波斯波利斯，这是波斯乃至整个西亚建筑艺术的集大成之作，但工程量过于浩大，后期进展缓慢，直到大流士逝世时都没能完工。薛西斯回国后全力主抓烂尾工程，终其一朝，将该城的大部分景致修竣，让我们来看一看威尔·杜兰根据考古发现，对这座梦幻之都的描述：

> 古波斯最引人注目的遗迹，显然要数波斯波利斯的石阶、高台和廊柱……波斯人所建之石阶与众不同……阶与阶之间升高度非常之缓，同时每一阶又非常之宽，多宽？足可容10人10马并排行走。若非这样宽阔的石阶，就配不上那座高台。石阶由高台两旁向中央处会合，会合处即大门口，排有人首牛身雕像若干，造型仿亚述。……有波斯建筑杰作之称的薛西斯宫，亦称Chehil楼，算上接待室，占地约10万平方英尺——比埃及的卡尔纳克神庙还大，在欧洲，除了米兰大教堂，再没有比它大的。通往此宫，有一片石阶，石阶两旁建有装饰性的栏杆，宫墙上刻有浮雕，其雕刻技术是迄今所发

现波斯雕刻中最精细的。薛西斯宫,据称原有廊柱72根,但现在留存于废墟之上者,仅有13根,疏疏落落,看起来颇似沙漠绿洲中的棕榈树。廊柱材料一律为大理石,这些廊柱虽然残破不全,但制作工艺相当完美,每支廊柱高达64英尺,较之埃及或希腊的廊柱,似乎格外苗条,柱身上刻有48条凹槽,柱底呈钟形,其上饰有仰拱叶片;柱头做花状,颇类爱奥尼亚风格,顶端是两头脊背相连的公牛,木质的屋梁或额橡即架于其上……门框窗框,系由黑曜石装饰,石头经过打磨,光可鉴人。墙是砖的,但表面饰有瓷砖,瓷砖上绘有动物花鸟。薛西斯宫之后,相传为"百柱厅"。但此厅目前除了一根廊柱及地基,亦已无所存。就一般规模来看,波斯波利斯宫殿,当其完工之日,其华美壮丽,不但在古代独步天下,可能在现代也世无其匹。(《东方的遗产》)

除了波斯波利斯,薛西斯还拥有许多座这样繁华的城市,比如苏撒、埃克巴塔纳、帕萨加第、萨迪斯……这些城市和臣民足以为他提供至高的物质享受。不过他似乎还嫌不够快乐,据说薛西斯曾经在全国范围内张榜招贤,广纳娱乐精英:"我愿悬赏千条黄金,以求任何新的寻欢作乐之法。"或许,再多的狂歌醉舞,终究也难以弥平这位帝王心底潜藏的壮志未酬的遗憾。薛西斯就这样在夜夜笙歌之中,消磨他的残生,直到公元前465年,他死于一场宫廷政变。

当薛西斯为自己搭建逃避现实的安乐窝时,雅典人也在进行一场伟大的营造。当年米泰亚德曾说,如果战胜了波斯,雅典就将成为希腊乃至全世界的No.1,如今,已经见识了自己力量的雅典人,开始着手将当年的宏伟蓝图付诸实施。而这一切,先要从重建雅典的城墙开始。

经过薛西斯和马多尼奥斯先后两次焚烧,原有的卫城以及城墙都化为乌有,雅典人准备修复城墙,并将之扩建到军港。不想,这个合情合理之举竟招致斯巴达人的干预。公元前476年,斯巴达派来使者,要求雅典人停工,理由是:如果雅典再度沦于敌手,这些城墙可能会为敌人所用。显然这个说辞经不起推敲,其真正目的是不希望雅典重新获得可以据以自守的防御系统。本来在斯巴达主导的希腊秩序中,几乎没有一个城邦能与他们相提并论,尤其是在军事方面;而雅典,是希腊诸城邦中的文化之都,现在又由于在希波战争中的突出表现,更隐然有了与斯巴达分庭抗礼的潜质。斯巴达人满足于当前的优势地位,无意称霸，但他们不允许别的城邦打破均势，因此试图阻止雅典进一步扩充实力。

此时，斯巴达人的敌意已经流露出来，雅典人自然不愿听命于他们，但也不敢公然得罪盟主。于是，阴谋家地米斯托克利再度出马，他当着使者的面许诺停工，然后独自一人随使者们前往斯巴达，准备化解这场外交危机。

此时，地米斯托克利已成为全希腊的偶像级人物，在斯巴达也颇有人气，他凭借自己的声望放刁耍赖，到了斯巴达之后屡屡借故拖延谈判。其间斯巴达人探知雅典的工程仍在继续，他们以此见责，地米斯托克利则推说自己这段时间一直身在斯巴达，对雅典的事全不知情。又过了一段时间，第二批雅典使者到了，他们偷偷告诉地米斯托克利，城墙已接近完工。这时，地米斯托克利才要求开始谈判。他来到斯巴达的监察院，信誓旦旦地对那五位监察官保证，他们听到的情报是假的，雅典人没有继续修建城墙，不信可以派几位德高望重的官员前去检查，他还特别提醒斯巴达人，为了保险起见，应该多派几位去。斯巴达人想想不错，于是出动了由三位监察官领衔的考察团，北上雅典。

结果，没过多久，斯巴达人就听说他们的使团被雅典人悉数扣留。这时，地米斯托克利找上门来，义正词严地宣布了雅典人的主张："根据万国公法，我们有权修筑城墙来保护全体希腊人共同的祖先与神明。而且雅典地处抵御外敌的前沿阵地，我们这样做对整个希腊也不无益处——事实证明，我们已经两次击溃了波斯人的入侵。而斯巴达人则表现得有欠公正，他们只考虑自己的霸权，罔顾整个希腊的利益。因此雅典人扣留了斯巴达使团，直到我们这些雅典使节平安回国，才会放他们回来，否则他们永远别想回到祖国。"

原来这件事从头至尾完全是地米斯托克利的阴谋，出发之前他已布置妥当。他在斯巴达拖延时间，雅典人则乘机昼夜抢修，建好城墙，然后他把斯巴达要人诳到雅典，扣作人质，用以交换他和其他的雅典使节——这也是地米斯托克利建议斯巴达多派几个重要人物的原因。斯巴达人知道斗心眼无论如何也斗不过这个狡猾的家伙，加上雅典城墙已是既成事实，不值得为此激化矛盾，只好放了地米斯托克利一行人回去。

现在雅典不但修复了防御工事，还用城墙将城市与港口连接起来合为一体，从此成长为一个海陆复合型的新式强国。

城墙不是雅典人故步自封、画地为牢的障碍物，而是他们锐意进取、力争上游的强心剂。事实上，早在修筑城墙之前的两年，雅典人已着手将自己的影响扩展到爱琴海北部。公元前478年，雅典人攻克了赫勒斯滂的重要城邦塞斯图斯，势力范围覆盖了小亚细亚的爱奥尼亚地区。随后，雅典牵头组建了一个同盟，将脱离波斯的泛希腊城邦联合起来，作为对抗波斯人的统一阵线。

会盟地点在爱琴海的提洛岛上，这个不起眼的小岛，有着赫与天连的光辉历史——相传太阳神阿波罗和月亮女神阿尔忒弥斯兄妹就出生在这个岛上，正是日月之行，若出其中。提洛岛的神圣，使得当年远征希腊的波斯舰队都绕道而行，因此，雅典借重提洛岛的声名，组建了提洛同盟，并将同盟的金库设置在该岛。爱琴海诸岛、埃维亚岛诸城邦，以及小亚细亚的爱奥尼亚等处，纷纷加盟。当然，提洛同盟的盟主轮不到提洛，一手组建这个同盟的雅典，才是真正的大BOSS。阿里斯提德因其公正美名，被选为同盟的首任议长，任期一年，此后每年由同盟的成员选出新的议长。这个机制表面上保证了各家轮流坐庄的机会，但提洛同盟事实上的"话事人"，一直是雅典。

提洛同盟组建之后，雅典人获得了反波斯领袖的身份，他们出兵北上，接收波斯人式微之后希腊北部的权力真空。雅典北伐军的主帅，就是米泰亚德之子小客蒙，这个将门虎子凭借在萨拉米斯海战中的英勇表现，被选为雅典的十将军之一。普拉提亚战役之后，他在波奥提亚、忒撒利亚带兵，所向披靡。公元前476年，就在地米斯托克利智斗斯巴达的同时，客蒙的部队围困了波斯在色雷斯的重镇爱昂城，波斯人野战失利，退守城中，客蒙围点打援，接连消灭了前来支援的色雷斯人，并断掉了守军的粮食供给，最后，绝望的波斯人在城中放火，一军焚死。公元前467年，客蒙又将战火烧到了亚洲，在小亚细亚半岛米卡列附近的埃于吕麦顿河口，他的舰队与波斯海军的腓尼基-塞浦路斯联军对阵。客蒙率领200艘改装过的新式战舰大破敌军，击沉俘获敌舰合计200艘，平均每艘船都消灭了数量相当的敌人。接下来客蒙离船登岸，一鼓作气攻取了亲波斯的爱奥尼亚城邦法塞利斯城。他又紧追波斯败军，擒敌2万人，不可思议地在一天之内取得了海战、陆战两次大捷，尤其是埃于吕麦顿河口之役，使波斯海军再也无力染指欧洲，至此希波战争的攻守态势完全倒置。归途中客蒙又洗劫了富庶的斯库鲁斯城，献与雅典的南卫城。他的军功让雅典声威远震，也让雅典人清楚地感觉到，一个属于他们的新的时代，如"站在海岸遥望海中已经看得见桅杆尖头了的一只航船"般，迎面驶来了。

33

当年巨头

雅典人的崛起，标志着希腊的历史将翻开新篇。在新一批主角走上前台之前，让我们先来盘点一下上一个时代中那些风云人物的终局命运。

先来看看阿里斯提德，他大概算是希波战争几大功臣中唯一得享善终的人。经历过三年的放逐生活，原本出身豪门的阿里斯提德已经一贫如洗，据说有几次他在广场上演讲时，竟饿得发抖。不过他安贫乐道，对物质上的窘困浑不在意。正是这种节操，使得一向习惯于过河拆桥的雅典公民没有再一次背弃他。

阿里斯提德任内，用两项善政回馈了雅典人。第一，他颁布了一条法令：各阶层人民均有权管理城邦行政，执政官从全体雅典公民中遴选。这条法令使得雅典的民主范围进一步扩大，从梭伦到克莱斯铁涅斯，执政官的门槛一再降低，但只有阿里斯提德，才真正完全消弭了公民（不包括奴隶）之间因财产多寡而造成的阶级差别，雅典因此成为人类民主政治史上光辉的首页。（当然，这个政策也有其弊端，它使得雅典的政治愈发迁就容易情绪化的民众。）

第二，他将雅典以及提洛同盟成员国的税额，定在一个相对较低的标准。后来，雅典历史上最辉煌的伯利克里时代，经济腾飞，市民生活水平提高，但各种捐税也随之大增，人们反而怀念起了阿里斯提德的轻徭薄赋，将那段年月比作神话里克洛诺斯（宙斯之父）统治的"黄金时代"——这就相当于中国语境中的"尧舜之世"了。

关于阿里斯提德的其他记述，都是讲他如何清廉、公正，这使得他看起来不太像真实的历史人物，而像文学作品中的一个符号式的形象。后来，这位正义的化身作为一个德高望重的老者在雅典寿终正寝（一说执行公务时死在黑海沿岸的本都王国），他留下的家当甚至不够操办丧事，他的遗孀陷入了极度贫困，最终由雅典政府出资赡养。

至于阿里斯提德的战友小客蒙，结局就没这么幸运了。数次击败波斯海军之后，公元前5世纪50年代，客蒙又率军清剿了爱琴海上的多个海盗团伙。这一行动使得雅典声威广布于爱琴海上，不少岛屿城邦加入提洛同盟，客蒙本人也名声大噪。

但当时雅典国内外的局势，已决定了客蒙不可能再有更大的作为。在雅典内部，随着海军不断建功，这个以贫民为主的集体在政治上掌握了越来越大的发言权，而客蒙本人尽管功勋卓著，但他毕竟是米泰亚德的儿子，出身僭主家庭，在政治上不可避免地倾向旧日的贵族政体，力图维护战神山议事会主导的旧体制，于是他总是与民众有一层隔膜。后来客蒙顺应民意，将传说中雅典创建者忒修斯的遗体找回来安葬（忒修斯是否确有其人尚无定论，天知道客蒙找回来的到底是谁的遗体），此举使他在民众面前大大加分，但并不能在根本上消弭政治主张带来的矛盾。

对外方面，普拉提亚战役之后雅典和斯巴达虽没有正式翻脸，但彼此的积怨已经越来越深，不少雅典人已经把斯巴达当作假想敌。偏偏客蒙是斯巴达寡头体制的狂热推崇者，他多次在公开场合赞颂斯巴达，引起普遍不满。公元前465年，斯巴达遭遇了一场烈度空前的大地震，全城没被震塌的房屋只有5间（不是政府办公楼），被压迫已久的希洛人趁机起义，斯巴达情势万分危急。这时客蒙力排众议，率领4000名重装步兵驰援斯巴达。结果斯巴达人出于戒心，在战事即将胜利之时，将客蒙等人请出国境，并且几乎没有支付酬劳。远征徒劳无功，客蒙返回雅典后声誉一落千丈，公元前461年，他被民众放逐。

公元前451年，结束流放的客蒙回到雅典，继续担任将军，结果就在这一年，他出征塞浦路斯，途中受伤，伤口感染，不治而亡。

再说在普拉提亚战役之后蹿红的斯巴达王保萨尼阿斯。如果说萨拉米斯之战成就了地米斯托克利，那么普拉提亚战役则将保萨尼阿斯送上神坛。这场大捷将历代斯巴达王，包括列奥尼达的功绩都比了下去，保萨尼阿斯也被胜利冲昏了头脑，日益骄横不羁。在向赫勒斯滂和小亚细亚的进军过程中，作为联军统帅的他横暴严酷，不恤士卒，其他城邦的士兵稍有违拗就遭鞭笞，或被勒令扛着铁锚罚站。他还严令其他城邦的士兵，不得先于斯巴达人饮水、睡觉、喂牲口，任何擅自靠近他营帐的人，都会被卫兵用木棍赶走。阿里斯提德和客蒙曾提出规劝，但保萨尼阿斯推说军务繁忙，不等他们说完就下了逐客令。

保萨尼阿斯的粗暴作风，使得许多希腊城邦对他离心离德。有一次，三个爱奥尼亚城邦的将领找到阿里斯提德，表示愿意脱离斯巴达，遵奉雅典，劝他接管联军。阿里斯提德不知他们底细，没敢贸然答应，于是这三人为了表明心迹，在海军出港准备进攻拜占庭时，故意撞毁了保萨尼阿斯的坐船。斯巴达王向他们怒吼说，要让全世界看见他们撞毁的不是战船，而是他们自己的城邦。

此时斯巴达与联军其他城邦——尤其是雅典——之间的裂痕，已经初现端倪，领袖地位已经动摇。以保守为立国精神的斯巴达元老院十分明智，他们在矛盾激化之前召回了保萨尼阿斯，主动放弃了联军指挥权，并不再派将军参战，试图以此缓解矛盾，防止动乱改变他们的传统生活。保萨尼阿斯虽然领命回到国内，但正处在事业顶峰的他不舍得就此急流勇退，而且领略过了联军统帅的至高权威之后，他也不甘心再做有名无实的王，他开始谋求更大的权力。

野心竟然将保萨尼阿斯推向了希腊的大敌波斯，他开始与薛西斯暗通款曲。他请波斯王再度西征，并约为内应，准备煽动希洛人叛乱颠覆斯巴达元老院，自立为真正的王。薛西斯也表现出极大的兴趣，答应事成之后让他做全希腊的王，这是他当年开给列奥尼达的条件，而这回薛西斯还额外加码，许诺将一个波斯公主嫁给保萨尼阿斯为妻。

希腊世界再一次面临重大危机，所幸保萨尼阿斯为人疏阔，行事不密，他写给薛西斯的信被仆人发现，举报给元老院。阴谋曝光，保萨尼阿斯遭到通缉，他逃进一座神庙，被元老院的人和愤怒的群众堵在里面，人们把神庙所有出口用石头封死，让保萨尼阿斯活活饿死在庙里。据说，垒上第一块石头的人，正是保萨尼阿斯的老母亲。直到保萨尼阿斯饿得奄奄一息，斯巴达人才搬开石头，将他抬了出来，保萨尼阿斯随后就咽气了，余怒未消的斯巴达人还准备把他埋到死刑犯的坟茔里，最后，终于念及他的功勋，将他就地安葬了。普拉提亚战役中拯救希腊的英雄保萨尼阿斯，就这样尴尬谢幕，享年43岁。

最后要介绍的，当然是希波战争的头号主角，地米斯托克利。

地米斯托克利的身上，一直兼具着天使和魔鬼的双重属性，他勇于任事、威武不屈、见识超卓、智计百出，在这些方面固然是一时之才，但在其他方面，尤其是品德行止，则十分不堪。薛西斯撤兵之后，自恃功高的地米斯托克利更加目中无人，随意地贬损别人，吹嘘自己。除了嘴上无德，他的手脚也不干净，当他把天才的头脑用于贪污受贿，很快就赚取了巨额的财富。而且由于越发自我感觉良好，地米斯托克利后来做这些事的时候，几乎不加掩饰。这等于是对雅典人公然挑衅，他的公众形象也因此变得越来越糟糕。

对一个政治人物来说，才干和功绩固然重于个人操守，但民众往往会因为他后一方面的亏欠，而忽略他前一方面的水准。尤其是当危机过去之后，人们更希望掌握政权的是一个道德楷模，而不是什么能臣干将、救星之类的。终于，雅典人在手中的陶片上，写下了地米斯托克利的名字。

被放逐的地米斯托克利，由于事先听到风声，转移了大部分资产，因此离开雅典之后仍能作为一个富家翁周游于希腊诸城邦，日子过得还不错。没想到后来又发生了一件意外，彻底断送了他在希腊的生活。原来，保萨尼阿斯为了向薛西斯邀功，在书信中称自己已经拉拢了地米斯托克利，一道投效波斯王。这封信曝光之后，雅典的法庭对地米斯托克利进行了缺席审判，定为叛国罪，准备拿他归案。

地米斯托克利自然不肯背负这个莫须有的罪责，他知道以他现在的人缘，法庭和那些平民陪审员根本不可能给他申辩的机会，与其坐以待毙，不如索性真的逃离希腊，到波斯人那里谋个出身。于是，手脚麻利的地米斯托克利，赶在抓他的雅典人到来之前收拾巨资，逃往小亚细亚。

当他在路上的时候，薛西斯已死于宫廷政变，他的次子阿塔薛西斯继位。地米斯托克利一路上买通了船夫车夫脚夫，辗转来到了这位帝国新主人的面前，他在波斯王堂皇的大殿中，不卑不亢地报上名字："我是雅典人地米斯托克利。"

说破英雄惊煞人，阿塔薛西斯简直有些不敢相信自己的耳朵，他只模糊地听到这个自称地米斯托克利的异邦人继续侃侃而谈："陛下啊，我曾使波斯蒙受了很多不幸，但我给波斯带来的好处则远多于此，当希腊人获胜的时候，是我阻止了他们乘胜追击，这样您的父王才得以平安返回亚洲（还在拿"蒋干"阿科那斯说事）。而且，当初面临您父王如此强大的力量，我尚且能拯救我的国家，所以我相信，现在我也会对您有所裨助。我来这里就是为了接受一个宽宏大量的人表达和解的善意，或平息一个对过去所受的损害耿耿于怀者的怒气。我为波斯人办过好事，而我现在遭逢不幸，我请求您在这个时候显示您的盛德，而不是发泄您的怒气，因为如果您拯救我，您就是拯救了一个向您求援的人，而如果您毁灭我，则是毁灭了一个和您同样身为希腊敌人的人。"

阿塔薛西斯为他的胆量所折服，复为他的言辞所打动，他感谢神明，让雅典人自毁长城，把这样优秀的人物送到他手里。安顿好地米斯托克利之后，波斯王摆宴庆祝，据说他回到寝宫后，还激动地三次欢呼："我得到了地米斯托克利！"

地米斯托克利就作为高级幕僚留在了波斯，备受优待。后来阿塔薛西斯将他封为马格涅西亚城总督，此处是波斯在希腊地区仅剩的几个臣属之一。该城岁入50塔伦特，虽不太富，也堪称小康，同时又是著名的优质小麦产地。此外，波斯王还另封给他两处采邑，分别为他提供葡萄酒和肉食。

可惜地米斯托克利最终还是没能得享天年。公元前462年，埃及发生叛乱，客蒙率领雅典舰队赶去支援，阿塔薛西斯也命身在封地的地米斯托克利出征，对付希腊人。虽然投效波斯时，地米斯托克利曾发誓愿意为波斯王征讨希腊，但真的要和同胞兵戎相见，对他来说实非所愿。此时的地米斯托克利已是65岁的老人，他领命出征的最后期限就快到了，这一天他召集所有的好友宴饮，席间他走下座位和每个人握手致意，然后回到主位，将杯中的酒一饮而尽。这时人们发现，他的笑容凝固在了脸上，大家抢到近前，地米斯托克利已经气绝，原来他杯中盛的是见血封喉的毒酒。

随着地米斯托克利的死，一个时代也落下帷幕，风云人物们的背影，逐渐隐没于历史深处。虽然波斯与希腊的正式停战协议，还要再过13年才签署，但其实希波战争史诗般的篇章，此时已经合上了书页。波斯帝国和希腊世界，接下来将分别进行两场内向的争霸。

按

薛西斯卒于公元前465年，地米斯托克利投奔波斯也大致在这个时间段。据修昔底德《伯罗奔尼撒战争史》记载，接待他的波斯王是阿塔薛西斯一世，其时薛西斯已死。另有古代历史著作称，地米斯托克利抵达波斯时薛西斯尚在。普鲁塔克的《希腊罗马名人传·地米斯托克利传》中列举了两种说法各自的史料支持，并采用了后一种，但目前修昔底德的说法被更广泛地采用。

34

两场内战

公元前449年,和平终于来了。

普拉提亚战役之后,旷日持久又乏善可陈的战事,断断续续打了30年,到后来只有零星的小规模冲突。大小无数次交手中,除了公元前456年去支援埃及起义的雅典远征军被全歼,基本都是希腊人占据上风,但由于双方的整体国力相差过于悬殊,在庞大的波斯帝国面前,希腊人的胜利只能伤其皮肉,而无法触及筋骨。到了这一年,双方终于决定结束这场乏味如肥皂剧般的战争。波斯与雅典的谈判代表卡里阿斯签订《卡里阿斯和约》,划分了双方在爱琴海的势力范围:波斯默许了小亚细亚半岛沿海地区的诸希腊城邦脱离帝国独立,不再介入爱琴海事务;雅典及其领导的提洛同盟,则承认帝国对塞浦路斯以及腓尼基人地区的控制。

和约缔结,大家打完收工,但爱琴海的波澜并没有随之归于平静。从地米斯托克利时代以来,雅典人已成为"搅动大海的勇士",实力和心态都已今非昔比,他们以其发泄不完的精力继续四处出击,很快就搅起了新的矛盾。

凭借近几十年来的迅猛发展,雅典已经威胁到了斯巴达在希腊世界的传统优势地位,希波战争结束后,二者的矛盾也日益凸显,逐渐从合作转向对立。这就如同"二战"时面对纳粹德国,盟军和苏联可以携手作战,而一待战争胜利,两大集团就立刻反目打起冷战。

不同之处在于,雅典人和斯巴达人的冷战,真的升级成了"热战"。

事实上早在《卡里阿斯和约》签署前10年,雅典和斯巴达之间就曾有过一次冲突。当时,地处科林斯地峡以北,一直作为斯巴达盟邦的梅加腊突然宣布改换门庭,退出伯罗奔尼撒联盟,投向雅典的提洛同盟。小弟反水,老大不能坐视,斯巴达军再次北上穿过地峡,打上门来,雅典也出兵支援梅加腊。双方前后打了14年，难分高下，最终达成协议，梅加腊回到斯巴达阵营。虽然双方言和，但昔日的两个盟友此时已经势同水火。

先后与波斯和斯巴达停战之后，雅典经历了伯利克里时代的大发展，经过十余年的时间，国力再次达到顶峰。这种情况下，由于担心雅典的扩张，一向采取中立态度的科林斯人倒向斯巴达，并怂恿后者带头与雅典对抗。此时，希腊世界又一次战云密布。

接下来，普拉提亚这个小城，又成了大战的启动按钮。普拉提亚地处底比斯居统治地位的波奥提亚地区，但由于马拉松之战的关系，他们被授予了雅典公民资格，一直与雅典过从甚密。公元前431年，底比斯人奇袭普拉提亚，占领了城市，雅典立即出兵干预，结果这下牵一发而动全身。斯巴达王阿基达马斯调集全国三分之二的兵力，在科林斯地峡誓师，准备出征。同时他还派使节赶往雅典，试图做最后的斡旋，结果雅典人根本不让他们进城，斯巴达使者只好返回，行至边境时，使者叹道："希腊大难临头，自今日始。"

全希腊范围内的大乱斗就此发动，伯利克里采取坚壁清野之策，撤到城墙后面，依托工事力拒斯巴达，同时派海军奔袭伯罗奔尼撒半岛南部，双方大体斗得旗鼓相当。第二年，雅典暴发大瘟疫，损失惨重，伯利克里本人也感染了，斯巴达率领伯罗奔尼撒联军，借机围困普拉提亚，逼他们叛离雅典，结果普拉提亚人宁死不屈，最终以600人硬是守住了城池（老幼妇孺已提前转移至雅典），壮烈堪比当年温泉关之战。而雅典人又在海战中大败不擅此道的斯巴达，双方仍是难分高下。公元前428年，斯巴达终于攻陷普拉提亚，尽屠守军及城中的雅典人，将城市夷为平地。这一年底，瘟疫再次暴发，双方都无力再战。此后又经过了6年鏖战，几乎全希腊的城邦都被卷了进来，到了公元前422年冬天，斯巴达国王普雷斯托安那克斯与雅典将军尼西阿斯开始和谈，次年签订了为期50年的《尼西阿斯和约》，战争终于告一段落。但一波未平，一波又起，公元前415年，雅典将军亚西比德一意孤行，远征西西里岛的叙拉古，历时两年，折兵5万，损失舰船200余艘。其间亚西比德畏惧丧师之罪，逃亡斯巴达，雅典国力大衰。由于雅典后来对待盟友越发自私苛刻，提洛同盟已面临瓦解。公元前413年，爱奥尼亚地区的希俄斯岛发生暴动，趁着雅典兵败叙拉古的机会脱离同盟，随后埃维亚岛等地也竞相效仿，雅典勉力平叛，又引发了斯巴达的干涉，双方再次开战。一直隔岸观火的波斯人，终于也重新卷入战团。

从争夺梅加腊开始的希腊世界内部冲突，被后世称为伯罗奔尼撒战争，以上就是这场"古代世界大战"的大致走势。这段历史内容之浩繁，不下于希波战争，限于篇幅，本书无法呈现其全貌，下面只简要说说波斯参与战争的前因后果。

开俄斯叛乱之前，曾向波斯的沿海地区总督提萨菲尼求助，后者答应资助开俄斯及其盟友军费，条件是开俄斯脱离雅典之后，向波斯纳贡。开俄斯人就以这笔钱为筹码，请动了斯巴达人助战。后来斯巴达及其盟友与提萨菲尼联手，剪除了几个共同的敌人，基本是斯巴达人作战，然后波斯人用钱赎买战利品。从《伯罗奔尼撒战争史》的描写来看，提萨菲尼是个优柔寡断的胆小之辈，他的这种性格使得波斯人多次失去了扩大战果的机会。但色诺芬《长征记》的英译本序言中则认为，这是他有意为之，因为提萨菲尼已经很清楚地认识到，不应用力过猛，使战争过早地分出胜负，而应当让雅典与斯巴达疲于久战，陷于衰竭，这样才符合波斯帝国的利益。于是，提萨菲尼的部队在参战时总是留一手，按照协定该付给斯巴达人的钱，也是能拖就拖，能欠就欠。

公元前408年，局面有了改观。这一年，年仅17岁的波斯王子小居鲁士出任帝国的小亚细亚总督，坐镇萨迪斯。此人勇武豪爽，精力充沛，自幼弓马娴熟，曾在出猎时独力杀死过一头大熊。另外从后来色诺芬的描述来看，他待人热忱，仗义疏财，这一点还真跟那位实际上和他没多少亲缘关系的居鲁士大帝有些相似。同一年，斯巴达也起用了名将莱山德作为海军元帅。莱山德亲赴萨迪斯拜会小居鲁士，两人相谈甚为投机，小居鲁士一反提萨菲尼的悭吝作风，痛快地拍出1万金大流克，资助斯巴达人对雅典作战。后来双方又签订了正式盟约，主要内容有：

> 斯巴达人及其同盟不进攻波斯王的任何属地。
> 斯巴达人不向波斯王的城市征收捐税。
> 波斯对斯巴达同此保证。
> 双方可商议任何互助的形式。
> 对雅典人作战，双方必须联合行动。
> 斯巴达方应邀进入波斯境内作战时，军费粮秣由波斯供应。
> 斯巴达的同盟中有任何一国进攻波斯，斯巴达有义务阻止。

波斯地方官员或属国进攻斯巴达或其任何盟友，波斯王有义务阻止。

真是没有永远的敌人，只有永远的利益，两个不共戴天的仇人现在绑到了一起。盟约签订后，尽管波斯事实上仍是出钱的时候多，出力的时候少，但他们的襄助还是使斯巴达及其领导的伯罗奔尼撒同盟实力大增，尤其是莱山德本人，得到了小居鲁士的倾力支持。公元前405年，莱山德任期已满，他去职之后斯巴达连遭败绩，伯罗奔尼撒同盟呼吁重新起用莱山德，小居鲁士也出钱活动，力捧他再度出山。终于，莱山德以副帅身份实掌兵权，小居鲁士倾空府库来资助他，甚至说，必要时可以把自己宝座上的金银撬下来给他做军饷。

一年之后，莱山德总算不负众望，在羊河口之战中奇袭得手，摧毁雅典海军主力。随后他挥师急趋已经没人防守的雅典城，雅典投降，拆除城墙，交出舰队，只留12艘警备船，并一度取缔民主制，成立了寡头政府（这个短命政权只存在了一年，人称"三十僭主"时代）。至此伯罗奔尼撒战争终结。

雅典战败，斯巴达也在战争中元气大伤，因此对希腊世界来说，这场战争没有真正的胜利者。战后，希腊世界衰落，波斯坐收渔利。现在他们有了一个"卞庄刺虎"的机会，可惜接下来，波斯帝国也和希腊世界一样，陷入了内部的动乱。

就在公元前404年，伯罗奔尼撒战争战火方息，远在波斯波利斯深宫之中的波斯王大流士二世驾崩了。由于他的遗命，小居鲁士从小亚细亚任上赶回来奔丧，前任总督提萨菲尼也一同前往。小居鲁士赶到时，老爸已经咽气，他的大哥继承了王位，被称为阿塔薛西斯二世。

接下来，东方式的宫廷斗争开始了。大概是因为小居鲁士到任之后自己的权力大受节制，提萨菲尼抓住这个政权交接的敏感时刻向阿塔薛西斯二世密报，说小居鲁士有不臣之心。其时波斯已经历了半个世纪的宫廷权力斗争（具体过程后文交代），新王宝座还没坐稳，最怕的就是出现萧墙之乱，于是阿塔薛西斯二世准备先发制人，对弟弟下手。但毕竟他刚刚当上国王，手段还不够狠辣，没有在第一时间除掉竞争者，风声传到了太后帕利萨蒂斯耳朵里。老太太喜欢幼子，连忙跑出来说情，阿塔薛西斯二世心一软，就又将小居鲁士开释，放回了小亚细亚的封地。

阿塔薛西斯二世以为这样就没事了，但小居鲁士并不这么觉得，或许他本来还没有反意,但大哥的做法刺激了他。回到萨迪斯,他对大哥阿塔薛西斯二世表示最大的恭顺,不断进献财宝珍玩,暗地里则做着战争的准备,他开始努力训练他的卫队,并秘密招募希腊雇佣兵。当时伯罗奔尼撒战争刚刚结束,许多打了十几年仗的老兵面临复员,给希腊社会造成了极大的就业压力,所以小居鲁士一招兵买马,就有大批身经百战的希腊老兵重拾长矛,赶来投效。小居鲁士的队伍很快凑到了1.3万人,其中就包括了将军普洛克西努斯,此人又找来了他的朋友,苏格拉底的学生,雅典人色诺芬,接下来的历史就将通过他的笔成为一段传奇。另外小居鲁士还秘密联络太后,结交朝中大臣,以为内援,只待时机成熟,就准备发难。

公元前401年,自觉羽翼丰满的小居鲁士率军出征,而此时阿塔薛西斯二世还茫然未知,以为弟弟只是要去对付提萨菲尼。小居鲁士的大军东进,横行无阻,亲历者色诺芬记述这段历史的专著《长征记》中称,帝国的地方官吏看见小居鲁士军中的希腊部队,往往吓得不战而降,原先归属提萨菲尼管辖的地方,除了米利都,全部倒向了小居鲁士,提萨菲尼逃回波斯后方。

这支叛军进至小亚半岛东南部的西利西亚地区,不少希腊佣兵意识到了他们是去与波斯王交战,于是不肯再走。他们的指挥官克利尔库斯和小居鲁士唱起双簧,又是胁迫又是加薪,终于让希腊人鼓起勇气,继续向前。路上小居鲁士还不断鼓励手下将领,一旦夺下王位,必不吝裂土封王之重酬。

小居鲁士一直挺进到巴比伦北部幼发拉底河畔的库纳克萨,这时他们才真正遇上敌手:阿塔薛西斯二世亲自统率的政府军主力部队。或许小居鲁士一路上能如此顺利,正是由于他哥哥的纵敌之计。色诺芬说,双方的兵力是叛军10万,政府军120万,这显然又和希腊人以往对波斯人数的计数一样,失之夸张。据后来在波斯当过宫廷医生的希腊人克特西亚《波斯史》(残卷)称,国王的部队大约40万人。

尽管人数上居于下风,但小居鲁士毫无惧色,下令各部出击。作为最精锐的部队,克利尔库斯率领的希腊重装步兵排在了最重要的右翼,他们果然生猛,轻易击破了阿塔薛西斯二世倚重的法宝长镰战车兵。但双方毕竟众寡悬殊,后来留在后方观敌瞭阵的小居鲁士见希腊部队有被合围的危险,于是率领600名近卫骑兵冲过去救援,正撞上阿塔薛西斯二世的豪华战车。兄弟见面,分外眼红,"原来你在这儿!"小居鲁士失去理智地向国王的御辇冲去。据说他投出的标枪刺破了哥哥的胸甲，伤到了后者的前心，但他的舍身一击，也使得自己成了王室卫队的靶子。一杆标枪迎面飞来，正中小居鲁士面门，他跌下马来气绝身亡，而他的卫士们为了保护他的尸骸，全部战死。后来，小居鲁士的首级和右手被砍下来作为战利品，呈给波斯王。

这场帝国内战就这么草草收场，这样的结局保证了波斯暂时的稳定，但从长远来看，战事的结果使得波斯失去了一个潜在的伟大君主。色诺芬评价小居鲁士："凡是被认为深知（小）居鲁士的人都承认，自大居鲁士以来，他是最有王威、最有治世之才的波斯人。当他仍是孩童，和其兄等人一同受教育时，他便被认为是他们当中在各方面都最好的一个孩子。"可惜，小居鲁士毕竟还是过于高估了自己，他轻率的起兵和更轻率的冲锋，最终导致自己英年早逝。不过那位被认为天资远逊于他的哥哥阿塔薛西斯二世，后来的表现其实也相当不错。公元前387年，波斯帝国通过《国王和约》，收回了对小亚细亚诸希腊城邦的控制权，这在波斯帝国平庸的后半段时期，算是一次小小的中兴。

小居鲁士的命运，在色诺芬的《长征记》中只能算一个引子，后面八卷的内容，他全用来描写小居鲁士死后剩余的希腊雇佣兵如何转战千里，最终成功退回黑海。这中间，他对自己的重要作用进行了真假难辨的描述，把自己认定为希腊远征军的头号救星。《长征记》被很多军事史专家奉为西方世界最早的军事专著，但限于篇幅和可信度，其具体过程就不做过多介绍了。但从区区一万余名希腊雇佣兵竟能在帝国境内横行，如入无人之境，我们不难看出，波斯帝国或许可以通过政治外交等手段，从希腊人身上占到便宜，但若论军事力量，他们仍然和一个世纪前一样，只能在希腊重步兵面前甘拜下风。

截至此时的希波战争中，作为进攻一方的总是波斯。色诺芬等人的这次"长征"，是来自欧洲的陆军首次进入亚洲腹地作战，虽然并没有太突出的战果，但可以视为对即将到来的新时代的一次预演。这之后不久，波斯帝国与希腊世界之间这场长达两个世纪的大博弈，就将进入攻守易位的战略新阶段。

35

日出马其顿

20岁的亚历山大看着面前的这具尸体，百感交集。

确切地说，这只能算是"半"具尸体，因为即便不算前胸那处致命的伤口，它也是残损不堪的：胫骨碎裂，伤痕无数，只有一只手，一只脚，一只眼睛。但正是这具残缺的身躯，曾经把——或者至少可以说差一点就把——支离破碎的希腊，合并成一个整体。

他就是腓力二世，马其顿的国王，亚历山大的父亲。

马其顿位于希腊世界的北部边缘，面积大约相当于希腊诸城邦之总和，居民是希腊民族多利斯人（斯巴达人祖先）与当地人的混血后代，历来被注重门第、自恃血统高贵的希腊人视同蛮族。正是腓力的文韬武略，让这个曾经的化外番邦一跃成为希腊世界新的盟主。

腓力最擅长的是打仗，早年他曾在底比斯当过一段时间人质，其间师从于一代名将埃帕米农达，后者曾用自创的斜线阵大破威震希腊的斯巴达重装步兵。受埃帕米农达的启发，腓力回国后主导了马其顿的军事革命，创建了后来名扬天下的马其顿方阵。这个方阵无论人数还是武器，都可以说是双倍于以往的希腊步兵方阵：它由16行16列组成，是希腊方阵的两倍。士兵的武器是4—5米长的铜山毛榉长矛，这样吓人的兵器足以阻挡敌人从正面冲到跟前，因此他们可以省了累赘的青铜甲和大盾牌，只在头顶上戴一顶防御箭矢的金属盔，左肩披一块木制的小圆盾即可，这样就减轻了负载，节省很多体力，增强了个体的灵活性。加厚方阵、加强武器的代价是整体运转更加不灵，尤其是横向移动，腓力解决这一问题的办法是发展多兵种协同作战。他在方阵侧翼部署了重装骑兵作为保护，另有轻骑兵可以主动出击骚扰敌人，此外还有使用投掷武器的散兵线，排在方阵前端，以及由国王亲自率领的近卫步兵，连接方阵与骑兵。马其顿方阵的主要战术是用一侧（通常是骑兵）进行斜向扯动，调动敌军，等敌人方阵的侧面暴露出来时，再用另一侧的机动兵力予以致命一击。腓力的队列练习做得十分到位，各部分兵种都能按照他的战略战术部署进退自如，完成既定任务。凭借这一新型战术，他屡屡挫败底比斯、雅典等强敌。

但仅靠打是无法让希腊人真正折服的，当腓力在战场上从一个胜利走向另一个胜利的同时，希腊世界对他和马其顿的不屑并没有随之减弱。比如雅典演说家德摩斯梯尼曾发表题为《痛斥腓力》的演讲："腓力——这个人简直不能算是希腊人，他不仅和希腊人根本不存在同种关系，甚至不能算一个来自体面国家的开化的人，不，他是一个目中无人的马其顿人，在他的国家别说好人，连一个好的奴隶都找不出来。"德摩斯梯尼的斥责中包含很多不实之词，比如人种问题，但从这激烈的言辞中，还是可以看出希腊人，尤其是文化阶层，对马其顿暴发户的抵触情绪。

腓力本人也清楚这一点，他并不是薛西斯那样迷信武力的征服者，他知道希腊人不会屈膝异族，要想征服他们，必须从文化层面上获取他们的认同。说来也是上天眷顾，从希波战争到伯罗奔尼撒战争，希腊世界兵连祸结已逾百年，时局动荡，人心思治。当时的思想界有一派主张，称为"泛希腊主义"，核心思想是希望希腊的各个城邦能以联邦的形式统一起来，停止内战一致对外，征服波斯，夺取财富，殖民亚洲，从而解决连年战争带来的各种社会问题。持这一种观点的人，首推雅典的老演说家伊索克拉底。这老头在公元前380年首次提出该幻想，但当时雅典已经衰落，底比斯和斯巴达正打得来劲，全希腊也找不出一个可堪大用的城邦，来寄托他无处安放的理想。马其顿的崛起，让伊索克拉底老眼放光，从腓力身上，他看到了得君行道的希望。公元前346年，90岁高龄的伊索克拉底致信腓力，请他把整个希腊当作祖国，建功立业，为民造福。

需要强调的是，伊索克拉底并不想让希腊变成一个统一的集权国家，也不希望腓力成为全希腊的君王，他理想中的希腊，是一种类似今天欧盟的邦联体制。这从他给腓力的书信中可以看出，他是这么写的："我希望你能负起领导之责，一方面调和希腊人，另一方面远征野蛮人（此处的野蛮人应特指波斯），前者使用说服的手段，后者使用武力。"伊索克拉底的想法，其实就是希望腓力做一个乔治·华盛顿那样不领工资的总统——既要为希腊开疆拓土，又不能在此过程中为他自己和马其顿攫取任何利益。

这想法虽然天真，但对腓力来说，正可资借用。腓力以此为契机，着力结纳希腊名流，尤其是知识界人士，请他们来马其顿观光，表现得礼贤下士，慷慨大方，不少人因此自觉不自觉地成了腓力的宣传机器。还有些希腊贤人被他聘为客卿，比如当时的学术界头号大腕亚里士多德，就做过腓力宫廷的首席西宾。腓力还采取远交近攻之策，一面蚕食邻近的希腊以及色雷斯城邦，一面大撒金钱，收买远地人心，拉拢盟友，有的城邦执政者收买不到，腓力就转而收买他们的反对派，资助这些不同政见者抢班夺权。就这样，武力征服、舆论攻势、金元外交、颜色革命四管齐下，马其顿很快就坐上了希腊世界的头把交椅。

公元前338年，腓力在喀罗尼亚战役中决定性地击败了底比斯和雅典的联军，剪除了两个竞争对手；同年底，他在科林斯地峡召集泛希腊大会，将斯巴达之外的所有希腊城邦和马其顿组成一个大联盟。虽然盟约规定马其顿与希腊诸城邦的地位平等，不能干涉诸城邦内政，但腓力被"选"为联盟军队的终身大元帅，全联盟的人马都要听他调遣。这就是说，联盟实际上还是由马其顿王说了算的。这样的结果与伊索克拉底最初的理想已经大相径庭，那位时年96岁的老先生闻讯失望异常，索性绝食，饿死自己，以谢天下。

至此，腓力已经算是事实上的武林盟主了。当年薛西斯带着全波斯的人马来打希腊无功而返，现在，腓力打算以彼之道还施彼身，准备带着全希腊的人马去打波斯。他已经派出了老将帕梅尼奥做先锋兵渡赫勒斯滂，可就在那不久之后，腓力死了。他的死，与他的宝贝儿子亚历山大有莫大关系。

不同于希腊，马其顿王室奉行的是一夫多妻制。腓力也依照祖制，广纳嫔妃，但他的后宫有着严格的准入制度，嫁进来的都是马其顿、色雷斯、派欧尼亚等地的王公贵族家的女孩。其中，他的正室是来自伊庇鲁斯的奥林匹娅斯，正是这个女人为他生下了长子亚历山大。那是在公元前356年，当腓力在前线收到亚历山大诞生的喜讯时，他刚刚攻陷了波蒂迪亚，他的部将帕梅尼奥也征服了西北的伊利里亚，更加锦上添花的是，他的赛马还在这一年举行的第105届奥林匹克竞技会上得了冠军。都说福无双至，但腓力硬是四喜临门，高潮迭起的马其顿王认为这都是儿子旺父有功，将这个新生儿视为无敌幸运星。可惜腓力并没有太多的时间用来抱孩子，他还要为一统希腊而奔忙。

由于长年在外征战，腓力跟王后奥林匹娅斯也是聚少离多，后来有一次腓力好容易有闲暇回到马其顿都城培拉的寝宫中，设想的惊喜却变成了惊吓，他看见了终生难忘的一幕：在王后的床上，有一条大蛇与她同榻而眠。《史记》上说刘邦的父亲刘太公也曾看见老婆和一条"蛟龙"搞在一起，但那不是司马迁胡编就是老刘看花眼，当不得真。而此时腓力目睹的景象，则是无比真实的高清晰无马赛克版。原来在奥林匹娅斯的家乡伊庇鲁斯，养蛇是一种带有宗教性质的行为，在王宫贵族之中此风尤盛。奥林匹娅斯也十分热衷此道，房间里总放着装有蛇的竹篓，没事时就拿出来抚弄。美女和蛇在一起，总有一种说不出的性感魅惑，但腓力欣赏不了这种"蛇蝎美人"的妖娆，将奥林匹娅斯视为巫婆，从此再也没上过这张被爬虫占据的床。

这种情势下，腓力夫妇的感情不可能好，连带着亚历山大与父亲之间也有了一层若即若离的隔膜。他的少年时代，更多的是与母亲、舅父（名字也叫亚历山大）以及亚里士多德等名师一起度过的。

亚历山大天资出众，敏而好学，这使得亚里士多德等人满怀着"得天下英才而育之"的快感，对他倾囊相授。亚历山大从老师们那里学到了政治学、逻辑学、文学、历史、音乐，以及医药等自然科学，他如饥似渴地研读各门功课，并且在其中很多方面都有着相当的造诣。同时，这么多的学问并没把亚历山大变成一个迂腐腾腾的两脚书橱，他身上还充满着马其顿人那种略带野蛮的活力与朝气。从古代文献记载以及目前留存的雕像上看，他中等个头，身材匀称，肌肉发达，鼻梁高而挺拔，额头略微突出，肤色白皙，但因为易于激动的情绪，经常变得满脸通红。他有一头浓密而鬈曲的长发，由于身上的色雷斯血统，头发很可能是金色的。最突出的特征是他的眼睛，据阿瑞安说，他的两只眼睛，一只是黑色一只是蓝色，博斯沃斯在《亚历山大帝国》中形容他双目中透出的光辉使得"他身上所有柔和的特质都被整体的阳刚表情抵消了"。如果这些雕刻和壁画没有过分地美化亚历山大，那么他的形象简直就是尼采"金发野人"的蓝本。亚历山大从小接受格斗训练，10岁独力驯服烈马；16岁代替远征拜占庭的腓力权摄国政，其间平息叛乱，指挥若定；公元前338年，腓力一战定鼎的喀罗尼亚战役中，正是他率领骑兵从侧面击破了雅典步兵阵，立下头功，那时他才18岁。

凭着这些才干和功绩，加上他嫡长子的身份，亚历山大日后继承王位，应该是顺理成章的事。这一点腓力也心知肚明，普鲁塔克的《亚历山大大帝传》说，后来腓力听见马其顿人叫他"将军"，而称亚历山大为"王"时，非常高兴。但是，科林斯大会之后，这对父子之间的关系变得微妙起来，这一切的诱因，都是亚历山大的母亲，奥林匹娅斯。

腓力这一辈子，虽说算得上阅女无数，但他的那些妻妾，大多是政治婚姻的产物，感情上未必投合，此时事业有成，老男人"亨伯特情结"发作，想找个年轻貌美的"洛丽塔"，来慰藉他半老的心怀。腓力选中的这个"小萝莉"，是他老战友阿塔拉斯的侄女克利奥帕特拉，这姑娘与后来的埃及艳后同名，美貌也就不必多形容了。

再说奥林匹娅斯，虽然她与腓力早已形同陌路，但新的竞争者已经威胁到了她的王后地位，以及亚历山大的储君地位，这是她不能容忍的。至于亚历山大，自然也有着同样的感情诉求和利益诉求。

转眼到了马其顿王大婚的日子，喜筵上亚历山大正喝着闷酒，忽听得新任的"准国丈"阿塔拉斯向腓力致祝酒词："祝愿吾王和王妃早日为马其顿添置一个合法的王位继承人。"或许阿塔拉斯是言者无心，旁边的亚历山大却是听者有意，他见阿塔拉斯现在就摆起了外戚干政的架势，顿时勃然大怒，抄起酒杯劈面砸了过去："你这老匹夫胡说什么？难道我不是合法的继承人吗？"

阿塔拉斯挨了砸不敢发作，腓力却觉得儿子竟在这大喜之日砸自己的脸，禁不住也怒了，他拔剑而起，直奔亚历山大这桌冲过来。可他本就有一只脚残疾，加上走得急了，一步没迈稳，跌了个四脚朝天。亚历山大指着摔在地上的父亲大笑道："你们看这个想从欧洲杀到亚洲的将军，他连从一张桌旁走到另一张桌旁都做不到！"

这时各路宾客早已惊得酒意全无，他们劝开剑拔弩张的父子，喜筵不欢而散。随后奥林匹娅斯带亚历山大回了娘家伊庇鲁斯，亚历山大又转路去了伊利里亚。过了一段时间，腓力知道不能总和儿子斗气，他差人好言相劝，召回了亚历山大。而伊庇鲁斯是重要邻国，也不可轻易开罪，腓力又筹备了一场政治联姻，准备把自己的女儿（也叫克利奥帕特拉）嫁给奥林匹娅斯的弟弟亚历山大，以这个亲上加亲的方法，来修复两国关系。

公元前336年，又一场婚礼开始了，腓力穿着一袭白色的长袍，为女儿和女婿（兼小舅子）祝福。突然，宾客之中蹿出一人，以迅雷不及掩耳之势冲到腓力身前，一剑贯胸。

一代枭雄腓力二世，死得竟是如此突兀，这场婚堂惊变，让在场者错愕不已。刺客逃跑时不慎坠马，被乱刃分尸。随后，有官方的司法鉴定称，此人名叫保萨尼阿斯，是个贵族家庭出身的美男子，曾与腓力有暧昧关系（希腊世界龙阳之风盛行）。他后来遭到了同样爱好男色的阿塔拉斯的凌辱，向腓力求助，后者却不肯为他做主，于是他一怒之下，行凶弑君。

案子结了，但事实未必就这么简单，各种坊间传闻，直到今日也没有止息。无数的古今历史书籍中，将奥林匹娅斯锁定为买凶杀人的头号嫌疑人。比如富勒的《亚历山大的将道》中写道："依照当时情形来看，奥林匹娅斯有很大的嫌疑，尽管真相还难以断言。"威尔·杜兰也说："腓力二世的生死，并不取决于他在战场上的胜负，而取决于他与妻子相处的成败。"

不管真相如何，奥林匹娅斯确实是腓力之死最大的受益者。腓力死后，她顺理成章地回归后宫，那位腓力的新宠克利奥帕特拉及其刚刚生下的婴孩，被奥林匹娅斯放在一个铜盘子里活活烤死，至此再没人能威胁她母仪天下的地位。她又和亚历山大一起将所有可能觊觎王位的人都除掉，只留下亚历山大一个智力有缺陷的异母兄弟阿里迪亚斯。

此外也有人将怀疑的目光投向亚历山大，比如普鲁塔克，他的证据是，保萨尼阿斯是亚历山大的朋友。普鲁塔克还说，当保萨尼阿斯向亚历山大诉苦时，后者曾给他念诵悲剧名篇《美狄亚》中的句子，暗示保萨尼阿斯，像著名怨妇美狄亚报复移情别恋的爱人伊阿宋那样，惩罚负心之人。

从宙斯打倒克洛诺斯，到俄狄浦斯王弑父，希腊文化中总弥漫着浓浓的"杀父"情结。当然，没有足够的证据证明是亚历山大策划了刺杀腓力事件，他继位以后很像模像样地组织过追查真凶，并且对母亲在宫中的暴行持保留态度，不过，他也和奥林匹娅斯一样，是腓力之死的事实受益者，他得到的不仅是王位和王权，更是施展抱负的机会。从人性的角度分析，当亚历山大面对腓力的残尸时，或许会感念父亲的生养之恩、缅怀父亲的丰功伟绩、追思与父亲一起度过的快乐时光……不过，这诸多情感中，必然也包含了一种如释重负的平静：现在，我终于是国王了。

腓力二世遇刺身亡之后，亚历山大顺利接班，他不但坐稳了马其顿的王位，还继承了他老爸对希腊诸城邦的控制权。当时，底比斯和雅典等老牌强国准备趁着马其顿"主少国疑"，推翻科林斯大会上订立的盟约。其时亚历山大正在北方和色雷斯人作战，底比斯人造流言称他已战死，雅典人也起而响应，号召希腊诸城邦脱离马其顿的控制。结果，他们的宣传鼓动话音未落，亚历山大就兵临城下了。雅典人彻底服了，获得了宽大处理。而底比斯不久后又挑唆反马其顿起义，被亚历山大挫败，底比斯城也被拆毁，人民尽成奴隶，一代名城就此衰颓。亚历山大的声威，再无人胆敢轻视。

马其顿是崇拜太阳的民族，亚历山大王旗上的图案，就是一轮"维吉纳的太阳"，放射出十六道光芒。现在，除了斯巴达以外的希腊各地，都笼罩在这轮太阳的光芒之下。对亚历山大来说，下一步要做的就是让这轮升起在马其顿的太阳，跨过爱琴海，照耀到东方广袤的亚细亚大地上。

按

"维吉纳的太阳"的万丈光焰，甚至穿越了两千多年的时空，一直照耀到20世纪。1991年，从前南斯拉夫分裂出来的马其顿共和国（现已更名"北马其顿"）还一度将此图案作为国旗。直到1995年，才在希腊等国的强大外交压力下改换成现在的国旗。

36

波斯的挣扎

当西边的太阳光芒万丈地升起在马其顿时,东方的太阳已是日薄西山,气息奄奄。

这一切,还要从一个多世纪前的薛西斯时代说起。自公元前480年从希腊铩羽而归之后,薛西斯变得不思进取,及时行乐。这样一来,享乐主义的人生态度也从宫廷传到了波斯社会的各个角落。

截至当时,波斯人发迹也不过才半个多世纪,社会上也还保有着许多昔日艰苦朴素的优良作风,比如在饮食上,波斯人每天只吃两顿饭。到了薛西斯时代,波斯贵族们虽然不太敢公然违背这一传统,但他们在具体方式上采取了极大的灵活性:饭还是只吃两顿,但其中有一顿,从中午一直吃到晚上。胡吃海喝之风弥漫于波斯,贵族们天天聚会宴饮,每餐的菜式多达千种。他们还借宴会之机攀比斗富,轮到谁请客的时候,席面上要是连烤全羊都没有,你都不好意思跟人家打招呼。

有肴无酒不成席,波斯式的疯狂宴会,自然少不了美酒。有薛西斯和各级大小贵族作为表率,普通百姓也都沾染了滥饮贪杯的习惯,整个波斯变成了一个醉醺醺的饮者天堂,用威尔·杜兰的话来说,"此时战神已不当令,酒神才是人民的最爱"。

波斯人忙于吃喝,上至帝国政务,下至日常生活,都交给了奴隶打理。贵族自然可以凭其财力大量蓄奴,而普通的波斯人,因为有免税特权,也雇得起奴仆。蓄奴风的危害尤甚于吃喝风,因为这些奴隶大多来自外族,这不但加剧了波斯人与帝国其他民族之间的矛盾,也使得波斯人变得游手好闲、无所事事,各方面的能力都迅速退化,本该作为帝国中坚的主干民族,现在集体腐化堕落,成了废物。

公元前465年,作为帝国的头号奴隶主兼酒鬼,薛西斯首当其冲成了这两大弊病的受害者。据希腊裔宫廷医生克特西亚《波斯史》(残卷)记载,这位波斯王嗜酒无度,每次喝高了,兴之所至,随手杀人,最后最亲信的大臣都人人自危。当时朝中的实权人物是薛西斯的宰相兼首席卫队长赫卡尼亚人阿塔巴诺斯（不是薛西斯的叔叔阿塔巴诺斯），他觉得这样下去不是办法，就与另一位重臣斯巴美提斯密谋杀掉薛西斯，另立新君。他们游说薛西斯的太子达里奥斯（与"大流士"是同一词，为避免混淆译作"达里奥斯"），这位王子也对提前接班很感兴趣，于是当薛西斯又一次喝得不省人事时，他亲自下手送这位自比为神的老爸归天，找酒神狄奥尼索斯喝酒去了。

可惜，这个过于猴儿急的达里奥斯也没能坐上宝座。螳螂捕蝉，黄雀在后，在阿塔巴诺斯等人的计划中，他扮演的只不过是螳螂的角色。阿塔巴诺斯和斯巴美提斯随即就将达里奥斯弑父弑君的大罪公之天下，并推出了真正的新王人选——达里奥斯之弟阿塔薛西斯。身败名裂的达里奥斯被他弟弟抓住，下令万箭穿心。

阿塔巴诺斯和斯巴美提斯谋划政变有功，备受优待，但阿塔薛西斯内心里对他父亲真正的死因一清二楚，不久之后他就开始打压阿塔巴诺斯，并分化他与斯巴美提斯。公元前464年，觉得势头不对的阿塔巴诺斯准备再行废立之事，却被阿塔薛西斯先下手为强，将他的家族杀了个精光。斯巴美提斯随后也被处死，克特西亚的《波斯史》（残卷）上说，阿塔薛西斯给他的是一种极不光彩的死法：他被放到一艘凿漏的小船上，沉水而死。

一系列的阴谋与杀戮之中，阿塔薛西斯笑到了最后，他做国王直到公元前423年，国祚将近半个世纪。不过他虽长于杀人，却疏于治国，在他漫长的统治期内，波斯的国运并没有好转。国内，各种弊政劣习依然如故；国外，埃及于公元前462年爆发大起义，虽然起义被镇压了，但帝国在埃及的统治根基已经动摇。阿塔薛西斯唯一的成绩，是在公元前449年与希腊人签订《卡里阿斯和约》，以放弃事实上已经独立的小亚细亚希腊诸城邦为代价，结束了旷日持久的希波战争。这个条约使波斯和希腊世界的关系略有缓和，正是得益于此，出生在小亚细亚哈利卡那苏斯城的希罗多德才能够深入波斯各地考察采风，并最终完成了巨著。

公元前423年，守成之君阿塔薛西斯带着勉勉强强的60分及格成绩离世了，他死后，波斯又因为继承问题陷入了混乱。

阿塔薛西斯的接班人是薛西斯二世，但后者登基几个星期之后，就被宗室成员奥吉蒂阿努斯所杀。奥吉蒂阿努斯过了半年国王的瘾，又被新的觊觎者大流士二世干掉。

这个大流士二世是个心狠手辣之辈，但也算有一定能力。他在位期间多次平定了埃及和米底的叛乱，手段十分残忍，比如有个起义领袖特力图卡梅斯，起义失败后全家都被大流士二世下令活埋。这种高压统治持续到了公元前404年，这一年埃及又一次发生起义，大流士二世再也无力弹压，埃及成功获得了独立。或许是急火攻心，大流士二世就在这一年死了。

他死后，就发生了前文提过的阿塔薛西斯二世与其弟小居鲁士的夺嫡之战，以及随之而来的色诺芬等希腊雇佣军千里归国的"长征"。

小居鲁士死后，阿塔薛西斯二世平平安安地把位子坐了46年，主要成就是在公元前387年趁希腊世界打得筋疲力尽，与之签订《国王和约》，收回了对小亚细亚沿海希腊诸城邦的控制权。但当他到了晚年，波斯宫廷再次祸起萧墙，宫闱斗争愈演愈烈，他杀死了自己一个试图夺权的儿子。后来，到了公元前358年，阿塔薛西斯二世已经被朝臣们架空，他惴惴不安地躲在深宫之中，形同软禁。这一天，他的另一个儿子奥库斯前来探望，阿塔薛西斯二世大喜，正准备说点什么，奥库斯却直言告诉老父："我来这儿的目的是想要你死。"

接下来，弑父者奥库斯以阿塔薛西斯三世的名号享国20年，其间还曾一度振作，重新征服埃及，可惜他同样晚景惨淡。波斯帝国后期由于中央政府疲软，常有地方豪强起而割据，为此王室注意节制武人权力，并且为了制衡他们，大力培植宦官势力。宦官是君王的近臣，比较易于信用，但一旦尾大不掉，作为心腹的宦官也就变成了心腹之患。

奥库斯的"心腹大臣"名叫巴戈阿斯，此人颇有才具，重新征服埃及主要就是他的功劳，此外他还平定过犹太地区的一次叛乱，在波斯帝国暗淡的后半叶，这样的作为已算得上军功卓著。巴戈阿斯因功受赏，直至官拜宰相，奥库斯对他信任有加。但巴戈阿斯公公五体不全，却是身残志坚，虽已位极人臣，还想百尺竿头再进一步。公元前338年，巴戈阿斯毒死了奥库斯，后者当年曾给老爸阿塔薛西斯二世一个"惊喜"，如今也死于最信任的人之手，算是报应不爽。

随后，巴戈阿斯向王室成员（尤其是直系）批发毒药，毒死公子王孙无数，只留下了奥库斯之子阿西斯以及一个年幼的公主。他将阿西斯扶立为傀儡王，称薛西斯三世。

巴戈阿斯就这样操纵着阿西斯，当了两年事实上的波斯王，这时他大概觉得阿西斯这个傀儡还是不够服帖，决定把他也弄死，再另找一个与王室血统更疏远、更易于控制的人来摆布。巴戈阿斯物色的新的提线木偶是阿西斯的远房堂兄、亚美尼亚总督阿塔沙塔亲王（又称科多马努斯）。

阿塔沙塔是宗室的远支，他的曾祖父是大流士二世的兄弟，他本人曾随奥库斯出征小亚细亚半岛的卡帕多西亚，阵斩敌方大将，因此获得赏识被封为亚美尼亚总督。波斯帝国的亚美尼亚行省，可远不止今天的亚美尼亚共和国这么大，包括高加索以南，黑海和里海之间的广大土地，因此阿塔沙塔算得上是实力雄厚的一方宗藩。不过，巴戈阿斯专权以来，阿塔沙塔一直韬光养晦，尽量不引起他的注意，因此被后者视为"可塑之材"。公元前336年，在巴戈阿斯的安排下，阿塔沙塔身登大宝，自此他有了一个响亮的新名号——大流士三世。

据说后来亚历山大曾去试坐大流士三世坐过的宝座，结果像袁世凯一样尴尬地发现，自己坐上去后双脚离地，由此可见阿塔沙塔身材魁伟，而从现存的壁画上看，他也是相貌堂堂，仅从仪表上讲，配得上"大流士"这个大名。大流士三世并不是徒有其表，他上台之后，不动声色地剪除了巴戈阿斯，在罗马时期的希腊史学家狄奥多罗斯笔下，这一事件甚至颇有传奇小说的味道：巴戈阿斯发现大流士三世不像他预期的那么驯顺，又准备借宴饮之机把他也毒死（这位公公真是杀人不用第二招），结果早有提防的大流士三世当场叫侍卫将他和巴戈阿斯的酒杯对换，并命令巴戈阿斯饮下，这个权倾一时的巨阉终于作法自毙。接下来大流士三世迅速平定了帝国各地的叛乱，并且他一反前几任君主的狠辣作风，在军事行动的同时尽可能保证当地民生不受影响。在国内，他也广施仁政、与民生息，关于他处事公允、待人敦厚、性格温和的记载，史不绝书，他的出现一度让波斯看见了中兴的希望。

可惜，大流士三世并不知道，他一切励精图治的努力都是徒劳的。他登基为帝是在公元前336年，就在这一年的年底，他一生的对头和灾星亚历山大也当上了马其顿王。

当时亚历山大只有20岁，而大流士三世则已年逾不惑。两人的年龄对比，也正可看作两个国家境况的写照：作为希腊世界的新贵，马其顿有着无尽的活力与野心，热切地渴望着荣誉和亚洲的财富；而雄踞东方200多年的波斯，则是一个老大帝国，外强中干，积弊如山。大流士三世的努力并不足以从根本上扭转它的颓势，况且在马其顿咄咄逼人的威胁之下，他根本没有充足的时间来革故鼎新。在这个崇拜光明的国度里，曾经的光明都已被末世的阴霾吞没。

公元前334年的春天，飒飒西风吹向波斯大地——亚历山大，他已经来了。

37

谁与争锋

如果赫勒斯滂的海水也有记忆，一定会觉得此刻的场景似曾相识。一个多世纪前，它曾见证薛西斯率领大军从它上面跨过。如今这一幕再次发生，同样是相去万里，同样是人绝路殊，不同的是，这一次行军的方向变成了由西向东。人类没完没了地征战，究竟是为了什么？恐怕以海神的智慧也想不清楚。

而作为这支大军的统帅，亚历山大对此却十分清楚。后人说起他东征的动因，提到了博取绝世荣誉、报复国恨家仇、见识未知世界、传播希腊文明……或许这些想法亚历山大确实都有，但他最核心的动力还是两个字：财富。

两年前伊索克拉底因对腓力绝望而绝食自戕，他当时曾给亚历山大写过一封信，劝他继续推行"泛希腊主义"，主导对东方的战争。许多亚历山大的传记作者都说，他深受伊索克拉底这封信的影响，而伊氏学说的核心思想就是"把战争带给东方，把财富带回希腊"。亚历山大踩着他父亲的肩膀，当上了希腊世界事实上的老大，但他深知，当这个老大是需要成本的，他麾下的战士都是职业军人，光军饷就是一笔不小的开销，此外还有装备、粮草以及外交、建造等方面的费用。腓力当年在这些方面花钱如流水，亚历山大继承下了一张500塔伦特的巨额欠条。马其顿经济落后，微薄的财政收入远不足以堵这个窟窿，更遑论开创更大的功业了。为此，他必须去抢掠最大的财富之源——波斯王的金库。

亚历山大为了筹措出征的军费，又朝希腊的各界富豪借贷了800塔伦特白银的巨款（一说200塔伦特，见普鲁塔克《亚历山大大帝传》），用这笔钱招募了4.3万名步兵和3000名骑兵。渡过赫勒斯滂之前，他手上只剩了70塔伦特，但还是把这笔钱提前作为安家费分给部属。此时马其顿的王室财产已经告罄，手下问他，你带什么去远征呢？亚历山大回答了两个字："希望！"

马其顿王带着他的希望和5万人远征军，踏上亚洲的土地，准备抢钱。当然，他对外宣称的理由要堂皇得多，尽管没有任何确凿的证据，亚历山大还是坚称：波斯帝国是刺杀腓力二世的幕后主使，他的东征就是要报复君父之仇。当时毕竟不是21世纪，对于国家领导人的说辞，公众不会不依不饶地非要他拿出证据，既然亚历山大选择了关于腓力之死的众多说法中对他本人和马其顿都最有利的一种，大家也就彼此心照不宣了，并没因此搞出个"情报门"。

大军渡海用了5天时间，传说亚历山大是他的远征军中第一个踏上亚洲土地的人。登陆之后他与腓力二世生前派到此处打前站的老将帕梅尼奥所部会合，然后又忙里偷闲去特洛伊古迹拜祭了他的偶像阿喀琉斯。接下来远征军用了3天时间，推进到格拉尼克斯河西岸，在这里，亚历山大经历了东征的第一次大战。

格拉尼克斯河是一条由东南向西北注入普罗提滂（今马尔马拉海）的小溪，东岸地势陡峭。河岸向东南15千米处的泽雷亚城，就是波斯守军的指挥部。当时，驻守小亚细亚的各位将领已经汇集于此，商议御敌之策。会议上有一位希腊雇佣兵首领名叫门农，他是大流士三世极为倚重的将领。此人确有战略眼光，他知道亚历山大东进，面临的最大困难就是给养问题，他主张坚壁清野，烧毁一切可能资敌之物，包括城市，波斯守军远远退入内陆。与此同时收买斯巴达以及底比斯遗民等马其顿人的仇家，使其在后方作乱，这样亚历山大将不战而退。当时波斯在小亚细亚的军力，无论质量和数量都不如马其顿人，门农的计划是一个审时度势的办法，如果被采用，成功的概率不小。但是，他的同僚们都是一些短视颟顸之辈，会上的最高级别官员弗里吉亚总督阿西提斯发言，他决不允许自己人的房子有一间被烧。这样义正词严的说法得到了一致响应，其实分歧背后的原因是波斯籍将吏与外籍雇佣兵首领的纷争。门农的作战计划被否掉了，众将决定，到格拉尼克斯河区阻击敌军。

从战略上说，这也不失为一个高招，因为兵进格拉尼克斯河，必能调动亚历山大回头决战，而不至于继续南下威胁帝国在小亚细亚最重要的城市萨迪斯，否则希腊远征军与本土之间的交通要道将被断掉。果然，亚历山大得知波斯人的动向之后，迎面赶了过来，两军隔水对峙。

但如果说到战术层面，波斯人就差得太远了，他们兵力本就处于劣势（阿瑞安《亚历山大远征记》中说有2万名希腊重步兵、2万名波斯骑兵，外加若干地方民兵；但富勒分析希腊雇佣兵至多5000人，波斯骑兵则在1万人左右，加上地方部队，总数应不超过4万，与亚历山大基本相当，甚至可能略少），军阵更是糟糕。他们把骑兵排在陡峭的河岸边，希腊重步兵和弓箭手反而在之后，这使得弓箭手丧失了居高临下射击的地利之便，骑兵也不能发挥驰骋突击的作用。

另一边，亚历山大已进入战区。他部下的老将帕梅尼奥见敌军已经占据了有利地形，劝亚历山大不要轻举妄动，马其顿王则说："我们如此轻松地渡过了赫勒斯滂，岂能让这条小河沟拦住了去路？"言罢下令强攻。他亲率右翼的骑兵，帕梅尼奥则被派往左翼。

亚历山大的头盔上饰有两根招摇的白羽毛，人丛之中格外醒目，对岸的波斯兵很快发现了他的位置，纷纷围拢过来。这正是马其顿王的目的，因为对方人数处于劣势，阵线排得又长又薄，被他这么一搅更是出现了很多缝隙。亚历山大命部将阿明塔斯率1000名骑兵进攻，后者跃马下水，波斯人纷纷向他们投矛射箭，阿明塔斯所部损失惨重，但他们舍命强攻，越来越多的波斯人被吸引过来，防线已经全不成阵势。此时亚历山大看火候已到，一声令下亲率1800名精锐骑兵冲下河去，各级步兵方阵也由右至左依次出击。波斯人的火力都被吸引到阿明塔斯一侧，防线处处露出破绽，慌乱中波斯骑兵冲下河去试图把对方挤回对岸，但在河流里马匹行动不便，骑兵的机动性根本无从发挥，战马一匹匹被马其顿人的长矛捅翻，落马的骑士也成了对方随意刺杀的靶子，格拉尼克斯河的水流都变成了血色。随后许多突破了防线的马其顿士兵冲上对岸，从侧面杀来，波斯人不得不放弃滩头防线向后撤走，亚历山大等人也得以冲上河岸。

此时波斯军败象已显，但他们的将军们没有整饬队伍调整阵势，而是纷纷向亚历山大杀来，想和他拼命，马其顿王也不甘示弱，冲上前去应敌。冲在最前面的是大流士三世的女婿米特拉达梯，可惜他武功实在稀松平常，被亚历山大抬手一矛刺中面门，跌下马来，眼见不活了。另两名波斯军官罗萨西斯和斯比特达蒂斯，一挥战斧一挺大刀杀到，亚历山大以一敌二，头盔被罗萨西斯一斧削落，总算他应变奇速，不等后者挥出第二斧就转身拔剑刺入对方胸膛。这时斯比特达蒂斯的刀也已挥起，间不容发之际亚历山大的禁卫队长"黑武士"克莱特斯赶到，一刀劈断了斯比特达蒂斯挥刀的手臂，亚历山大这才死里逃生。

又有几名冲上来单挑的波斯将军被亚历山大和克莱特斯斩落马下，波斯残兵见将领接连阵亡，都无心恋战，四散逃去。门农也逃了，但他手下的希腊雇佣兵还在力战不退（也可能是因为盔甲太重跑不动），这些人大部分战死，最后2000余人力竭被俘，亚历山大将他们全部带上镣铐送回马其顿劳改，理由是这些希腊人站在"野蛮人"一边对抗同胞。按照阿瑞安的说法，此战中马其顿方面有115人阵亡，其中25人死于阿明塔斯指挥的第一次冲锋，这个数字的可信度一望可知，仅从阿瑞安笔下战斗的惨烈程度来看，就很难相信马其顿人只付出了这么小的代价。波斯方面的伤亡倒是不太离谱，阿瑞安说他们损失了1000余名骑兵，外加绝大多数的希腊雇佣军，和希波战争中几次大战的损失比起来，还不算太严重，但这回有9名将领阵亡，包括大流士三世的儿子、女婿、妻弟，作为最高指挥官的阿西提斯逃出了战场，但可能是害怕被追究丧师之罪，他随后自杀了。至此，波斯在小亚细亚的指挥人员几乎一个没剩，本就素质低下的波斯驻军群龙无首，再也组织不起有效的抵抗。亚历山大在小亚细亚如入无人之境，迅速扫荡了整个半岛。

对波斯人来说，不幸中的大幸是门农活了下来，并且可以摆脱波斯将领们的掣肘，执行他的战略战术。门农的办法确实取得了成效，由于马其顿的海军在爱琴海尚处于绝对劣势，被门农集合腓尼基、塞浦路斯等地的优势海军兵力打败，门农进而占领了爱琴海上的诸多主要岛屿，断了远征军与希腊本土的联系，并且说动了斯巴达王，准备联合进军，端掉亚历山大的老窝马其顿。

此时亚历山大面临的是东征途中的最大危机，他已无力顾及后方，只能听天由命。不过他还是拿出了最可行的办法来对付波斯海军，即在海上避其锋芒，同时从陆上占领敌人在小亚细亚的港口，这样门农的舰队就发挥不了任何作用。这一招十分高明，后人评价"亚历山大从陆地上打败了波斯的海军"。

亚历山大与门农各展所长，水陆两栖全面斗法，在此期间，发生了那个著名的绳结事件。亚历山大来到弗里吉亚重镇戈尔迪马姆，此处有一辆神圣的古代马车，车轮被用山茱萸皮制成的绳索绑住，那个绳索的结打得极其复杂，当地人传说谁能解开绳结，就能成为世界之王。这个著名的难题不知难倒了多少智勇之士，但当戈尔迪马姆人把这道题出给亚历山大时，马其顿王看都不看，拔出佩剑将绳子斩断——这就是亚历山大的风格：简单，高效。

或许这个绳结确实给亚历山大带来了好运，他最可怕的对手门农不久后就感染风寒病死了，偌大的波斯帝国中再也没有堪与他匹敌的人物了。解决了海上的后顾之忧，亚历山大可以放心地率大军向波斯内陆进发，此时他得到情报，大流士三世已经离开苏撒，在巴比伦集结了一支大军，并亲自率领着他们朝小亚细亚方向而来。亚历山大一阵兴奋，他期待的大战就在眼前。

38

三军可夺帅

大有大的难处，比如波斯帝国，庞大的疆域看起来能提供无数的兵员，但将他们调集起来组成一支真正的军队，实非易事。当年薛西斯用五年时间才拼凑起一支大军，现在的大流士三世却远没有这么充足的时间。边患日甚，公元前333年6月，他不得不带着尚未集结完毕的大军离开巴比伦向西开拔，去寻找马其顿主力，此时他从中亚调集的精锐骑兵还在路上。

波斯大军的行动迟缓，让他们错过了一个良机：亚历山大此前野浴着凉，一度卧病不起，过了好长一段时间才由在小亚细亚招揽的希腊裔医生腓力治愈。治疗期间，帕梅尼奥曾经怀疑这个医生，并写密信给亚历山大，叫他对后者多加提防，当时腓力正在亚历山大身前，马其顿王看过密函随手递给他，在腓力看完还没来得及喊冤的时候，就把他熬制的药汤一饮而尽。亚历山大的气度胸襟让腓力大为折服，并且对他死心塌地。其实，作为亚里士多德入室弟子的亚历山大对医药学有很深的研究，他自然能够判断腓力的处方是否有害，他在万无一失的前提下上演了一出用人不疑秀，效果大佳，而在他众多收揽人心的手段中，这还仅能算是区区末技。亚历山大的治道和将道一样出色，新征服的小亚细亚等地迅速拜倒在新主人的大旗之下。

这一年8月，当大流士三世终于姗姗来迟时，亚历山大早已痊愈，双方在小亚细亚半岛与波斯内地的交界处西利西亚对峙了大约两个月，都想诱使对方到自己选定的场地上决战。耗到10月底，两人都按捺不住了。这一天，大流士三世终于下令向亚历山大所在的要冲之地伊苏斯进发，当他的大军于当日黄昏抵达时他才知道，原来就在这天早晨，亚历山大刚刚率军离此处南下，大概是准备进一步扫荡帝国海军支柱腓尼基人的老巢。波斯王的运气如此糟糕，哪怕他早到12个小时，就可以将亚历山大堵在伊苏斯，并截断他和先头部队帕梅尼奥军团的联系。尽管如此，迟到的波斯军还是洗劫了亚历山大留在伊苏斯的军营，留守营中的老弱病残全被俘获肢解。

此时的马其顿军，刚刚进至伊苏斯以南20千米左右的米利安德拉斯，他们轻装进发没带太多的给养，惊闻营地被抄，粮道被断，大军陷入了一片恐慌。当此绝境，亚历山大却表现得似乎尤为兴奋，他向士兵鼓舞士气说，敌军的装备和战斗力都殊不足论，当年色诺芬的1万雇佣军都能让他们束手无策，何况我们百炼成钢的马其顿武士。而且敌人已经倾巢而出，他们的最高统帅大流士也在军中，只要能打赢这一仗，剩下的事就是称霸亚洲了。更重要的是，"我们是作为自由人在与奴隶作战，这是我们与希腊军队作战时所不具备的正义优势"。能把侵略说成正义，这样的口才和魅力足以让适才丢失魂落魄的马其顿人热血沸腾，大家欢腾鼓噪，要求大王赶快带他们去打这一仗。亚历山大知道手下们此刻余勇可贾，忘了饥饿，必须赶快有所行动，因为肚子很快又会饿的，于是马其顿大军火速北返，准备与大流士三世决一死战。

另一边，大流士三世首战得手，也是得意扬扬，觉得胜算在握，他率领优势兵力南下，准备迎击亚历山大的主力。于是，两军各自走出没多远，就在伊苏斯和迈利昂得鲁斯之间的皮纳罗河畔相遇了。

这个战场，一边倚靠着阿曼尼亚山脉，一边濒临地中海，浅浅的皮纳罗河从东北向西南流入大海。战场的宽度仅有3千米，最窄处只能容纳4人并立。这又是一个希波战争以来，兵力处于劣势的希腊人屡次因之获益的地形：窄战场。波斯人从地利上已经先输了一分。

大流士三世选择在这个敌方的"主场"作战，实属不智，因为他早该知道沿着阿曼尼亚山脉与海岸之间的路径追击，必会在类似于此的战场上与敌人遭遇。这一方面是他本人轻敌失策，另一方面也是被谀臣所误。出发前，他手下的希腊降将阿明塔斯（不是亚历山大手下同名的那位）力劝他留在有利地形上坚守不战，耗到马其顿军士气怠惰、粮草不济再出击。不过，此时希腊佣军与波斯将领的党争再次爆发，那些波斯贵族指责阿明塔斯怯懦畏敌、贻误战机，他们敦请英明神武的大流士陛下进剿残敌。大流士有些头脑发热，又不能表现得过于听信希腊人而冷落了波斯权贵，这才催动三军追赶上来，与背水一战的亚历山大迎头碰上。

两军对垒，各自排开阵势，大流士三世在"不死军"的簇拥下，高坐于黄金马车之上，构成中军，同时，他在身前排列了3万希腊雇佣军，作为核心力量。由于战场狭窄，希腊雇佣军密集方阵的纵深达到24行，后排的攻击力几乎无从发挥。大流士三世将获胜的主要希望寄托于右翼，他在那里布置了6000名铁甲骑兵，由纳巴扎涅斯率领。此时波斯人的骑兵已经升级，人马都全身披甲，攻防能力有所提升，此外尚有约3万名轻骑兵。在左翼，是4万名卡尔达克步兵，这也是希波战争之后波斯发展出的新兵种，阿瑞安说他们是仿造希腊军队建设的重装步兵，但富勒分析，他们绝不是重步兵，而是经过格外训练的轻步兵，他还援引斯塔波的说法，称卡尔达克是类似"希特勒青年团的组织"。富勒的分析似乎更有道理，正因为大流士三世对卡尔达克的战斗力不太放心，所以又在他们的阵线前沿增派了2万名米底弓箭手。波斯军第一阵线左中右三军，总数约15万人，他们后面，还有来自波斯各个属国的联军，数量不详。阿瑞安说波斯军的总数为60万，这个数字和希罗多德提供的那些数字一样，可信度极低，但有一点没有争议，那就是波斯方面在人数上远远多于亚历山大。

亚历山大方面，依旧由帕梅尼奥率领1.2万名马其顿重装步兵居于左翼。为了防止被敌方的骑兵从侧翼包抄，他们削减了方阵的纵深，用来加长排面，队伍一直排到海边，据水为固。接下来从左向右依次是色雷斯的投枪兵、克里特岛的弓箭手、马其顿最精锐的近卫步兵。亚历山大照例亲率2000名近卫骑兵领衔右翼，他身侧还有来自帖撒利亚等地的希腊骑兵2000余骑，远端是马其顿轻骑兵以及来自希腊的轻步兵，希腊重步兵被排在后面压阵。亚历山大发觉对方的右翼骑兵优势明显，悄悄地把本方的帖撒利亚骑兵调过去支援帕梅尼奥，骑兵遵照他的命令从方阵后侧绕行，这个调动神不知鬼不觉，波斯人没有做出相应调整，这些帖撒利亚骑兵随后发挥了重要作用。

双方各自激励士卒，亚历山大尤其知道，他处于战略劣势，气可鼓不可泄，他在阵前乘马飞驰，呼喊着将士们的名字，他对自己的军队了如指掌，不但熟识各级军官，连诸位排头兵的姓名以及英勇事迹，都能如数家珍。亚历山大号召大家勇往直前，众人的斗志都被他的如火激情点燃，都以剑击盾高声呼喝，催促他们的国王快点带他们发起进攻，直喊得地动山摇。亚历山大照例一马当先，冲向米底弓箭手和卡尔达克构成的波斯军左翼，进入射程后，他喝令骑兵队全速出击。

与马拉松战役时一样，在高速突进的敌军面前，米底人只有一支箭的机会。

他们的箭网刚在空中织成，飞驰的马其顿骑士就已破网而出，米底人来不及再次上弦，亚历山大的精锐骑兵已呼啸而至，借助战马的冲力，他们手中的长矛轻易贯穿了米底人的身体，随后骑兵拔出长刀短剑，砍瓜切菜。米底弓箭手们被杀得四散逃窜，他们身后的卡尔达克兵阵型排得太密，没留出供他们退避的通道，结果溃逃的米底人把身后的步兵阵也搅乱了。亚历山大亲自率领的骑兵排成楔形队列，斜刺里把卡尔达克兵的阵势扯开，后面跟上来的近卫步兵又将这个口子越撕越大。

另外两条战线，希腊人和马其顿人的重步兵方阵正面对冲，正在战场的中段角力；而波斯人右翼的铁甲骑兵驱散了担任护卫的远程攻击手，从侧面进攻马其顿方阵，此时亚历山大预先埋伏下的帖撒利亚骑兵杀出来，他们攻得出其不意，波斯铁骑一度被逼得退回皮纳罗河，但毕竟波斯骑兵人数远胜，没多久又夺回了主动权。

在双方三条战线的较量中，波斯人在右中两路都占有优势，如果这是一场三局两胜的比赛，他们已经无限接近胜利。可惜战争不是这么简单，他们唯一出了纰漏的一侧，决定了整场战役的胜败。在左翼，卡尔达克人层层溃败，统率中军的大流士三世现在已经暴露在马其顿人的兵锋之下。他坐着金马车，目标明显，而亚历山大的目的也很明确，就是直冲波斯王，实施斩首行动。

此时，面对来势汹汹的亚历山大，大流士三世心下怯了，他命车夫调转车头，向后方逃去。按照迪奥多罗斯的说法，这个细节更富戏剧性：大流士三世的马被敌人惊到，嘶鸣跳跃不受控制，等大流士三世好不容易勒住马匹时才发现，这畜生已将他拉到了亚历山大跟前，波斯王只好弃车逃亡。

不管真相如何，亚历山大直捣中宫的战术，逼退了大流士三世，后者从战场逃走，并且丢弃了他的马车、王袍和弓箭，简直比曹操的割须弃袍还狼狈。这场大战的胜负已经分晓，亚历山大掉头从侧面袭击波斯中军的希腊重步兵方阵，后者腹背受敌，很快支持不住，而在右翼的波斯重骑兵得知国王逃跑，重步兵被围，也都纷纷逃离战场，他们身后的轻装步兵们，许多死于自己人的践踏。波斯铁甲骑兵厚重的甲胄，在逃命时成了累赘，被轻装追击的希腊骑兵赶上，杀死一片。

这就是亚历山大与大流士三世的第一次正面交锋：伊苏斯会战。在古典作家的笔下，此战波斯方面损失的是天文数字的兵力，现代军事学家和历史学家的分析，将波斯的阵亡人数大致确定在4万，包括希腊雇佣兵1.2万人左右，其余的大部分是卡尔达克兵，马其顿将领称他们追击败退之敌时，用波斯人的尸体填平了壕沟。马其顿人的损失，官方说法是450人阵亡，4500人受伤。

后人总将伊苏斯战役中波斯的失败归咎于大流士三世，事实上，他固然在战略战术水平方面不能和亚历山大相比，但也并非一无是处。他的失败很大程度上在于，他并不能完全独立地掌控他的大军。

战前，他就备受波斯军中冒进意见的蛊惑，阿瑞安评价道："这种听来顺耳的、但又糟糕的主意占了上风。更坏的是，这些害人精把大流士引入了这样的绝境（指皮纳罗河谷）——在那里，他的骑兵不能发挥作用；而且他那数量上的优势和大批的标枪兵和弓箭手肯定也不会有用武之地。百万雄师无从发挥其赫赫神威，只能拱手把胜利奉送给亚历山大统率的部队。命运之神已经做出了决定：波斯应当把亚洲霸权输给马其顿，就像早先米底输给波斯，甚至更早时亚述输给米底一样。"

战役进行中，他又碍于波斯权贵方面的压力，不得不限制对希腊重步兵的使用，他们的方阵被排成了24列，对后排来说，真是其力难施、其效不着；而波斯军中近年来重点培养的卡尔达克步兵一触即溃，完全中看不中用；至于后排的附属国联军，基本只能起到啦啦队的作用。可以说在战略资源的占有和支配方面，大流士三世都远不如看上去的那么多。

大流士三世本人的临阵脱逃，也是波斯大军兵败如山倒的重要原因。较之亚历山大三军夺帅的勇略豪气，波斯王相形见绌了，尤其与他早年的英勇事迹相比，更显得不甚光彩。后来这一幕被画家记录下来，罗马时期又被制成马赛克粘贴画，这幅画于19世纪在庞贝城的遗址重见天日，称为伊苏斯壁画。画面上亚历山大的一往无前和大流士三世瞪大双眼的惊恐表情，成了后人对这场战役的最直观印象，大流士三世也因此确立了自己在许多历史书籍中的懦夫形象。

不过，历史也罢，艺术也罢，都是在事后由胜利者书写的，成王败寇是永远的主题。伊苏斯战场上大流士三世的做法，其实也是可以理解的，或许他仅仅把这一仗的胜败当成了"兵家常事"，毕竟他还操控着50倍于马其顿的庞大帝国，他还有理由认为"留得青山在，不怕没柴烧"。可惜，接下来残酷的事实将向他证明，历史留给他和他的帝国的机会，已经所剩无多了。

39

漫卷西风

波斯王的排场,并没因国势中衰而有所削减。在伊苏斯战役中,大流士三世也把他庞大的后宫带到了前线,包括他的老母亲,他的正宫王后、有波斯第一美女之称的斯妲忒拉,以及他的几个女儿,其中最小的还是婴儿。现在,这一干金枝玉叶都成了亚历山大的阶下囚。

据说,面对这老中青幼四个年龄段的美女,马其顿王表现出了十足的柳下惠风范,非但自己不加染指,还严令手下不得滋扰。王室女眷们看见亚历山大拿着大流士三世的弓和盾牌,以为波斯王已经战死,群雌粥粥,哭成一片。亚历山大则命翻译劝慰她们说,大流士没死,自己与他作战是为了争夺亚洲的主权,但他们之间并没有私人恩怨。亚历山大还向她们保证,将保留她们的王家待遇,老太后率领众女拜谢,结果错把亚历山大的侍从赫菲斯提昂当成了他,马其顿王也没有介意。

不过,亚历山大的绅士风度仅限于这座王家战俘营之内,其他被俘的波斯女性就远没有这么幸运。据罗马史学家寇修斯称,不计其数的波斯女眷被马其顿士兵奸淫,大营之中哀声遍野。大流士的王后斯妲忒拉,此后的命运也十分诡异。亚历山大表面上以礼相待,但内心里不可能对这位波斯花魁无动于衷,普鲁塔克的书中称,亚历山大故意避开她,不许手下提起她。而两年之后,一直处于马其顿王看管之下的斯妲忒拉死于难产,对标榜"克己复礼"的亚历山大来说,这实在是个黑色幽默。

在伊苏斯大胜之后,亚历山大没有深入亚洲腹地追击大流士三世,而是掉头向南,继续他剪除波斯羽翼的战略。次年(公元前332年),马其顿大军攻陷了波斯在腓尼基地区最忠诚的臣仆推罗城,屠掠了埃及入口处的重镇卡杜提斯(今加沙),更一举拿下了埃及全境。由于与波斯人的不共戴天之仇,埃及人将亚历山大的到来看作民族解放，遵奉他为"合法的"法老、阿蒙神的儿子。亚历山大对埃及的宗教也充满礼敬与好奇，他曾穿越400英里的沙漠去拜谒一个古老的神谕所，并且在埃及人虔诚的拥戴下，他一度真的认为自己并非凡人。直到有一天，一个炸雷在他耳边响起，他的部下阿里斯塔克借机讽谏："自命宙斯之子的人，你也能来这么一声吗？"马其顿王这才醒悟过来，哑然失笑。后来，他在埃及修建了一座港口城市，用自己的名字加以命名，并在该城修了一座规模宏伟的灯塔，这个建筑成为当地地标，名列世界七大奇迹之一。

当北非大地敞开怀抱迎接新主人的时候，旧主人大流士三世也在为救亡图存做着最后的努力，战场上解决不了的问题，他试图用钱财土地来解决。公元前331年，亚历山大回师亚洲，波斯王派来了使者，卑辞厚礼，请求议和。亚历山大此时已征服了埃及和腓尼基，非但断了后顾之忧，更收纳了巨额财富和大批新兵，实力大增，胃口自然也大增，因此，前两次他几乎是不假思索地就拒绝了和平提案。第三次，大流士三世咬牙抛出了一份天价和约，表示愿意割让幼发拉底河以西全部的土地，赔偿黄金3万塔伦特，附带将一位波斯公主许配给亚历山大。

这已是大流士三世的血本，等于放弃了自居鲁士大帝西征吕底亚以来，帝国二百余年间在西方开疆拓土的全部功绩，而赔款和亲，更让万王之王的钱袋和颜面双双遭受重创。因此，这些条款对波斯来说，丧权辱国无以复加，同时，对来自穷乡僻壤的马其顿人，这也是一份无法拒绝的和约。亚历山大的副帅帕梅尼奥已经活了70多岁，还从没见过这么优厚的条件，老头咽了一口口水进言："如果我是亚历山大，我一定不会拒绝。"而年轻气盛的亚历山大略带鄙夷地答道："如果我是帕梅尼奥，我也不会拒绝。"

无论是敌方的大流士三世，还是己方的帕梅尼奥，显然都低估了马其顿王的雄心，这些条件根本打动不了他。最初，亚历山大也和伊索克拉底一样，觊觎着东方的财富，但事已至此，仅有金银财帛，已无法满足他。他要的除了这些，更有"征服世界"的旷世殊荣，为此，绝不可以允许一个平起平坐的波斯帝国与自己并存。天无二日，这场欧亚争霸战，只能以一方的彻底毁灭而告终。

亚历山大给大流士三世回了一封信，不但拒绝和议，还将他数落了一番，大意是波斯是挑起战争的一方，马其顿是在忍无可忍的情况下被迫应战。现在亚历山大胜利了，大流士三世应该尊其为亚洲霸主并前来拜谒，如此一来可以领回自己的母亲和妻子、女儿。大流士三世必须承认亚历山大是一切的主宰，他若想要回自己的国土，就必须为之而战，不能逃跑，因为亚历山大会追击不止。

这封信经由亚历山大的部将记录，后来被阿瑞安收入他所撰的《亚历山大远征记》中。从信中可以看出，亚历山大给大流士三世罗织了各种靠谱或不靠谱的罪名，有些甚至有颠倒黑白之嫌，波斯王收到这封回信，知道局势已不可能有缓和的余地，他悲愤地仰天问道："亚历山大，我到底对你犯了什么不可饶恕的大罪？"

亚历山大的心理攻势还不止于此，他特意释放了大流士三世的心腹宦官泰利亚斯，让后者把波斯王后斯姐忒拉的死讯带给大流士。听闻噩耗的波斯王以手捶头，哀痛欲绝，他喝问泰利亚斯，王后是不是死于亚历山大的凌辱？泰公公不知是不忍增主上之忧愤，还是受了马其顿王的重贿，他信誓旦旦地向大流士三世起誓，斯姐忒拉是自然死亡，而且亚历山大还主持马其顿军将她风光大葬，典礼仪式完全符合王族规格。他还说，亚历山大在战场上对待敌人有多凶悍，在战场下对待俘虏就有多温和。大流士三世听了这些，原本冲冠一怒为红颜的无名之火尽皆冰消，他转而哀叹命运的无常，并且表示如果他战死沙场，那么最大的遗憾就是没有机会报答亚历山大对他家人的礼待。

由此看来，大流士三世实在是一个感情细腻、心地善良的人，与咄咄逼人的亚历山大比起来，更显可亲。但在战场上，他的这些道德与情感派不上用场，反而让亚历山大看出了他的对手其实是羊质虎皮，凤毛鸡胆。大流士三世如同硕大而驯顺的老牛，亚历山大则是牙尖爪利的幼狮，他们的较量事实上在开始之前就已见分晓。

公元前331年秋天，不得不战的大流士三世带领着从东部诸行省招募起来的一支大军，沿底格里斯河北上，于9月中旬进驻河东北岸的阿贝拉城。古代典籍中称，这支军队的人数无虑百万，最少的估算也在25万左右（罗马史学家寇修斯），显然，这个数字应该更接近于事实。

此时，马其顿侦察兵发现了波斯大军的动向，亚历山大闻报立即率领全军向阿贝拉方向赶来。

9月20日这天夜里，西风劲吹，月亮的身影隐没在夜空深处。当时马其顿人正在行军途中，他们虽然连战连捷，但毕竟深入敌境，心下有些不安，月食发生后，全军陷入恐慌。亚历山大赶忙授意他的随军祭司阿里斯坦德，去做战士们的思想工作。这位祭司果然巧舌如簧，他解释说，这个不祥之兆正是上天降给波斯人的，因为波斯人崇拜月亮，马其顿人则崇拜太阳，月食就是太阳掩住了月亮，正主马其顿人大败波斯。经由这一番阐述，马其顿军反而士气大振。

另一边，波斯的天象官也对月食做出了同样的解读，他们将这视为亡国之兆，尤其是月食发生时伴有西风，正预示着征服者将从西方乘风而至。连营之中哀声一片，在这个月黑风高的夜里，时穷势竭的万王之王向天祈祷："如果波斯帝国注定灭亡，希望我死之后国家迎来一个仁慈的新主人。"

冥冥之中，天命似乎已经注定，但作为帝国两百年辉煌最后的守护者，大流士三世还必须聊尽人事。他和他的军事顾问们一致认定，伊苏斯之战的失利，是因为战场过于狭窄，无法发挥波斯军，特别是骑兵的优势。于是他们决定，这次一定要在开阔的战场，充分运用人数优势，将敌军围而歼之。

波斯人选择的战场，就在阿贝拉西北32千米处的高加米拉（所以有些历史书籍中也将高加米拉战役写作阿贝拉战役），此处是一个小村，地势平旷。"高加米拉"一词在古波斯语中意为骆驼之乡，相传当年某位波斯王曾在此处蒙难，骑着骆驼逃出生天，因此波斯王室一向将这里视为福地。大流士三世觉得，仅有祖宗余荫恐怕还不够，为了让他的骑兵能尽情驰骋，他下令将高加米拉的土地全部铲平。

几天之后，亚历山大的大军也进抵战场，因为大流士三世决心在高加米拉孤注一掷，所以一路之上并未派兵阻击。马其顿人到来的时候，天色已黑，只见高加米拉星垂平野旷，远处的原野上，一眼望不到尽头的波斯军营中灯火闪烁，似与天上的星斗相连。见了这等声势，身经百战的马其顿强兵也不禁心头泛起惧意。

不过，此时的波斯大军是仓促拼凑而成，彼此间尚不熟悉，因此帕梅尼奥建议亚历山大趁此良机连夜劫营。亚历山大照例否决了老头的良策，他说："我不想偷窃一场胜利。"

亚历山大这么说，是为了用自己的信心稳定全军的情绪，但说到具体的克敌之策，他心里也没有头绪，因此这次他破例没有在第一时间发动猛攻，而是下令紧守营盘，自己在帅帐中冥思苦想。属下们不敢打扰，足足等了4天。到了10月1日，对面的波斯军已经摆开阵势，帕梅尼奥等人终于忍不住去请示工作，走进营帐时他们才发现，原来亚历山大躺在卧榻之上，睡得正香。众人连忙唤醒他，马其顿王笑言道，如果不是已经胜券在握，我又怎么会睡得着呢？众人都被他的乐观情绪所激励，亚历山大稍做布置，就命手下各领本部人马，走上了战场。

此时大流士三世已经部署停当，由于担心马其顿人夜袭，他早在前一天（9月30日）夜里就发动三军，排出了一个横面达6千米的阵势，现在他的士兵们已经顶盔贯甲地站了几乎一夜。这个巨阵之中，骑兵居于两翼，由于波斯铁甲骑兵已经折损大半，现在侧翼包抄任务只能交给来自巴克特里亚等地的中亚骑士，他们的头领柏萨斯也被委以重任，统率波斯最强的左翼，右翼骑兵队则交由巴比伦总督马扎亚斯领衔。在阵线的中段，排在最前列的是印度人带来的15头战象，这大概是马其顿人首次见识这种厚皮巨兽，因此印象深刻，此刻他们还不知道，未来他们将在印度河畔经受上百头大象的考验。象阵的后面，是希腊重装步兵护卫队，这支队伍目前只剩了2000人左右，他们都是从伊苏斯战场上逃生的，后来又重新聚拢到波斯王旗下，尽管人数不多，但阵势排得密密层层，枪尖林立凛然生威。在他们身侧的，是所剩无几的波斯重骑兵，他们担负着保卫中军的任务。大流士三世本人照旧乘着黄金马车，率领着手使金枪的"不死军"，组成王族方阵统摄全军，可惜这些人现在已经只能算是徒有其表的仪仗队，中看不中用。在他们的身后，还有既不中看又不中用的来自各个属国的散兵游勇，勉强算作后备部队。在这些主力部队之前，除了例行的使用远程武器的散兵，还有大流士三世伏下的杀招：波斯长镰战车，左翼100辆，中间和右翼各50辆。战车本来已经是濒于淘汰的落后武器，但大流士三世考虑到敌人赖以制胜的是密集方阵，波斯战车车轴两侧伸出的利刃，正好针对敌兵们疏于防范的小腿，如果用战车冲锋，他们可能为了避闪而左右移动，打乱阵型，波斯的获胜之机正在于此。在亚历山大所在的马其顿军右翼，大流士三世还特地多布置了50辆车。可以说，战车战术是波斯王为马其顿方阵量身定制的，这也正是他事先铲平战场的主要原因。

可惜，战术是死的，人却是活的，亚历山大看清了对手的布阵之后，很快拿出了针锋相对的计策。此战，马其顿方面投入的兵力约为5万人，帕梅尼奥统率着中间偏左的6个马其顿步兵方阵共1.6万人。在他们左侧担任保护的是2000名帖撒利亚骑兵，1000名希腊重装步兵，外加轻骑兵和使用弓箭标枪的散兵合计千余人，这些护卫部队呈斜线排开，保护方阵的侧翼。在右路，亚历山大本人照例率领着最为骁勇的2000名马其顿近卫骑兵,这个突击队与主力方阵之间,有近卫步兵的3000名精锐,两相接应。在近卫骑兵侧后方,同样部署了向外侧倾斜的骑兵和远程兵,后者的人数多于左侧,达到了弓箭手、标枪手各500人,在第一阵线后面,还有2万左右的希腊步兵压阵。这样,亚历山大把他的部队排成了一个梯形,以便应付敌人的包抄。针对大流士三世的战车,亚历山大也拿出了有针对性的反制战术,他命令方阵间加大间隙,同时布置了散兵线,待战车冲过去之后从侧面向他们攻击。

富勒在《西洋世界军事史》中总结此战,认为大流士三世和亚历山大的部署都很高明,充分做到了以己之长克敌之短,仅从纸面上看,实在难分高下。但战争归根结底还要靠士兵来决定胜负,在对主帅意图的执行力环节上,波斯军显然不及对手远矣。战斗打响了,还是亚历山大率先出击,他虽然豪情万丈,但不会逞匹夫之勇,他这次没有冲在最前面,而是下令部队从最右端的希腊骑兵开始,一个一个地依次前进,这样他的部队阵型的锋面被拉成了一条斜线。与他正对着的柏萨斯见状,也命令他的骑兵向马其顿人的外侧绕行,准备按照既定方略攻击其侧面。这样一来,波斯左翼的骑兵渐渐偏离了战场,阵线被拖得与中军越来越远。

眼看马其顿人已经到了波斯人特地平整过的战场范围之外,大流士三世按捺不住,下令战车即刻出击。左翼的100辆长镰车呼啸着冲向敌阵,本来他们是被用来对付机动性较差的中央方阵的,结果现在阵型错位,这些战车对面变成了他们的克星轻装散兵。这些人训练有素,配合默契,有的用大盾牌吓阻拉车的马匹,有的从旁边刺击马的肋部,或者用弓箭标枪狙杀驭手。波斯战车由于冲得太快,本该担任护卫的步兵和骑兵没能跟上,因此陷阵之后落入重围,没能发挥多大的作用就全军覆没。

波斯的撒手锏被轻易破除,但马其顿人的斜向攻击也不是无代价的,他们人数本就远少于对方,阵线的拉长更造成了各部之间的脱节。大流士三世看出机会,命令两翼的骑兵沿着马其顿人各阵之间的缝隙,将他们分割围歼。波斯大军中的各种骑兵全线出击,连保护希腊步兵阵侧翼的波斯铁甲骑兵都压了上去。

此时的马其顿人真正到了最危急的关头,尤其是左路的帕梅尼奥,身陷重围。他左侧担任护卫的希腊骑兵只有500骑,人数处于绝对劣势,对人马都配有重甲的波斯铁骑又缺乏杀伤力，根本抵挡不住。而右边的几个方阵，不敢离右路的马其顿王所部太远，唯恐国王陷入险境，只好任由帕梅尼奥在波斯骑兵的三面夹攻之下左支右绌，险象环生。

其实，这个时候大流士三世期盼的胜利曙光已经出现，可惜形势大好的波斯人犯了两个致命的错误。第一，马扎亚斯指挥的右翼骑兵部队与帕梅尼奥交手大占上风，他的人马已经从马其顿人最左侧的两个方阵和中央方阵之间杀开血路，突破到了他们后方，此时如果他们掉过头来直插方阵的背后，就能形成四面合围，帕梅尼奥一军势必无人得脱。可就在这时，意想不到的事情发生了，突破了敌阵的波斯骑兵没有返身合围，而是继续前冲，又冲开了敌方的第二阵线，直趋5千米之外的马其顿大营——那里关押着大流士三世的亲族。在战前动员时，波斯王不止一次要求部下不惜代价解救他的家人，于是这些骑兵得到机会，就马上照做，结果断送了歼敌的最佳时机。究竟是马扎亚斯贪功冒进，还是波斯人思维僵化、过分愚忠于国王的命令，已经无从考证。有的古典史料上说，波斯骑兵杀进了马其顿大营，见到了被囚的老太后和诸位妃子公主，结果这些女人似乎已经被关出了斯德哥尔摩综合征，见了救兵硬是不肯跟他们走，太后还说实在不相信自己的儿子竟然打败了亚历山大。但富勒在《亚历山大的将道》中考证，这些骑兵袭击的根本不是亚历山大的大本营，而是位于第二阵线身后的辎重队，因此不可能见到被俘的波斯王室成员。总之，大流士三世救人心切以致贻误战机，正是关心则乱。这也是亚历山大礼待波斯王族，并时刻将她们带在身边作为人质的心理战收到了功效。

波斯人的第二个错误则更加可怕，他们的骑兵全线出击，要么增援柏萨斯向马其顿右翼侧后方迂回的部队，要么与马其顿中路的步兵方阵缠斗，偏偏谁都忽略了马其顿王本人。亚历山大这次一反常态地没有冲在第一线，而是率领近卫骑兵按兵不动，等的就是一个一击必杀的机会，他再次把目标锁定在了大流士三世本人身上。现在，波斯中军的铁甲骑兵尽出，将波斯指挥中枢以及他们身前转动不灵的希腊雇佣兵密集阵的侧翼完全暴露出来。亚历山大知道，他等待的机会就在眼前。

战机稍纵即逝，马其顿王命令一直在养精蓄锐的近卫骑兵部队全速出击，插向对方希腊方阵的肋部。侧翼一直是重装步兵阵的死穴，这些为波斯王效命的希腊人虽然恪尽职守，但终归挡不住亚历山大的精锐骑兵，被杀死杀散。其时西风正烈，战场上万马奔腾，扬起了漫天尘沙，许多人马被吹得目不能见物，但身形魁伟的大流士三世在黄金车上格外醒目，亚历山大一早就瞄准了他，亲自纵马杀来。而直到敌人逼到近前，波斯王才发现。他一见亚历山大的盔甲，认出是这个命中的灾星，惊怒交加，扬手一杆标枪飞掷过来，几乎同时，亚历山大也投出一枪。两位国王都没能命中对方，但亚历山大的标枪刺倒了大流士的车夫，黄金战车的御马受惊，一阵嘶鸣，掉过头来载着大流士三世向后狂奔，旁边来不及闪避的波斯护卫，成排地被车轴上的长刀割断小腿，丢了满地的残肢。

大流士三世虽然勉力控住了惊马，但他本人也是心胆俱寒，没有勇气返身再战了，他索性向后方逃去，逃离恐怖的亚历山大。此时波斯军在整场战役中还居于上风，但波斯中军远远看见国王的战车上有人跌了下来，都以为大流士三世已经死于非命，也都无心恋战，跟着溃逃。这种失败情绪，传播的速度堪比音速，霎时间，除了波斯右路围攻帕梅尼奥的部队，其他诸路人马都丢盔弃甲，夺路而走。战场局势登时逆转，亚历山大也果断回军，解了左翼之围。至此战役结束，双方的"官方"伤亡数字统计依旧没法看。阿瑞安《亚历山大远征记》称，波斯方面死了30万，马其顿则只损失了100个人、1000匹马。而他的这些数字，都来源于亚历山大部将们的回忆录。

高加米拉战役，亚历山大重施故技，于万军之中直取敌酋，虽然这个斩首行动没能当场拿下波斯王的首级，但一击之下令敌军的指挥中枢瘫痪，相当于打中了巨蟒的七寸。大流士三世又一次不体面地从战场上落荒而逃，他的大军也重蹈了伊苏斯之战的覆辙，不同之处在于，现在他已经没有机会再来一次。古道西风，波斯王漫无目的地逃向东方，帝国的辉煌，也随着他的身影渐行渐远。

40

帝国的陷落

大流士三世从伊苏斯逃走,丢弃了他的家庭,而当他从高加米拉再次逃走,丢下的则是整个帝国。

获胜的亚历山大朝着苏撒和波斯波利斯进发,那里有他东征的最初目的:波斯帝国的金库。进入波斯行省之后,马其顿军遭到了当地总督艾罗巴扎尼斯的拼死抵抗,他率领4万名步兵和1000名骑兵据守御道上的要塞"波斯门",亚历山大久攻不下,寇修斯的书中记载了他当时的窘境:

……他们的愤怒变成疯狂,他们手抓突出的岩石,试图攀上山壁攻击敌人,可山岩在众人的攀缘之下纷纷崩裂,使他们下坠,他们既无处立足又不能着力,山上的野蛮人正将石头砸向他们……国王极感恼怒,不仅是失望懊恼,也为自己将军队引入此等窘境而羞愧难当,此前他们是无往不胜的,这回却是例外,他只好下令吹响撤退的号角,全军排成密集队形,头顶着盾牌,一退就是三里半。

后来,亚历山大从一个战俘口中得知,有条山间小路可以绕过波斯门,直插艾罗巴扎尼斯的身后。他果断地组织起一支飞行军,并亲自带队连夜出发,果然奇袭得手。波斯守兵猝不及防,大半被歼,艾罗巴扎尼斯在一小队骑兵的护卫下逃入山里,不知所终。这简直是当年温泉关之战的翻版,可谓报应不爽,但对波斯人来说不幸的是,他们身后没有希罗多德来宣讲他们守土抗敌的壮烈。

随后,亚历山大兵不血刃地先后占领巴比伦和苏撒。在这两座城市里,他表现得盛德巍巍,除了搬空府库,基本没进行破坏,心情好时还会与民同乐。他从苏撒取走了波斯王室几百年来的收藏,其中还包括当年薛西斯从希腊带回来的战利品，亚历山大将这些物品都送还雅典，以示完璧归赵，一雪前耻。此外，他从苏撒得到的战利品，仅现银就有5万塔伦特之巨，这些钱都充作了希腊世界向波斯帝国收取的花息。

接下来轮到了波斯波利斯，这座美轮美奂的城市从始建之日就安享太平，面对势不可挡的马其顿大军，他们也参照巴比伦和苏撒的榜样开关投降。结果这一次亚历山大却不再表现他的宽容，在动用5000头骆驼和2万匹骡子拉光了波斯王室金库中十余万塔伦特的黄金之后，他下令焚毁薛西斯的宫舍。威尔斯的《世界史纲》中称，这是他一次偶然的酒后狂欢所致，但从许多古代史籍中的描述来看，此举更像是带有明确政治宣传目的的复仇。为了报复当年薛西斯焚烧雅典，因此这也很可能是亚历山大为了安抚手下的希腊人，不得已而为之。普鲁塔克说，火一着起来，亚历山大就后悔了，下令将火扑灭，可惜为时已晚，火势已不受控制，并且蔓延全城。鼎盛时期的波斯帝国穷三代君王之力修建的梦幻帝都，就此化为瓦砾废墟。

此时，虽然流亡的大流士三世尚在人世，但他个人的生死存亡其实已无关大局，他的波斯帝国，已是名存实亡。

马基雅维利曾在《君主论》中以波斯帝国为例，论述过君主国的组织结构及其对政权更迭的影响：

> 有史以来的君主国都是用两种不同的方法统治的：一种是由一位君主以及一群臣仆统治——后者是承蒙君主的恩宠和钦许，作为大臣辅助君主统治王国；另一种是由君主和诸侯统治——后者拥有那种地位并不是由于君主的恩宠而是由于古老的世系得来的。这种诸侯拥有他们自己的国家和自己的臣民。这些臣民把诸侯奉为主子，而且对他们有着自然的爱戴。至于那些由一位君主及其臣仆统治的国家，对他们的君主就更加尊敬了，因为人们认为在全国只有他是至尊无上的。如果他们服从其他任何人，他们只是把此人看作是代理人和官员，对他并不特别爱戴。

这是马基雅维利在《君主论》第四章中的阐述。他还借古喻今，用当时法国和土耳其的例子打比方："如果一个人入侵土耳其（可以比作波斯）那样的国家，他将会遇到一个团结一致的国家，他必须依靠自己的力量而不是依靠别人的叛乱。但是如果一旦征服了土耳其苏丹（可以比作波斯王），并且把他打得一败涂地以致不能够重整旗鼓，那么除了君主的家族，便没有什么可怕的人了。而君主的家族被灭绝之后，由于其他的人们原来都没有得到人民的信赖，因此再没有什么可怕的人了；而且因为征服者在自己取得胜利之前并不曾依靠他们，从而其后也不需要害怕他们。因此，亚历山大大帝首先必须把大流士完全打垮，并且从他手中把土地夺取过来。在赢得这样的胜利之后，亚历山大大帝终于牢固地占有这个国家，就是由于上述的理由。"

正如马基雅维利所说，一个绝对集权的大帝国，其兴衰成败很大程度上仰赖国君的执政能力，而这种能力又不单单取决于君主个人的素质或品格。大流士三世本人并不像某些书中描写得那样窝囊，他继位以来肃清宫室、镇抚各地、实行仁政，这些方面都做得有模有样，除了打仗，他在其他方面真的不见得逊于亚历山大。但问题在于，从薛西斯以来（甚至包括薛西斯本人）的波斯帝王，就已经将帝国引上了毁灭之路。

第一，希波战争葬送了波斯军中的核心波斯人和米底人，此后波斯中央政府的武力衰退，国王对边远地区已没有大流士一世时代或薛西斯前期那样的绝对控制力，以王权为核心的统治根基其实已经动摇。第二，薛西斯开了一个极坏的先例，他将帝国的上层引向了腐化。所谓从恶如崩，尤其是在希波战争失败之后，他将享乐主义用作鸦片一样的止痛药，只能麻醉一时，付出的代价却是民心士气的全面堕落。第三，波斯帝国自居鲁士时代起就对境内的异民族采取宽容政策。从人权的角度来讲这是伟大的，但具体手段上，波斯政府既没有用平等的公民待遇保证各个少数族群对国家的认同感，也没有在文化等方面同化他们，这就导致了帝国形如散沙。异族的波斯帝国臣民在居鲁士时代或许会为他个人的魅力所感召，而此后他们就只是屈从于大王的皮鞭才为他上阵打仗；当大王无力挥鞭时，他们面对外敌也就再不会有"保卫祖国"的念头，反而还会倒戈变成侵略军的一部分。第四，常年的战争使波斯各族中真正的精英都罹于战乱，而后续的训练手段和战略战术革命又跟不上，从将领到士兵，素质都直线下降。握有军权的波斯贵族闭目塞听、故步自封，对雇佣军又嫉贤妒能。这种社会的反向淘汰，使得波斯军队后继乏人，到了大流士三世时代，连帝国的骄傲"不死军"都凑不齐1万人的编制了。就这样，波斯在军事方面与希腊世界的差距越来越大，当面对亚历山大这样的军事天才时，完全没有还手之力。

冰冻三尺非一日之寒，波斯帝国从薛西斯后期开始百弊淤积，上述问题，到了大流士三世的时代已经积重难返，任他再有励精图治之心，终究也是回天乏术了——况且，他身上还存在着阿瑞安所说的诸般性格缺陷。我们只能说，帝王的权力越大，他对国家的破坏力也就越大。

马基雅维利说，在波斯这样的绝对君权国家里，"君主的家族被灭绝之后"，征服者就将牢牢地占有这个国家。其实，亚历山大并没有对波斯王族搞灭绝政策，因为他不需要这样做就已经收到这个效果了。兵败高加米拉之后，大流士三世非但已不能再对他曾经的帝国发挥任何影响，甚至连他身边的残兵败将们都已无力调动了。因为，他现在是这些人的囚徒。

大流士三世逃离战场之后，在阿贝拉的基地稍作停留，又被乱军裹挟着向米底方向遁去。此时他唯一的指望就是帝国东部的诸行省，如果他们不能提供勤王的兵马，至少也能提供避难的处所。几天之间他又聚拢了3万余名残兵败将，但这些人已成惊弓之鸟，连大流士三世本人都明白，不能指望他们与亚历山大再战。这时，他最倚重的将领、巴克特里亚总督柏萨斯却发动了政变，将波斯王囚禁起来，阿瑞安分析此人是想以大流士三世为筹码，向亚历山大换取一个优厚的投降条件。

出乎柏萨斯意料的是，亚历山大获悉大流士被囚之后，非但没有派人来招降他，反而亲自带兵，越追越紧。柏萨斯只好带着部下们向东逃去，而其中许多人不齿他的欺君之行，叛离了他的队伍。

大流士三世被柏萨斯锁在马车中一起逃亡，曾经富甲天下、权倾一时的波斯大王，此刻已近一无所有。原本象征无上荣华的黄金马车，如今已变成了他的囚笼。奔逃途中，被禁锢在车上的大流士三世隐约看到两旁道路上的景物在飞速地倒退，此时他的脑海里大约也经历着时光倒流，短暂君王生涯中的一幕幕都浮现出来。这些情景和阿瑞安的概括基本相符：

> 他的一生只是一连串的灾难。自从登基以来，一直没有一个喘息的机会。刚即位不久，他的总督们就在格拉尼卡斯河上遇上那次骑兵大劫。接着爱奥尼亚和艾奥利斯同时陷入敌手。除了哈利卡那苏斯，大小弗里吉亚、吕底亚、卡瑞亚等地也相继陷落。没有多久，哈利卡那苏斯又丢了。最严重的是，一直到奇里乞亚的海岸线也全部失守。后来又是他本人在伊苏斯的惨

败，眼睁睁地看着老娘、妻子和孩子们都当了阶下囚。然后又丢了腓尼基和整个埃及。接着又是他自己从高加米拉逃命，这在他一生历史上要算是最不光彩的一页了。还把波斯帝国浩荡大军折损殆尽，自己成了弃国出亡的罪犯，犹如丧家之犬。最后众叛亲离，被自己的近卫劫持起来，可谓穷途末路。(《亚历山大远征记》卷三)

大流士三世的回忆之旅很快就被打断了，叛军生恐他的马车跑得太慢被亚历山大追上，于是停下车子，逼迫他换乘马匹轻装逃亡。一直都在逃避退让的大流士三世，此刻拿出了帝王的决绝气概，他宁死不肯离开自己的马车，他不能向叛国欺君者妥协，这是他作为万王之王必须坚守的最后的尊严底线。

追兵的蹄声已越来越近，精疲力竭、气急败坏的叛军们也懒得再和他多做理论了。柏萨斯一声令下，众军士举矛攒刺，矛尖刺向黄金车上的御座，大流士三世被刺成了刺猬。然后大家扔下他作鸟兽散，只剩下几个仆人僵立在车旁目瞪口呆。

大流士三世坐倒在车上血流如注，生命随着鲜血，一丝丝流出他的残躯。出气多进气少的波斯王用扩散的瞳孔看着车外的残兵败将，他们在四散奔逃，恍惚间大流士三世觉得他那曾经无比伟大的波斯帝国，也如同脱缰之马一样在飞跑。"你又将跑向何处去呢？"叛将的呼喝声、逃卒的喘息声、败马的嘶鸣声、忠仆的哭嚎声……汇成一片亡国之音，从中，他听不出答案。

41
尾 声

大流士三世生前，被亚历山大视为不可并世而立之大敌；死后，他的尸体则变成了马其顿王绝佳的政治宣传工具。亚历山大给予了他帝王级别的厚葬，并娶了他的一个女儿为嫔妃，借此"合法"地承袭了波斯帝国的王统。至此，政治意义上的波斯第一帝国灭亡，由居鲁士大帝灭米底算起，立国凡220年。但波斯的旧贵族在新主人手下仍获信用，波斯文化和官吏制度也与希腊文化一道，被亚历山大用来治理他的大帝国。

1年之后，亚历山大征服巴克特里亚，以五马分尸之刑处死柏萨斯，至此，除中亚的一小部分地区，原波斯帝国的全境都成为新兴的亚历山大帝国的领土。4年之后，他渡过印度河，大破当地豪强波鲁斯的象阵，将印度河流域收入版图。此时，已离家万里的马其顿战士们拒绝继续向前，意犹未尽的亚历山大只好班师巴比伦，至此，他的帝国扩张达到极限。7年之后，公元前323年，当亚历山大准备远征阿拉伯半岛时，身患热病，在巴比伦逝世，享年33岁。

亚历山大去世之后，他一手创立的地跨三洲的大帝国分崩离析，从公元前336年亚历山大即位算起，这个庞大帝国仅仅存世17年。之后他的部将们——近东沿海的安条克、埃及的托勒密、中东的塞琉古，以及希腊本土的卡山德等枭雄，各自乘时割据，瓜分了这个帝国。最终形成马其顿、托勒密、塞琉古，三分天下。

其中塞琉古帝国占有原波斯帝国在亚洲的大部分领土，这个王朝沿袭了亚历山大推广希腊文明的举措，从地中海到阿富汗的广大亚洲地区，进入了影响深远的"希腊化时代"。在贝希斯敦，与大流士铭文遥遥相望的高坡上，塑起了赫拉克勒斯的雕像，西方的大力神惬意地侧卧在山岩之上，俯瞰着东方的土地。

亚历山大的死，标志着从希波战争开始的希腊世界与波斯帝国乃至整个亚洲的全面争霸战落下了帷幕。然而这场历时两百年的史诗之战，在东西方世界洲际争霸的千年大戏里，也只能算是一个开头。此后，亚欧大陆两端的人们还会你来我往，不是东风压倒西风，就是西风压倒东风。

Europe vs Africa

迦太基共和国兴亡记

> 在夜幕低垂之前,他们将可以知道在罗马和迦太基之间,谁将是世界的支配者——不仅是非洲,也不仅是意大利。胜利的酬劳就是整个世界。
>
> ——李维《建城以来史》

1
我的名字叫红

红海并不是红色的,它的得名,还要从下面这段传说讲起:

话说从前有一天,有位居住在地中海东岸的渔民走失了爱犬,他到海边找寻,远远望见自己的狗叼着一个贝壳跑来。到了近前,渔民看到小狗满脸是血,连忙为其擦拭,抹干血迹后却发现狗脸上并没有伤口。于是此人想到古怪可能出在狗叼的贝壳里,仔细一研究,原来贝壳里的汁液竟是天然的染料,染出的红色明丽照人,历久弥新。这一发现传开后,当地人都来捕捞这种本地独有的水产品,提取染料染布。染出的红布自己穿不完就拿出去卖,销路极佳,成一时之风尚。当时的希腊人尤其喜欢这种红颜料染出的衣物,穿这样一袭红袍,走在雅典或底比斯的大街上,可以得意地向人炫耀:"牌子,腓尼基!"

逐渐地,希腊就把这些穿红衣卖红布的人叫"腓尼基人"(phoenike),意思是紫红色的。一来二去,非洲和阿拉伯半岛间,这群红得发紫的家伙经常出没的水域,也就被称为"红海"了。

在汉语里,"腓尼基"这个译名已经约定俗成,但如果把"腓"字换成绯红的"绯",就更加中西合璧了。

腓尼基人住在地中海和红海沿岸,虽然这一带紧挨着"流着奶和蜜"的迦南地,但腓尼基先民跟他们的闪米特近亲犹太人不一样,对这块"应许之地"并无特殊的眷恋,更无意于面朝黄土背朝天的生活。这个民族把全部的智慧和热情用于航海,成绩斐然,东至黑海,西达直布罗陀,北抵北海,南及亚丁湾,到处都能看见腓尼基人的鸟首鱼尾双层划桨船。大约2600年前,腓尼基水手们还曾受雇于埃及法老尼科二世,完成了史上第一次环航非洲的壮举,早于巴托洛缪·迪亚士两千多年就绕过了好望角。甚至有学者认为,被视为撒哈拉以南非洲文明象征的大津巴布韦遗迹,也与腓尼基人的这次远航有关。

跑那么远，自然不是去兜风的。腓尼基人是那个时代的跨国倒爷，经手的货物除了自产自销别无分号的"腓尼基红"，还有非洲的象牙、埃及的亚麻、也门的乳香、希腊的陶器、塞浦路斯的铜、伊比利亚半岛的白银，等等。无一不是贱买贵卖、坐收巨利，比如在非洲，他们曾仅用几件青铜器就从黑人手里换来百根上等象牙。

买卖这种做法，想不发财很难。腓尼基人很快赚得盆满钵盈，在地中海东岸今天的黎巴嫩一带营建了推罗、西顿、毕布勒等一系列各自为政的城邦，繁华无比。尤其是海岛城市推罗（又译泰尔、提尔），满街堆银如土，堆金如沙，即便是华尔街，恐怕也没这气派。

但腓尼基人太热衷于商业了，除了一套腓尼基字母还算拿得出手，在武功和智慧方面都没有能与他们财富相匹配的建树。在当时周边的强权国家看来，豪富有余而武备不足的腓尼基人，就如同三岁孩童手拿黄金招摇过市，如果不抢他一下，简直说不过去。

好在腓尼基人看得开，南边北边东边，无论哪一边的老大打过来，他们都很合作地奉上保护费，接受名义上的统治——反正缴纳供赋比募兵打仗省钱。埃及、赫梯、亚述，前前后后好几拨征服者都这么被他们用银弹攻势打退了。真要碰上个别死缠烂打的主儿也有办法，腓尼基人的城市多是傍海而建，一半在陆上一半在岛上，水道纵横易守难攻，比如推罗就是如此。遇上敌人来犯招架不住，推罗人就乘船撤到岛上，也不用怕敌兵追赶，因为谁都知道，到了海面上就是腓尼基人的天下了。很多强敌就在这座海上堡垒前不逞而退，就像黑旋风李逵碰上浪里白条张顺一样无可奈何，只能狠狠地甩下一句："你路上休撞着我！"推罗人则很从容地回敬："我只在水里等你便了。"

公元前9世纪，腓尼基诸城邦的国力臻于鼎盛，开始四处建立殖民地。腓尼基人毕竟是商人，他们建立殖民城市并不以征服为目的，其性质更类似于建立贸易据点——使其与推罗、西顿等母城保持贸易往来和名义上的从属关系，与其说是殖民地，不如说是子公司。这种子公司遍及地中海，塞浦路斯、马耳他、西西里、伊比利亚、北非，到处都有分号，后面将要讲到的迦太基城，就肇建于这个时期。

在讲到迦太基之前，还是先说说腓尼基人在东方故土的最终命运：

公元前6世纪，新巴比伦王国在西亚的两河流域崛起。国主尼布甲尼撒二世西顾迦南，先是于公元前586年屠了耶路撒冷，烧了锡安圣殿，掳掠犹太族中精英数万人羁押于巴比伦城，这就是著名的"巴比伦之囚"。随后他又围困推罗，前后历时13年，终于拿下了这艘不沉的航母。不过尼布甲尼撒很快就死翘翘了，而且按照《圣经》的说法，他的死相极其难看：不知怎么就突发了妄想狂，以为自己是头牛，每天赤身裸体学牛吃草，把自己给吃死了。当然这十有八九是犹太人编出来解恨的，但不管怎么说，尼布甲尼撒死后，他的新巴比伦王国也每况愈下，几十年后，亡于波斯居鲁士大帝。

居鲁士解救了犹太人，送他们回故乡耶路撒冷，而一干腓尼基城邦也借机光复，他们转投相对宽宏的波斯人麾下，重新获得了较大的自治权。但经此一劫，作为腓尼基世界中心的推罗元气大伤，又维持了两百多年之后，于公元前332年彻底灭亡。

《旧约·以西结书》里也提到了这件事，把推罗的灭亡归功于耶和华。然而，看看这个年份——公元前332年——或许你已经猜到谁是凶手了，没错，亚历山大，就是他干的。马其顿王果然气魄非凡，为了打下推罗不惜移山填海，他在陆地上修筑长堤，直通推罗的岛上部分，这一工程竣工之日，就是推罗灭亡之时——8000名战士阵亡，3万名俘虏被卖为奴隶，这座海上之城的历史就此终结。

红色腓尼基人在故土上红消香断，不过传奇并没有随之画上句号，接下来的篇章，将由他们的非洲支系，迦太基共和国来续写。

2
牛皮圈地

一般的历史书籍上，都写着迦太基肇建于公元前814年，至于具体是怎么建起来的，则语焉不详，好在民间传说中不乏有趣的演绎。

话说2800多年前的推罗老国王有个爱女，名唤黛朵·爱丽萨，该公主聪明美貌，深得老王的圣心。腓尼基人是商业民族，思想比较开放，没有农耕民族王位传儿不传女的规矩，因此老国王打算百年之后让爱丽萨公主和其弟彼格马利翁王子共同接掌王位。

这位彼格马利翁，可不是希腊神话里那个爱上自己雕像作品的痴情文青皮格马利翁[①]，他只对权力痴迷。老国王晏驾之后，他不甘心与姐姐分享权力，发动政变杀死了身为大祭司的姐夫阿瑟巴，还准备把姐姐也一并干掉。爱丽萨见势不妙，就率领少数亲信乘桴浮于海，逃了。经过漫长的航行，她和她的船员们在北非登陆。

这一群不速之客的出现，很快惊动了当地的原住民柏柏尔人，其头目伊阿巴斯率众赶来看个究竟。

爱丽萨向他讲明情由，恳请收留。伊阿巴斯见这位末路公主明艳照人，不禁动了念头，他同意让这伙人住下，条件是爱丽萨嫁给他做"王后"。爱丽萨现在虽然是落魄的凤凰，但毕竟是推罗出来的，见过大世面，她看眼前这位虽然号称国王，其实不过北非一土酋，他的王国实系山寨版，而所谓王后，想来也就是个压寨夫人的档次，于是婉拒了。伊阿巴斯在当地牛惯了，一番表白自以为情真意切，不想却碰了钉子，大感下不来台。恼羞成怒下，他命人拿给爱丽萨

[①] 希腊神话典故：塞浦路斯国王皮格马利翁痴迷雕塑，倾注全部精力，用象牙雕出一尊美女像，然后他爱上了雕像，终于感动爱神，赋予雕像生命，与皮格马利翁结成夫妻。现代心理学家沿用该典故，提出"皮格马利翁效应"，意指教师对学生的期望，会在学生的学习成绩等方面产生效应。

一块牛皮，告诉公主她和她的手下只能在和这块牛皮一样大的地盘上立足，敢越雷池一步，就把他们拿下交给彼格马利翁。

伊阿巴斯走后，聪明的爱丽萨命手下把牛皮裁成细条，连接起来，圈出一块地，结果竟把一整座山都圈进去了。伊阿巴斯闻讯，痛悔上了这个女人的当。不过这家伙倒有个信守然诺的好品格，真的就把那座山让给了爱丽萨。这座山后来就叫毕尔萨山，希腊语中意为"牛皮"。爱丽萨和她的部属们在这里建城而居，他们把这个新的家园命名为迦卡德什，意思是"新城"，以区别于附近旧有的腓尼基人殖民地"老城"乌提卡。在希腊人的记载中，这座城被误称为"迦基东"，后来罗马人又以讹传讹，把"迦基东"念成"迦太基"，把"腓尼基"（Phoenicia）念成"布匿"（Punici），反倒是这些称谓最终扬名天下。

这个传说还有若干大同小异的版本，都不见诸"正史"，未可尽信，不过无所谓，世界各地的历史都源于传说和故事，故事里的事，说是就是，不是也是。

其实，这种欺骗性质的"牛皮圈地"在历史上确实发生过，不过是在16世纪。清人尤侗所撰《明史·外国传》中记载，"佛郎机"人曾用这手骗过菲律宾吕宋岛的土王。

> 时佛郎机强与吕宋互市，久之见其国弱可取，乃奉厚贿遗王，乞地如牛皮大，建屋以居。王不虞其诈，而许之。其人乃裂牛皮，联属至数千丈，围吕宋地，乞如约。王大骇，然业已许诺，无可奈何，遂听之。

中国史书中的"佛郎机"通常指的是葡萄牙人，但从殖民吕宋来看，这件事应该是西班牙人所为。明清之际，中国人对欧洲的认识很模糊，因此这巧取豪夺的勾当究竟是谁干的也说不清了。

言归正传，还是说迦太基。建城之后，迦太基的历史逐渐从传说时代过渡到了信史时代，这里很快成为腓尼基人诸多殖民地中的佼佼者。这很大程度上要归功于迦太基得天独厚的地理位置，蒙森《罗马史》中对此有如下描述：

> 迦太基坐落之处距离巴格拉达斯河入海口不远，这条河流经北非最富饶的农作物产区，城市就在河畔肥沃的高地上，有农舍和橄榄树林，一道缓坡从这里向海边延伸，止于北边的海岬，那里是北非最大的天然良港突尼斯

湾，美丽的海湾可供大型船舶停靠，海岸附近有甘美的清泉，因此，无论发展农业还是商业，这里都是最理想之处……

这格局，真堪称"地振高岗，一派溪山千古秀；门朝大海，三河合水万年流"。凭借着地理优势，以及腓尼基人与生俱来的商业天赋，迦太基人在北非落地生根，并在公元前6世纪推罗衰落后取而代之，成为腓尼基世界新的中心。

起初，迦太基人和他们的腓尼基祖先一样，采取苟且偷安的国策，付给柏柏尔人地租，出了事，就花钱雇乌提卡以及利比亚各土著部落的佣兵来摆平，只求把生意做好。但地中海政治版图的变动使得他们无法继续偏安。公元前6世纪中叶，希腊人也在北非登陆，并在今天的利比亚东部建立了一片殖民据点，这就是昔兰尼加。许多人听说过这个名字，是因为这里是"二战"时沙漠之狐隆美尔的扬威之地，其实这是一个有着近3000年历史的古老地名了。

希腊移民不断涌向北非和地中海西部，驱逐利比亚、西西里岛以及亚平宁半岛南部的腓尼基人，这些人逃到迦太基寻求庇护。而迦太基也是希腊人西进的利益受损者，他们的商业垄断被打破，贸易据点也被希腊人蚕食。更为紧迫的是希腊人是怀着征服拓殖的志向来到这里的，远非以往那些觊觎迦太基财富的北非土王可比，不是花两个银子就能打发走的。

希腊人步步进逼，现在，他们已经打算向的黎波里沙漠以西拓展势力，那里可真正是迦太基人的卧榻之侧了。迦太基不得不有所反应，他们采取了一番合纵连横之术，团结所有腓尼基城邦以及亲迦太基的部族，共同抵制希腊的扩张。公元前535年，迦太基及其盟友在科西嘉岛的阿累里亚附近打败了希腊舰队，这一场胜利基本奠定了他们与希腊人的边境：西西里岛一家一半，北非以利比亚沙漠为界，希腊世界止于此，此后双方疆界没有太大变迁。

到了公元前480年，西西里的希腊诸城邦团结起来，在其新老大叙拉古人领导下大败迦太基军于西西里岛的希梅拉，不过就在这一年，亚洲的波斯王薛西斯率数十万之众大举侵入欧洲。虽然叙拉古僭主盖伦选择隔岸观火，拒绝了雅典同胞的求援，而且战火也没有波及西西里，但来自东方的潜在威胁，势必让叙拉古人调整战略态势，放缓了在西部扩张的脚步。危机解除之后，以叙拉古为核心的希腊诸城邦联盟因内部纠纷暗生龃龉，不久后就故态复萌各自为政，恢复到一盘散沙的状态。大约半个世纪后，希腊世界爆发了被称为"古代世界大战"的伯罗奔尼撒战争，叙拉古等希腊人的海外殖民地也都被卷入。公元前415年，雅典将军亚西比德率舰队远征叙拉古，虽然雅典人最终败走西西里，但叙拉古也遭受战争拖累不轻，以其为核心的西西里诸希腊城邦凝聚力进一步下降。这样一来，希腊人又无力与迦太基人相抗衡，只能听任后者在地中海一家独大了。

在与希腊人的漫长斗争过程中，迦太基确立了西地中海腓尼基诸城盟主的地位，心态也发生了潜移默化的变迁：它的理想不再仅仅是做一座商业城，而是要君临西地中海。

在这个时代，迦太基人的活动半径空前扩大。公元前450年，迦太基船长希米尔科出海寻找锡矿，一直航行到不列颠。25年之后，又一位伟大的航海家汉诺几乎重演了腓尼基祖辈环航非洲的壮举，他的船队到达了几内亚湾，而且和当年走马观花的腓尼基人不同，汉诺此行在西非和大西洋沿岸岛屿都建立了城邦和贸易据点。掠夺性质的海外贸易让迦太基国力大增，公元前4世纪起，迦太基人不再向当初收容他们的北非原住民柏柏尔人缴纳地租，没过多久他们又进而用武力使柏柏尔人臣服，从他们手中夺取更多的土地，这举动真跟后来"五月花号"的乘客们如出一辙。随后迦太基人向西拓展势力，把整个马格里布（突尼斯、阿尔及利亚、摩洛哥）的北部都收入版图。他们还顺便在伊比利亚半岛接管了推罗人早年建立的殖民地加的斯，并占领了今天的西班牙南部安达卢西亚到格林纳达之间的地区。西班牙这个名字就是这个时期的迦太基人起的，意思是野兔，他们当年到达这里的时候肯定看见了遍地的兔子。早在西进运动之前一个多世纪，迦太基人还曾南下探索非洲内陆。撒哈拉沙漠以南的非洲，在当时基本还是荒蛮一片，一些部落被迦太基人轻而易举地征服，人民被掳为奴隶。根据希罗多德的记载，迦太基人曾穿越撒哈拉进入西非，他描写了当地的黑色侏儒族，这或许就是今天生活在尼日尔河流域的俾格米人。

迦太基人把北非、西西里岛西部和伊比利亚半岛的全部海岸视为禁脔，严禁其他民族染指，声称一旦在自己的专属海域看到外国船只，将一律予以没收或击沉。这种霸主地位一直保持到公元前3世纪，罗马人出现在这片海上。

> **按**
>
> 有的历史书籍称,公元前480年波斯王薛西斯入侵希腊,同一时间段中迦太基人和叙拉古人的战事是事先有预谋的联合行动,目的在于彻底摧毁本土和海外的希腊世界。波斯海军的主力是腓尼基雇佣军,波斯人和迦太基人也确实存在某种程度的联盟,但关于联合行动之说并无更多佐证。

3
插曲：迦太基议员的一天

在讲述迦太基与罗马那令人血脉偾张的争雄史之前，让我们先来看一看战争爆发前夕迦太基的日常生活。

请想象，你是一个迦太基共和国的议员。当时，正是布匿战争的前夜，但全盛时期的迦太基，仍然是一派岁月静好。

清晨，地中海的海风把你唤醒。当你走到宽大的落地窗前时，早有仆人拉开窗帘，这窗帘柔软轻薄，质地非布非麻，是你花重金从希腊商人手中购得的。而听他们说，这东西叫丝绸，结在东方的神树上，是从塞琉古帝国最东边的巴克特里亚贩来的，而即便是这个听起来像是世界尽头的地方，也不是这种美妙产品的原产地。在巴克特里亚之东，隔着鸟都无法飞越的帕米尔高原，有个神秘的国度，那里的人才拥有这种魔法般的树种。作为祖辈经商的生意行家，你当然知道这不过是狡猾的希腊人为抬高物价而编造的故事，不过你不以为忤。身为迦太基最显赫的104位议员之一，你不在乎多打赏这些希腊人一点。况且，这种叫丝绸的东西确实很美妙，只有这样的材质才配得上你富丽堂皇的居室。

带着咸味的海风送来突尼斯湾里水手的歌声，一艘艘三排桨的大帆船往来穿梭，满载着橄榄、石榴、梨、椰枣、樱桃以及无花果，准备驶往雅典、塞浦路斯、亚历山大、西西里、科西嘉、萨丁尼亚、加的斯……这样的场景你司空见惯，那些船中当然也包括你的，你之所以享有今日的尊荣，正是因为你名下的船舶航运产业足以和另外103家豪门匹敌。不过你不太分得清具体是哪几艘船，这种生意上的琐事近些年来已不用你事必躬亲了。

仆人端来铜镜，这是塞浦路斯出产的上好青铜精心打磨而成的。镜子里，下巴上的须髯还算整齐，但上唇又冒出了些许微髭，这不是一个迦太基显贵应有的仪表。当你揽镜自照时，仆人早已会意地递上铜剃刀，供你修整容颜。

洗漱毕，用过从地中海周边各地进口的精致食品，你该出门办公去了。仆人伺候你更衣，穿上紫罗袍，束紧黄金带，这套雅典风格的行头是议员身份的象征。当然还要佩戴珠宝饰物，再喷上一些从南阿拉比亚进口的香料制成的古龙水（当然，那时候还没有这个名词）。最近，富人们还流行戴鼻环，让那金灿灿的链子在脸前晃来晃去，光彩炫目，很多人追逐这个时尚，但你不以为然：招摇轻佻，非老成谋国之举也。

乘上用五彩布料装饰的牛车，头顶有宽大的伞盖，脚下是舒适的地毯，你朝城中之城的议院进发。沿途路过宏伟的神庙，高达九米、直径两米的带凹槽的爱奥尼亚式圆柱支撑着大理石穹顶。神庙里，城市之神麦卡特、财富之神易斯谟，以及迦太基的创始人爱丽萨共享蒸尝，但最受崇拜的还要属腓尼基先民在迦南就开始供奉的太阳神巴力。这位神祇由于在迦南斗法时输给犹太人以利亚的耶和华神，因此在故土名声扫地，但在迦太基仍然香火不绝。一群戴着面纱的修女，在虔诚地为众神服务。

接下来的景观包括由50个拱廊组成的圆形大剧院，雕梁画栋，溢彩流光；供全城人取水的蓄水池，四面八方的渡槽延伸到这里，水在渡槽中匀速地流淌。此外，还有公共浴室、竞技场。当罗马人还没学会使用这一切时，它们已是迦太基人的日常娱乐项目了。

进入迦太基的核心区域内城毕尔萨区，这座城中之城有特殊的壁垒拱卫，城墙之间有能容纳30头大象的象棚、500匹战马的马厩，又有一批控弦持戟的武士日夜守卫。议院依山而立，坐落在大理石台阶的顶端。你拾级而上，走到殿堂中属于你的那个座位坐下，等待议事的开始。内容不出你所料，当值的官员通报今年的岁入为白银1.2万塔伦特，这个数字是雅典的20倍。

你们的这种政体深得亚里士多德推崇——这让你引以为豪。他说：迦太基人的统治者并非某个人，也不是来自某个世袭的家族，他们的政法集团是一个集体。在迦太基，如果某个家族享有高于他人的地位，那一定是因为他们是被选举的，而不是因为门第。

是的，起初的确是这样。而且，有一点亚里士多德没有说明：拥有选举权的仅限于城市公民，而数量是他们数倍的奴隶则只能充当沉默的大多数。

会议结束后，你们照例集体用餐，尽管这并不会增强什么友谊或凝聚力，也不会弥合有生意竞争的议员之间的关系，但这种仪式化的举动，还是贵族民主制所必需的。

这一切都结束后，时间又归你自由支配了。你可以去任何想去的娱乐场所，就像往常那样，但你今天忽然有点提不起兴致。这样的忧患意识有违迦太基的及时行乐精神，在城邦如日中天的此刻，更显得不合时宜。你隐约觉得，影响了心情的是刚才会议上有人提到了西西里岛驻军的军费问题，已记不清这是驻岛部队司令第几次催饷了，但议会照例搪塞推托，只是换了个新的借口。

固然，这些兵可以靠打家劫舍为生，而且现下承平日久，原也用不着这么多常备军，实在不行就裁撤一些，还可以省下经费扩大海外贸易和经济作物的种植，反正现在衰败不堪的希腊世界，没有人能威胁到强大的迦太基共和国。不过，你还是隐约地觉得，文恬武嬉，兵备不修，这迟早会断送眼下的好日子。从自由民到商人、地主乃至议员，你们的幸福生活正是建立在奴隶们牛马般的劳作上，远的不说，就说你自己在城外的种植园里，那些奴隶们已经三年不知肉味了吧？当你惬意地享受早餐时，他们早已被监工的皮鞭唤醒，在地里干了几个小时了。假如城邦到了危急存亡之秋，这些人会有足够的家国情怀来与你们这些肉食者共赴国难吗？

尽管亚里士多德赞赏你们的共和国没有那种生杀予夺的专制君主，但你们的城邦和那些君主国有什么分别呢？都是大批蚁民供养食禄者的金字塔形结构。要说区别，也就是帝制国家是埃及那种棱锥形的金字塔，而你们是中美洲那种棱台形的、平顶的金字塔。这些塔，会不会"有朝一日倒过来"？

你无法回答自己，能做的仅仅是，祈祷这天来得晚一些。

4
罗马登场

罗马确实不是一天建成的。这个施工期如此漫长，以至于文献史料已不能呈现其全貌。追溯永恒之城的来历，又得求诸传说，这个传说比迦太基的牛皮圈地还传奇。

话说大约2800年以前，在亚平宁半岛的台伯河入海口处有个小国，名叫阿尔巴，这个国家有一位贤明的国王努弥托和一位阴险的御弟阿穆略。接下来就是老套路了。弟弟政变放逐了哥哥，杀了哥哥的儿子，又逼哥哥的女儿削发为尼（确切地说，是在战神马尔斯庙做贞女祭司），以为这样一来就绝了哥哥的后嗣，可以高枕无忧。

可能是阿穆略比较尊重女性，干尽坏事之余，偏留了侄女一条命，结果一念之仁，斩草不除根，出了岔子。出家的侄女很快怀孕了，生下俩大胖小子。当事人坚称，孩子的爹就是战神马尔斯，古时候没有DNA亲子鉴定技术，因此也查不出究竟是谁这么大胆子。阿穆略闻报，重新走上了反派戏路，先弄死侄女，又把那两个孩子扔到台伯河里，让他们自生自灭。

凡是婴儿时代在河里漂过又没淹死的，长大了都会有出息，萨尔贡大帝如此，摩西如此，唐僧如此，岳飞如此，这俩不知爹是谁的孩子也如此。他们在玩激流回旋的时候，岸边来了一只失恋的母狼，看见两个雪玉可爱的婴孩漂在水里，母狼心有所感，焕发出伟大的母性气息，将他们衔上岸来为之哺乳。

这两个孩子就这样喝着狼奶长大，那乳质纯天然，无污染，因此小哥俩成长得格外茁壮，就跟人猿泰山似的。

后来机缘巧合，两兄弟回归人类社会，分别得名罗慕洛和勒莫。再后来又机缘巧合，长大后的罗慕洛和勒莫遇到了他们的外祖父努弥托（真长寿），老人家对他们痛说革命家史，两兄弟立志报复国恨家仇。不知是不是从小喝狼奶的缘故，两个狼孩都武功高强，这一天联手攻入宫中，三千甲士竟不能挡，僭主阿穆略伏诛。狼孩兄弟匡扶外祖父努弥托重登大位后，离开阿尔巴寻找自己的事业去了。他们溯台伯河而上，走到卡皮托尔山麓，建立了一座城市。后来两兄弟因为数鸟儿的问题发生了龃龉：这一天他们头上飞过一群兀鹰，弟弟勒莫抬头看了一眼，说一共是6只，而哥哥罗慕洛眼神不太好，看东西重影，非说是12只。两兄弟为这点小事争执不下，结果越吵越凶，文斗升级为武斗，动口发展成动手，哥哥一不小心竟把弟弟给打死了。此后，他独享了新城市的冠名权：罗马。相传，那一天是公元前753年4月21日。

正式史籍的记载远没这么热闹，但时间倒是对得上。公元前753年起，一些拉丁部落就像美国西进运动那样，赶着大车唱着歌，拖家带口地来到这片台伯河西南岸的滩涂之地结庐而居，于是有了罗马的前身。或许现实中的罗慕洛，就是这些拓荒移民中的一员吧。

拉丁人来的时候，这里并不是无人区，伊特鲁里亚人早就住这儿了。伊特鲁里亚人到底是什么人，现在也说不太清楚，反正亚平宁半岛现在已知的第一拨常住居民就是他们，初来乍到的罗马先驱得看他们脸色。到了公元前6世纪，伊特鲁里亚统治者由于"贪暴"被罗马人驱逐了——所有的叛乱者都会把作乱动机归结为统治者贪暴。此后双方进行了长期的艰苦卓绝的斗争。起初，罗马人少钱少家伙少，落尽下风，但伊特鲁里亚人也没把他们当盘菜，他们对西西里岛更感兴趣，可惜在公元前474年与希腊人的一场大海战中舰队全军覆没，从此一蹶不振。

公元前396年，罗马人攻陷了邻近的维伊堡要塞，该要塞一直是伊特鲁里亚人征伐罗马的基地，失去这个据点后，他们已很难对罗马人构成直接威胁。接着更倒霉的事情发生了。居住在今天法国一带的高卢人南侵，公元前390年，他们渡过波河南下，席卷整个半岛，伊特鲁里亚人的国家在这场浩劫中湮灭。至此，他们完成了自己的历史使命——引领罗马人出场。

高卢人的入侵也波及了罗马。传说高卢士兵准备趁夜偷袭，结果不慎惊动了罗马人放养的鹅，群鹅一起曲项向天歌，守城战士们被惊醒，高卢人只好退走。随后，罗马人支付赎金请求高卢酋长退兵，后者同意了。受降仪式中，高卢人在分金秤上做手脚，罗马代表识破后加以质疑，高卢领袖布伦努斯大手一挥，甩出一句千古牛言："战败的人就该倒霉。"① 罗马人当场就没了脾气，只好自

---

① "布伦努斯"可能不是人名而是首领、酋长之类的称呼，因为此后的史书上出现过多个叫布伦努斯的凯尔特系蛮族首领。

4 罗马登场

认倒霉。

这个胜者法则触及了他们的灵魂，罗马人就以此为理论依据，在随后的日子里让被他们打败的人倒足了霉。

高卢军团撤走的次年，罗马人开始着手征服南边的邻居。那时，在靴子形状的亚平宁半岛上散居着许多拉丁裔的部落和城邦，而那不勒斯以南的"靴根"部分以及西西里岛东部，则是希腊殖民者的地盘。罗马人用了整整一百年的时间，统一了拉丁诸城并收编了伊特鲁里亚人残部，从诺阿河（台伯河以北）到那不勒斯悉归其有。而在罗马人扩张的这一个世纪中，希腊世界经历了马其顿腓力二世和亚历山大父子两代的战争摧折，开始由盛转衰。此消彼长，亚平宁半岛南部的"大希腊"顺理成章地被罗马新贵视为下一个征服的目标。

前面讲到过，当时地中海的势力范围已基本划定，迦太基为首的腓尼基人占有西西里岛西部，而岛的东部归希腊人。如我们所知，希腊世界是由一个个城邦组成的松散联盟，彼此不相统属，通常没有一个强有力的中央政权。不但希腊本土如此，海外殖民地也是类似的结构。这种小国寡民的模式固然有利于民主，但也容易招致强敌的觊觎。

当时这一干弱小希腊城邦中，稍微不太弱的两个是位于亚平宁"靴根"部位的塔兰托和西西里岛东南的叙拉古。叙拉古的国王阿加索克利斯年轻时也是个飞扬勇悍的角色：对内，他采取铁腕统治，还发明了西方版的炮烙之刑；对外，他曾经率兵打到北非，与迦太基争雄，斗得旗鼓相当。但时移世易，如今的希腊世界已不复昔日之强盛，他本人也是烈士暮年，空怀壮心。公元前281年，罗马人的威胁越来越成为现实，老阿加索克利斯无力与抗，只好驰书求助于他的女婿，当时希腊世界的头号实力派，伊庇鲁斯国王皮洛士。

伊庇鲁斯国位于马其顿之南，大致在今天的阿尔巴尼亚一带，扼守着亚得里亚海的入口，与塔兰托隔海相望。此地民风尚武，颇有当年马其顿之余烈，在雅典等一干老城邦堕入沉沉暮气中时，伊庇鲁斯以后起之秀的姿态，成长为希腊世界的一盏明灯。亚历山大的母亲奥林匹娅斯就来自这里，现任国王皮洛士，可以和亚历山大攀得上亲戚，他的血液中也有来自亚历山大母族的好战因子，手中握有强兵，有志于重现马其顿王的不世武功。当他接到岳父以及塔兰托人的求援信后，觉得这是介入意大利事务的良机，于是点起两万精兵，蹈海而来。

公元前280年，皮洛士和罗马人首次交锋，双方战于亚平宁半岛南段的赫拉克利亚，皮洛士用上了秘密武器：从东方塞琉古帝国进口的20头印度战象。罗马人哪见过这庞然大物，抵挡不住败下阵来。不过此役中已经普及了铁制短剑并采取线形阵列战术的罗马军人，对依然停留在马其顿方阵时代的希腊军队体现出了极大的优势。罗马人虽然败退，但皮洛士战后清点人数时发现他带来的2万子弟兵（此役投入11 000人）一战折损了4000多，战斗减员超过20%。皮洛士既惊且痛，叹道："再来这么一次胜利，就没人跟我回希腊了。"次年皮洛士又在罗马本土的阿斯库路姆再次获胜，同样是杀敌一千自损八百。后来西谚中把这种损失极大、收效甚微的惨胜叫"皮洛士的胜利"，就源出此典。

此时的迦太基，基本巩固了在西地中海和西西里岛西部的统治地位，对罗马人、伊特鲁里亚人、希腊人的乱斗只当热闹看，基本不插手。皮洛士的到来让迦太基感到了不安，尽管他们也不希望看见罗马人南下，但更不能容忍老对头希腊人在地中海建立亚历山大式的霸权。于是两害相权取其轻，他们与罗马人缔结盟约，派出舰队共同对付皮洛士。

迦太基和罗马的合作，彼此都从第一刻起就心存芥蒂，双方都不曾提供、也不曾要求对方提供军援，即便在战事不利的时候也是如此——大家都怕引狼入室。

公元前275年，皮洛士试图偷袭罗马城南的贝尔凡托兵营，这一次他吃了败仗。赢的时候尚且损失惨重，失利的代价可想而知。征战六载，得不偿失，皮洛士明白了自己终究不是亚历山大，他决定收兵回国。

临行时，伊庇鲁斯王说："我们走，让西西里变成罗马和迦太基的斗狗场吧！"

他的预言很快就变成了现实。

5
衅从此开

皮洛士认栽撤军，罗马人欢天喜地地庆祝，还专门发行了刻有大象图案的银币，以纪念打败他的战象，目前在罗马城的卡皮托尔博物馆还能看见这种纪念币。

回到希腊后的第三个年头，皮洛士死了。亚平宁半岛上的塔兰托等一干希腊城邦，眼见大势已去，纷纷托庇于罗马麾下。现在，整个半岛都是罗马的了。

不过，此前的盟友——海上的迦太基人成了新的威胁。

当时的罗马主要还是一个陆权国家，半岛土地还算足适其愿，另外，鉴于地中海霸主迦太基的百年品牌，他们对外面的世界暂时没有什么非分之想。而迦太基作为海商民族，天生对土地缺乏野心，也很满足于海上老大的地位，能垄断西地中海的贸易港口，顺便在非洲抓点奴隶，在西班牙挖点白银，就很志得意满了，因此他们没采取什么措施来抑制罗马的崛起，只希望位于西西里东南的、实力已大不如前的叙拉古能作为一个战略缓冲带，把他们两国隔开。

在这种实力对比下，两国维持了一段时间的和平，双方的和约中规定：迦太基承认罗马在亚平宁半岛的地位；不侵犯半岛以及西西里岛上罗马的盟邦；不在罗马人的势力范围内殖民。罗马则不能在迦太基以西的海域航行；除非为了必要的维修，不能在萨丁尼亚（今撒丁岛）、科西嘉以及西班牙泊船；不经允许不能和迦太基下辖的口岸贸易，违约的船只按照惯例予以没收或击沉。这个条约对罗马的扩张是阻碍，而对迦太基的商业利益是保护，因此后者感到大占便宜，得意地说："没有我们的同意，罗马人想在大海里洗洗手都没门。"

但真正起到约束作用的，向来都不是什么条文和图章，而是这背后的实力。正如威尔·杜兰所说，罗马人肯和迦太基人做朋友的前提条件是后者强大得足以控制他们。罗马对这种势力范围划分十分不满，因为西西里岛土地肥沃，每年的农业产量足以供给全意大利半年之需，罗马人觊觎此地久矣。而且从战略角度上说，这里离亚平宁半岛太近，西西里岛和意大利本土之间的墨西拿海峡，最窄处仅80多海里，以腓尼基人三列桨战舰的性能，极限速度下甚至可以朝发夕至[1]。迦太基人在岛上的军事存在就像达摩克利斯之剑一样让罗马人寝食难安。而如果能把西西里夺到手，不但可以摆脱这种威胁，还能凭借地利之便，进取科西嘉和萨丁尼亚，三大岛拱卫亚平宁，用"岛链防守"来保护本土的安全。因此，在迦太基用其百年积威来维系两国间这种不稳定的平衡时，罗马饿狼则从旁打量着，养精蓄锐，等待时机。

机会就是人闹出来的。天下太平了，最失落的人就是雇佣兵，没有仗可打，这些人简直不知怎么讨生活，自然要闹。在西西里岛上，就有这么一伙人。他们原本来自意大利著名的雇佣兵产地坎帕尼亚，皮洛士战争时期受雇来到西西里打仗。战争结束后，这伙下岗职工夺取了西西里岛东北的港口城市墨西拿自立为王，啸聚岛上。他们自称马末丁人（Mamertines），意思是战神马尔斯的子孙，四处滋扰，抢掠岛民。这里地处已衰败不堪的希腊人势力范围，各个城邦都拿他们没办法。公元前265年，叙拉古的领主西罗集合了一支军队，准备去驱逐"战神子孙"，收复墨西拿。西罗虽是贵族出身，但权位是当年在皮洛士军中一刀一枪拼出来的，打仗很有一套。形如土匪的"战神子孙"们不是对手，很快被逼退到墨西拿城里困守。眼看坚持不下去，他们决定向罗马求援，派人送去降表，表示愿意献出城市主权以求得罗马人的保护。

叙拉古本是站在皮洛士一边同罗马作战，但现在西罗知道罗马人惹不起，是以出兵前早就和他们打好了招呼，说定由他主攻，罗马配合，夺下墨西拿后两家二一添作五。罗马人本来已经点头了，此刻正配合西罗在国内大造舆论，把这次与昔日冤家的携手说成是联合反恐统战斗争，是光荣的义举。可现在局势变了，西罗答应分给罗马一半，而他们刚刚还在口诛笔伐的匪徒"战神子孙"，现在愿意献上整座墨西拿城。

要光荣还是要地盘？罗马人稍加权衡，很快选择了后者。他们派人告诉西罗，"战神子孙"现在已是自己人，叫他撤去围城的军队回叙拉古。西罗自然不肯听，而且得知罗马背盟后，他命人加紧攻打墨西拿，想抢在罗马人到来前破

---

[1] 修昔底德《伯罗奔尼撒战争史》中记载，古希腊人的三列桨战舰能够以7.5节的航速航行超过100海里。腓尼基人的船只性能更优于希腊人，以此推算，他们有能力在一天之内渡过墨西拿海峡。

城，造成既定事实。

这下"战神子孙"们更撑不住了，罗马人的部队还在海峡那边，远水难解近渴，子孙们决定索性装孙子装到底——再向岛西边的迦太基人投降一次。

迦太基虽然对攻城略地不怎么感兴趣，但有这样的现成便宜送上门来，还是却之不恭，于是开来了军队，准备接收墨西拿。这一来形势又为之一变，西罗知道，如果迦太基和罗马都出兵打过来，自己非但夺不到墨西拿，甚至还有可能在他们的夹攻下被灭国——毕竟这两大强国现在名义上还是盟友。

微妙的时刻，西罗想出了一招好棋，他一边顺水推舟，对罗马表示同意退兵，卖他们一个人情；另一边在班师前派人对迦太基的司令游说，这座城就交给你们好了，不过西西里向来是我们两家的地盘，现在罗马人要跨过海来横插一杠，显然不怀好意，我们应当团结起来一致对外。这番说辞让迦太基人很以为然，在他们的授意下，"战神子孙"们写信向罗马致谢，同时请他们的舰队返航，因为迦太基军已经赶跑了西罗，解了墨西拿之围。

这边厢，罗马元老院里也在激烈争执，一些稳健派表示，强大的迦太基已经介入，不应该和他们发生摩擦。说这话的大多是地主之类的不动产持有者，他们拥有的土地已足够享用，对拓殖海外没什么兴趣，深恐打起仗来破坏了自己的幸福生活。而商人们则是另一种态度，他们狂热地呼吁必须用战争把迦太基人赶出西西里，这自然是为了打破垄断，攫取海外贸易的巨利。其时这些富商巨贾们把持着百人大会，在罗马政坛有着相当的影响力。最终罗马人做出了一个改变他们未来国运和世界格局走向的决定——出征。

本来罗马也还没有完全做好与迦太基撕破脸的准备，但时不我待，此前无论是战神子孙还是西罗试图夺取墨西拿，他们都采取了默许的态度，因为罗马也需要一个在他们和迦太基之间的隔离带。但如果墨西拿落入迦太基手中，等于边境线向己方推进了，这是他们无论如何不能接受的。罗马的船队全速驶向西西里。

这时"战神子孙"报捷并请求班师的信函到了，罗马兵团的司令、军事执政官盖乌斯·克劳迪厄斯在他的战舰上阅罢，吩咐不要理会，船队兼程，破浪而来。

登陆后，克劳迪厄斯邀请迦太基的司令汉诺来和他一起召集公民大会，商讨墨西拿城的未来。这位汉诺司令是个出奇的糊涂蛋，克劳迪厄斯不顾他们的要求强行登陆西西里，这敌意已经很明显了，但他还是不加防范，也没带兵就欣然跑去单刀赴会。结果可想而知，克劳迪厄斯岂能跟他客气，当场拿下，并逼迫他下令，让迦太基军队撤出城去。这司令不但糊涂而且惜命，受制于人，当下软了，遵照吩咐退避三舍。罗马人兵不血刃拿下墨西拿。

有道是"兵熊熊一个，将熊熊一窝"，司令如此，其手下的战斗力不问可知。迦太基军被赶出城去，想反攻又没信心，只好退回岛西自己的地盘休整。克劳迪厄斯却知道迦太基断不会善罢甘休，他派兵把住各处险要，同时急报罗马城请求援兵。

果然，迦太基议院闻听此事气得火冒三丈，把笨司令汉诺钉上十字架，接着派驻岛士兵再次出击，同时出动招牌的舰队，水陆并进，兵发墨西拿。在叙拉古养精蓄锐的西罗看出便宜，也再度挥师北上。

影响世界历史进程的第一次布匿战争就这样开打了。

这时是公元前264年。

6
淹死会水的

在战争的初始阶段，以寡敌众的罗马人蜷缩在墨西拿城中，深沟高垒，避而不战。但迦太基人的攻城手段实在欠佳，加上西罗虎视在侧，随时准备捡便宜，这也让他们不得不有所保留。于是，迦太基与叙拉古联军兵顿墨西拿城下。

但迦太基人还有另一手，那就是他们的招牌海军。海军将领汉诺（本书中出现的第二个汉诺，不是之前被处决的汉诺司令。在本书中，迦太基方面的汉尼拔、汉诺、哈斯德鲁巴，罗马方面的克劳迪厄斯、西庇阿等姓氏都会多次出现，为避免混淆，会分别加以标注）率领舰队封锁了墨西拿海峡。一水之隔的勒佐城中，罗马第二执政官阿庇乌斯·克劳迪厄斯（本书中出现的第二个克劳迪厄斯）的大军在此集结，但无法跨海赴援。

迦太基人长围久困，墨西拿城中的盖·克劳迪厄斯苦苦支撑。眼见先头部队形势危殆，阿·克劳迪厄斯决定行险一搏。一个月黑风高的夜晚，他率领部队放弃大船，改乘快艇，冲向墨黑的大海。罗马人的冒险精神再次受到了上天眷顾，汉诺连日来见敌船不敢出战，此时已有些放松了警惕，竟让对手在他眼皮底下溜过海去。

次日，阿·克劳迪厄斯的援军出现在墨西拿城下，围城的迦太基军大惊，仓促与战，城里养精蓄锐的盖·克劳迪厄斯也率部杀出来，里外夹攻。迦太基阵中的努米底亚轻骑兵是克敌利器，给罗马制造了不小的麻烦，但最终决定胜负的还是步兵。迦太基步兵的作战能力和罗马战士不在一个档次，很快就抵挡不住，那些作为雇佣兵的非洲骑手也就跟着一齐撤了。是役，罗马的马克西姆斯单骑陷阵，迦太基叙拉古两军健者莫能与抗，他因此被称为"墨西拿英雄"。

罗马军试图追击南逃的西罗，结果老谋深算的后者在撤军途中还设下埋伏，挡住了罗马人，率残部逃回叙拉古。但此战让西罗亲眼看清了罗马的骁勇和迦太基的外强中干。这个翻脸比翻书还快的家伙转身投靠了罗马，从此成为罗马人在西西里岛最稳固的同盟。有了他这个样板，其他一些小邦自然也知道趋利避害，况且迦太基人一贯搞商业垄断，早已让他们不满，此时都改旗易帜，投入罗马旗下。

墨西拿城下一战，迦太基人不敢再与罗马人在旷野争雄，他们的5万军队退入岛西端的要塞阿格里琴托，坚守不出，罗马反过来挖深沟筑复垒，围困迦太基人。与此同时，急于戴罪立功的汉诺加紧了水上封锁，也掐住了罗马从本土获取支援的咽喉要道。双方就这样扣着彼此的脉门，比拼挨饿的能力。相持了快两年，终于迦太基人受不了了，开关出战。结果，罗马付出了惨重的伤亡代价，但迦太基更惨，5万人被全歼，阿格里琴托要塞易主。至此，罗马人拿下了西西里的桥头堡墨西拿，慑服了叙拉古等希腊城邦，取得了第一回合的胜利。

但迦太基人仍握有制海权，他们的战舰能随时袭扰罗马的海上补给线，甚至袭击亚平宁半岛南端的沿海城镇。迦太基海军纵横来去，让这些罗马的新盟友陷入敌军随时可能兵临城下的恐慌，有些意大利城邦已在压力下倒戈。

显然，迦太基人的意图是扬长避短，不与罗马军团在陆上争锋，而通过海上实力困罗马远征军于西西里，同时无休止地骚扰没有海军保护的罗马沿海，逼迫其和谈。

如果换成别的对手，可能真的就范了，但罗马人的神经格外坚强，决心血拼到底，既然迦太基人的军事优势和信心都建立在海军上，那么就直接摧毁这个他们最得意的武器。公元前261年，罗马开展了一场轰轰烈烈的全民造船运动，正巧一艘迦太基战舰在亚平宁半岛海域搁浅，被罗马人俘获。罗马人以这艘战舰为范本，造出了三列桨战舰20艘，五列桨战舰100艘，后人评价：罗马人用一年时间解决了拿破仑不能解决的问题，把一个陆权国变成了海权国。

公元前260年，这支由120艘崭新战舰组成的罗马水师扬帆出海。享誉数百年的迦太基海军毕竟不是浪得虚名，双方的初次海上较量在墨西拿海峡的利帕里群岛，罗马执政官格涅乌斯·科尔涅利乌斯·西庇阿（第一个出现的西庇阿），率17艘战舰试图奇袭迦太基人的军港，结果全军覆没，西庇阿本人被擒。

迦太基战舰上通常的人员配备有指挥官、划桨的水手，以及水兵。大海之上弓矢为先，水兵当中又以弓箭手为主，负责近战的重甲步兵则数目很少，在一条200人的船上，通常只有10人。迦太基人格外强调船的速度和灵活性，划桨手配备尤多，基本战法是凭借灵巧的驾驶技术，绕到敌舰侧后方，撞断敌人的船桨使其瘫在海上变成固定靶，然后弓箭和抛石机伺候。此种打法极具高手风范，进攻时如蝴蝶穿花般盘旋，寻到破绽一击克敌，不多费弓弩箭镞；一击不中也能凭高超的划桨掌舵技术，飘然远引。这样的敌人让罗马人颇感有劲使不上。

利帕里群岛之败，令罗马切实感受到了与迦太基海军的差距。但知难而退不是罗马人的思维方式，既然操控船只的技术赶不上对手，那就另辟蹊径，换别的方法克敌。罗马舰队一面躲避迦太基海军主力，一面开发秘密武器。

经过不到一年的闭关修炼，罗马人携新研发的大规模杀伤性武器重返战场。这武器是针对迦太基战舰量身打造的，但毕竟没经过实战试验，谁也说不准真上了战场到底灵不灵。罗马的水兵们还是有些紧张，他们按照惯例，请出了随船携带的神鸡。这种披红挂绿的大公鸡乃是军中吉祥物，兼作占卜道具之用，由宗教人员抱着隆重登场。根据他们的理论，如果该鸡肯吃饲料，则证明神灵庇佑，出战大吉，反之则是凶兆。也不知这一天鸡先生晕船还是心情不佳，面对着递上来的饲料，摆出一副割不正不食的圣人派头，试了几次，死活不肯开金口。罗马水兵们更加惶惶不安，都说占卜结果不利交战，结果惹恼了指挥官克劳迪厄斯·喀尔巴（本书中出现的第三个克劳迪厄斯）。他抢上前来一把抓起神鸡提了起来，说："卜以决疑，不疑何卜？"言罢扬手把这只骄傲的大公鸡抛进海里，喝令船队出发，水兵们只好依令起航。

罗马与迦太基两军舰队在西西里岛东北的密列海域相逢，迦太基的海军仍由汉诺统率，他见罗马的船队依旧迟缓笨拙，更加不将他们放在眼里，指挥舰队准备聚而歼之。但和他一样信心满满的迦太基水兵不知道，他们正全速冲向死神张开的血盆大口——罗马人的船头装了一个可以旋转180度的飞桥，带有坚固的铁钩，迦太基的船只一旦靠近，飞桥就抛出去牢牢地搭住他们的船舷，罗马步兵便会从桥上冲将过来。

罗马人的这种特制的战舰叫乌鸦船，那飞桥就是掠食的乌鸦之喙。原来他们自知无法在舰船机动性上超过迦太基人，就发明了这种装置，既能控制敌船，又能把自己擅长的地面白刃战转移到敌舰甲板上。罗马人采取了针对性部署，每艘能装载200人的船上，水兵竟多达120人，远远超过迦太基方的配比。乌鸦嘴叼住猎物后，这些海军陆战队的精锐就从飞桥上直冲敌舰，以众击寡，一时间短剑翻飞，如屠犬羊。

用传统的眼光看，乌鸦船属于不讲理的打法，就像足球赛中技战术不如对手就朝人家脚踝上招呼。但战场就是这样以成败论英雄的地方，航海技术远胜的迦太基人再怎么抱怨罗马人"没技术含量"，也终究难挽败局。密列之役，迦太基战船沉的沉俘的俘，损失50余艘，折兵过半。汉诺的旗舰也落入罗马人之手，他本人弃船而逃，率残部遁向萨丁尼亚，不想抵港之前被守候多时的罗马舰队截杀，又折损了一部分船只。尽管汉诺本人的坐船再度逃脱，但这次，愤怒的迦太基水兵杀死了这个无能的指挥官。

密列之战，与其说罗马人战胜了迦太基，不如说他们战胜了对海战的恐惧与不适，从此他们在水面上也如同在陆地上一样，可以傲视迦太基。

按说一阵一仗之得失实属平常，但迦太基人似乎不擅长从失败中吸取教训，既没有想，当然也就没有想出破解乌鸦船的办法。公元前256年，迦太基动员350艘战舰，载约15万水兵，再次与罗马执政官马库斯·阿提利乌斯·雷古鲁斯率领的主力决战，罗马战舰有330艘，舰载兵力基本相当，这是古代海战史上空前规模的大战。双方战于西西里岛的埃克诺穆斯角海面，千帆竞逐，百舸争流，罗马的乌鸦再次为迦太基人报丧，后者被击沉30艘，被俘64艘，而罗马方面的损失只有24艘。迦太基舰队一战报销三分之一，尽管他们此时仍在地中海上占有整体优势，但无论在战略还是在战术上都已陷于被动，独霸地中海的时代一去不返。

从腓尼基到迦太基，纵横海洋久矣，此番竟败于举桨未几的后生晚辈，这正是善泳者溺于水。

7
悲情双雄

埃克诺穆斯角大败之后，迦太基人的海军再难威胁意大利本土，不过他们还控制着萨丁尼亚、科西嘉以及西地中海为数不少的岛屿，可以以此为基地向罗马运输船发难，罗马人还是无法在西西里岛上安居。

罗马人要么逐个夺取这些海军基地，毫无疑问，那将是代价惨重的；要么绕过它们，冒险直捣北非兵临迦太基城下，迫使对手屈服。海陆军的几次胜利让罗马元老院洋溢着乐观情绪，急功近利之风抬头，元老们议定，携大捷之余威，将战火烧到阿非利加。埃克诺穆斯角海战的英雄雷古鲁斯和另一名执政官福尔索领命出征。

新败的迦太基船队退守突尼斯湾，以为罗马人必将在此登陆，而雷古鲁斯避实就虚，选择突尼斯湾东边的克利比亚湾上岸，在无人防守的高地上扎营下寨，掳掠周边部落，将两万余人抓为奴隶。

迦太基惊惧不已，这个共和国素来倚重雇佣兵，而不在本国公民中发展常备军，这些百年承平之民现在手足无措，只能向各路神仙祈求平安。

雷古鲁斯在营地驻扎了半年，四周都是适于迦太基骑兵和战象驰骋的开阔地，而他们竟一次也没敢来攻击。敌人的胆怯激发了雷古鲁斯灭此朝食的雄心，公元前255年，他分兵一半回去支持西西里的战事，自己率领剩下的15 000名步兵和500名骑兵，朝迦太基进发。

可惜雷古鲁斯的情报工作做得太差，如果他趁去年（公元前256年）迦太基人手忙脚乱的时候出击，或许还有胜算，而在他建营盘抓奴隶的这半年中，迦太基已经逐渐恢复了元气。并且，迦太基人虽不善战，却可以花钱请善战的民族为其效命。他们从盛产将领的斯巴达重金礼聘的高手桑提普斯，现已到位。

在列奥尼达那个时代，斯巴达人是以步兵作战见长的，但桑提普斯久历近东，和擅长骑马的努米底亚人打交道，成长为一个优秀的骑兵指挥官。他的部队步兵数量略少于雷古鲁斯，但配备了4000名努米底亚轻骑兵，外加100头战象。两军接战，桑提普斯集中轻骑兵，猛攻罗马军左翼，雷古鲁斯的500骑很快被杀散。此时桑提普斯的100头战象如坦克般向中军碾压过来，罗马人侧翼失去保护，无法维持队形，抵挡不住，1万余人被消灭。罗马右翼部队的2000余人还是从不争气的迦太基步兵包围中杀出血路，逃回克利比亚湾的大营。

轻敌的雷古鲁斯于战场被俘，囚在迦太基城，一关就是5年。这期间两国兵戈不断。公元前255年罗马人在赫梅岬海战中击毁迦太基舰船114艘，兵抵克利比亚，于桑提普斯重围中接应败军撤退，上演了古代版的拯救大兵瑞恩。次年，他们又在西西里夺取了战略重镇帕诺穆（今西西里首府巴勒莫）。但迦太基人屡有神助，罗马舰队在这两次胜利之后都遭遇了暴风雨，船只累计损失480余艘，战场优势在天灾面前化为乌有。

不过战争对迦太基的伤害也不小。因为他们的军队主要都是雇佣兵，常年征战，军费数字极为骇人，已几乎掏空了国库，而战争又使得航运贸易大受影响，财源也严重吃紧。再打下去，就得迦太基议院的寡头们自掏腰包补贴国家亏空了，这显然是他们不情愿的，所以议院一心寻求停战，趁现在战场局面还不算太坏，谈判时还能有点讨价还价的余地。

公元前251年，迦太基派出一个使节团赴罗马议和，在押的雷古鲁斯也被一同派去。临行前，迦太基议院和他约定，如果他能促成和议，就还他自由，否则他就要回到迦太基来继续做囚犯。

结果，作为和平使节的雷古鲁斯一回到他熟悉的罗马市政厅，马上将迦太基的虚实和盘托出，并号召自己的同胞，迦太基人就快撑不下去了，务须再咬牙坚持一下，让他们彻底屈服，不要现在就签和约。他的说辞打动了罗马元老院，他们拒绝了迦太基使团提出的停火条件。

雷古鲁斯力挫和议，有功于父母之邦，但如果仅有此一项，那他也不过是个骗取敌人信任的卧底。此人的英雄之处在于，他明知必死，还是要和使团一起返回迦太基，家人戚友百般挽留也不为所动。

果然，当使节船载着雷古鲁斯南归时，等待他的是死亡，确切地说是虐杀。迦太基常规的处决方式包括钉十字架、在柴堆上烧烤、用大象踩，等等，以今天的眼光看这都是恐怖的非人道酷刑，但他们似乎还嫌不够，为雷古鲁斯量身定做了一款新的死刑：站笼刑。他被关进一个仅能容下一人的狭小木笼，笼子四壁钉进长钉，人必须立正站好，否则只要稍一动就会被钉子贯体而入。不知这样站了多久，雷古鲁斯死了。

雷古鲁斯和迦太基议院订下的，乃是一个真正的君子之约。他既没有家人被扣作人质，身上也没被下什么"三尸脑神丹"之类的慢性毒药，一回故土迦太基人就无法控制他。因此，这种情势下他仍然肯回迦太基，是真正的慷慨赴死，这种重诺轻生的气概，千年之下犹令人敬佩。雷古鲁斯的事迹被编入罗马的小学生爱国主义教材，代代流传。

至于那位打败他的斯巴达人桑提普斯，结局也是个悲剧。当后来迦太基终于和罗马达成和平协议后，此人乘船返回希腊，迦太基人不知出于什么目的，竟在途中将船凿沉，桑提普斯就这样带着他的战利品长眠海底。

后来亲历过第三次布匿战争的罗马史家阿庇安在《罗马史》（残卷）中称，迦太基人不想让保卫非洲的伟大功绩落在一个拉西第梦人（此处指斯巴达人）头上，于是将他干掉。此说显然太过儿戏，不过根据迦太基一向注意限制武人势力，惯于鸟尽弓藏的做法来看，这个说法也未必无因。

这两位悲情英雄就这样在第一次布匿战争中闪亮登场，又黯然出局。

按

关于桑提普斯的功劳及生死，蒙森的《罗马史》中有不同见解。他说："所谓迦太基的得救皆因桑提普斯的军事天才，此说大概是浮夸之谈，迦太基军官不必待外国人的指教而后才知道非洲的轻骑兵适用于平原而非山地，这些故事是希腊卫兵室闲谈的遗响。"他还考证称桑提普斯没死于迦太基人之手，而是乘船到了埃及。对经常使用雇佣兵的迦太基来说，为了薪饷问题谋害有影响力的雇佣兵将领，似乎难以让人相信。而雷古鲁斯随使团返回罗马的日期，以及被害日期，也都没有确切记载，因此这一事件是否属实，也有人质疑。

8

闪电哈米尔卡

迦太基跟罗马人死掐了快二十年，三军败绩、失地丧师，钱粮靡费不可胜数，正陷于立国六百年来未有之窘境。所谓不在沉默中灭亡就在沉默中爆发，这个时候，通常也就该有个英雄人物应时而生了。

此人即是哈米尔卡·巴卡，其姓氏Barak与腓尼基语的"闪电"（Barca）一词谐音，因此，多年以后，他的敌人敬畏地称他为"闪电哈米尔卡"。

哈米尔卡生于迦太基的一个议员家庭，其家族司职共和国的外交事务，掌有签署和约之权。其父本想培养他子承父业，将来当个议员或律师，但哈米尔卡自幼好武，无意于案牍文墨。当他的希腊家庭教师给他讲授亚里士多德的道德文章时，他不以为然地表示，亚里士多德这辈子唯一的成就就是培养出了亚历山大。

公元前247年，迦太基在西西里的战事越发吃紧，哈米尔卡终于有了投笔从戎的机会，他被议院任命为驻岛官兵最高指挥官。当时哈米尔卡的确切年龄现已无可稽考，但所有的史料都称他很年轻，大概20岁出头。亚历山大23岁荡平波斯，霍去病21岁封狼居胥，有些军事天才是早慧的。哈米尔卡也是这等人物，他赴任西西里时，迦太基人在岛上只剩了南部的德雷帕纳港和利利贝两处据点，佣兵们正无精打采地蜷伏在掩体里，他们已经好久没有领到过军饷，士气低落。哈米尔卡屡次请饷，但元老院以没钱为理由，一个铜板也不肯给，他们的政策就是既要马儿跑又要马儿不吃草，西西里岛的一切军需都得就地取材。

哈米尔卡能依靠的只有他的个人魅力了。他激励这支倦怠之师的士气，一面向他们许诺偿还拖欠工资，一面整肃军纪，训练格斗，有小成后便率领他们游猎于岛上，看准了哪个无备的罗马盟邦，就去打家劫舍。在哈米尔卡的指挥下，这支军队例不空回。自己动手丰衣足食，很快他们就能解决吃饭问题了。

这种以战代练的游击，乱了敌人，锻炼了群众。迦太基方面的利比亚步兵一向不是罗马军团的对手，而在哈米尔卡的调教下，他们先后在德雷帕纳和利利贝两次防守战中连挫罗马人，照这个势头发展，哈米尔卡的部队迟早能在野战中与罗马步兵一决高下。随后，哈米尔卡又率军攻取帕诺穆附近的制高点埃尔克梯山，修筑防御工事，并以此为据点控制四周的村镇，迫使他们交钱交粮。同时他打通与海港的交通线，与西西里外围的迦太基海军将领吉斯戈呼应，还雇用海盗劫掠船只，甚至抢掠意大利本土。罗马人数次围剿埃尔克梯都无功而返，哈米尔卡驻守山中六年，移军队家属于据点中，同吃同住同生产，俨然就是一个国中之国了。

以将才而论，罗马方面无一人可与哈米尔卡匹敌，但"闪电"的不幸在于，他需要以一人之力面对整个罗马。当他的政府连军饷都欠奉时，同样拮据的罗马，其公民却自发组织起来，为国家提供了200艘战舰和6万名水兵。

罗马的人力不在迦太基之上，财力也远远不如。在连年战争中他们也饱受摧残，仅公元前252年至前247年，就有4万公民死于战祸，损失了全部人口的六分之一（罗马同盟的损失尚不计在内）。而对比两国后方对前线的支持，差距怎么就这么大呢？

这是两国的政体差别使然。迦太基虽有民主之誉，但实际上控制政府决策层的是一个商业寡头集团，他们小心翼翼地把权力拢在手里，生怕别人分走一点。对盟邦和附属国，决不给予公民权，即便是法律上与迦太基平等的城邦也是剥削对象（乌提卡是唯一的例外），比如利比亚的小列波底，每年就要缴纳365塔伦特白银。对征服地，更是一味地榨取，供赋加之，兵役加之，如此何来休戚与共的认同感？而且他们假借职务之便，"合法地"发展壮大自家的产业，集团利益凌驾于社稷，有便宜他们取大头，出娄子摊派给大家，国家统治阶层的利益与公民的利益相背离，这又如何能有上下同心的向心力？

反观罗马，他们的爱国热忱并不是来自民族主义或什么领袖的感召，而是来自对制度的认同：罗马联盟内各城邦一律享有平等的、有切实保障的公民权，和平时期同气连枝，对外征战，胜利果实大家有份。就如马基雅维利论述的那样："对于罗马人赢得的历次战争而言，（获胜的）基本要素是罗马人民——拉丁人、与之相连的意大利其他各部分的民族以及殖民地，就是从这些联盟中，产生了无数的军人，他们使罗马能够征战并控制整个世界。"在这种体制下，公民利益和国家利益在大方向上是一致的，国强能切实地转化为民富。有了物质和权益层面的同劳同酬，才会有精神和道德层面的同心同德。

比较两国政体，我们可以看到，如果所谓国家利益事实上只体现在上层社会的肉食者身上，则无论这肉食者是一个世袭帝王还是一群官商一体的寡头，无论这个肉食者圈子的成员是出自贵族政治的血缘繁殖，还是出自寡头政治的"党内民主"，其本质都是反公众的，其势亦必不能久长。

面对20万罗马公民及其数量更为庞大的盟邦，哈米尔卡再能打也没用，况且迦太基方面别的将领远没他这么能打。公元前241年，当迦太基议院终于派了一支补给船队，准备驰援西西里德雷帕纳港的守军时，却不巧在海上被罗马舰队堵个正着。罗马执政官卡图卢斯的副将法尔托尽缴迦太基人辎重，率得胜之师开赴德雷帕纳，守军得知援兵全军覆没，士气瓦解，向法尔托投降。

这一来迦太基本土与西西里之间的补给线被割断，议院认定大势已去，决定同罗马媾和，接受他们以前不肯接受的耻辱性条件。议院命哈米尔卡全权负责，在西西里就地签约。

本来，将在外君命有所不受，哈米尔卡当时经营的根据地已颇具规模，发展下去就算不能尽复失地，起码自保无虞。但他的力量毕竟还无法伸展到海上，如果不与罗马议和，后者完全可以绕开西西里，在北非登陆，哈米尔卡知道那意味着什么。

所以他只有忍辱负重，与卡图卢斯谈判。经过讨价还价，公元前240年，双方达成如下协议：

1. 迦太基交出西西里岛及其附属岛屿。
2. 迦太基赔偿罗马军费白银3200塔伦特，首付50%，余额分十年期按揭。
3. 迦太基罗马双方约定不与彼此的同盟单独缔交；一国不得在另一国境内作战、行使主权、招募士兵；迦太基战舰不得出现于罗马及其同盟海域。
4. 迦太基免费运送罗马战俘回国。

割地赔款，片面权益，自古至今，城下之盟的内容大抵如此。

卡图卢斯还要求哈米尔卡全军撤离之时交出武器，迦太基统帅怫然道：御敌之器拱手让人，岂勇者之所为？若以此见逼，必当性命相搏，有死而已！这一怒之威让罗马统帅心下怯了，也就不再坚持，结果连迦太基海军方面的吉斯戈部也得以免于缴械。

　　和议即成，哈米尔卡遵照议院的指示把指挥权交给吉斯戈，让他处理善后事宜，自己先行离岛。蒙森在《罗马史》中写道："一个战败民族的不败将军，走下了他防守甚久的山岳，把那400余年来一向握在腓尼基人手里的、希腊人每攻其城无不败退的堡垒，交给了此岛新的主人翁。"他不曾被罗马人打败，却为别人的过失所累，七年之功一朝尽毁，这一刻的哈米尔卡，真有几分岳飞退兵朱仙镇的悲壮。

9

大利西行

24年，仗总算打完了。这漫长的战争中，许多参加了最后一场战役的士兵，在第一场战役开始的时候还没出生。和平对双方来说都是好事，但具体的好法又有不同。

对罗马来说，他们刚刚吞下了西西里，正需要时间来消化。这种消化必为可期，因为罗马人靠的不是单纯的武力征服，也不用文治手段来给人洗脑，他们通过给予公民待遇使新吸纳进来的领土真正融为一体，然后"以土地产农民，以农民产士兵"。当这个物产丰富又兼战略位置显要的地中海第一大岛，被以这种方式同化为罗马的血脉肢体后，他们和迦太基的实力天平将进一步倾斜，战和之权，稳操于手。

而迦太基政府欣喜于他们的贸易航线可以恢复，雇佣军军费的黑洞也不必再去费力填充，战前的黄金岁月，似乎即刻又可重温。至于西西里岛脱幅，那也不算什么，腓尼基人骨子里习惯于破财免灾。迦太基政府现下的心态如同南渡之后偏安江表、只把杭州作汴州的南宋小朝廷，对仰人鼻息的和平甘之如饴。此等鸵鸟行径事实上是纵敌，坐视罗马人扩大领先优势，一待这种不稳定的平衡再被打破，则迦太基人纵愿委曲，亦难求全。

哈米尔卡就是在这样的时局下回国的，按照惯例，他归来之后即行解甲（这只是一个手续问题，其实他在西西里岛上就已经交出了指挥权），恢复文职。在当时的政府中，主流派别是以"伟人"汉诺（本书中出现的第三个汉诺）为领袖的保守党主和派；而另有一群激进派，对停战心有不甘，他们隐然成了一个主战的少数派，并打出哈米尔卡这杆大旗，希望他也加入。

政治圈里的路线斗争，凶险程度比战场有过之而无不及。主和派要斗倒主战派，必须先除掉其精神领袖，他们处处跟哈米尔卡为难，还曾组织诉讼，说他贪污军费——这项罪名一旦坐实，哈米尔卡将被钉上十字架。

迦太基政坛一向注意节制武人权力，这是防范国家滑向军人独裁的有益之举，但把这种监督机制当成政治手腕来搞，就难免变味。哈米尔卡愤恨于主和派的种种中伤，索性在家闲居，不去议院惹眼。好在巴卡家族在迦太基政坛也算树大根深，而且哈米尔卡此时得到了一位青年才俊的臂助，此人就是哈斯德鲁巴（本书中出现的第一个哈斯德鲁巴），一个来自贵族家庭的翩翩美少年。他是迦太基政坛激进的少壮派领袖之一，和哈米尔卡过从甚密，有了他及其党派力量的支持，哈米尔卡终于有惊无险。

不过随后又有花边新闻传出。奈波斯《外族名将传》载，时人常对哈米尔卡和哈斯德鲁巴指指点点，说"他们对彼此的爱，与其说是合乎礼教的，不如说是不体面的"，为此，风化长官禁止他们会面。这就是说，当时的八卦界盛传他们二人"断背山"。这多半又是哈米尔卡的政敌们炮制的猛料，奈波斯评价道："伟大的人物总难免遭遇造谣中伤。"这不难理解，要搞臭一个人，作风问题往往比路线问题更管用。哈米尔卡对这些飞短流长也无可奈何，为了避嫌，他把二女儿嫁给了哈斯德鲁巴，当了这个绯闻男友的老丈人。即便如此，仍有流言说哈米尔卡拿女儿明修栈道，自己暗度陈仓。

但主和派真正的难题不在于如何搞臭哈米尔卡这样一个下野将军，而在于如何应对那2万多即将从西西里前线回来讨薪的雇佣兵。运载他们回国的善后工作由吉斯戈负责，在议院的授意下，起初他每次只送少许人回非洲，以便政府克扣他们军饷时不致闹出太大动静；但在罗马的一再催促下，后来吉斯戈不得不成批打包发送。这些过惯刀头舔血生活的人不是那么好打发的，大多数人都不肯空手回家，他们在迦太基西南的西卡兵营聚众不散。

为了防止闹出群体性事件影响和谐稳定大局，"伟人"汉诺以陆军总指挥官的身份来到西卡，做思想工作。他向士兵们强调政府的财政困难，请大家谅解，最后提出一个打折的延期还款方案。

这伙雇佣兵来自五湖四海，为了一个共同的目标而走到一起来——打仗赚钱当兵吃粮。他们跟迦太基人之间，是赤裸裸的雇佣与被雇佣关系，毫无情谊，自然也不会买"伟人"的账，坚持要求全额还款，一个子儿都不能少。

而此时军队中又有些人想乱中取利，煽动不满情绪，把讨债的价码越开越高，已经超过了政府亏欠的实际金额。当吉斯戈作为政府代表再来谈判时，乱军将他们全部扣押起来,至此,正当的维权行动已变质为叛乱。该起事件中领头的两人是斯庞迪斯和马托,前者是个希腊-坎帕尼亚混血奴隶,出身卑贱却怀有野心,他在布匿战争中曾做过叛徒,因此晋升无望,如果雇佣军和政府和解,他只能在白眼中回乡,下半生做个平庸的农夫。于是他撺掇怀有同样心思的利比亚佣兵首领马托闹事,一起开创大场面。

这种情况下双方只能开打,政府军方面由"伟人"汉诺挂帅。该伟人曾经在布匿战争期间率兵南征,从非洲土著手中抢来不少土地,算是战功卓著。但这次要对付的是哈米尔卡训练出来的百战之师,连罗马人都奈何不得的西西里雇佣军,他如何是对手?很快伟人就招架不住了,雇佣军乘胜追击。附近迦太基统治下的努米底亚诸部落,也在他们半鼓动半裹挟之下,跟着一同造反,一时间迦太基遍地烽火。政府不得已,只好请哈米尔卡出来收拾局面。

这场战争史称"雇佣军战争",福楼拜的历史小说《萨朗波》就是以这段历史为背景创作的,只不过他笔下的马托与斯庞迪斯形象跟史实相去甚远。他写马托英勇善战,有胆有识,对起义事业忠贞不渝,还和哈米尔卡的小女儿萨朗波搞出一段生死恋[①];写斯庞迪斯富有谋略,智计百出,是起义军的优秀军师。

哈米尔卡上任后很快扭转战局,因为叛军的骨干多是他当年的旧部。哈米尔卡恩威并施,用攻心之术使他们分化瓦解,很多人跑回到昔日主帅的麾下。斯庞迪斯惊惧之余处死了吉斯戈等被俘的政府军军官700余人,一个个断手折足,极尽酷刑。斯庞迪斯试图以此吓阻部下进一步溃散,但此举是自掘坟墓,这让哈米尔卡下决心对叛军骨干采取绝不宽恕的政策。很快斯庞迪斯自食其果,他率领的叛军主力在迪迪山和门采尔摩萨山之间的锯齿谷(福楼拜书中称"斧谷")被围。叛军弹尽粮绝,把军中的俘虏都吃光了还是无法突围,他们已经支起锅准备煮奴隶来充饥。斯庞迪斯等10名头目只好前去哈米尔卡营中请降,迦太基统帅用十字架招待了他。

实际上哈米尔卡已接受了其他人的投降,但他杀了斯庞迪斯实属败笔,这让剩余的叛军不敢相信他,这些人以为必死,于是发起困兽式的冲锋,最终在哈米尔卡战象的踩踏下尽成肉泥。尽管哈米尔卡是个冷酷的职业军人,这次锯齿谷大屠杀也被波利比乌斯斥为"毫无道义"。但其实,死者中不知有多少是当年

---

① 哈米尔卡共有三个女儿,她们的闺名历史上并无记载,其中长女嫁与前海军司令波尔米卡,次女嫁与哈斯德鲁巴,而记载最少、最有创作空间的小女儿就是福楼拜小说中萨朗波的原型。

在西西里追随他出生入死的旧部，相信这一刻他的心在流血。

随后马托率领的叛军余部与哈米尔卡继续作战，双方都毫不留情。公元前237年，哈米尔卡擒杀马托收复利比亚，雇佣兵的叛乱或曰起义，历时3年，终于被镇压。

可能有人会问，迦太基政府打这场仗的钱和人手是从哪来的？这要感谢罗马人的"热心帮助"。本来公元前240年两国的和约中规定，迦太基不得在意大利招募佣兵，但这次罗马人怕迦太基政府被推翻，还不上战争赔款，特意网开一面，同时在赔款期限上也做了通融，才使迦太基挺过难关。不过罗马人无利不起早。公元前237年，雇佣军战争结束前夕，他们出兵占了萨丁尼亚，理由是保护曾支持叛军的当地人免遭迦太基清算。迦太基稍有异议，罗马人马上翻出旧账：当初帮你忙白帮了不成？这么不识好歹，我们这就去迦太基城教教你们什么叫感恩图报！吓得迦太基政府不敢再吭声，只好听任罗马得陇望蜀，又割走一个大岛。萨丁尼亚既失，科西嘉亦难保全，随后也落入罗马人之手。

敉平叛乱使得哈米尔卡在迦太基朝野声望空前，但对内自残健卒，对外割地赔款（除了割让萨丁尼亚，罗马又从迦太基敲了白银1200塔伦特），这样的胜利让他一点也兴奋不起来。而迦太基政府在局势安定之后，又要对他进行清算——他们现在正在制造舆论，说是哈米尔卡在西西里擅许金钱，导致了雇佣军叛乱。

闪电出离愤怒了：人不能无耻到这个程度！他明白了现在的迦太基是彻底没有他的容身之地了。他此刻固然有实力发动军事政变夺取政权，但且不说这样有违迦太基的立国精神，单是罗马人那边，也不可能坐视，一旦引起他们的武力干预，国家将付出更惨痛的代价。

既然如此，与其坐困愁城，何不径弃中原，反取西域，到海外去开辟新天地？

公元前236年，在政府中通过投票谋得了"资深执政官"之职的哈米尔卡声称要去镇压边境处叛乱的努米底亚部落。他和女婿哈斯德鲁巴带同全家，率2万名马步军以及70头战象，沿着北非的海岸线一路西行，军中还有他10岁的儿子汉尼拔。随后有探马回报迦太基议院：哈米尔卡的部队在赫拉克勒斯石柱扬帆渡海，奔西班牙去了。

那天的皇历上一定写着：意马动，火逼金星，大利西行。

10
一代走，一代来

伊比利亚半岛，欧洲的尽头，陆终于此，海始于斯。15世纪，哥伦布等一干伟大航海家就从这里直挂云帆，驶向茫茫的大西洋中，去寻找新大陆。然而在公元前3世纪，哈米尔卡的时代，西班牙本身就是新大陆的代名词。

西班牙所在的伊比利亚半岛东西南三面环海，北面是高耸的比利牛斯山脉，在当时的交通条件下，基本与外界隔绝，因此当地发展较慢。前文提及，腓尼基人早在几个世纪前就在西班牙南部建了加的斯城，以此城为中心，是一小片迦太基势力范围。在半岛东部沿海还散布着一些弱小的希腊化城邦，广大内陆则住着欧洲的第一批主人：凯尔特人。他们分属若干大小部落，政治形态还十分原始。

这些弱小部族却坐守着令人垂涎的财富，西班牙饱有各种金属矿藏，从锻造军械的铜铁到充当货币的白银，一应俱全，而且这里的居民身体条件也比利比亚人更出色，适合训练为战士。哈米尔卡此行的目的就是占据这些战略资源，攫取其矿藏，役使其人民，把西班牙变成迦太基复兴的战略大后方。

西班牙原住民虽然彪悍健壮，在战场上却是一群缺乏训练的乌合之众，被哈米尔卡轻易地逐个击破。对待敢于抵抗的部落首领，他无不用尽酷刑而后残杀，而对俘虏和降卒则极尽优柔，留下的一视同仁，愿走的悉听尊便。这个征服过程花了九年，这九年中哈米尔卡把海量的战利品分为三部分：一部分用于当地重建，修复征服战争造成的损失，以此换取原住民的认同和支持；一部分犒赏三军、积草屯粮，把赏罚之权牢牢控制在自己手中，免得再发生雇佣军战争那样的哗变。有了物质上的保障，再加上哈米尔卡一贯的感召力，他的队伍不断壮大，这些雇佣军对国家毫无忠爱之情，对哈米尔卡本人却忠心耿耿，临敌之际无不用命；另一部分钱财，他送回迦太基，除了上缴国库，还用于扶植支持他的政治派别，使得他的政敌们难以在他背后耍花样。

罗马人不是没有注意到眼生肘腋，他们曾遣使来质问哈米尔卡意欲何为。"闪电"在政治斗争中学会了韬晦，他谦卑地对罗马人表示："我是在为迦太基筹集给你们的战争赔款啊。"使者不是傻子，自然不会相信，但当时罗马人正秣马厉兵，准备对付波河以北的高卢诸部落，一时也顾不上西班牙。既然看不出哈米尔卡有在短时间内发难的迹象，罗马也就暂且听任他在这个陌生的边缘地带发展。

按照这个趋势，西班牙早晚会被哈米尔卡开发成他的王霸之资，就像蜀地之于刘邦。但与罗马争霸的宏大使命注定不是一代人就能完成的，这不是马拉松，而是接力赛，跑第一棒的哈米尔卡此时已近知命之年，该到了交棒退场的时候了。

公元前228年，他带兵去镇压维托尼部落的叛乱，大军一到，对手就宣布投降。此时哈米尔卡的威名早已传遍半岛，常常是旌旗指处敌酋束手，因此他也放松了警惕。果然，对手赶着无数辆满载的牛车来投，车上盖着帷幔，似乎是来献上军需用度。但快要走到近前时，维托尼人忽然点燃牛车上的帷幔，牛群受惊，向哈米尔卡的部队猛冲过来。

在今天的西班牙奔牛节上我们可以感受到，一头强壮的伊比利亚公牛冲将起来都有难当之威，何况是一大群发了狂的火牛。哈米尔卡的部队猝不及防，惊慌之下四散奔逃。维托尼人跟在火牛阵后面掩杀上来，哈米尔卡此时知道中计，可惜为时已晚，只能裹在乱军中逃之夭夭，结果逃亡途中，渡过一条小河时不慎落马溺毙。见惯大风大浪的哈米尔卡就这样阴沟翻船。

哈米尔卡的中道崩殂对迦太基人的西班牙事业并没构成太大的影响——这也正体现出他杰出的组织能力，生前的战略构想没有人亡政息。时年19岁的汉尼拔还比较青涩，哈米尔卡"资深执政官"的位置，由他的女婿美男子哈斯德鲁巴接掌。由于哈米尔卡的多年经营，迦太基议院中他的支持者已为数甚众，这些人使哈斯德鲁巴的任命顺利通过。

美男子并不都是绣花枕头。哈斯德鲁巴继承岳父的权位后，即刻提兵北上，没费多大力气就尽屠维托尼部12座城镇，报仇报得极为到家。而这一轮旨在立威的杀戮过后，他马上又使出长袖善舞的政治手腕，换上亲民面孔，加大与原住民高层的联系，努力淡化自己的"外来党"属性。其时他的原配夫人、哈米尔卡的二女儿已然亡故，这位人到中年风韵犹存的鳏夫索性为国献身，娶了一位西班牙土王的女儿做续弦。这种豁得出去拿自己去"和亲"的努力没有白费，西班牙诸国诸部的土王酋长们渐渐地把他当成了"家族的一员"。后来的希腊裔罗马史学家狄奥多罗斯经过在西班牙的一番现场考证，在其著作中把哈斯德鲁巴称作"伊比利亚的最高统治者"，甚至将其功业与亚历山大大帝相提并论。

在哈斯德鲁巴治下，迦太基人在西班牙的势力范围扩大到伊比利亚半岛东部和南部的大部分地区。他的军队已扩充为步兵50 000人，骑兵6000骑，当初随哈米尔卡渡海的70头大象也努力繁殖，现在种群数量增加到了200头。

不过和他的岳父相比，哈斯德鲁巴似乎缺乏一点雄心壮志。他坐稳了伊比利亚半岛统治者的宝座，对哈米尔卡的遗志就变得不太热心，把注意力转移到城市建设方面。他在西班牙东南岸的一个大港营建了一座规模宏大的新城市，将殖民政府从哈米尔卡时代的埃克拉·卢克迁到此处。这里修筑了宏伟的神庙、豪华的宫殿，府库中巴卡家族历代收藏充栋盈门，海军大营拱卫着水路门户，莫雷纳山银矿中4万名矿工日夜劳作，开采出的财富源源不断地运来……仅仅两年时间，这个事实上的伊比利亚首都已隐约有了迦太基战前的风采，罗马人把这座新兴的城市叫迦太基纳，意为"新迦太基"。这个名称沿用至今，只不过拼写上变成了更西班牙化的卡塔赫纳（Cartagena）。

如果在和平年代，哈斯德鲁巴的才智和成就无愧为"治世之能臣"。但树欲静而风不止。罗马人在第一次布匿战争中把迦太基压制在北非，半个地中海变成自家后院游泳池，没了后顾之忧，他们开始北伐，从高卢人手中夺取波河以北的土地。这时，罗马人决定先对西班牙采取缓兵之计。公元前226年，一艘罗马使节船抵达新迦太基，在哈斯德鲁巴的宫殿中双方进行了谈判。据波利比乌斯记载，罗马人提出一纸条约，规定迦太基人"不得携带武器越过埃布罗河"，这条河位于西班牙北部，比利牛斯山脉以南，过了河不远，就是高卢地界。波利比乌斯没有写明条约是否也对罗马人有同样的限制，但根据当时的局势来看，罗马显然是怕哈斯德鲁巴从西班牙出兵支持高卢人，才用外交手段稳住他。而且他们不跟迦太基中央政府谈判，而是直接来找哈斯德鲁巴这个殖民地长官，可见对他的实力和自治程度有相当的了解和忌惮，因此必定也会在谈判中对他许以一些好处。

不知是满足于在西班牙的统治地位，还是自度无力与罗马相抗，哈斯德鲁巴答应了对方的要求。从战略上看，这个条约对罗马人百分之百有利，他们不割寸地不费一钱，只拿本就不在自己辖下的西班牙做个顺水人情，就让一个潜在的强敌保持中立，不但可以放心地纵兵于高卢，还赢得了对西班牙迦太基人的心理优势。对哈斯德鲁巴来说，则是利弊参半，他推迟了与罗马人矛盾激化的时限，为西班牙多赢得了一段暂时的和平，使后继者多了几年积蓄力量的时间；但另一方面，他坐视高卢诸部被罗马兼并，非但失去了潜在盟友，也失去了与罗马人之间的战略缓冲地带，使西班牙陷入唇亡齿寒的不利境地。因此，这个以空间换时间的和约，是得是失难说得很，但用自己的局部获利，成全了敌人的整体获利，哈斯德鲁巴起码是没占到便宜。

不过这位美男子也注定是个过渡人物，没有机会亲自验证他外交政策的成败得失。公元前221年初，他在狩猎时遇刺身亡。刺客的动机在不同的史籍中记载各异，总之都是些鸡毛蒜皮的小事。其中最主流的说法是，哈斯德鲁巴杀了一名西班牙土王，此人手下的一位死士，有豫让之风，决意为主报仇。他的运气和手段要比豫让强，豫让刺赵襄子，刺了几次都没刺着，这位则是一击得手。美男子纵马逐兔的时候，自己却不小心变成了猎物。

哈米尔卡的武功、哈斯德鲁巴的文治，似乎都是为了下一位迦太基领袖的出场而做的铺陈。一代走，一代来，大地永存，太阳照常升起。对迦太基民族来说，这轮"红日初升，其道大光"的太阳，就是汉尼拔。

11

年少万兜鍪

公元前221年,秦王扫六合,混一宇内,始称皇帝。

而在"宇外大荒之西"的西班牙,新迦太基城中也在进行着权力的重组。作为"外戚"的美男子哈斯德鲁巴死后,军政大权回到巴卡家族手里,哈米尔卡的儿子、26岁的汉尼拔从将领变为统帅,走到了前台。当时的他,据李维描写是这样的一个人物:

> 汉尼拔生行伍间,幼习韬略,严正有威,顾盼之姿,绝类乃父。恩威有度,指挥若定,虽骄兵悍将亦甘以驱驰。哈斯德鲁巴见而异之,委以兵马之职,倚重之隆,三军无出其右……每将兵出,临阵必前,不避矢石,遇危断后,不弃士卒,由是部曲莫不用命争先……生性淡泊,不喜声色之娱,饥餐渴饮,食无兼味,寝则席地,裹以鄙毡,与小卒抵足而憩……酷烈嗜杀,谲而不正,罔顾信义,不敬鬼神。(译自 Titus Livius Livy, *War With Hannibal*, Penguin Classics, 1965)

李维生活的年代,距离汉尼拔已近两百年,他对后者的这段描述,无疑是参考了前人的文献。由此可见,在那两个世纪中,汉尼拔就以上述这副形象,作为罗马人最恐怖的传说世代流传。

为了让这个形象更立体,我们先回溯17年前的一个场景。那是在公元前237年岁末,哈米尔卡刚平定了雇佣军之乱,正在筹划西征之举。一天,9岁的汉尼拔被父亲叫到身前,哈米尔卡问他,是否愿意随自己一起远征西班牙。

生在哈米尔卡西西里岛铁打营盘中的汉尼拔,怎么能抵制得住这个诱惑。男孩用力地点着头。"闪电"眼露嘉许,带着小汉尼拔走入供奉着大神汉姆巴力的神殿，哈米尔卡出征前总会在此宰牲献祭，求神明佑护。这里刚进行过祭典，祭坛上摆放着新宰杀的牛羊，其血尚温。哈米尔卡屏退众人，命儿子把右手放在祭坛上的血泊中，一字一句地教他说出如下誓词：

> 我汉尼拔，神前谨奏：强梁罗马，国之世仇。终此一生，不与为友。志灭此邦，两存为羞。永明此誓，除死方休。背斯言者，天人不佑。

小汉尼拔遵照父亲的吩咐立下誓言。次年，他和两个弟弟小哈斯德鲁巴（本书中出现的第二个哈斯德鲁巴）、马戈都出现在了西进的大军中，这"一窝小狮子"（哈米尔卡语）的表现让其父大感欣慰。

17年过去了，26岁的汉尼拔对当年在父亲和神明面前立下的誓词无时或忘，对罗马人的恨意也和他的本领一样与日俱增。这17年间，他跟父亲学兵法、跟姐夫学政治，还曾回迦太基城补习文化课，学了4年希腊文，已然出落得文武双全。公元前224年起担任西班牙骑兵统领，他用了3年多的时间，就凭借骁勇的作风确立了自己在军队中的威望，以至于哈斯德鲁巴死后他被全军一致推举为继任者。李维的书中说，哈米尔卡当年是为了掩护汉尼拔逃生，才单骑引开追兵，结果身陷绝境。如果这个感人的描述属实，那么"闪电"算得上死得其所，他的英武雄略、家国情怀、音容笑貌，以及对罗马人的刻骨仇恨，都被他舍命救出的爱子完美地继承了下来。哈米尔卡泉下有知当可欣慰，自己的仇恨教育是成功的。

但是恨归恨，汉尼拔清楚现在不是和罗马硬碰的时候，后者刚刚扫荡了高卢，气势正盛，而自己新官上任，还需要夯实在西班牙的统治基础。于是他选了两个位于版图边缘、一向不听殖民政府管束的城邦来开刀。公元前220年，汉尼拔挺进西北，先是击破了位于今天马德里一带的奥尔卡德部落，接着又北渡杜罗河，征服了西北高原的瓦卡伊人。至此，埃布罗河以南诸部落尽皆拜服于汉尼拔脚下——除了一座小城，新迦太基以北200余千米的海港城邦萨贡托。

萨贡托就在今天的瓦伦西亚，虽然位于埃布罗河以南迦太基的势力范围，却和罗马人走得很近。按照今天的标准来看，一个国家有权选择自己的外交取向，但公元前3世纪小的城邦想苟全于乱世，最好的选择是"事大"，就是找个有实力的老大来罩着自己。萨贡托选择依附罗马，这个老大固然有实力，可他们对萨贡托人并不仗义。公元前226年，罗马政府与哈斯德鲁巴约定划埃布罗河而治，当时他们对萨贡托的地位并没做任何附加说明，等于默许迦太基人将其纳入势力范围。哈斯德鲁巴生性谨慎，并不曾去招惹萨贡托，唯恐罗马人借题发挥，因此双方一直相安无事。但汉尼拔接班之后，罗马人在萨贡托扶植仇视迦太基的政党上台，迫害亲迦太基人士，试图把萨贡托变成一颗楔入西班牙的钉子。

汉尼拔对谍报工作的重视远远领先于同时代的其他将领。在哈斯德鲁巴手下为将时，他就着手在西班牙和北非构建谍报网，有时还亲自乔装搜集情报。得益于这个高效的间谍系统，汉尼拔对西班牙诸城邦、迦太基各政党的动向都了如指掌，萨贡托的局势自然也尽在掌握。几仗打下来感觉很顺手的汉尼拔决定对付萨贡托，借此给罗马来个敲山震虎。

萨贡托被罗马当枪使尚不自知，起劲地反迦太基。公元前219年春天，汉尼拔的西征大军休整已毕，一路踏青，兵临萨贡托城下，要求他们接受统治。萨贡托依山傍海，地势易守难攻，又自恃有罗马人撑腰，并不把迦太基新统帅放在眼里。汉尼拔当时的兵源多是来自伊比利亚诸部落，这些蛮族战士长于野战而不善攻城，虽然他们人数众多（李维说有15万，这显然不可能，汉尼拔全部家底也凑不足此数），在坚城之下却无计可施。萨贡托人英勇地保家卫国，他们的秘密武器是一种超大号标枪，用弩炮发射，枪头涂以沥青，射击前点燃，在冷兵器时代这就算是"火箭炮"，不仅杀伤力巨大，还有强烈的心理震慑作用。据李维记载，汉尼拔本人也被这种标枪刺伤了大腿。

苦守了8个月，兵器库里的标枪都快用光了，汉尼拔围城的部队还是不走，而萨贡托人引颈而盼的罗马援军也迟迟不来。其实他们不知道，老大派了人来，就在他们死守待援的时候，两个罗马人走进汉尼拔的大营，不过他们不是刺客，而是说客。这两位一上来就拿出公元前240年哈米尔卡代表迦太基政府与罗马签的协议，说萨贡托是罗马的同盟国，汉尼拔攻打他们，违反了和约。

汉尼拔深知如果屈从，等于向罗马和西班牙诸部落示弱，会开一个很坏的先例，所失将远不止萨贡托一城一地，其他的城邦、部落也会纷纷倒向罗马。于是他针锋相对地指出，罗马人与哈斯德鲁巴有约，已将埃布罗河以南之地尽许于我方，萨贡托既然也在界河之南，那就是迦太基领土，萨贡托问题属于内政，罗马无权干涉。

就这样，双方比着说漂亮话，效果则完全是鸡同鸭讲。罗马使者软硬招数用尽，说不动汉尼拔，只好到迦太基城找议院讨说法。他们的非洲之行如何，史料上没有记载，但肯定是斡旋失败。

终于，公元前219年岁尾，萨贡托城破，财物人民被劫掠一空，他们为站错队付出了惨痛代价。弱国无外交，而更可悲的是，弱国还常被强国当作自己外交战略中的棋子，操于人手，进退全不由己。

汉尼拔向迦太基议院报捷献俘，又照例将金银财帛尽数分给手下兵将，自己一介不取，麾下三军粲然。不过这仅仅是热身，与罗马人的较量刚刚开始，接下来才是真正的考验——萨贡托就是潘多拉魔盒，既然已亲手将它打开，那么战争就会不可避免地从里面飞出来，这一点汉尼拔非常清楚。但这场战争竟会绵亘17年，伏尸20万，并彻底改变了两个国家乃至整个西方世界的历史，如此严重的后果，不知是否也在汉尼拔的意料之中。这一年他28岁。

12

汉家大将北出师

公元前218年，罗马的新年是在群情激奋中度过的。元老院中的强硬派当然主张借萨贡托事件与迦太基开战，而温和派虽然对轻启战端持保留意见，但也认为如果坐视汉尼拔灭亡萨贡托，则必然使罗马在众盟邦心目中的地位一落千丈，因此他们也主张要求迦太基政府惩办首恶汉尼拔。最终双方达成了先礼后兵的折中方案，派一个代表团出使非洲，要求他们交出肇事者。

这个代表团由罗马世家费边一族的马卡斯·费边·布提欧领衔。此人是个骄横暴躁之辈，到了迦太基城，双方开始谈判之后，当罗马使团的其他成员还在和迦太基议员们纠缠于萨贡托的归属时，老费边忽然拍案而起，打断众人。他双手撩起自己长袍的下摆，形成一个凹兜，当胸持平。在众人惊诧的目光中，老头用下巴指着袍子的凹兜处说："我这里兜着的，是给你们的两个选择：战争或和平！交出汉尼拔我就给你们和平，否则……"

当时的迦太基政坛，除了哈米尔卡的终身政敌"伟人"汉诺等寥寥数人，其他都是巴卡家族的支持者，自然不可能答应用汉尼拔换和平。而老费边如此倨傲的态度，让不同政见者也在那一刹那间迸发出同仇敌忾的爱国激情，他们齐声喊出给罗马人的答复：你要战，那便战！

谈判破裂，老费边当庭宣战后率使团乘船北归。罗马方面随即作出部署，两位执政官分道而出，提比亚斯·桑普罗尼乌斯·朗格斯率两个军团和160艘战舰到西西里南部的利利贝军港集结，准备南下非洲；另一位执政官普布利乌斯·科尔涅利乌斯·西庇阿（本书中出现的第二个西庇阿，称老西庇阿）带同其弟格涅乌斯·科尔涅利乌斯·西庇阿（曾在第6章出现过，第一次布匿战争期间被俘过）也率两个军团，直捣西班牙，端汉尼拔的老巢。

在迦太基城中，早有汉尼拔布置的眼线将罗马宣战的消息飞报西班牙。这其实早在他意料之中。公元前218年新春，当罗马人的使团徒劳往返时，汉尼拔已打发他的西班牙雇佣兵们带着战利品回家过年，做大战前的最后休整，他自己则在营帐中筹划克敌方略。

第一次布匿战争罗马能赢，不是赢在更能打，而是赢在更能挨。罗马方面在战斗和天灾中遭受的损失并不比迦太基轻，但他们和他们的盟邦先后提供了7支舰队，近20万名士兵，最终，这种前赴后继的努力耗死了迦太基人。哈米尔卡曾为罗马人韭菜一样的再生能力头疼不已，这也是他只能在西西里据地自守，而难以更有作为的原因。汉尼拔当时还是个孩子，这段记忆自幼深埋于他脑海之中，此刻他总结当年的经验教训，认识到了罗马的自我修复能力来源于他们的盟邦政策。罗马不是一个国在战斗，而是领导着一个同盟，同盟中的成员因为共同利益而共进退，合则力强。身处这样一个同盟之中的罗马，就像希腊神话里的地母盖亚之子巨人安泰俄斯，只要脚踏大地，就有用之不竭的力量，要战而胜之，必须把他从地面上拔起。于是，汉尼拔决定不像第一次布匿战争那样在中间地带与罗马人鏖兵，而是直接攻击其本土，通过军事打击让这个同盟瓦解。

这是战略层面的考虑，落实到具体战术上，则要研究进军的兵力、给养等诸多方面，最主要的是路线。"条条大路通罗马"，这话要等到500来年后，才从西哥特王阿拉里克的嘴里说出来，而在汉尼拔时代，身处狭长的亚平宁半岛中部的罗马，还远不是后来的万国通衢。令汉尼拔沮丧的是，此时的迦太基早已不是当年的海上霸主，尽管他们还保有不俗的航海技术和充裕的运输船只，但有作战能力的护航舰则少得可怜。走海路，行军必定会变成罗马水师的打靶练习；至于陆路，如果取道交通条件较好的沿海低平地带，则必须经过罗马势力范围内的希腊人重镇马西利亚，就是今天的法国马赛，那坚城比萨贡托犹有过之，想攻克它孰非易事。当然，还有另一条路线，那就是从西北山区绕过马赛，然后翻越高耸入云的阿尔卑斯山——即便在今天，这也不是件容易的事。何况汉尼拔时代，交通基本靠走，一无公路二无补给三无向导，要率马步军进行这样的长征，这简直是个不可能的任务。不过凡事都有两面性，这样进军也有一个好处，那就是罗马人绝对想不到。汉尼拔一向最注重的就是取势，这个出其不意攻其无备的战略主动权，对他来说是个巨大的诱惑，几经权衡，他决定做个前无古人的大冒险。

打定主意后，汉尼拔派出使者，广施金帛珍玩，联络途中的高卢部落。同时，为了巩固和西班牙原住民的关系，他自己也效仿姐夫哈斯德鲁巴，迎娶了一位安达卢西亚土王的女儿，名叫伊蜜尔丝。出征前汉尼拔将她送回了迦太基，古罗马诗人西利乌斯曾描写当时的场景：伊蜜尔丝在甲板上，不眨眼地望着汉尼拔和西班牙的海岸线，直到船儿渐行渐远，故土离开视线，此刻她耳畔还回响着送别的丈夫深情款款的歌声……这段琼瑶味十足的描写，多半是出自诗人的臆想，这桩政治婚姻未必有爱情参与，因为在汉尼拔以后的故事中，伊蜜尔丝夫人再也没出场过。

新婚燕尔的汉尼拔在出征前倒是做过另一趟旅行。他轻骑简从，亲赴当年随父亲渡海处的赫拉克勒斯石柱（即直布罗陀海峡）去拜求这位大力神的佑助，希望像他当年力举巨人安泰俄斯一样，将罗马也连根拔起。不知汉尼拔这时是否会想到，他接下来的伟业，将足以使赫拉克勒斯那些杀狮子、抓野猪、清扫牛粪、抢女人裤腰带之类的"十二功绩"相形见绌。

到了3月，气定神完的大军再次在他麾下集结，汉尼拔将2万余名马步军遣回非洲，加强迦太基的防守，他从迦太基和北非招募的精锐部队也已到位，准备加入远征军。待得一切筹备停当，已是月底，汉尼拔留下二弟小哈斯德鲁巴统率西班牙各路兵马，自己带同三弟马戈、副手马哈巴尔（名字也叫汉尼拔）、外甥小波尔米卡等众将，率大军离开新迦太基，北进埃布罗河。关于他此时的兵力，唯一的原始记载出自波利比乌斯，他说这支军队有9万名步兵，1.2万名骑兵。李维、阿庇安以及近代的蒙森等人都沿用此说，但现代学者考证认为这一数字过于夸张，在汉尼拔分兵留守北非和西班牙之后，不可能还有如此庞大的军队，而且从此后的历次战斗减员情况来看，这支军队应为五六万人。

埃布罗河地处荒僻，即便到了20世纪，海明威在这里看到的也是"灰褐色一片的干巴巴的荒野"和"起伏连绵的白色山冈"[1]，更不难想见，在汉尼拔的时代，对迦太基人来说这里几乎算得上文明世界的尽头。埃布罗河以北，就是今天的加泰罗尼亚地区，当地民风彪悍，并且普遍支持罗马，对踏上自己土地的外来人毫不客气，迦太基军队举步维艰。但闪击战讲究的是兵贵神速，用蒙森的话说，"此刻时间比战士的血肉更宝贵"。汉尼拔用了5个星期，付出了3000

---

[1] 海明威短篇小说名作《白象似的群山》，故事就发生在埃布罗河边的一个无名小火车站。

余人阵亡的惨痛代价,才闯过这片充满敌意的土地。为了不让自己的后路被断,他又留下部将汉诺率1万名步兵和1000名骑兵,镇抚比利牛斯山南之地,同时把7000名意志不坚定的西班牙步兵遣散,以免他们动摇军心,浪费军粮。这样一来,汉尼拔的主力部队仅剩下3.8万名步兵和不足8000名骑兵(这又是波利比乌斯的孤证,实际数目可能还不足此数),这支部队来到了高卢地界。

此刻的大军中,核心部分仍是来自西班牙的战士,去国怀乡,远赴绝域,到陌生的土地上与强大的敌国作战,惴惴之心,终是难免。这个时候,被波利比乌斯和李维称为"无神论者"的汉尼拔施展了他掌控军心士气的魔法。

这一天,他把骨干将领们集合起来,神情严肃地对他们说自己昨晚做了个梦,接着,他绘声绘色地描述了梦境:"雷雨夜,我在山中独行,迷失方向,忽然一位白袍仙人出现,为我指点迷津,并告诉我,一直朝前走,不要往两边看……"这个"往前走莫回头"的模式也是老桥段了,希腊神话里,琴师欧鲁菲违背了这个神谕,结果他老婆的下半身被冥王哈得斯变成了石头;《旧约·创世纪》里,所多玛大善人罗得的老婆违背了这个神谕,结果整个身子变成了盐柱,至今还立在死海边上。但汉尼拔编的故事推陈出新,他说:"我终于忍不住回头看了一眼,你们猜我看到了什么?"

"什么?"众将官早被他侃晕了,一起瞪着眼睛问道。

"我看见一团黑气中,裹着一条硕大无比的巨蛇!那蛇,黑质而白章,触草木,尽死,以噬人,无以御者……"汉尼拔讲着,"我看那巨蛇沿途破坏了无数房屋,吞噬了无数人畜,就问神,这到底是主何吉凶?"

"怎么说的?"直着双眼的众将再次齐声捧哏。

"那条蛇就是我,而被它破坏的,就是罗马——我的使命,就是带你们去摧毁罗马!"汉尼拔以不容置疑的姿态,宣告了本次演讲的主题。

公元前3世纪,蛇是全球最通用的唬人道具,差不多同一时代的中国,流氓头领刘邦也即将表演"斩白蛇",并以此为契机,成功地发起了自我造神运动。汉尼拔的大蛇之梦,和后来刘邦的斩蛇秀一样成功。据西塞罗《论占卜》记载,这次以天启之名进行的动员效果卓著,军中的悲观畏战情绪烟消云散。可能汉尼拔真的是个无神论者——唯有无神论者,才最会装神弄鬼。恰好此时派往高卢的使者回来了,带着对方愿意结盟的利好消息。全军士气大振,高歌猛进。

一路向北,风在山路吹。前方,就是莽莽苍苍的阿尔卑斯。

13
阿尔卑斯千里雪

>在阿尔卑斯广漠的山区
>在凄怆暗淡的花岗石上
>在燃烧着的冰川中间
>中午时分万籁俱寂
>四周恬静而安谧
>没有一丝清风吹拂松树和杉木
>它们在烈日透射下挺直身子
>只有乱石间淙淙的水流
>像琴儿那样发出喁喁细语

这是19世纪意大利诗人卡尔杜齐的田园诗《阿尔卑斯正午》。而当两千多年前汉尼拔走在阿尔卑斯山间之时，他可没心思去体会这份诗情画意。其时已是公元前218年9月初，山中已进入降雪季节，时令与"烈日""清风"之类的意境相去甚远，倒是有"凄怆暗淡"的感觉，古今无不同。

离开新迦太基已有半年，与罗马人还一仗没打，远征军就已减员近半。而即便现在这点兵力，还是因为汉尼拔躲避罗马军队才得以保全的。

那是在大约一个多月前，当他们渡过罗讷河时，正好老西庇阿西征的罗马军团也从海路进抵马赛，他的斥候兵已发现了汉尼拔的主力，当时双方相距约有四天的路程。

老西庇阿闻报，率军赶来。汉尼拔知道对手的兵力是两个罗马军团外加若干盟邦仆从军，人数基本相当于己方的一半（每个罗马军团的定员为30个步兵中队，即6000人上下），如果与之打一场遭遇战，胜算很大。但迦太基统帅却没有见猎心喜——他这次奇袭凭的是什么？很大程度上，用《亮剑》里边李云龙的话说，凭的就是敌人不知道他的厉害。如果在到达战略目的地之前过早地暴露实力，势必会丧失这个敌明我暗的战略优势，那将会得不偿失。汉尼拔努力让他那颗被对罗马人的恨意煎熬的心冷却下来，命令部队避敌锋芒，沿着罗讷河加速向北前进。

汉尼拔主动逃离战场，绝非勇气不足，他敢将孤军越天险犯罗马，其勇自不待言。但真正的勇者并不逞快于一战一阵，不执着于一城一地，最终的战略目标才最重要。就如大苏学士《留侯论》所云：此其所挟持者甚大，而其志甚远也——西庇阿老匹夫，权且容你寄首于项吧。

以步兵为主的罗马军团追不上汉尼拔，但老西庇阿已从敌人的行军路线判明了他们的战略意图：这伙人的目标是罗马本土。老西庇阿有些不解：这不是以卵击石吗？意大利北部的波河防线，有司法官曼利乌斯率领的两个军团在驻守，尽管这两个军团刚在镇压高卢叛乱的战役中折损了一些人手，但占有地利之便外加以逸待劳，足可让这些不知天高地厚的布匿人片甲无归，只要打声招呼让他们早做防备就行了。于是老西庇阿把军队交给弟弟格涅乌斯，让他按原计划向西班牙挺进，自己则率一小部分军队在马赛重新登船，从海上抄近路赶奔意大利的比萨，再北上与曼利乌斯部会合。

再说汉尼拔，甩脱了追兵后，就来到了高卢诸部落的地盘。这些彪悍的蛮族刚被罗马修理过，与汉尼拔有着同仇敌忾的感情基础，但他们对这些全副武装的来客也心存芥蒂，态度不冷不热。

汉尼拔没白跟姐夫学那套合纵连横之术，他施展外交手段，挑动这些部落的民族情绪，把他们拉进针对罗马的统一战线，对能争取的，无不重金相酬，着意结纳。对不配合的，也要坚决打击。比如当远征军途经今天以盛产巨犬而闻名的小圣伯纳山时，这里的布洛罗根人在山间险道设伏，袭击迦太基的辎重部队，慌乱中不少骡马跌落山谷。汉尼拔被打了个措手不及，但当他定下神来，很快就摆平了这帮剪径的家伙，并且掠走该部落全部牲畜。布洛罗根人偷鸡不成反蚀米，都要怪他们没看准对象就草率下手。

不过最令远征军头疼的不是这些小打小闹的战斗，而是糟糕的自然条件。前面说过，军队进入山区时是9月，在平均海拔3000米的地方，已算是冬季了。阿尔卑斯开始下雪，冷得让人无法多挨一天，来自热带的象队，像它们的古代远亲猛犸一样在白皑皑的山路上步履蹒跚。军队常常要扫清积雪，凿开路面的冰层，以便战马和大象通过。即便如此，还是常有骡马失足被冰凌刺穿了腿无法再走，主人只好用刀子结束它们的痛苦。这些可怜牲畜的哀鸣在山间回响，不绝于耳。有时还会碰到巨石拦路，汉尼拔就令人在石头上淋上醋，再堆柴焚烧，在当时没有炸药的情况下，这算是一个偏方——醋可以使石头质地变得松软，据说古代天桥卖艺拿脑袋拍砖的人就用此法，事前把砖在醋里泡软。这么折腾了许久，醋熘石头终于出现裂缝，在众人的欢呼声中片片龟裂，被从山道上清理下去。

逢山开道遇水搭桥，经过半个多月的跋涉，汉尼拔终于攀上小圣伯纳山巍峨的白垩岩山峰。峰顶是约4平方千米的开阔平地，波河的支流多利亚河发源于此。站在这里极目四望，荡胸生层云，回首来路，白象般的群峦已尽被抛在身后，前方的山势都是蜿蜒向下的，这意味着他们已经站上了这次远征的最高点。

汉尼拔在此休整，并借机激励士气，告诉士兵们他们已经走完了最艰苦的征程，"使登山人快意适情的下山路已赫然在望"，未来的途中遇到的将是友好的高卢部落。果然，他的雄辩之才使得饱受行军之苦的士兵们情绪迅速高涨。

话虽如此，但事实上登顶带来的积极意义，更多的是体现在心理上，路并不会因此而变得好走。俗话说上山容易下山难，尤其在冰雪覆盖的山路上，更要时时用树枝铺路，免得牲畜滑倒，而遇到狭窄的山谷，也要穿凿而进。后世史家考察汉尼拔的行军路线时，惊叹迦太基军队走过的某些山间小路的最窄处"连骡子都难以通过"，而汉尼拔的大象们硬是从里边挤了过来，难以想象这些不幸的巨兽已经饿得瘦成什么样子了——幸亏它们不是食肉动物。

象犹如此，人何以堪。军队中冻饿而死的、失足坠崖的，以及掉队的迷路的开小差的不计其数。当这支大军前后历时33天终于走出阿尔卑斯山区来到多利亚河谷时，已是人困马乏委顿不堪。清点人数，途中的减员数字触目惊心：此刻跟在汉尼拔左右的，仅剩下步兵2万余人，骑兵6000余人。可怜离开新迦太基时的大军，三停人马，一停落后，一停填了沟壑。阿尔卑斯千里雪，三军过后难开颜。

14

《告士兵书》

不管怎么样，远征军总算赶在山地最寒冷的季节到来前走出了阿尔卑斯，与天奋斗算是暂告段落，接下来要转入与人奋斗。

迦太基人很幸运，他们最先遇到的当地居民是多利亚河谷的萨拉森人。该部落是波河流域抵抗罗马人最为激烈的茵苏勃儿部的下属，因此极为热情地招待了罗马之敌汉尼拔。承他们所赐，冻饿中艰难行进了一个多月的大军渐渐恢复生气。休整了几天，落在后面的一些散兵游勇也纷纷赶了上来。重新集结后，汉尼拔率军继续南下，在伊弗里亚平原再度休整后进抵特雷比亚河北岸、提契诺河西岸，托里尼部落的地界。汉尼拔试图拉拢该部落，但后者拒绝合作，于是迦太基统帅决定用武力说话。经过三天的围攻，托里尼首府都灵陷落，汉尼拔纵兵屠城，直杀得噍类无遗。这样的杀戮以今天的眼光来看无疑是应当被谴责的，在那个时代却是通行的做法。况且汉尼拔并非一味残忍嗜杀，他此举一为立威，对奉行弱肉强食原则、唯力是视的高卢人来说，这种震慑最能使他们归心；二来也是为了解决军需，无论罗马还是迦太基，那个时代的军人在本土之外作战，军需用度基本靠抢掠和勒索，托里尼钱粮足备又错认形势，也算是怀璧其罪吧。

此举收到了汉尼拔期待的成效，高卢诸部果然不敢再对他说不了。但要想真正使高卢人归心，还要用对罗马人的战绩说话。这时，正好机会送上门来。

老西庇阿带同17岁的儿子西庇阿（本书中出现的第三个西庇阿，与其父同名，后称"大西庇阿"）在比萨弃舟登陆，北上罗马人在波河流域的军事重镇普拉森西亚要塞（今皮亚琴察），早在汉尼拔之前就抵达了这里，并接管了司法官曼利乌斯的两个并不满员的军团。此刻他的探马已侦查到迦太基军的动向，老西庇阿于是决定趁对手立足未稳，迎头痛击之，他亲率一军直扑过来。

与罗马人决战沙场，汉尼拔从小等的就是这一天。而且远征罗马的第一仗事关重大，一旦失败，不但自己这支疲惫之师的军心士气瓦解，高卢诸部也将倒向罗马，远征军恐怕再难生还故土了，因此，只能胜不能败。

　　于是汉尼拔召集全军进行战前动员，他发表了一场演讲，向士卒剖析成败利钝，激励斗志。这篇演说辞经李维的记述得以流传至今，其文虽不甚工，其理虽不甚深，但辞中的豪勇之气、决绝之概、袍泽之谊，百代以降诵之犹有余烈。这篇讲稿现在多被称作《告士兵书》，也称《告全体士兵书》《要么胜利，要么死亡》，经常与后世拿破仑、乔治·巴顿等人的战前动员一起被收录在军旅演说集萃中。现在时常被身处逆境的公司老总用来向欠薪员工们宣讲，以期恢宏志士之气。而在当时——公元前218年11月底，这篇说辞的效果也相当理想，迦太基士兵们个个萌发出了破釜沉舟的决心与勇气。

　　汉尼拔与罗马人的第一战，提契诺河战役就在这样高涨的士气中开始了。此役是重视骑兵的迦太基与重视步兵的罗马这两大军事流派的较量。努米底亚轻骑兵很快完成了对罗马步兵方阵侧翼的破坏；在中路，汉尼拔把30余头大象集中起来并肩向罗马中军推进，罗马战士尽管英勇抵抗，但终于抵挡不住，老西庇阿也挂了彩，全仗大西庇阿奋不顾身地救他杀出重围，逃过提契诺河去，断后的罗马士兵600余人尽数被俘。

　　此战迦太基人歼敌不多，胜利带来的额外成效却十分喜人。当夜，罗马败军军心动摇，2000余名高卢兵叛变，杀死了千余熟睡中的罗马士兵，带着首级跑到汉尼拔营中递交投名状。汉尼拔正欣喜间，又有更大的喜讯传来——波河流域另一个罗马的敌对势力波伊部落，其酋长亲率1.2万名步兵赶来会盟。迦太基军声势大振。

　　罗马方面，原本打算渡海进攻迦太基城的提比亚斯·桑普罗尼乌斯·朗格斯率两个军团，从西西里火速回援波河防线。这支生力军于提契诺河战役不久后赶到，与老西庇阿会合。双方隔特雷比亚河对峙，战事一触即发，汉尼拔血洗亚平宁半岛的传奇生涯也即将拉开序幕。

15
特雷比亚，罗马的冬至

公元前218年12月，大战前的紧张气氛弥漫在特雷比亚河上，趁着他们还没开打，让我们先对双方的出场阵容做一简介。按照惯例，先说客队，汉尼拔一方。

富勒《西洋世界军事史》中援引波利比乌斯的记载，此时汉尼拔的部队有步兵2.8万人，骑兵1万人，骨干部分是"非洲人＋西班牙人＋法国（高卢）人"。

非洲部分，自不待言，乃是来自利比亚的步兵和努米底亚轻骑兵，他们都是迦太基军事力量中最原始的班底。利比亚步兵多是柏柏尔人，即最初容留迦太基先祖的北非土著，他们已沦落为二等公民，在军中服役。第一次布匿战争中，利比亚步兵数败于罗马步兵，无论是战术素养还是单兵作战能力都不及对手，但汉尼拔手下的利比亚人都是身经百战的老兵，算得上是羊中骆驼，跟罗马人相较并不差得太多。

至于努米底亚轻骑兵，则是迦太基军的一大亮点。这些游牧民族长于马背，骑术精湛，而且他们习惯轻骑，只穿一袭布袍，人无甲胄马无鞍辔，全靠腿夹马腹、手拽马鬃来控制坐骑。马匹负载量小，速度和灵活性也就增强，更加来去如风。努米底亚人惯用的武器是标枪，每人携带几支，在快速移动中投掷，不但杀伤力大，还能有效地搅乱敌人的阵型。有的努米底亚人上阵时还带两匹以上的马，一匹力怯，就纵跃到另一匹的背上再战，如此一来有助于发扬连续作战的优良传统。但努米底亚骑手的缺点也同样明显。首先，他们只适合于迂回包抄，正面冲击则肯定不敌重装骑兵，用途相对单一；其次，则是这个民族性格中的缺陷，努米底亚人凶悍好斗，但心理素质极差，追杀败退之敌时，能穷追猛打，绝不空手而回，而一旦战事不利于己方，他们通常会先行溃逃；此外，还有蛮族战士的通病：纪律性差，难以约束。因此，这是一把双刃剑，要在高手手中才能发挥威力。

当然，汉尼拔军中还有非洲的独门武器战象。但大象难以驾驭，一旦在战场上失去控制，可能对己方造成的伤害反而更大。因此汉尼拔的大象一般只作为威慑力量，很少真正投入战斗。

巴卡家族三代经营西班牙，早将许多伊比利亚战士吸收到队伍里。汉尼拔军中服役的西班牙人，有步兵也有骑兵。西班牙富有铁矿，便于铸造兵器，罗马步兵们就普遍使用"西班牙式短剑"，但西班牙人自己则更喜欢用弯刀，弯刀适于劈砍，更能发挥他们膂力强劲的优势。想来有趣，西班牙人跟随汉尼拔，拿着弯刀跑到罗马来砍人，罗马人用剑抵抗；而后世则是阿拉伯人拿着弯刀跑到西班牙来砍人，西班牙人用剑抵抗。世事变幻，真有如白云苍狗。

西班牙骑兵，则正好与努米底亚轻骑兵形成互补。他们是重装骑兵，人高马大，训练有素，适于正面冲击、直捣敌阵。而且西班牙骑兵基本出自当地贵族家庭，装备精良，已初步具备了后来中世纪骑士的派头。除了人马都披重甲，还有持轻武器的扈从照应，如同堂吉诃德，骑一匹驽骀难得，身后再跟个桑丘·潘沙。当时汉尼拔的队伍中有近2000名西班牙重骑兵，8000余名西班牙步兵，他们都是在远征途中不弃不离铁心追随的，是迦太基军中的核心力量。

1.2万名来自波伊部落的高卢人，是刚刚加入迦太基阵营的新鲜血液，以步兵为主，也有少量重骑兵。这些红头发的凯尔特人身高体壮、力大无比，他们的武器是高卢巨剑，剑长相当于罗马短剑的两倍，势大力沉，武功路数接近于独孤求败的玄铁剑法，讲究重剑无锋大巧不工。凭着这些先天后天的优势，高卢战士与罗马人格斗，就算不能以一当十，力敌数人总没问题。但问题是他们有组织无纪律，于战阵之中只晓得单打独斗，几近于散兵游勇，因此总是被罗马人打败。高卢人还有个癖好，他们作战时习惯全身脱光光，以示勇气，尤其是波河流域的盖萨塔伊部落，特别热衷于此。中国民谚有云，光脚的不怕穿鞋的，肢体壮硕的高卢战士将该理论发展为"光腚的不怕穿裤子的"，应用于实战当中，效果大佳。他们这种决绝的气概以及生理上的压倒性优势，往往让平均身高一米六的罗马军团灰心丧气，不战先馁。《三国演义》里许褚裸衣斗马超，只脱了个半裸，后世皆称其豪，虎痴可能想不到，四百多年前的高卢，遍地是他的同道中人，而且脱得比他更加彻底，更加激情，更加限制级。

除了上述三大主力，汉尼拔还有一支千人特种部队，就是来自西地中海的巴利阿里群岛的投石兵。巴利阿里群岛是第一次布匿战争之后迦太基还能控制的为数不多的地中海岛屿之一，民风彪悍，好勇斗狠，平时一言不合就拿石头把人家脑袋打碎。他们用的就是大卫打倒歌利亚的那种投石器，配的弹丸有石弹、铁弹、铜弹、铅弹，百米之内例不虚发。这种西方式弹弓，论射程远胜于标枪，论杀伤力和震慑力又比弓箭强，因此这支远程部队是出色的奇兵。

以上是依据兵种对汉尼拔手下的各路人马的简单介绍。其实每一部分的士兵又都来自不同的民族或部落，是一支真正的国际纵队，如何将他们捏合起来，使每个兵种都扬长避短，这对汉尼拔来说是一个考验。

再说罗马方面。罗马军团的兵种相对比较单一，只划分为三类：持标枪的第一阵列（Hastati，又译"青年兵"）、持短剑的第二阵列（Principes，又译"壮年兵"）和持长矛大盾的第三阵列（Triarii，又译"老兵"）。基本作战单位是步兵中队，每条阵列由若干（通常是10个）中队组成，每个中队又分为前后两个百人队（实际上百人队的战斗成员一般都在60—70人），各自列成方阵。这种方阵与传统的马其顿长矛阵的区别在于，后者是密集型，机动性差，而罗马方阵间隔较大，每个战士都有更充分的挥舞兵刃的空间，而每两个中队方阵之间，也保持足以使一个中队通过的空间，便于前后排及时换位相互照应。

罗马人的布阵通常是这样的：临敌时在第一阵列前面排出若干持坚盾的百人前卫队，进攻由轻骑兵和轻装步兵发起，他们搅乱敌人的前沿之后就撤退。接下来由百人前卫队持盾开路，第一阵列在他们的掩护下向前推进，进入标枪射程后，百人前卫队转成密集队形，让出两侧的空隙，第一阵列从中冲出，标枪雨向敌军阵地倾泻。紧接着，最精锐的第二阵列持短剑杀到，他们都是精于技击的优秀剑手，又在前卫队和第一阵列的掩护下养精蓄锐，此时一冲进敌阵就疯狂挥剑。这些职业屠夫手中的铁质短剑是可怕的利器，两面开刃，能砍能刺，刺死砍伤。李维描写了马其顿战争中敌人被罗马剑手屠戮的惨状："（马其顿人）身体被短剑砍成了残废，胳膊沿着肩膀切了下来，头颅离开了身体，脖子完全被割断，内脏裸露在外面……"而一旦战事吃紧，第二阵列会从方阵间的空隙退回护卫队身后稍歇，由第一阵列接手，这时第一阵列每个中队中的两个百人队由前后站位转成并排站位，在第二阵列退走后立即把通道封死，防止敌人乘势追击。直到第二阵列休整完毕，通道才重新开启，短剑兵再次杀回。在第一、第二阵列后面还有一道坚强的防线：由老兵组成的第三阵列。一旦前方战斗不利，就会退回他们身后，这时老兵们会用长矛和大盾组成一道密不透风的城墙，掩护战友，而到了紧急关头，他们也会充当一个完整的预备队冲上第一线。在老兵们身后，又有持轻武器的后卫队步兵，不过他们战斗力较弱，作用基本是打杂捡漏。罗马方阵前后三层就这样翻滚着推进，像一台精密的杀人机器，运转不停，敌人要连续经受标枪、短剑、长矛的洗礼，通常一轮下来就吃不消了。

罗马军团如此犀利，屡战屡胜，以至于军团的指挥官也信心爆棚，尤其是此刻在特雷比亚与汉尼拔对峙的执政官桑普罗尼乌斯。根据当时罗马的法律，执政官选举是每年一次，其时已是公元前218年12月，桑普罗尼乌斯任期将尽，他急于在任内建立军功，作为连任的砝码，或者至少可以载誉而归光荣退休，因此力主速战。

老西庇阿却刚在提契诺河吃过汉尼拔的苦头，知道这小子不是易与之辈，他劝桑普罗尼乌斯，军队新败，应该暂避锋芒，休息士卒。迦太基人的军需全靠高卢提供，如果他们久无战功空耗粮饷，势必内部生变，届时我军已体力充沛士气恢复，出兵击之，则敌军可破，汉尼拔可擒。

老西庇阿打仗不是汉尼拔对手，政治眼光却很敏锐，迦太基的境况确如他所料。汉尼拔深知己方利在速战，他的情报工作向来到位，对罗马方面主要对手的情状都有了解，他决定在桑普罗尼乌斯身上做文章，诱使这个好大喜功的家伙来战。汉尼拔每天派出小股部队过河骚扰，对方一接战马上溃退，就这样他投入的饵兵越来越多，每战必败，虽然损失不小，但这种牺牲养成了桑普罗尼乌斯的傲气。同时，汉尼拔派出部署去洗劫周边亲罗马的部落，这些部落的酋长们逃到罗马军营中哭诉，求桑普罗尼乌斯做主。后者在建功欲望、宗主责任、军事胜利等多重因素的驱使下，求战之心日胜一日。而在提契诺河战役中负伤的老西庇阿仍然卧病在床，无力干预军事，罗马4万大军基本都由桑普罗尼乌斯一人指挥。

终于，汉尼拔觉得火候差不多了。这一天，他从军中挑选了两千名精锐战士，马步军各半，将这支精兵交给三弟马戈，叫他入夜后带队到特雷比亚河的一条小支流科伦巴河（一说吉罗索河）边的灌木丛中埋伏，准备抄罗马军的后路。然后又吩咐众将，明日一战要如此如此这般这般。

次日一早，片片雪花从天而降，汉尼拔军中4000名努米底亚骑兵尽出，此时河面还没结冰，努米底亚人轻骑涉水呼啸而至，向罗马大营猛投标枪。罗马人出来迎战，努米底亚人照例遁逃，这次桑普罗尼乌斯再也按捺不住，命令过河追击。4000名骑兵赶过河去，随后6000名罗马步兵也举着武器蹚着齐腰的冰冷河水追到北岸。汉尼拔并没有击其半渡，而是放长线钓大鱼，把罗马的主力都引出来。果然，这万余先头部队顺利渡河后，桑普罗尼乌斯亲率主力掩杀过来，汉尼拔派出800名巴利阿里投石兵用弹弓招呼他们，且战且退。退出了大约8千米之后，迦太基军2万余人的主力部队出现了：高卢人居中，利比亚步兵随后，西班牙重骑兵分列左右，大象压住阵脚。桑普罗尼乌斯也针锋相对地摆开罗马三列阵，双方在风雪中展开殊死搏斗。

汉尼拔又祭出屡试不爽的一招：集中西班牙、高卢、努米底亚的近万名骑兵以及战象猛攻敌人侧翼，罗马人的两翼只有4000名骑兵，很快就抵挡不住了。罗马的步兵虽然依旧勇猛，但他们一大早就仓促出战，在刺骨的河水中泅渡，又空腹疾行近10千米，这运动量都快赶上铁人三项了，此刻已是饥寒交迫疲惫不堪，战斗力大打折扣。而汉尼拔的军队却早就吃得饱饱的，又浑身涂了油脂御寒，挥剑厮杀只当消食。加之汉尼拔非常狡猾地把高卢人排在中军位置，让他们承受敌人最可怕的第二阵列剑手的打击，而他自己的核心部队非洲兵和西班牙兵损耗甚小。

但罗马方毕竟人数居多，迦太基军的优势一时还难变成胜势。就在战斗胶着之际，奉命去抄罗马人后路的马戈率2000名精兵赶到，从罗马方阵背后发起进攻。桑普罗尼乌斯腹背受敌，只觉得四面八方都是敌军，再也坚持不下去，命令部队转身，想杀出重围。汉尼拔得势不饶人，全军追击，联军诸路兵种各显身手，刀劈、剑斩、枪挑、矛刺、矢射、石击、马踩、象踏，罗马军团鬼哭神嚎，1万余人随桑普罗尼乌斯逃回特雷比亚河南岸的营中，2万多具尸首则永远留在了河的北岸。

老西庇阿带伤出兵接应桑普罗尼乌斯的败军，他认为敌人定会乘胜追击，于是即刻拔营，率残部向普拉森西亚要塞方向退走。不出他所料，风雪中但见努米底亚骑兵追过河来，飞掷标枪，又杀伤了不少罗马后卫队，直到汉尼拔传令收兵。

特雷比亚河战役，罗马方面损失2.6万余人，其中绝大部分阵亡，另有少许被俘。汉尼拔将俘虏尽数释放，一方面是市惠于意大利诸邦，另一方面也是想让罗马人看见这些惊弓之鸟，动摇信心。迦太基方面的伤亡，各资料中记载不一，但都在四位数，肯定没有过万，而且这损失多半由高卢战士承受。

据李维记载，这场战斗恰巧发生在冬至之前的那一天。对罗马来说，一个空前寒冷的冬天来了。

16
特拉西美诺，血色的雾

特雷比亚的惨败之后，桑普罗尼乌斯再怎么恋战也不得不卷铺盖回家了，他幸运地被免于追究责任。他的搭档老西庇阿则因为相对出色的表现因祸得福，被选为资深执政官，派往西班牙与其弟格涅乌斯会合，对付哈斯德鲁巴。面对眼前之敌汉尼拔，元老院不敢怠慢，急速在各条战线增兵，其时在罗马国内外共部署了11个军团，加上盟邦军队，总兵力超过10万，规模空前。

大家都把汉尼拔当灾星，却有一人将他看成幸运星，希望干掉他来增加自己在罗马政坛的"经验值"，这就是新任执政官盖乌斯·弗拉米尼乌斯。此人是个毁誉参半的角色，他没有显赫世家的背景，却另辟蹊径，走了一条底层路线。通过亲民政策，他赢得了民众大会的支持，当上执政官后，主张限制贵族特权、消除两极分化、降低基尼系数，为底层社会谋利，颇得民望。如此一来，在被损害了既得利益的贵族眼里，弗拉米尼乌斯自然就成了一个"群众煽动家"（阿庇安语），不受待见。此次出任执政官，已是他的梅开二度，他曾在公元前223年获得这一职位，并在任内北伐，大破高卢茵苏勃儿部（最早与汉尼拔结盟的那个部落），取其故地设内高卢行省。其实那一战罗马军力强过对手太多，谁去指挥都能赢，但弗拉米尼乌斯在获胜之后将不少土地分给贫民，这一善举让罗马民众将一切功劳和美誉都归于他。现在国家再次到了危急关头，民众呼唤他们的领袖复出，弗拉米尼乌斯水到渠成地再次当选。

重掌军权之后，弗拉米尼乌斯和另一位执政官格涅乌斯·塞维利乌斯各率3个军团（包括特雷比亚败退下来的残兵），从东西两路北上，准备阻击汉尼拔。弗拉米尼乌斯驻亚平宁山脉西侧的阿雷佐，塞维利乌斯驻山东侧的阿里米努姆（今里米尼），分别扼守着通往罗马的两条主径，而两地之间又有弗拉米尼亚大道（又是弗拉米尼乌斯的政绩工程）连接，可以互为策应。

这是个不错的防御体系，但汉尼拔的厉害之处就在于他能料敌而不被敌所料。当两个罗马执政官正瞪大眼睛严阵以待时，他却选择了另一条路线：翻越亚平宁山脉，然后从阿诺河与塞尔吉奥河之间的沼泽地穿过去，直奔托斯卡纳地区的重镇比萨，准备抢掠这个物产丰富的地区然后绕路南下。这个奇袭路线果然成功，一路未遇大规模抵抗，但汉尼拔也付出了代价。他进军的时候正值公元前217年春季，积雪初融河水泛滥，沼泽地泥泞难行，病菌滋生，许多战马染病倒毙，大象死得只剩一头，他本人也感染沼泽瘴气，左眼失明。这一年，汉尼拔正好30岁，他的形象由出道时刚勇冷峻活力十足的阳光少年，变成了一个饱经风霜坚忍阴鸷的眇目汉子。

汉尼拔走出草地立即纵兵四处劫掠，试图以此激弗拉米尼乌斯来战。后者的执政基础就是底层民众，他目睹百姓离散的惨状，恨不得生吞汉尼拔，但比萨离他的驻地阿雷佐不近，作为统帅，他不敢轻举妄动，还是暂忍怒火依计行事，派人通报塞维利乌斯前来围剿。汉尼拔不敢在身后留有敌人重兵的情况下孤军深入，他决定鱼饵加量，务必把弗拉米尼乌斯钓出来。于是迦太基大军绕过阿雷佐，假意直捣罗马城，并故意让弗拉米尼乌斯知道自己的行踪，沿途杀人放火，攻掠更甚。

这下弗拉米尼乌斯再也坐不住了，他率军开关追来，终于在6月21日这天清晨，在特拉西美诺湖边赶上了迦太基军。弗拉米尼乌斯看见敌军的步兵正沿着湖右侧的窄路蜿蜒向南，这条窄路的左侧是一片陡峭的山坡，远方的一个隘口，过去就是防守薄弱的罗马门户翁布里亚地区，迦太基骑兵不见踪影，大概是已经过去了。

这时候，湖面上升腾着浓浓的雾霭，敌军的情况看不太清楚，似乎就要消失在雾里了，弗拉米尼乌斯来不及多想，指挥着手下的军团直追上去。

当罗马军团的主力冲上浓雾笼罩的窄路时，忽然，路左侧的山坡上杀声四起，不计其数的西班牙、高卢步兵像是从雾中冲出来，西班牙弯刀、高卢巨剑，逢人就砍。罗马人挤在窄道上布不成阵式，只好三五成群地各自为战，落了下风。想向前冲，这条3千米小道尽头的隘口处早有巴利阿里投石兵和利比亚弓箭手挡住去路，矢石交攻，如雨点般落下；而身后又有西班牙重甲骑兵冲上来碾压，罗马的后卫队纷纷被逼得跳入特拉西美诺湖中，不是溺水身亡，就是露头换气时被守在岸上的西班牙步兵用弯刀把脑袋收割了去。

这场战斗，或曰屠杀持续了3个小时，弗拉米尼乌斯的战场指挥能力本就一般，此时更无计可施，只能奋起余勇，负隅苦斗。这时一名高卢骑士直冲过来，此人是七年前被他驱逐的茵苏勃儿部落遗族，名叫杜加里。他认出弗拉米尼乌斯的军服，顿时腾起满腔的阶级仇民族恨，横眉怒目纵马挺矛，只一击，长矛贯胸而入，罗马执政官倒地立毙（李维写他骑马指挥战斗，这是不正确的，当时的罗马法律规定指挥官必须在步兵方阵中，不能乘马，罗马指挥官骑马是从费边改制才开的先例）。统帅阵亡，罗马军团群龙无首，其时已有万余人被杀，其余的近万人弃械而降，另有6000余人杀出血路，翻山越岭而走，但刚到了山的另一边，就被守候多时的汉尼拔副将马哈巴尔悉数擒获。打扫战场时，出于对军人荣誉的尊重，汉尼拔本想给弗拉米尼乌斯一个体面的葬礼，却遍寻不见他的尸首，因为罗马阵亡士兵尸体上的盔甲和贵重物品都被高卢人搜刮一空，执政官那身值钱的行头更是早就被人剥了去当作战利品，想在万余具裸尸中将他找出来实在困难。

　　特拉西美诺湖战役，是汉尼拔在意大利的第二次重大胜利，巧的是上次大胜是在冬至，这一次则正逢夏至。不同于特雷比亚战役和日后的坎尼战役，此役是汉尼拔在意大利的几场大战中唯一一次以众击寡（迦太基方面近6万人，其中一半是高卢人，罗马方面近3万人），但尽管如此，汉尼拔的指挥艺术还是颇值得称道。《三国演义》里罗贯中替诸葛亮吹牛，说"为将而不通天文，不识地利，不知奇门，不晓阴阳，不看阵图，不明兵势，是庸才也"。但那草船借箭的故事是老罗硬给诸葛亮脸上贴金，当不得真，而汉尼拔在特拉西美诺战役中对大雾、湖水、山间小路这种种天时地利的巧妙运用则是史实，堪称神来之笔。在3千米长的"土欧罗小径"边埋伏了1.5万人，竟让对手毫无知觉，如此成功的伏击战例在古代似乎只有孙膑狙杀庞涓的马陵道之役可与媲美。此战共歼敌1.5万人，生俘1.5万人，阵斩敌方最高指挥官，罗马军团几无一人得脱，而迦太基军伤亡总数只有1500余人，为罗马方的5%。

　　战后汉尼拔照例把俘虏中的罗马人扣押，非罗马人则无条件释放，并请他们回乡代为宣讲，说"汉尼拔的队伍是人民的队伍，只打罗马的土豪劣绅地主老财，不打意大利的劳苦大众，不但不打，还要解放意大利的老百姓，帮他们翻身做主人"，还说"吃他娘，喝他娘，汉总来了不纳粮"。总之，他还是希望能用攻心战促使罗马的联盟瓦解。

罗马方面，弗拉米尼乌斯为了拯救汉尼拔进军途中的百姓，这才一意孤行发兵追敌乃至中伏身亡，属于为人民利益而死，应该算得上"重于泰山"了。但可惜的是，他虽有爱民之心，却无战阵之能，他的败亡固然令人叹息，但这也是罗马体制的必然——罗马不设职业军官，由选举产生的执政官权领兵事，虽然罗马的官员多是以军功入仕，但这个机制毕竟不能保证由最出色的将领执掌指挥权。汉尼拔屡战屡胜，固然是由于他本人的优秀，但和罗马的这种选将制度也不无关系。在汉尼拔的打击下，罗马共和国不但发生了失地丧师的"物理变化"，也即将发生体制上的"化学变化"。

17

牛皮糖费边

　　罗马共和国最近100年来，只享受，或者说忍受了5年的和平时光，战争是日常生活的一部分，政界、军队、民间，都早就习以为常。因此特雷比亚战役的失利，还仅被看作兵家常事，而当弗拉米尼乌斯在特拉西美诺全军覆没后，罗马的军政要员们认识到了问题的严重性。军政官蓬波尼乌斯召集市民大会，他直截了当地说："罗马的市民们，我们在一场大战中被击败了，我们的军队已被粉碎，执政官战死了。为了你们自己的安全，你们要好好考虑考虑。"

　　全无心理准备的罗马民众被血淋淋的现实震撼了，此时才知道敌将的可怕，震惶之中他们除了向远在天上的各路神仙求助，也寄望于身边能有一个看得见摸得着的救主。公民们一致同意选举一位独裁官，赋予他至高权威，以期奋履时艰，拯民水火。

　　当选的人是昆图斯·费边·马克西姆斯，费边世家的成员。费边氏乃罗马一大门阀，一年前向迦太基宣战的老费边·布提欧就出身于这个巨室。普鲁塔克《希腊罗马名人传》载，当年罗马的财神赫丘利与台伯河仙女曾有过一夕之欢，后来就生下了第一代的费边。这个离谱的祖宗遗荫，竟真的泽及后世，几百年来费边家族英才辈出。费边·马克西姆斯也是生具异象，上嘴唇有个疣子，这个小小的皮肤病变在西方相术学中被视为吉兆，就如在东方相术学中，下巴长瘊子被视为贵相一样。费边同学小时候，一点都不"了了"，并没表现出一个未来领袖的潜质，他性格温和而平静，被小伙伴们称为"小羊羔"。据说他还有点迟钝，可能是先天的反射弧比较长。不过由于后来发迹，他早年的这些表现被解释为大智若愚。

　　但费边确有其过人之处，那就是他的意志力，他青年时代发奋习文练武以勤补拙。他虽生性谨慎，但对自己的判断绝不动摇，很有点"虽千万人吾往矣"

的气概。他曾凭这一优点两次出任执政官，并都有不错的政绩。此时他已过了耳顺之年，这种八风不动的韧性与老成，正是当下罗马最需要的。

费边被民众选为独裁官，本来程序上独裁官需要执政官任命，但当时的两名执政官一个远在前线，另一个已经挂了，费边就破例凭民众大会的选举上任。之后，他一改一贯的低调作风，役使规格为执政官两倍的仪仗队，并要求回罗马城述职的塞维利乌斯撤去执政官的旗幡徽带，以私人身份来见，以明示独裁官的威仪独一无二。这不是他作威作福，而是因为罗马军民在共和体制下生活了太久，在时下的非常时期必须强化政府首脑的执政力度，非此则号令不行。接着他又大规模祭神，对士兵们表示，战场失利是因为罗马人怠慢了众神而招致的惩罚，非战之过。他以此来恢复士兵们的信心，并增强民众的凝聚力。

做完了这些表面功夫，费边开始研究他的对手汉尼拔。分析过这两场败仗之后，费边认定汉尼拔不可力敌，非但不可力敌，连智取都不可以，因为无论斗智斗力，己方都无人是他对手。罗马唯一的机会就是主场优势，资金、兵源、粮草、时机这一切战略资源，主场作战的罗马人都是越来越多，而孤军深入的敌人则是越来越少。于是费边制定了针对性的战略，一个字——拖。坚壁清野，坚守不战，耗掉敌人的锐气，直到敌军兵源枯竭、士气衰落、粮饷不济，这样每拖延一天，胜利的天平就会向己方倾斜一点。

不久后，汉尼拔就发现了他的大军身后总是尾随着一支奇怪的罗马军队，这支部队有四个军团，兵力不弱，但他们并不像此前的罗马人一样急吼吼扑上来厮杀，而是一直跟着自己，如影随形。距离不远不近，对自己构成威胁，而自己如果试图袭击，他们又可以很从容地撤走，决不缠斗，这军队总是驻扎在山地，让迦太基人无法用骑兵突击。有间谍报知汉尼拔，敌方的将领是新当选的独裁官，费边·马克西姆斯。

汉尼拔知道遇上了对手，费边这厮打不着又甩不掉，却用这种不战不退的另类打法，把战争的主动权抢了过去，无招胜有招。不论是阵前百般辱骂还是沿途攻杀焚掠，费边都不为所动，汉尼拔对他简直像狮子咬乌龟一样无从下口。

心慌意乱下，汉尼拔倒险些中了费边的招。他的部队被向导错领到了坎帕尼亚边缘的卡西利努姆镇。该地是群山环抱的一个低洼地带，三面环山一面临水，乌尔图努斯河从小镇边上流过，直抵大海，河边是一片沼泽。这是个十足的死地，汉尼拔一到就发现了，但想转身为时已晚，远远缀在后面的费边部队已经围拢上来占住高地,汉尼拔派先遣队突围,结果折损近千人,迦太基大军眼看要被困死在此处。

如果费边果断些,就算不能全歼迦太基人,至少也能重创之,但谨慎过头的独裁官命令部队把住险要围而不攻。这给了汉尼拔翻盘的机会,当此绝境,他忽然想起了当年西班牙蛮族偷袭他父亲哈米尔卡的办法:火牛阵。此时他的军中有2000余头抢掠来的牛,入夜后汉尼拔命人在牛角上绑缚柴草,点燃后赶着牛奔向一处隘口。罗马军分驻三处山上,其中一处守军见黑暗中有大片的火把向自己涌来,以为是迦太基人乘夜突围,忙发出信号,另一处山上的士兵赶来堵截,汉尼拔却乘机从无备的一侧飞遁而走。原来他并不用火牛冲锋陷阵,只是用它们作为疑兵,调虎离山。汉尼拔的"牛遁"计,后来被古罗马军事评论家弗龙蒂努斯写进了他的《谋略》,作为从困境中突围的样本范例。这招唯一没能骗过的就是费边,他亲率的军团没有被引开,但黑暗中指挥不便,他也没能阻住汉尼拔绝处逢生。事后,军中将此归咎于费边坐失战机。

经过这一场交锋,汉尼拔对费边又增几分忌惮。好在罗马军中还有一位汉尼拔的"朋友",就是费边的副手骑兵指挥官马库斯·米努吉乌斯·鲁夫斯。此人与汉尼拔并非真的有友情,恰恰相反,他差不多是罗马阵营中最渴望歼灭汉尼拔的人,而正是他的这种急于求战的浮躁心理,帮了迦太基统帅的大忙。罗马人素以勇武自许,但费边对眼皮底下的敌人不敢有所行动,反而听任其横行乡里,这种局面让米努吉乌斯的自尊心大受挫折,他对主帅的战略深感不满,背地里把费边叫作"汉尼拔的小跟班"。而这种情绪也是罗马军中的普遍心态,凡是没尝过汉尼拔厉害的,个个都摩拳擦掌,想上去较量一番。

汉尼拔早就探知了米努吉乌斯这副狗熊脾气,后者越是心痒难耐,就越加劲地给他搓火。此时已到了秋收的季节,迦太基统帅下令部属在意大利乡间抢夺粮食,焚毁农舍,偏偏对费边家族的田产秋毫不犯。虽然这明摆着是离间计,但罗马人当局者迷:我们都倒霉,凭什么偏你费边家没事?不少人把对侵略者的愤恨转移到费边头上,指责他消极抗战。后方对费边非议日甚,独裁官的权威也渐渐弹压不住,得到保民官莫提利乌斯(罗马法律规定,独裁官掌权时期保民官是唯一不被剥夺权力的官员)支持的米努吉乌斯发动了一次逼宫性质的请愿,费边不得不把麾下的一半兵力,即两个军团分给他调遣。分兵前他最后一次对米努吉乌斯良言相劝:"记住,你的敌人是汉尼拔,不是我费边。我被人诟病，你则广受赞誉，所以务请你拿出比我更大的稳重和责任心。"后者充耳不闻。

汉尼拔一见敌军营寨分成了两座，立即明白他的离间计奏效了，接下来就是挖一个坑，等着米努吉乌斯跳进来。随后米努吉乌斯消灭了几个迦太基征粮队，更是信心膨胀，殊不知这正是汉尼拔投下的鱼饵，上面带着钩子。

汉尼拔为米努吉乌斯选好了埋骨之所，那是一片被一座小山丘隔成两半的平原。迦太基大军屯于小山的一侧，随后罗马人也抵达了，汉尼拔假意派人去占领山丘，米努吉乌斯见了立即率兵来抢夺制高点。当他轻松地夺下了汉尼拔设在山顶的营寨时，却发现身后的山坡上站满了敌军，下山的路已被切断，自己成了瓮中之鳖，而他留在平地上的营寨也遭努米底亚骑兵洗劫，他们完全控制了局势，所到之处杀戮无算。米努吉乌斯想起了弗拉米尼乌斯可怕的命运，一时间忧从中来不可断绝，此前想找汉尼拔一决高下的豪情瞬间荡然无存，他向手下的指挥官们问计，可人人都和他一样两股战战似有尿意。

又一场歼灭战似乎已势不可免，但米努吉乌斯命大，他的救星出现了：费边。

费边率另外两个军团在2.4千米外扎营，当他闻报米努吉乌斯攻上山去，就知道大事不好，随后果然见他被围。费边当即集合全军将士，对他们高呼："士兵们，现在每个人都有义务去救马库斯·米努吉乌斯，他是一个有才能的军人，一个爱国者，只是犯了轻敌冒进的错误，这个错误我们可以以后再清算。"

费边出现在战场上，又从外围反包围了努米底亚骑兵，风云突变，汉尼拔也就不为已甚，传令撤兵，并对左右笑言道："看吧，悬在我们头上那块云彩终于下雨了。"

米努吉乌斯获救回营后，自去冠冕，摘掉指挥官的鹰徽，率领着幸存的不足一个军团的士兵们来到费边营中团团围拜，口称"父亲"，发誓以后对费边唯命是从。费老做人一向厚道，也就借机与之和解，然后重又使出他的"拖延消耗"战术，坚决避免同汉尼拔野战，就像当年迦太基人避免同罗马人野战一样。

本来汉尼拔对这个牛皮糖一样的费边还真是没奈何，但限于罗马的法律，独裁官的任期仅有半年，半年之后，费边依法挂冠而去。罗马人急于以一战驱逐侵略者的浮躁情绪重又抬头，于是有了军事史上传颂两千年而不衰的神话，汉尼拔戎马生涯的巅峰之作——坎尼。

18

尖峰时刻

费边去职之后，塞维利乌斯接任独裁官，他和第一次布匿战争中的罗马英雄雷古鲁斯之子小雷古鲁斯共掌军权，对费边战略萧规曹随。汉尼拔的军队挺进至亚平宁半岛东南部的阿普利亚地区，罗马军尾随而至，但不与之交战。汉尼拔有意激怒罗马人，沿途破坏愈加严重。转过年去，到了公元前216年，塞维利乌斯任期也满了。一年间两任独裁官的表现并不能让罗马元老院和民众大会满意，尤其是不能让后者满意，他们决定不再设立独裁官，恢复由执政官统兵。此时，又一位"民众煽动家"应时而起，他就是马库斯·特伦提乌斯·瓦罗。

瓦罗和此前的弗拉米尼乌斯一样，其执政基础来自底层民众。他本人出身低等贵族家庭，李维说他是屠夫之子，此说已被证伪，屠户出任高官，在东方有屠狗的樊哙樊大将军、屠猪的何进何大将军，在西方却无此例。但可以确信的是，他的族中没有人担任过高级官员，像他这种后起之秀被政坛称作"新人"。由于没有豪族背景，与既得利益团体界限比较清晰，瓦罗很得草根阶层的信任，此前他在政府中任职时曾负责公路修筑，表现优异，因此在公众面前有着不错的印象分。加之他本人很善于发动群众，借助罗马人的不满情绪对费边战略大肆攻讦，经常发表演讲，称费边主义纵敌为害，发誓自己如果掌握军权，一定会肃清汉尼拔匪患。

所谓国难思良将，面临危难的罗马民众对救世主的期盼比以往任何时候都强，判断力也因此比以往任何时候都弱，误以为嗓门大就是有力量的表现，忘了修路和打仗完全是两码事。瓦罗的慷慨激昂很快就打动了他们，在本年度的执政官选举中他只经一轮投票就高票当选。

果然，人气王瓦罗上台后就秣马厉兵，准备对汉尼拔发动正面进攻，毕其功于一役。为此他又在现有基础上征发了四个加强军团，每个军团比常规兵力多出20%。和瓦罗一起当选的另一位执政官是奇乌斯·艾米利乌斯·保卢斯，此人曾在汉尼拔战争爆发前，征服了希腊的伊利里亚地区。他亲身体验过战争，知道战场并不像瓦罗想象的那样浪漫，因此他起初并不太情愿和这个好大喜功的战争菜鸟做搭档，但出于责任感，还是接受了元老院的任命。据说保卢斯当选后，费边曾找到他阐释自己的战略思想，并恳请他慎重行事，不要盲动盲从。保卢斯似乎已经预见到了自己的命运，他对费边的战略表示认同，但告诉后者，现在民意滔滔渴求一战，自己也只能尽人事，听天命。

再说汉尼拔。这半年来无仗可打，他的部队一直在阿普利亚地区的格卢尼乌姆驻扎休整，其间多次诱使塞维利乌斯来战，但后者始终不为所动，双方就这样干耗了六个月。公元前216年，当瓦罗和保卢斯在罗马就任时，汉尼拔率部离开已被他们吃空了的格卢尼乌姆继续南下，经过100余千米的行军，渡过奥菲杜斯河，袭取了罗马人防守薄弱的武器库坎尼。

罗马城里，瓦罗要誓师出征了，不用说，这个"煽动家"又是成吨的豪言壮语。保卢斯也对士兵们讲话，罗马近来连遭败绩，老兵损耗太大，新招募的士兵普遍缺乏实战经验，他怕这四个军团的新兵蛋子们震慑于汉尼拔的凶名，就宽慰他们："不用怕，我们的人比他们多，在战场上可以两个打一个。"结果这番说辞适得其反。夫战，勇气也，动员就是要激发战士那股一往无前的决死之心，强调人数上的优势其实是变相的露怯——纵横无敌的罗马军团什么时候堕落到要以多为胜了？这一来罗马人在心气上就落了下风，打起仗来人人心存侥幸，再找不到背水一战的感觉。

6月，罗马军团进抵前线，和塞维利乌斯的部队会师，两下里兵合一处，连同盟邦的军力，共计是8个加强军团，8万名步兵，6000名骑兵；而迦太基方有近4万名步兵，1万名骑兵，双方的比例接近2∶1。两军隔奥菲杜斯河对峙，罗马军屯于东北岸，迦太基军在西南岸。罗马一侧是开阔平原，适于骑兵驰骋，迦太基一侧则地势起伏，有不少丘陵，只有坎尼堡到汉尼拔营地之间有一小块平地。罗马阵营中瓦罗和保卢斯很快就为战术问题发生了分歧，两人都不愿退让，于是做出了一个类似儿戏的分工——每人一天，轮流全权指挥全军。军队不是讲民主的地方，军中政令每天一变，弄得士兵们无所措手足。两军相持日久，后勤压力都越来越大，罗马人在瓦罗主战态度的影响下，变得越发浮躁。

对汉尼拔来说，如果能在罗马营前的平地开战，充分发挥骑兵优势，那自是上上大吉，但也不能将获胜的希望全部寄托在敌人的配合上，因此他在连日派人到河北岸挑战的同时，也准备好了在西南岸作战的B计划。

罗马历的8月1日（公历6月），汉尼拔照例派人渡河叫阵，那天是保卢斯当值，他也照例坚守不出。此时瓦罗再也忍耐不住，到了次日轮到他掌权，瓦罗一早就打起象征进攻的血红色大旗，留下1万名轻步兵守营，尽起其他7个军团的7万名步兵和全部的6000名骑兵，南渡奥菲杜斯河，向汉尼拔的大寨杀来。保卢斯尽管不情愿，也只得随军出征。

瓦罗也并非对军旅之事一窍不通，他事先研究了战场，看好了坎尼西北的那一块方圆约2平方千米的平地。那里两侧有山水可做依托，能遏制敌军骑兵拿手的侧翼包抄，而该地平整的地形也适于派出密集型步兵方阵，用阵型的厚度来弥补大量新兵实战经验不足的劣势。由于场地宽度有限，瓦罗放弃了罗马军团利用阵列间隙完成换位的滚筒式打法，代之以旧式的逐层推进，大家前赴后继地并肩前冲，向敌阵的纵深推进，力图将其从中击破。中间的步兵主力方阵由塞维利乌斯和小雷古鲁斯指挥，瓦罗和保卢斯两位最高统帅则各领3000名骑兵分居两翼，保卢斯率最精锐的罗马骑兵在右侧依水列阵，瓦罗统领盟邦的骑兵镇守左路。这个阵型的理论基础是"一力降十会"，罗马兵力接近对方的两倍，又训练有素，而且用地形巧妙地实现了对侧翼的保护，等于废了敌人最厉害的一招绝技，完全是以己之长对敌之短，这样如同撞城槌般中宫直入，开打之前，实在是找不出不成功的理由。

问题在于，他们这次要对付的不是别人，而是汉尼拔。

当天一早，汉尼拔得知罗马人倾巢而出，马上带着一干将领登上山坡查看动静，但见敌阵中旗帜鲜明，枪刀森布，严整有威。汉尼拔的部下们并不都如他一般镇定，一个人带着敬畏的口气说道："瓦罗兵马，何其雄壮！"说话的乃是副将，骑兵指挥官哈斯德鲁巴[①]。其实众将见了罗马声势，无不惴惴，哈斯德鲁巴只是说出了大家的心声，此言一出，一片张皇的气氛笼罩了众人所在的小丘。汉尼拔却似浑不在意，回过头来问众将："还有一个更惊人的情况，你们注意到了没有？"众人面面相觑，不知这个莫测高深的主帅想说什么。"对方这么多人

[①] 很多资料中将此人误为汉尼拔之弟，哈斯德鲁巴·巴卡，但此时哈斯德鲁巴在西班牙肩负统帅之职，并没来到意大利，所以当系同名的另一将领。罗伯特·欧康奈尔所著《坎尼的幽灵》中确认此为二人。

当中，竟没有一个叫哈斯德鲁巴的。"汉尼拔用他的独眼斜瞟着哈斯德鲁巴，故作严肃地说。大家却都笑了起来，值此关头主帅还有心情幽手下一默，这成竹在胸的从容气度，让诸将都感觉有了主心骨。

在战略上藐视敌人，在战术上却需重视。汉尼拔此番无法像前几回那样事先设伏，又不能充分发挥骑兵侧翼包抄的传统优势，这场生死战他能依仗的唯有自己的智慧了。

汉尼拔根据敌人的阵型做了有针对性的部署，被他激励得重焕斗志的哈斯德鲁巴被委以重任，率领高卢和西班牙的全部重装骑兵列于左侧，正对着保卢斯的罗马骑兵，准备硬吃后者，汉尼拔给他的命令是尽快突破保卢斯部，然后沿着敌阵的右侧边缘向侧后方突进。左侧对付瓦罗的任务，汉尼拔则交给了外甥，在高卢急行军中表现活跃的汉诺·波尔米卡，他的任务就是尽量拖住瓦罗，不让后者的骑兵支持罗马步兵主力。该侧的丘陵地形不利于骑兵作战，但小波尔米卡率领的努米底亚轻骑有马术出众的优势，地形造成的不便反而小于敌方。至于中路，汉尼拔亲自坐镇，他的三弟马戈随侍左右，与汉尼拔共同指挥最关键的中军部分。另外，马哈巴尔率预备队殿后，哪个方面战事不利随时支持。由于罗马方是渡水来攻，迦太基人得以提前抢占有利地形，严阵以待。

花了一上午的时间，双方布阵已毕。罗马人窄锋面大纵深的阵型密不透风，像一个攥紧的拳头。而汉尼拔排出的阵势刚好是反其道而行之，他的步兵阵势成新月形排开，横向宽，厚度小。最前端的突出部分，一队高卢大汉仗剑而立，此时他们已加强了精神文明建设，不再全裸，但上身露出的累累肌肉飘飘胸毛，依旧气势逼人。他们两侧是西班牙步兵，手持弯刀，身着绛紫色滚边的白色战袍，正午的阳光下，那袍子白得炫目。再接下来是1万名利比亚步兵，特拉西美诺战役后，他们已全换上了缴获的罗马式装备，短剑长矛盾牌标枪，都与对手一般无二。双方的指挥官都在己方阵前纵马奔驰，激励士气，与今天好莱坞史诗片中表现的不同，大家并不用"自由"之类看不见摸不着的说辞来鼓劲儿，罗马军官号召士兵们"保家卫国""夺取荣誉"，而汉尼拔一方都是雇佣军，对他们来说，"抢钱抢粮抢女人"是更有效的动员令。

两军将士个个弓上弦剑出鞘，只待主帅令下。不一刻，西南方向刮起大风，顺风列阵的迦太基骑兵从两侧乘势出击，风助军威，直冲敌阵。巴利阿里投石兵和利比亚弓箭手也借着风力发射，为骑兵提供远程火力支持。这是汉尼拔事先部署好的，因为此地每日中午有西南风，这是他能借助的为数不多的外力了。双方的骑兵一接战，罗马步兵也紧跟着出击，他们打先锋的第一阵列标枪兵顶风投掷，失了准头，没能像往常一样先声夺人，反倒被迦太基方顺风射来的矢石标枪杀伤不少，但紧接着剑手杀到，此时迦太基军再无巧可取、无力可借，只能真刀真枪地拼命。高卢先头部队很快全军覆没，西班牙兵跟上来堵住豁口，他们打光之后，利比亚人又接上来……

罗马人的中路强力突破果然不同凡响，迦太基军一层层地败退，新月阵的弧度逐渐被压直，接着向反方向凹陷，上弦月慢慢变成了下弦月。罗马人步步推进，兵锋指处当者披靡，但汉尼拔新月阵的妙处在于始终能操控阵型的受力面积，起先用少量士兵承受对方最强的打击，侧后方的第二梯队并无损耗，接下来他们突前抵挡，又有身后的士兵准备补位，尽可能地延缓敌军的推进速度，减轻罗马人的一冲之威。当己方损耗加大时，中路的部队就不再死命抵抗，而是且战且退，被罗马人突破的士兵有意识地向敌军两侧迂回，把罗马人放进一个越拉越大的口袋。真正的考验就在汉尼拔所处的中路，这里既要不断后退诱敌深入，又要保持队形，不能被敌军贯穿。在这儿汉尼拔拼上了他的老本——1.2万名利比亚步兵，这些人跟随他最久，或许不是战斗力最强的，却一定是执行力最强的，正是凭着他们的意志和纪律，罗马方阵的剑锋始终没能突破这个口袋阵。

汉尼拔这样不惜血本地拖住罗马主力，就是为了给骑兵赢得时间，让他们尽早解决掉罗马骑兵，完成对敌人密集步兵方阵的合围。也是天不佑罗马，他们军中最有头脑的指挥官保卢斯，刚一开战就被巴利阿里投石兵的一颗飞弹击中额头，受伤跌下马来，无法再指挥战役。汉尼拔事后谈及此事说："就是把敌军全都戴上枷锁送到我手里，也不如这更让我高兴。"这一下无心插柳的斩首行动，让罗马右翼骑兵的指挥陷于瘫痪，他们人数本就只有对方一半，又群龙无首，很快被哈斯德鲁巴部消灭了千余人。在罗马，能当上骑兵的人通常都家底殷实，这些人有钱，也就格外惜命，一看形势不利，纷纷纵马逃过河去。

而另一边，努米底亚骑兵正面对冲不是罗马骑兵的对手，只能起到牵制骚扰作用。尽管如此，小波尔米卡还是成功地缠住了瓦罗，让他无所作为。哈斯德鲁巴杀退罗马右翼后，从后面疾驰绕过步兵方阵与小波尔米卡会合，瓦罗见势不妙，竟然先行逃了，被主帅丢弃的盟邦骑兵们也纷纷溜之乎也。消灭了罗马骑兵，两路迦太基马队合力，从后方猛冲罗马后卫队。负责殿后的1.5万名轻装步兵是预备队中的预备队，通常工作只是打扫战场，一无装备二无战斗经验，哪里是迦太基铁骑的对手，很快死伤殆尽。

骑兵从后面冲上来砍杀践踏，这让埋头前冲的罗马人吃不消了，心理和阵型都无法再保持稳定。他们现在身处一个狭窄平原，运转不便，前锋部队深陷于敌阵，两侧又有上万的敌军步兵，此时对方四面合围，这支大军就这样被装进了口袋里。罗马方阵两侧的高卢和西班牙步兵，现在只要转身90度，就可以从侧面随意劈刺罗马人，而罗马把精锐力量都布置在了前锋线上，阵线中段是那些想着以二敌一的新兵们，他们在慌乱中几乎无从抵抗。瓦罗这次为了加强锷部的力量，把阵型排得太密，方阵中部的士兵几乎连挥剑的空间都没有，更不用说像以往那样利用方阵间隙进退攻守。现在内侧的士兵只能眼看着外侧的战友被屠戮，等到两侧的人都倒下，就轮到他们自己了。

通常一支军队伤亡超过三分之一，余者就会失去战斗的意志。罗马人转瞬间死伤过半，心理上又从胜利在望的高峰跌入深陷重围的低谷，这样的巨大落差让他们没了置之死地而后生的勇气和智慧，只能机械地做着徒劳的挣扎。屠杀一直持续到黄昏，坎尼平原已经被堆积的尸体变成了高原。完全控制了局势的汉尼拔又派哈斯德鲁巴趁势率骑兵突袭河北岸的罗马军营，果然，隔水目睹同胞惨状的罗马守营兵已经吓傻了，大半缴械投降。这样一来，罗马8万大军仅有1万余人逃出生天，步兵4.7万人阵亡，1.9万人被俘，骑兵损失2700骑。而汉尼拔的军队，战死近6000人，损耗不及对方的10%，而且死者中三分之二来自高卢。

从军事角度来看，坎尼战役是一场两千年来一直被当作教科书的伟大包围战。兵法上说"十则围之"，但在汉尼拔这样的将才手中，竟然可以根据敌人的部署因势利导，以少围多，他的指挥艺术和应变之才怎么夸赞都不过分。这一战中汉尼拔的智慧也如汩汩泉水一般滋养着后世兵家，不断有人试图复制"坎尼模式"。美国五星上将艾森豪威尔曾评价道："汉尼拔使得'坎尼'成为完胜的代名词，在世界各军事学院均被详细研读。将敌方完全包围并且歼灭的念头，使得在近一个世纪里，众名将皆欲尝试重新创造一次自己的'坎尼'。"

但两千多年后的今天，用人道主义的眼光回望古战场，那个血色的午后无论对哪一方来说都是不折不扣的灾难。此役的单日伤亡（含被俘）总数，在西方军事史上高居榜首逾百年，后来罗马军团与日耳曼蛮族的阿劳西奥战役刷新了这个数字，而直到1916年第一次世界大战时，坎尼的数据才被装备了坦克车和重机枪的英法联军与德军在索姆河战役中挤到第三位。坎尼之战，汉尼拔尽管获胜，但战后清点部下时发现，不少追随他多年的故旧之交也战死沙场，如血残阳中，赢得了空前大胜的迦太基统帅流着泪发出了当年的皮洛士之叹："我不想再要一次这样的胜利。"

汉尼拔的悲伤与罗马人比起来简直不算什么。除了上述的士兵伤亡，罗马高层方面，早早开溜的瓦罗安然无恙，而其他的将领塞维利乌斯、小雷古鲁斯，以及上次从汉尼拔手中捡回性命的米努吉乌斯全部力战殉国，48位军团将校死了29位，此外还有80余名元老级的人物殒命。保卢斯坠马后又受了多处剑伤，心力交瘁自知不免，颓然坐在河边等待敌人来了结他。这时一位骑兵官伦图卢斯看见了他，赶过来将坐骑相让，哭求执政官骑马突围。而经此惨败的保卢斯心灰意懒，他对伦图卢斯说："请转告费边，我想忠于他的教诲，但力有不逮——我先败于瓦罗，再败于汉尼拔，实无面目苟活了。"言罢奋力冲入乱军之中，死在乱刃之下。在战场上，"保卢斯"是个不幸的姓氏，总是在伟大战役中充当悲剧性的配角——两千多年后的斯大林格勒城下，兵败投降的德军元帅也姓保卢斯。

傍晚，坎尼的天空被乌鸦和兀鹫遮蔽，似乎全意大利的食腐动物都来赴这场人肉盛宴。正是"野战格斗死，败马号鸣向天悲。乌鸢啄人肠，衔飞上挂枯树枝"。死亡来得很慢，有些罗马士兵断手折足，但并未气绝，待得次日打扫战场的迦太基人到来，他们嘶声呼喊，不求救助，只求速死。惨败的消息传到罗马城，不啻为世界末日，一城缟素，万户恸哭，3万多名小伙子，罗马五分之一的青年就这样葬身他乡，奥菲杜斯河边骨，俱是春闺梦里人。

> **按**
>
> 本书中采用的坎尼战役双方伤亡数字为通说，关于这个数字，德国战争史专家德尔布吕克还开列了一份明细表：罗马军阵亡步兵4.55万人；阵亡骑兵2700人；被俘步兵1.8万人；被俘骑兵1500人；失踪步兵2500人；逃走步兵1.4万人；逃走骑兵1800人，相加起来正好是罗马的

总兵力8.6万人。迦太基方面的损失，德尔布吕克认为在5700—8000人。其他说法，同时代稍晚的希腊裔史学家波利比乌斯称罗马阵亡7.27万人，被俘1万人，迦太基方战死5700人，这个数字被认为过于夸张，甚至超过了当时罗马军队的总数，因此历来不被采信。此外还有近代学者认为，坎尼之战罗马投入的兵力不可能有7.6万人之巨，他们分析参战的罗马士兵至多4万人，并据此推断罗马伤亡当在2万人上下。

美国人杜普伊的著作《战略之父汉尼拔》中称，坎尼战役中指挥迦太基左翼骑兵的是汉尼拔之弟哈斯德鲁巴，该书称他当时恰在意大利探望兄长，但并无原始史料支持此说。且当时老西庇阿兄弟已抵达西班牙，切断了高卢通道，哈斯德鲁巴与之交手，战事吃紧无暇分身，而坎尼之战前意大利南部诸港皆忠于罗马，西班牙增援意大利的海路尚未打通，无论从陆路还是从海路，哈斯德鲁巴都难以到达意大利，故杜氏此说当存疑。本书倾向认为，这个哈斯德鲁巴是另一位同名将领。

19

城外的人不想冲进来

罗马人祸不单行。就在坎尼惨败之后，派往北方端高卢人老窝的司法官卢奇乌斯·博斯图米乌斯·阿尔比努斯又在波河流域中伏，两个军团全军覆没，已被选为下一年度执政官的博斯图米乌斯本人也阵亡了。如此算来罗马人已接连失去了10个军团，损失全国将近一半的能战之兵。

此时费边再次临危受命，出来收拾残局。为了稳定人心士气，他非但没有惩处逃回来的瓦罗，还给他一个类似凯旋的欢迎仪式，称感谢他在危难关头没有抛弃城邦。根据今天惯常的思维方式，出了纰漏之后的第一要务是赶快找个替罪羊来宰掉，以平息公众的不满情绪，并把此举作为最高决策层的免责声明。但费边似乎并不太看重这种于事无补的权谋术数，此时罗马最需要的是上下一心的凝聚力，瓦罗毕竟是人民的选择，对他宽大处理有助于弥合市民和元老院长期积累的矛盾。但和瓦罗一起逃归的残兵败将们就没那么幸运了，他们被发配到条件艰苦的西西里战场。可见，西方虽没有刑不上大夫的理论基础，但对当官的和当兵的确实也执行双重标准。

非常时期，罗马元老院执行了铁腕政策：各家各户的适龄男子都武装起来，随时准备保卫城市；可能造成失败主义悲观情绪的民众集会被禁止；官方拒绝向汉尼拔赎买俘虏，同时禁止各家私自赎回被俘的家人亲友，以免资敌；家有丧事者，悼念不得超过30天，不得在公众场合哀号啼哭……病急乱投医，费边还派自己的亲戚皮克托赶赴希腊的太阳神阿波罗圣城德尔斐，求取神谕。说来好笑，皮克托满怀虔诚地来到德尔斐，却发现阿波罗神庙两位神圣的女祭司都在通奸，他一怒之下斩了这两个性解放先驱回来复命。费边则借此机会向罗马市民宣示：从来就没有什么救世主，也不靠神仙皇帝。

在这一切强制措施、激励办法和心理暗示之下，罗马市民逐渐重新振作。所有17岁以上的公民都投军报国，富户捐出私家奴隶编入军队，政府也释放犯人准其戴罪立功。全体罗马人严阵以待，汉尼拔如梦魇般笼罩在每个人的心上，他那只独眼中放出的寒光，似乎就投射在罗马的城墙上，每个人都觉得脖子后面冷飕飕的。

罗马人的紧张不无道理，事实上就在坎尼之战的当晚，汉尼拔的副手马哈巴尔就激动地建言，请统帅拨给他一支精兵直抵罗马城下。他豪情万丈地发誓，不消五天，定能让迦太基大军立马卡皮托尔山。汉尼拔理解这位在大战中担任后队、没过着杀人瘾的副将立功心切，他称赞马哈巴尔勇气可嘉，但表示还要从长计议。马哈巴尔带着无尽的失望与不甘，对汉尼拔发表了一段日后几乎被作为后者墓志铭的评价："汉尼拔啊，你比任何人都懂得如何获取胜利，但你不懂得如何利用你的胜利！我闻金无足赤，人无完人，信哉斯言！"

不进军罗马，汉尼拔的这一决策，在此后两千多年中被后人讨论了无数次，李维在书中说：正是迦太基人这一刻的犹豫，使得罗马城乃至整个罗马共和国免于灭亡。这种论点获得了许多战略家的赞同，比如"二战"时的英军元帅蒙哥马利。这一派的观点认为汉尼拔放过罗马城，给了对手喘息之机，结果一时纵敌，成了万世之憾。

在最接近胜利的时候，没有乘胜追击，这段历史令人读罢确有"为山九仞功亏一篑"之叹，但细细想来，这种叹息更像是基于情感的惋惜，而不是通盘考虑当时双方战略战术形势后，基于理性分析得出的结论。罗马城外的汉尼拔不想冲进去，其中的考虑远非坐而论道的李维所能参悟，至于蒙哥马利，也不过是侥幸赢了隆美尔之后，就自信极度爆棚，乱发怀古幽情而已。

先从最浅显的战术层面上说，在当时的冷兵器时代，攻城是一大难题。《孙子兵法·谋攻篇》有云：

> ……上兵伐谋，其次伐交，其次伐兵，其下攻城。攻城之法，为不得已。修橹轒辒，具器械，三月而后成；距堙，又三月而后已。将不胜其忿而蚁附之，杀士卒三分之一，而城不拔者，此攻之灾也。

当时《孙子兵法》还没发行到欧洲，汉尼拔肯定没学习过，但上文论及的攻城之艰苦，他却有过亲身体验：萨贡托。当时汉尼拔是在自己的地盘上，兵源、粮饷、攻城器械都不成问题，尚且需要长围久困，八月乃下。萨贡托的城防和守军素质比之罗马，相去不可以里计，而现在汉尼拔手上的兵力，算上伤号，马步军合计也只有4.4万人，钱粮补给都没有保障，又缺乏攻城的重武器——过阿尔卑斯山的时候都扔了，这样的力量能否拿得下那座"永恒之城"，实在很成疑问。罗马还有一道无形的城墙，那就是人民抵抗的决心。孟德斯鸠在《罗马盛衰原因论》中写道：诚然，在开头的时候，城里的人是惊恐万状的；不过一个好战民族的沮丧几乎总是会转变成勇气的，因而这种沮丧同只感到自己弱点的劣等民族的那种沮丧是不一样的。这话说得很傲气，但有事实为证：在坎尼战役之后，罗马不但又迅速组织起新的军团，还向西西里、波河等前线派出增援部队。可见无论人力资源还是战斗意志，罗马人都还大有余勇可贾，面对这样的敌人，恐怕连汉尼拔也没有必胜的把握。况且，罗马的同盟尚在，如果进攻罗马城，他们随时可以传檄盟邦，要求军援，那样的话，围城部队很可能会在坚城之下陷入腹背受敌的境地，其损失可能尚不止"杀士卒三分之一而城不拔"。

综上，进军罗马城的宏大梦想，终究只是看上去很美而已。

除了上述战术层面的"不能"，汉尼拔不进兵罗马，也是出于战略上的"不为"。

孙武在分析完攻城之弊后，又接着论述道："故善用兵者，屈人之兵而非战也，拔人之城而非攻也，毁人之国而非久也，必以全争于天下，故兵不顿而利可全，此谋攻之法也。"

在出兵之前汉尼拔就明确了自己的战略意图：通过军事打击动摇罗马的盟主地位，使其主导的联盟瓦解；夺回迦太基在上一场战争中失去的利益，以及对罗马的战略优势。从提契诺河到坎尼，罗马人像个急于翻本的赌徒一样，越赌越大，越输越多，这让汉尼拔有理由相信，他不但赢得了对敌人的战场优势，还赢得了心理优势，接下来可以"兵不顿而利可全"了。根据汉尼拔的估计，罗马连战连败导致威望下降，对其不满的意大利城邦必会倒戈来投，自己如日中天的声望，可以吸引最广泛的反罗马统一阵线，达到孤立罗马的战略目的，而失去作为力量源泉的同盟，罗马的屈服也就指日可待。故而，现在不必再耗费力量于攻城这个下下之法，可以转而通过"伐谋""伐交"来保存军队实力，等着"以全争于天下"了。

意大利的第二大城市，位于坎尼以西的坎帕尼亚首府加普亚，是汉尼拔争取的第一个对象。当时屯兵加普亚的罗马军官尤尼乌斯坚守营寨拒不出战，汉尼拔遂派出数百名轻骑兵，分成若干小队，每夜换班，对罗马兵营做无休止的佯攻骚扰。尤尼乌斯不知虚实，只得令全军枕戈待命，如是几夜，罗马军士早被折腾得人困马乏。当他们觉得迦太基人不过是虚张声势，便放松了警惕时，汉尼拔却看准火候大军压上，一举夺了营寨。尤尼乌斯逃走，罗马人就此丧失了对加普亚的控制能力。

这时，成事不足败事有余的坎尼逃兵瓦罗也来到加普亚，他对当地人民大肆渲染汉尼拔的暴虐，说他们全军都以人肉为食，要加普亚人必须抵抗非洲魔鬼。但当听众们问他，罗马能提供什么帮助时，瓦罗倒是有一说一，这位执政官坦率地表示：拜他本人在坎尼的表现所赐，罗马现在什么帮助也提供不了，加普亚人只能依仗自己的力量。

这样的动员简直就是为渊驱鱼，变相地将加普亚推向迦太基人。瓦罗走后，加普亚执政官帕库维乌斯·卡拉乌斯决定开城迎接汉尼拔，作为回报，后者许诺不干涉加普亚内政，不强迫加普亚人服兵役。

尽管加普亚变节带来的象征意义多于实际意义，但这座意大利第二大城市的投诚让汉尼拔充满乐观地确信，他肢解罗马联盟的釜底抽薪之计，正在一步步地实现。

20 加普亚岁月

有了加普亚这座堪与罗马比肩的城市做根据地，迦太基的远征军算是结束了"流寇"生涯。按照汉尼拔的计划，接下来要做的是把这个试点的成功经验推广到整个意大利南部地区。这个过程起初如事先设想的一样顺利，就在公元前216年当年，他又征服了坎帕尼亚南部的城邦努塞利亚，而位于亚平宁半岛"靴尖"部分的布鲁提乌姆地区，除了勒佐（今雷焦卡拉布里亚），其余的大多数城邦也相继归附，包括可作为海军登陆地的洛克里、克罗托内等港口。

形势一片大好，汉尼拔的部属们也不可避免地有所倦怠。这年冬天他们就在加普亚过冬，李维的书中写道，这是远征军战士们三年来第一次在床上睡觉，而且李维还暗示，他们并不是孤枕而眠——也难怪，这些精壮汉子们戎马经年，好不容易有几天安闲时光，人之常情。

此时的汉尼拔并没有放缓他的战略计划，坎尼之后，他就派三弟马戈回迦太基城报捷。后者到了议院，命人抬进来一个箩筐，哗的一下倾倒在堂上。但见浮光跃金，一室灿然，筐中跳出的全是金戒指，这是从那些阵亡的罗马显贵尸身上缴获的。

"金子！黄黄的、发光的、宝贵的金子，只这么一点点就足够了！"[1]何况是这么多。丰厚的战利品打动了迦太基议员们，他们表态愿意从国内派兵增援汉尼拔，以期扩大战果。

除了内援，外援方面也有重大收获：这一年年底，地中海世界的另一大实力派，马其顿国王腓力五世遣使与汉尼拔结盟，约定出兵意大利。而到了公元前215年，西西里岛的大地头蛇、引发了第一次布匿战争的叙拉古领主西罗二

---

[1] 借用莎士比亚剧作《雅典的泰门》。

世以九十高龄晏驾，他15岁的孙子西罗尼姆斯也准备重新倒向迦太基阵营。此外，波河流域的高卢部落仍在给罗马找麻烦，萨丁尼亚的迦太基裔领袖汉普希克拉斯也暗通故国，准备起事逐走罗马人。汉尼拔编织罗马包围网的梦想似乎正在照进现实，但不久后，他就痛苦地发现，这一切算计，始终仅仅停留在规划图上。

罗马方面，坎尼惨败之后他们虽然表示决不屈服，但在战场上已经学乖了，彻底地贯彻"费边战略"，据守坚城避敌锋芒。在公元前215年的执政官选举中，宿将马库斯·克劳迪厄斯·马塞鲁斯被选中，接替来不及履职就葬身高卢的博斯图米乌斯。此人是当时数一数二的勇将，在第一次布匿战争时出道，曾在西西里跟哈米尔卡过招，后来和弗拉米尼乌斯一同征剿高卢茵苏勃儿部，单枪匹马阵斩敌酋，勇武之名一时无两。坎尼惨败后正是他赴前线整编残余部队，并指挥他们守住了诺拉镇，几次击退迦太基军，汉尼拔亲至也未能破城。这些辉煌战绩让马塞鲁斯成了拯救罗马的最佳人选，但就在他准备宣誓就职时，3月的天空忽然响起一声闷雷，这个有悖时令的现象被祭司解读为天神对选举结果不满。于是，马塞鲁斯只好将到手的职位让与坎尼之后事实上一直在主持工作的费边，后者第三次出任执政官（另一位执政官是此前已当选、正统兵在前线的提比略·格拉古）。好在二人都是公忠体国之士，并没生出什么隔阂。费边的坚忍沉着，与老马的豪勇果毅正好刚柔相济，共同支撑罗马的危局。他们极其明智地采用了削其羽翼的反制战略：打击汉尼拔在意大利境内外的新盟友。

先是马其顿。小国王腓力受坎尼之战的鼓舞，本来雄心勃勃地准备举兵西进，但他派去结盟的使者归途中被罗马舰队截获，这个同盟计划提前曝光。罗马人立刻先发制人，在巴尔干半岛的领地伊利里亚登陆，这下缺少舰队的腓力害怕了，再不敢动渡海西征的念头。他虽已同罗马决裂，却按兵不动，打起了静坐战争，等终于鼓起勇气向周边的罗马盟邦开战，又久攻不下。如此，罗马人仅以一支偏师就将东方强敌牢牢钉死。

在叙拉古，新即位的西罗尼姆斯刚步入青春期，对他并不熟悉的政治充满了幻想，希望借罗马被汉尼拔重创之机将地盘扩展到西西里全岛，于是与迦太基亲近，疏远罗马。西罗尼姆斯很快就意外地遇刺身亡了，不过这位少爷在他短短的半年任期内，已将与罗马的关系败坏到无可修复的程度。加之他死后，汉尼拔派驻的卧底希波克拉底和埃比凯迪斯成功控制了叙拉古的舆论导向，煽动人民脱离罗马争取"独立"。于是，公元前214年，终于重任执政官的马塞鲁斯（这次老天没再表示异议）率4个军团兵临叙拉古城下。

叙拉古的政界和军队都乱成一团，迦太基本土开来的援兵也不济事，这时，一个人站了出来，他就是古文明时代最后一位大师、流体力学开山鼻祖、裸奔先驱阿基米德。阿基米德不但从事理论研究，还致力于国防科技建设。他主持研发生产了许多今天看来难以置信的尖端武器，比如有一种超巨型投石炮，可以发射重达350千克的巨石，曾一击就砸毁了马塞鲁斯用八艘船改装的登城云梯，是绝对的大规模杀伤性武器。还有更厉害的，波利比乌斯记载，阿基米德还造出了一种机械巨手，固定在临海的城墙上，下端由一大堆复杂精密的杠杆和绞盘操控，当敌船靠近，可以用绞盘放下巨手，抓住船头将其掀翻或提起来重重摔下。这种古代起重机实在是匪夷所思，不过考虑到阿基米德是连地球都敢撬的奇才，发明这么个装置对他来说大概也非难事。当然，所有传说中最神奇的要算那个"全自动太阳能打火器"，据说阿基米德曾指挥全城妇女用凹面镜聚焦阳光，把罗马人的战船给烧了。这个故事太过超前，以至于其真实性被频繁质疑。就这样，攻坚战中马塞鲁斯奇招迭出，阿基米德见招拆招，这场武力与智慧的大斗法持续了近两年，比墨子和公输班光说不练精彩多了。

知识就是力量，科学家凭一己之智竟可以力阻罗马大军，但堡垒最容易从内部攻破，碰上变节投敌之辈，阿基米德也没办法。公元前212年，一个叙拉古逃兵向马塞鲁斯透露，叙拉古城正在筹备一个节日庆典，可能疏于防范。掌握了这个情报，马塞鲁斯一举破城。为了杀一儆百，他纵兵屠掠，据说当时阿基米德正在一处神庙里，以树枝画地演算几何题，对闯进来的罗马士兵视若无睹，结果罗马人踩乱了他画的图形。越是大科学家就越有一股不通世故的迂劲，阿基米德也不晓得秀才遇到兵有理说不清的现实，愤然起身抗声斥责。罗马大兵自恃是征服者，见这个反动学术权威竟敢造次，当下怒从心头起恶向胆边生，短剑落处，一代巨星血溅五步。事后马塞鲁斯闻报，大感痛惜，下令礼葬阿翁，而那个士兵得知自己杀死的竟是阿基米德，也痛悔不已。

虽然历史无法假设，但阿基米德的结局仍令人浮想联翩。要知道，坎尼之后罗马人所凭借以抗拒汉尼拔者，唯城墙而已矣，而阿基米德是那个时代最伟大的工程师，他所在的城邦又是站在迦太基一边作战，如果汉尼拔能认识到他的价值，赶在叙拉古城破之前将其抢救出来，那可能历史真的就要改写了。试想，当汉尼拔的无敌野战军和阿基米德的超巨型投石炮一起出现在罗马城下，城里的人们即便抵抗意志再怎么坚强，恐怕也只能向这对梦幻组合竖起降旗吧。

当然，这只能是美丽的幻想，不太美丽的现实则是：叙拉古城破，人民财物被掳掠一空，从此成为罗马的直属地盘，"古代世界最美丽的城市"再不复昔日之荣光。这都要归咎于西罗尼姆斯的少不更事，他祖父西罗虽然亲手按动了第一次布匿战争的启动键，但后来很快认清形势转投罗马，也借此保住了政治独立。此后于罗马和迦太基之间左右逢源（第一次布匿战争后叙拉古的港口一直对迦太基开放），在两强夹缝中，竟然小日子还过得不错。结果西罗尼姆斯接班未几，他祖父临渊履薄的努力就全被废弃，最后导致人民涂炭、国家败亡，正可谓崽卖爷田心不痛。

汉尼拔设想中的两大强援就这样被逐个击破，几乎没能起到什么牵制作用，更不用说合击罗马。这严重打乱了他的战略部署，真是不怕神一样的对手，就怕猪一样的队友。

事实上，策反意大利南部的工作，也不如看上去那么卓有成效。投诚的城邦，大多援引加普亚的先例，开出很高的价码，尽管它们都没能得到加普亚那样优厚的条件，但汉尼拔从它们身上获取的收益也远小于预期。

罗马的力量来自联盟，这一点不脱汉尼拔之洞见。他制定的孤立罗马、摧毁联盟的战略构想，可说是对症下药，并且截至目前，这一方略在战场上得到了近乎完美的执行。但迦太基人在意大利南部摧毁了罗马主导的旧世界，却建立不起一个自己主导的新世界，这是什么缘故？

此中缘由，归结起来大致如下：

第一，汉尼拔看见了罗马联盟的力量，却没想到对手是如何获得这种力量的。这个联盟并不是单纯依靠武力建立起来的，诚然，坎帕尼亚人、萨莫奈人、伊特鲁里亚人等都是被武力征服的，但罗马人"马上得之"之后并没有"马上治之"，这些被征服的民族获得了与罗马人同样的公民权。比如坎帕尼亚人，理论上他们和罗马人的权利完全平等，只是由于居住得过远，他们并不参加每年的执政官选举（不投票也不参选），但只要他们搬家到罗马，就可以和本地人一样地行使这些政治权利，一样地受法律保护。同时，罗马除了征兵，并没有太多的敛取，也允许被征服的城邦在罗马法框架下保留自己的政府、司法和宗教。这种与民生息的政策和平等的公民待遇，能产生强大的向心力，历久弥坚。

正如马基雅维利所说："各城邦在一个它们看不见的政府的统治下更安宁、更惬意。"因此，当罗马陷于危难，它的联盟大多保持了忠贞，而变节的南部诸城邦正是并入联盟时间最短的，联盟的优越性还没深入人心，加之震慑于汉尼拔的军威，才卖身投靠。李维对它们的评价比较中肯，他说这些城邦是在进行"一种出于绝望的、旨在自保的、狂乱的努力"。

反观迦太基，他们的盟邦政策，前文之述已备。汉尼拔在意大利游说，请诸城邦脱离罗马，加入迦太基的联盟，但这个联盟几百年来的不佳形象，使得他的外交努力难有收效。而改革迦太基对待盟邦的政策，这是汉尼拔既想不到也做不到的。

第二，尽管汉尼拔翻过阿尔卑斯山以来就不断宣传，说自己是意大利各个被压迫民族的解放者，但首先各民族"被压迫"的感觉并不强烈，"被解放"的愿望并不迫切。其次，汉尼拔一路上或为了军需用度，或为了调动敌军，对他宣称要解放的意大利各民族杀掠无算，尽管他有意地缩小打击面，只针对罗马，但战场上刀枪无眼，别的民族岂能不受池鱼之殃？这样一来他的政治宣传完全成了空谈，反倒加剧了人们对本就声名狼藉的"布匿信用"的负面印象。

第三，其时罗马执行费边战略，采取守势，修筑了许多防御工事，深沟高垒易守难攻。而罗马此前允许盟邦保留城墙的政策，也在此时显出成效。汉尼拔在攻城方面鲜有作为，这使有城墙拱卫的罗马盟邦有本钱无视他，只要别在旷野上被他逮到就可以，所以，在情势并不是非叛变不可的时候，一般人还是不愿意做叛徒的。种善因，得善果，罗马对盟邦的宽大政策，在危难关头助人助己。

第四，汉尼拔放弃更有群众基础的高卢地区，而转战南意大利，为的是打通海上补给线，及时获取从迦太基本土和西班牙运来的支持。但迦太基中央政府承诺的援军，只来了4000名努米底亚骑兵和40头战象，显然是杯水车薪。就地募兵更是困难重重，南意大利此前是城邦林立的希腊世界，彼此间凝聚力不强，很难发动他们一起参加对罗马的战争，甚至有的城邦间还结有宿怨，他们与汉尼拔联合是想假手于他除掉对头，这一盘散沙的城邦自然提供不了汉尼拔想要的战争资源。而且即便他们肯出人出力，也未必有多大的裨益，想靠这些罗马的手下败将去打罗马，谈何容易。更要命的是，汉尼拔与这些城邦结盟后对他们负有保护的责任，当罗马人来袭时，必须派兵援助，有时还得分兵驻守，这让他本就匮乏的兵力更加捉襟见肘。

麻烦还不止于此,汉尼拔手下那些百战强兵的战斗力,也在加普亚醇酒美人的陶冶下迅速退化,以至于攻打塔兰托久战无功,和马塞鲁斯几度交手也没占到大便宜。反倒让对手借此恢复了罗马士兵的信心,马塞鲁斯鼓励手下:加普亚就是汉尼拔的坎尼!这让"加普亚"成了不思进取、由盛转衰的代名词。

1796年,攻克了米兰城的拿破仑向部下发表演讲《不朽的荣誉将归于你们》,其中有如下语句:"士兵们!你们做了许多事情。可是,这是不是说你们再没有什么事可做了呢?人们在谈到我们时会不会说,我们善于获取胜利,却不善于利用胜利呢?后代会不会责备我们,说我们在伦巴迪亚碰上了加普亚呢?"

拿破仑是汉尼拔的拥趸,特别是当他也率军翻越阿尔卑斯山的时候,颇以汉尼拔当年的事迹自比自雄,但在这段讲话里,拿破仑连抛了两个汉尼拔的老梗,显然,这位汉尼拔的崇拜者也将偶像的加普亚岁月当作反面教材。

21
"汉尼拔就在城门外"

公元前212年叙拉古败亡之后，从迦太基本土到意大利南部的补给线又被切断了。这让汉尼拔对塔兰托更加志在必得，这一年，他终于找到了打开坚城大门的钥匙。

话说塔兰托城里有个猎户头领，名叫菲勒梅诺斯（阿庇安《罗马史》中写作"康诺尼阿斯"）。此人习惯夜间出猎，技法高超，每次都能打到各种野味，兼之会做人，狩猎归来总拿出不少战利品孝敬把守城门的罗马兵卒，一来二去混得烂熟，出入城门不受阻拦。后来塔兰托一批在罗马城做人质的贵族子弟试图逃跑，被抓住杀了，事发后塔兰托民怨沸腾，颇有心投奔迦太基人，报复此仇。菲勒梅诺斯利用自己进出城的便利条件，乘打猎之机与汉尼拔接上了头，商定由他赚开城门，放迦太基人进去。

汉尼拔派小股骑兵佯攻周边村寨，吸引塔兰托守军注意力，自己则悄悄带主力潜到城侧埋伏。到了约定的日子，菲勒梅诺斯果然依计而行，这天夜里他带人出去打猎，一切如常，回来时两个迦太基战士扮作随从跟在他身后，抬着一头大野猪。菲勒梅诺斯叫开城门，当卫兵们看着巨猪啧啧称奇时，迦太基人暴起发难，后边阴影里藏着的人也抢上前来，杀尽门卫冲入城中。塔兰托守将盖亚斯·李维乌斯见黑夜之中不知敌人来了多少，就率身边不多的士兵退入港口附近的一处碉堡，凭着坚固的工事据守，从此做起了钉子户，迦太基人数次组织强拆都未能奏效。

拿下塔兰托，收益是普里亚地区（意大利"靴根"部分，塔兰托所在的地区）的其他城邦望风而降，包括梅塔蓬托、赫拉克利亚（当年皮洛士的登陆点）等港口，这让汉尼拔最为期待的海上补给船有了新的登陆点，同时也使得布鲁提乌姆、普里亚，以及半个坎帕尼亚，三大解放区连成一片，迦太基军在意大利南部声势更盛。而与之俱来的麻烦则是，这些城邦也提供不了多少兵员，反而需要汉尼拔分兵保护。

收益兑现得很慢，此时距离坎尼之战已有四年，迦太基本土被大胜激发出来的热情渐已冷却。尤其经历了西西里的挫败后，议院里厌战情绪又占了上风。当小波尔米卡被派回去搬兵时，议员们反问他："你不是说汉尼拔一直在打胜仗吗，怎么还老朝我们要钱要人？真正的胜利者，应该是把战利品送回后方才对啊。"汉尼拔听罢外甥的转述，无语。

但麻烦来得很快，汉尼拔的主力自公元前213年夏天起，已经在普里亚地区停留了一年，加普亚防御空虚，罗马人看准这个机会，派了四个军团，围困加普亚。

汉尼拔回兵去救，于途中大破罗马人的增援部队，全歼三个军团，击斩前执政官提比略·格拉古。但加普亚之围并没解除，迦太基人赶到时发现，罗马人在城墙外又筑了一圈城墙，内困城市外御援军。这些人真拉得下脸来装缩头乌龟，他们人数有4万之众，约为迦太基军两倍，但就是缩在掩体里高挂免战牌，任凭对手百般叫骂。而且罗马人早就实行了坚壁清野政策，附近的粮食被他们焚掠殆尽，汉尼拔军需不能久持，只好提兵继续北上，行进中顺手又歼灭了两个来增援的罗马军团。

连战连捷，调动罗马围城部队的战略意图却始终没能实现，如果再折回去和他们对峙，防御工事和军需的问题还是无法解决。于是，汉尼拔决定兵行险招，攻敌之不得不救：进军罗马。

来的路上，汉尼拔在赫多尼亚热了个身。当时他面对的执政官福尔维乌斯·弗拉库斯难得地敢于正面交锋，于是他的两个加强军团1.6万人也死得更快，弗拉库斯仅以身免。败军之将先于汉尼拔逃回罗马城，这又为后者的恐怖传说增加了最新篇章。

公元前211年的3月，这一天终于还是来了，罗马人有机会近距离看到他们的梦魇，汉尼拔。他就在城门外，东北门。

在安全的时候慷慨陈词做视死如归状是一回事，而当危险真的到来时，则是另一回事。汉尼拔来了，英勇无畏的罗马人民说不怕，那是假的。美国人杜普伊在《战略之父汉尼拔》中援引波利比乌斯的记述，还原了当时的景象："……市民中掀起一片极度的混乱与恐惧——汉尼拔这个行动突如其来，出人意料，以前他从未如此逼近过这座城市。同时，人们立即觉得，包围加普亚的军团必定已被歼灭，否则汉尼拔不会如此逼近。这个想法使他们更加惊慌失措。于是，男人们登上城墙占据城防工事的有利地点；妇女们则纷纷来到神殿祈求保佑，用她们的头发扫拂这些庙宇的地面，这是国家面临严重危险时她们惯用的祈祷方式……"

就在罗马妇女忙着以头戗地时，老谋深算的费边没有失去冷静，他看出了汉尼拔并不是真想攻城——真想攻城他就不等到今天了。费边洞悉了汉尼拔的围魏救赵之计，一面严令罗马城里刚募集的新兵们坚守不战，一面在元老院力排众议，传令围困加普亚的部队（此时已增至6个军团），坚守岗位不要回援罗马。尽管不是本届的执政官，但此时费边的威望已无人能及，最终元老院按照他的意见，仅从前线召回1个军团以备不测，其余部队仍驻加普亚城下，并加大围攻力度。

坎尼战役后使汉尼拔无力攻打罗马的不利因素现在依然存在，他深知现下的兵力和攻城器械远不足以克敌，确如费边所料，他此行只盼能用自己的威慑力战胜罗马人的神经，让他们调回加普亚城下的军团。此虚声恫吓的意图既不能在第一时间奏效，则其震慑作用就将随着时间递减，越来越多的人看出来他"技只此尔"。

在汉尼拔和费边隔着罗马城墙比耐力的时候，加普亚城里的元老们先耐不住了。也难怪，他们从去年（公元前212年）夏天就被围困，粮食封锁已九月，囊中存米清可数。眼见汉尼拔指望不上了，加普亚人决定自救，但方式不是拼死一战，而是开关投降。

本来费边对重回罗马怀抱的意大利城邦是主张怀柔的，但这次的攻城指挥官昆塔斯·弗拉库斯肝火旺盛，下令将投降的53名加普亚元老尽皆处死（另有28位，因不忿投降的决议在献城前自杀），人民悉数卖为奴隶。加普亚也被取消了城邦资格，变成罗马的属地，这座一度与罗马一时瑜亮的意大利第二大城市，为它的首鼠两端付出了代价。

汉尼拔终于等到了罗马大军回师的消息——是在攻陷加普亚并屠城之后回来的。这等于宣告他挽救加普亚的战略意图破产了，而且现在还有在坚城之下被四倍于己的敌军包饺子的危险，得赶快走，趁着还来得及。

次日，迦太基大军列阵于罗马城下，永恒之城，为人进出的门紧锁着。汉尼拔单骑出阵，驰到科林门前，拔剑在手，纵声长啸，随后奋力朝着城头掷出了一杆标枪。城上城下，对垒的两军都成了观众，直着眼睛看着他气雄万夫的表演。

接下来……撤吧。装狠很累的。

"汉尼拔就在城门外"，这句话在此后很长一段时间成为罗马家长吓唬小顽童的箴言，屡试不爽。不过，汉尼拔兵抵罗马的影响也就仅此而已。富勒在《西洋世界军事史》中评价，在加普亚陷落之后，"汉尼拔能做的仅仅是来到罗马城墙脚下，立马科林门外，挥动他的宝剑。这固然是英雄的姿态，但已经迟了5年的时间，实在是太迟了"。我们前文谈论了汉尼拔不携坎尼余威直逼罗马的战略考虑，那在当时不失为一个明智的选择。但此后几年的较量中，汉尼拔完全应该看清敌人最可依仗的战术手段就是坚城壁垒，可他没能拿出克敌之策，这使得战争的主动权一点点地从他手中流失。这一年中，他在战术层面上仍然所向无敌，三战消灭七个罗马军团，歼敌总数还在坎尼之上；但在战略层面上，加普亚陷落象征着他在意大利组建反罗马同盟的努力失败，整场战争的胜利天平已逐渐向罗马倾斜。这固然有外援不力、内援不济的客观原因，但汉尼拔本人没能及时地调整战略，创新战术，终归也难辞其咎——此非苛责，他理应做得更好，因为他不是别人，是汉尼拔。

公元前211年，汉尼拔第一次也是最后一次兵临罗马城，这一年他36岁，按照中国的说法，正是本命年。

22
罗马也有了自己的汉尼拔

汉尼拔在意大利南征北战的同时，西班牙也没闲着。公元前218年，在罗讷河上与汉尼拔的远征军擦肩而过之后，格涅乌斯·科尔涅利乌斯·西庇阿按照既定路线进入西班牙，打败汉诺，尽占埃布罗河之北。次年夏天，他的兄长、曾在特雷比亚经受过汉尼拔洗礼的老西庇阿（普布利乌斯·科尔涅利乌斯·西庇阿）赶来与之联手，两个西庇阿渡河南征，准备剿除汉尼拔之弟哈斯德鲁巴。

从公元前217年秋天起，双方打了5年拉锯战，哈斯德鲁巴连败数阵。公元前213年秋，北非努米底亚诸土王中最有实力的马塞西利国王西法克斯叛离迦太基，与罗马结盟，自顾不暇的哈斯德鲁巴又被召回非洲平叛。哈斯德鲁巴的将才不及父兄，但对付北非土著还算绰绰有余。当时努米底亚还处在部落联盟形态，许多部落并不知道他们的老大西法克斯已经反水，因此对迦太基军队的到来不加戒备，哈斯德鲁巴将计就计，对他们谎称自己是来为西班牙驻军收购大象的，还拿出真金白银，雇请努米底亚人去捕象。结果开打的时候，西法克斯调集的好多部队都没能到位，他的部署全被打乱，大败于迦太基人。哈斯德鲁巴还在定乱之役中发掘出一位少年英杰，西法克斯敌对王国马西利王格拉的王子马西尼萨，这位时年17岁的骁勇骑士将在此后的战争中扮演重要角色。

在此期间，西庇阿兄弟在西班牙更如入无人之境，一度连萨贡托都夺了回来。公元前212年底，平定北非的哈斯德鲁巴挥师北返，马西尼萨作为副手从征。此前，汉尼拔三兄弟中的老三马戈领命来西班牙换防，迦太基议院似乎还不太放心，随后又加派了哈斯德鲁巴·吉斯戈。此人也是将门之后，他的父亲是曾在第一次布匿战争中跟哈米尔卡并肩作战的迦太基海军将领吉斯戈，后来死于雇佣军战争。而继承了他衣钵的哈斯德鲁巴·吉斯戈也是迦太基倚重的少壮派将领。

这样一来，迦太基人在西班牙又重获优势。由于罗马的主力此时正被汉尼拔拖在意大利战场，不能向西线增兵，西庇阿兄弟只得在西班牙就地取材扩充队伍，他们征召了2万名伊比利亚雇佣军，想依靠他们对付源源而来的敌人。

公元前211年老西庇阿主动出击，他亲率一个罗马军团外加全部西班牙雇佣军，挺进到卡斯托罗，准备与驻守该处的哈斯德鲁巴决战。小哈当时的兵力少于对手，但他毕竟久在西班牙，熟知伊比利亚人性格贪利，此时他向老西庇阿的雇佣军施以重贿，也不用他们倒戈，只要两不相帮即可，佣兵首领见有这等美事，自然乐得吃了原告吃被告。老西庇阿还不知情，按既定部署开战，结果雇佣兵们临阵罢赛，罗马军团毫无悬念地被全歼，老西庇阿本人也死于乱军之中。此役，指挥努米底亚骑兵的马希尼萨表现相当活跃。

随后格涅乌斯·西庇阿也被迦太基三路大军围殴，他手下的一名骑兵将领盖乌斯·马奇乌斯率领一小队人马血战突围，其余部队全军覆没，格涅乌斯·西庇阿则生不见人死不见尸，从此彻底消失。

开战以来，迦太基人终于在西班牙战场上扬眉吐气了一回，但这场卡斯托罗歼灭战是三位统帅唯一一次合作，他们各领一队分驻三地，彼此不相统属。尤其令人费解的是，马戈对二哥哈斯德鲁巴似有成见，从不买他的账。兄弟阋墙为日后的败局埋下了伏笔。

卡斯托罗战役之后，哈斯德鲁巴本欲乘势北进，赴意大利驰援兄长，但罗马在第一时间派来了悍将盖乌斯·克劳迪厄斯·尼禄，此人和接掌了两个西庇阿指挥权的马奇乌斯合兵，在比利牛斯山一线拼死力阻哈斯德鲁巴。尼禄是将才而非帅才，战场上足以抵得住哈斯德鲁巴，但他生性暴虐寡恩，无法在西班牙收揽人心争取支持，因此西线的大局还需另择良材前去主持。公元前211年底，罗马元老院召开了一次扩大会议，讨论老西庇阿的继任人选，却始终议不出结果：马塞鲁斯等良将要留在主战场对付汉尼拔，余下的诸公碌碌，没一个敢自告奋勇。

"不如让我来试试？"一个声音响了起来。大家循声望去，顿觉眼前一亮，他们看见了这样一个角色：

> 围绕着这个俊美的英雄，有一种特殊的动人魔力，好像一个闪耀发光的光圈一样，在安详自信的气度之外，又混合着轻捷明快。他有足够的热情可

以使人们的内心温暖，又有足够的判断力，可以在任何情势下都遵循智慧与理性。他并不孤高傲众，但又绝不流于庸俗，他让人一看就觉得是个诸神眷顾的人，但他并不炫耀于此，只是在内心中暗自深信，自己确是天降大任，身受神恩的。

以上是蒙森《罗马史》中的描述。那天的大会上，这位长发飘然的美少年就这样在罗马的全体精英阶层面前，不卑不亢地陈词请命，去西班牙战场赴任。他就是老西庇阿之子，与其父同名的普布利乌斯·科尔涅利乌斯·西庇阿，日后的非洲征服者，大西庇阿。（现存的大西庇阿雕像，多是光头造型，但那是他中年后的形象，刚出道时他似乎还有头发。）

其时的大西庇阿还不算大，只有24岁，比当年汉尼拔出掌西班牙军权时还要年轻两岁。但他已是久历行伍，罗马人第一次领教汉尼拔厉害的提契诺河之役，就是他救出了负伤的老父；坎尼惨败之后，一批怕被追究责任的骑兵残部准备逃亡埃及，又是他持剑制住其首领，逼他们立誓效忠罗马。两年前他改任营造官，最近并没立过什么战功，但此刻，他的跃众而出，让议而不决的大小官僚一致认定，这就是他们需要的人。

会后，西庇阿很快被越级擢升，此前他最多只当过保民官，依照军制在战场上只能指挥一个军团，现在则被赋予了他父亲生前"资深执政官"的权力，总领西班牙战区事，并于次年初春履职。

西庇阿到任后清点他的军队，从番号上算，他有4个军团，包括从罗马带来的和从尼禄手里接收的，但西班牙军团的人数不足定员，因此他的全部家当只有3万多一点，远小于对手的总兵力。当时他对手的情况是这样的：迦太基三路大军中，哈斯德鲁巴屯于塔古斯河源头处，这条河发源于马德里附近的伊比利亚山脉，由东向西横贯西班牙，哈斯德鲁巴驻防于此，依山据水，挡住敌人南下的去路；马戈的驻地在加的斯，那里是腓尼基人在伊比利亚半岛的第一块地盘，扼守着非洲和西班牙之间的大动脉直布罗陀海峡；和他们两位比起来，吉斯戈的防区有些离谱，他驻军于塔古斯河入海口，今天的葡萄牙里斯本一带，那里远离主战场，又不是什么交通枢纽，这个部署莫测高深，只能让人联想到他们三人彼此间的不睦。

对手间的嫌隙固然是个机会，但如果逼急了，他们也会在压力下联合起来，西庇阿知道他父亲就是这么死的，不想重蹈覆辙。而对手看似严丝合缝的犄角形布局，实则有个巨大的漏洞，那就是三个防区的覆盖面有个共同的盲点——首府新迦太基。西班牙中北部隆起的伊比利亚山脉几乎将整个半岛割断，但偏偏在临海处留了一道缝隙，那是一条平均海拔不足200米的低平走廊，其南面的端点就是新迦太基，当年汉尼拔就踏着这条走廊出征，而此刻，这个距前线400余千米的大后方被视为万安之地，竟然没有重兵防守。距离新迦太基最近的哈斯德鲁巴部，要赶回来也需走上10天，其他两部更不用说。当然，西庇阿所在的罗马军事据点塔拉科离得就更远，但越是如此敌人就越会疏于防范，想不到他会来这么一招长途奔袭。战场上有时候还真是不怕做不到，只怕想不到——汉尼拔得以从后院溜进意大利，不就是因为罗马人没想到他会翻越阿尔卑斯山？两次与汉尼拔的近距离接触，让西庇阿暗自以其为师，他决定像迦太基统帅那样行险一搏，要赌就赌一次大的。

经过细致入微的情报工作，大西庇阿在公元前210年夏天悄悄动身，率领2.5万名步兵和3000名骑兵南下，一路上神不知鬼不觉地绕过萨贡托，来到胡克罗河口，在此和受他指令前来接应的罗马海军司令盖乌斯·莱利乌斯会合，然后水陆并进直扑新迦太基。7天后他出现在城下，莱利乌斯的舰队则封锁了港口，这时城里仅有的1000名守军傻了。

新迦太基城毕竟拥有西班牙最坚固的防御工事，而且三面临海，步兵只能从一侧攻打，有劲使不上。但西庇阿早就打听清楚了当地的情况，城西北方的水域，退潮时水深仅及腰部，士兵可以涉水进至城下。在当地向导向他预告了退潮的时间之后，西庇阿召集全军做动员，对他们说："明天，海神尼普顿会帮助我们拿下这座城。"次日果然退潮，罗马士兵觉得是神明佑助，士气大振。西庇阿在新迦太基的陆地一侧佯攻，真正的主力则从船上下来，扛着云梯蹚到几乎没人防守的西北面，一举登城，守军缴械投降。新迦太基城是巴卡家族三世经营的根本之地，城内府库中钱财山积，西庇阿自然老实不客气，照单全收，他下的这手重注，果然赢了个满堂红。

新迦太基城中还软禁着数百位西班牙各部落的人质，其中有一位绝色美女，被士兵们作为战利品进献指挥官。大西庇阿在罗马是大众偶像，深受各年龄段妇女的青睐，他本人也素有风流之名，但大局当前没有欲令智昏，他很绅士地询问美女的出身来历。一问方知，该美女是某个部落的大家闺秀，许配给了该部落的王子阿鲁提乌斯，尚未过门。西庇阿当即将她礼送别院好生养护，一面差人找来阿鲁提乌斯，将美人奉上，并向他保证，绝对是毫发未动。阿鲁提乌斯赶到之前，该美女的父亲刚送来大笔赎金，西庇阿索性好事做到底，将这笔钱充作红包转送给了新人，反正羊毛出在羊身上。阿鲁提乌斯感激涕零，当场表示愿为西庇阿赴汤蹈火。

大西庇阿成人之美的故事被后世广为传颂，16世纪的意大利画家德尔·阿巴特、桑普、贝利尼等人都有以此为题材的油画或雕塑传世。这只是大西庇阿攻克新迦太基之后众多收揽人心举措中的一个，很显然，他学习汉尼拔并不仅限于战场指挥，攻心攻城并举，挖掉对方统治根基，这也和汉尼拔欲施于意大利的战略构想如出一辙。西庇阿做得更成功，固然因为他的手段更出色，比如这个不花一分本钱的感情投资，就收到了汉尼拔在意大利无法获得的忠诚回报，可谓青出于蓝，另一方面，也是因为迦太基的统治方式，远不如罗马那样根植于人心。

大西庇阿在西班牙的经营，让他广受推戴，不少西班牙部落都想授予他"国王"的尊号。起先他不以为意，但当劝进者越来越多的时候，他对这些人表示："'国王'这个尊号或许在其他任何人看来都很神圣，但对我西庇阿来说，却是不能容忍的。"言下之意：俗，忒俗！

这话听着耳熟，没错，贝多芬也曾在给大金主利西诺夫斯基公爵的便笺中写道："公爵现在有的是，将来也有的是，而贝多芬却只有一个。"这固然是"安能摧眉折腰事权贵"的傲骨与节操，但反过来想，就算贝多芬在音乐界是前无古人后无来者的巨擘，到了权势面前，毕竟不过一介穷艺术家耳，纵然想放下骄矜做个"有的是"的公爵，亦必不可得，因此贝大师这话，多少有些"瞎浪漫"。

大西庇阿则不同，以他的朝野之望、阵战之功，当时手绾兵符，真是欲王则王——百余年后，屋大维不就做了这样的事？而即便在此等情势下，他仍然宁愿以"西庇阿"之名彪炳史册，而不是帝王的称号，这固然和习惯了共和体制的罗马公民对君主制本能的抵触有关，但最主要还是大西庇阿个人的高贵情操使然。这种情怀源于真正的自信与自爱，是西方传承自古希腊的个性化人格与个体价值哲学的完美体现。

飞夺新迦太基，是西庇阿请缨西征的第一战，此役他也利用了老天赞助的运气,就像汉尼拔曾经利用特雷比亚的雪、特拉西美诺的雾、坎尼的风。神奇的是,这种运道竟然伴随了西庇阿一生,此后直到解甲归田,他奇迹般地每战必胜,成了真正的西方不败。然而西庇阿最大的幸运,还是当属遇到了汉尼拔,蒙森评价说:其他的罗马将领对于失败,很少能从中学到什么教训,可是他(大西庇阿)从这里获取的教益,却远比从成功中得到的多。汉尼拔虽是他的敌人,同时也是他的老师,不仅教授他以战争的艺术,而且还使他学会了领导和管理的艺术。

从千里奔袭的胆识到攻其不备的谋略,从善假于物的洞察到雄视高蹈的气度,西庇阿确是十足的汉尼拔风范。下一步,就是在面对面的较量中,亲手终结这位可敬导师的神话——弟子不必不如师,老师就是用来打倒的。

23

梅陶鲁斯，痛折一股

公元前211年至公元前207年，从罗马城下无功而返之后的4年间，汉尼拔每况愈下。这期间发生了两件事：

第一，塔兰托丢了。那是在公元前209年，丢失的过程也和得来时一样，按照普鲁塔克《希腊罗马名人传》的说法，是快80岁的费边贡献出一个自己不太喜欢的侍妾，搞定了格外好色的守城将领。塔兰托再次从内部被攻破，此所谓报应不爽。

第二，马塞鲁斯死了。这个号称"罗马之剑"的老头，是坎尼之后唯一一个敢主动进逼汉尼拔主力部队的罗马军官。公元前208年，第五次当选执政官的马塞鲁斯和与他一同当选的克里斯比努斯率军到卡卢尼亚前线准备决战。这二位趁着夜色轻骑出巡，想窥探敌人的动向，结果正落到汉尼拔布好的网中，双双战死（克里斯比努斯逃回营后不治身亡）。汉尼拔为他在意大利战场碰到的仅次于费边的第二号棘手人物举行了隆重的火葬，并将骨灰礼送其家属。

双杀罗马执政官，创下开战以来的新纪录，但这无法从战略层面改善迦太基人的处境，他们被挤压在亚平宁半岛西南的布鲁提乌姆，动弹不得，人也越来越少，倒是罗马的总兵力增加到了空前的23个军团。汉尼拔几乎一刻不离意大利南部的海军登陆点，期待着来自本土，或不管来自哪里的援军，可惜，无论非洲、西班牙，还是马其顿，都不见一点动静。

不过，这一年总算有了盼头，哈斯德鲁巴要来了。兄弟同心，其利断金，这比那些只会营私误国的议员们可靠多了。汉尼拔了解这个弟弟，论狡黠多智，他或许比不上三弟马戈，但论沉稳勇毅，则有过之。正因为如此他才放心以西班牙大本营托付，尽管最近那边的形势似乎有点不妙，但是等他到了意大利与自己会师，必能打败同样到了强弩之末的罗马人，到时候不愁他们不把西班牙连本带利还回来……哈斯德鲁巴，有十几年没见了吧？毫无疑问，对这个二弟，汉尼拔所期待的除了军事上的强援，还有一份骨肉亲情，用以慰藉自己疲惫的心——他怎么还不来啊？

哈斯德鲁巴终于还是来了，但汉尼拔不曾想到，当他捧着弟弟久违的面庞端详时，后者已不能张开眼睛向他回望——哈斯德鲁巴，只剩下了一颗血肉模糊的首级。

事情的经过是这样的。新迦太基沦陷，西班牙震惶，马戈和吉斯戈分别奔赴巴利阿里群岛和北非，招募新兵。哈斯德鲁巴则对收复失地并不乐观，以现在三军各自为战的局面，他在西班牙已不可能再有什么作为，迦太基唯一的希望，就是大哥汉尼拔，自己现在能做的，就是把手上的有生力量带到意大利，交到大哥手里。

公元前209年，新迦太基沦陷一年后，哈斯德鲁巴北上的大军在贝库拉被西庇阿堵住，双方展开主力会战。罗马人占了上风，哈斯德鲁巴没有恋战，率主力突围而走。在消灭了殿后的迦太基部队后，西庇阿自知无法在敌人进入高卢地界之前追上他们，只好目送着哈斯德鲁巴踏上当年他哥哥走过的北伐之路。

蒙森对西庇阿的抉择表示非议，认为他放走敌人，使其重演汉尼拔的远征，让本土再次陷入危险，是一种不负责任的赌博行为；富勒的观点正好相反，他认为西庇阿不贸然孤军犯险的决策是慎重的，因为他身后毕竟还有马戈和吉斯戈两军。历史不能假设，两难之际运气再次帮了大西庇阿。

哈斯德鲁巴翻越阿尔卑斯山似乎不像他哥哥那样困难，他沿途并没损失太多的人手，反倒是抵达波河谷地之后，招募了1万高卢和利古里亚人作为补充。论行军，这个表现超过了他哥哥，但论打仗，哈斯德鲁巴毕竟不是汉尼拔。他大张旗鼓地攻打普拉森提亚要塞，虽然在罗马人中引起恐慌，让大家觉得"汉尼拔变成了两个"，但由于久久不能得手，给了敌人调动部队的时间，丧失了闪击战最宝贵的先机。当罗马人调动6个军团堵住他南下的各条道路时，哈斯德鲁巴有点不知所措了。他写信向哥哥求援，但不幸的是，他的信使走错了路，跑到已经被罗马人夺回的塔兰托，自投罗网；更不幸的是，抓获他们的不是别人，正是当时留在意大利战区的头号狠角色，执政官尼禄。

尼禄向以杀伐决断、果毅明快著称，尤其对于哈斯德鲁巴，更憋着一股劲，因为后者一年前就是从他的防区突破，翻越比利牛斯山逃出西班牙的，那以后尼禄也被调回国内。因此，当他从信使口中撬出情报后，立即上书元老院，自请破例跨战区助战。根据罗马定制，某个战区的指挥官不得擅离职守，但现在战机稍纵即逝，尼禄也就先斩后奏，特事特办。他留下大军继续与汉尼拔对峙，还不时发起佯攻，自己则率领7000名精兵，也不等中央政府的批示，就日夜兼程秘密赶赴前线，很有点"司马懿克日擒孟达"的风范。

经过7个昼夜的急行军，尼禄的精兵赶到前线，为了不引起哈斯德鲁巴警觉，他提前派传令官知会了前线长官李维亚斯和波西亚斯两位司法官，让他们不要增设营地，也不要接待。就这样，他的7000名精兵神不知鬼不觉地到来。李维亚斯建议他们稍作休息，尼禄则坚持趁敌人没发觉，马上就动手。

罗马人百密一疏，根据他们的军礼规制，巡逻队到司法官营中报道时，号手鸣号一声，到执政官帐中则鸣两声，所以当他们到尼禄处汇报军情时，号手照惯例吹奏，结果这一声号响，传到了对面营中哈斯德鲁巴的耳朵里，他立即判断出情况不妙，罗马军中来了一位执政官——肯定不是一个人来的。于是，当次日罗马人来挑战时，哈斯德鲁巴坚守不出，暗中筹备撤退，待得夜幕降下，他率全军弃营而走，准备向西取道弗拉米尼大道，再南向迂回绕到翁布里亚，与汉尼拔会合。

这时候，一个更可怕的厄运抓住了哈斯德鲁巴，他的向导陷害了迦太基人，将他们引入梅陶鲁斯河谷的绝境，而背后敌人已经追了上来。

哈斯德鲁巴只能背水列阵，与敌人决死一搏。他亲自率领从西班牙带来的精锐部队居于右翼，新招募的利古里亚人居中，高卢人在左路，正对着尼禄。他把大象部队派往中路，支援入伍未久的利古里亚新丁。结果这一招弄巧成拙，这些庞然大物在黑夜里更加难以控制，罗马人鼓噪呐喊，使得它们掉头向自己冲来，造成了双倍的伤害，利古里亚人很快崩溃。在右路，哈斯德鲁巴亲率的西班牙部队战斗力最强，和他对位的李维亚斯占不了上风。而在左路，尼禄隔着圣安吉罗溪流与高卢人对峙，黑暗中后者不知罗马人底细，不敢贸然来攻，尼禄借此机会留下少许部署虚声恫吓，自己则率主力从后面疾行绕过罗马中军，赶到右路与李维业斯合围哈斯德鲁巴。

眼见败局已定，哈斯德鲁巴从容蹈死。他猛踢马腹，单骑冲进敌阵，力战而亡。主帅战死，士兵们斗志瓦解，天亮时战斗结束了，此役迦太基方的3万余人，一半被歼，一半投降后被卖作奴隶。尼禄带着他的战利品——哈斯德鲁巴的人头，像来时一样秘密潜回自己军中，然后，他将这个残忍的礼物装在篮子里，抛进了汉尼拔的营中。

  二弟呀……
  两泪汪汪湿衣襟。
  再不能弟兄们南征北战，
  再不能弟兄们东逃西奔。
  再不能弟兄们把汉室重整，
  再不能弟兄们把孙、曹剿平。
  再不能弟兄们共同肝胆，
  再不能弟兄们议论军情。
  再不能弟兄们朝欢暮乐，
  再不能弟兄们训教子孙。
  ……

  京剧《造白袍》里，刘备听闻关羽死讯后的唱词，正是汉尼拔此刻心境的写照。自来兄弟如手足，痛折股肱，英雄同悲。

  对于哈斯德鲁巴之死，李维评价道："在犹有一线生机时，哈斯德鲁巴很重视个人的安危，不以一军主帅之躯轻身犯险；但当到了没有退路的时候，他坦然地面对死亡，战至最后一滴血，无愧于他一生的事业。"

  这段来自敌方的评价，写出了哈斯德鲁巴生命最后时刻的奋勇悲壮，他的表现固然对得起父兄之烈，但正是他的败亡，断送了汉尼拔和迦太基在这场战争中的最后一点希望，这个责任虽死莫赎。据说汉尼拔捧着弟弟的头颅哭道："我看见了迦太基的末日，罗马将从此称霸世界。"这应当不只是大恸之下的口不择言，他此时已经知道，现在的败局纵然是他也无力挽回了。

24

北非谍影

梅陶鲁斯之役哈斯德鲁巴的兵败身死，深深刺激了汉尼拔。那之后的整整两年，他驻兵布鲁提乌姆偃旗息鼓，几乎没有动作，仿佛一直消沉在难遣的哀思里，恰似猛虎卧荒丘，潜伏爪牙忍受。

汉尼拔老虎不发威，罗马人毕竟还不敢当他是年画，也没有谁跑去捋虎须。双方就一直僵持着，公元前207年至公元前205年，第二次布匿战争的主战场意大利，就在这种平静的气氛中度过。

不过大战的第二战场西班牙，就没这么安定和谐了。大西庇阿占了新迦太基城，又逐走哈斯德鲁巴之后，开始着手对付伊比利亚残存的迦太基势力。公元前206年春天，招募了4.5万大军的西庇阿和马戈、吉斯戈的6万联军在伊利帕对峙，这将是决定西班牙命运的一战。一连几日双方都只列阵，不战斗，仿佛搏杀只在指挥官的意念中进行。终于，西庇阿抓到吉斯戈的一次懈怠，他先用轻骑兵突袭了后者的前哨阵地，迦太基人以为敌军要发动总攻，便仓促整队，把主力都集中在了中路，结果正中西庇阿下怀，他趁敌军聚拢之机发动骑兵两翼包抄，冲破了迦太基军的阵势，这打法与坎尼之战如出一辙，只不过这次胜利者换成了罗马人。

迦太基一军皆没，吉斯戈和马戈分别逃到迦太基本土和巴利阿里群岛，其中马戈在海岛上略作休整后又拉起一支队伍从海路到达意大利。不知为什么他没去意大利南部与大哥会师，而是在意大利北部与高卢交界的利古里亚地区登陆，招募高卢战士，建立根据地，似乎是想完成二哥哈斯德鲁巴未竟的事业，南北夹击。但此时他与罗马人的实力差距比一年前更加悬殊，他不可能再有更大的作为。

在西班牙战场取得决定性胜利的大西庇阿乘势追击，一举夺下加的斯。至此，迦太基人丧失了在西班牙历史最久的据点和全部作战力量，他们在当地的威信也随之荡然无存，西班牙诸部落悉数倒向罗马。从公元前211年请命西征，到伊利帕一战定乾坤，西庇阿用了不到5年的时间就征服了面积约等于意大利本土两倍的伊比利亚半岛，其拓土之功，为罗马建城以来所未有。

西庇阿身边一些精通官场智能的朋友劝他，不世之功已经成就，现在可以急流勇退，长保富贵了。西庇阿暗笑，西班牙算什么？在他心中还有更大得多的目标：迦太基，他要征服迦太基，征服非洲！

现在迦太基最后的臂助，就是他们的属国努米底亚了。努米底亚并非一个统一的国家，而是由若干小王国、城邦、部落构成，都是迦太基名义上的臣属。其中最有实力的是西边的马塞西利安王国，该国君主西法克斯曾在公元前213年背离迦太基，并招致哈斯德鲁巴的武力回应，但那次迦太基政府的宗旨是治病救人，在哈斯德鲁巴用武力做通了思想工作之后，西法克斯迷途知返重回迦太基阵营，政府也就没把他怎么样，他仍然是努米底亚首屈一指的大户。现在迦太基势力大衰，西法克斯的立场再次变得至关重要。

多次在战场上见识过努米底亚骑兵力量的西庇阿，也打起了西法克斯的主意，伊利帕战役之后，他带着海军指挥官莱利乌斯，出访马塞西利王国，准备把西法克斯争取过来。

罗马新星到访，西法克斯不敢怠慢，盛情款待，宾主尽欢。正要谈到结盟正题的时候，忽有手下通禀，吉斯戈到。这下气氛变得十分尴尬，西法克斯只好做和事佬，劝西庇阿和吉斯戈考虑议和。西庇阿觉得这一趟来得值，虽然没能拉拢西法克斯为己用，但让他和迦太基生了嫌隙，这老家伙投怀送抱是早晚的事，目的达到，他告辞回西班牙去了。

次年（公元前205年），西庇阿任期结束，要回罗马了。当时他毕竟还不到30岁，难免少年意气，在给罗马元老院的告捷文书中，大大地激扬文字了一下，还要求元老院准备一个盛大的凯旋仪式。但等西庇阿的得胜之师返回罗马时，却发现元老院态度不冷不热，并没有他要求的典礼。后来西庇阿才知道，这是费边的授意，在他看来西庇阿没能阻止哈斯德鲁巴进入意大利，这就是失败，夺下西班牙也只能算将功补过，虽胜不赏。

这本不算什么大事，但心高气傲的西庇阿却很受刺激，更坚定了他征服迦太基本土为自己正名的决心。当年3月的执政官选举中顺利当选的西庇阿，在就职演讲上发誓要将战火烧到非洲，彻底征服迦太基。这种说辞自然让激进派大感痛快，但以费边为首的稳健派则不以为然，年近八旬的费老指责西庇阿年少轻狂，不知轻重缓急，不思解决盘踞意大利本土的汉尼拔兄弟，却要孤军入敌境，忘了当年雷古鲁斯的教训，这太冒险了。西庇阿也不客气，对老前辈反唇相讥，说他老了，思想陈旧保守，不知与时俱进，自己兵进北非，就是要调动汉尼拔回援。

双方争执不下，最终西庇阿退让了，不再坚持率领意大利本土的大军出征，但要求元老院派他去西西里军区，他只求只身赴任，不从意大利带走一兵一卒。元老院同意了这个折中方案，并授权他在西西里便宜行事，这等于表明了中央政府的立场：西庇阿可以到那个天高皇帝远的岛上去自行其是，赌一赌运气，前提是赌本自己出。

西庇阿果然没带走意大利的现役士兵，但他以私人名义从翁布里亚招募了一支志愿军，把他们带到西西里。西西里岛上的罗马戍卒，是当年被费边发配来的坎尼败军，这些人血战余生，却一直受着二等公民的待遇，因此雪耻复仇之志无比强烈，这正是西庇阿需要的。他很快就把这个"坎尼军团"训练成了一支可怕的力量，进兵北非的条件正在成熟。

不过，出乎西庇阿意料的是，他争取西法克斯的外交努力却失败了。

原来，那天在马塞西利的匆匆一晤，让吉斯戈亲眼看到了西庇阿的风采。他在西班牙败于后者，却不知这是一个什么样的人物，一睹西庇阿真容后，迦太基将军叹道："有这样的对手，我们就别再考虑怎么收回西班牙了——想想怎么保住非洲吧。"吉斯戈知道，凭罗马的实力加上西庇阿的手腕，西法克斯必会倒戈，这老家伙刚刚兼并了努米底亚二号强国马西利，实力更非昔比，一旦投靠罗马人，后果不堪设想。为了拴住这个努米底亚老大的心，吉斯戈非出狠招不可，他咬了咬牙，抛出自己最珍贵的宝贝：索芙妮斯芭·吉斯戈，他的掌上明珠。

李维说，吉斯戈的这位爱女不但貌似天仙、倾国倾城、天下无双，更兼精通音律、知书达理、秀外慧中……总之，冰清玉洁的气质，妖媚性感的外形，要什么有什么。

迦太基到了危急存亡之秋，又没有英雄来救时济世，只能把国家战略交给美女索芙妮斯芭了，自来名将如美人，其实这话反过来理解也通。索芙妮斯芭情愿也好，不情愿也罢，在那个封建包办婚姻大行其道的罪恶年代，她本人是没什么发言权的，正是"汝岂得自由"。

西法克斯已是老头子了，他的子女都比索芙妮斯芭年长，但当这个绝代佳人送到面前时，老人家还是喜不自胜。他向比自己还年轻的岳父吉斯戈保证，誓死效忠迦太基，决不上西庇阿的贼船。迦太基人的和亲政策暂时收到了成效。

但就在西法克斯老先生乐而忘忧时，另一个人却在暗处瞋目决眦、怒发冲冠地准备向他报仇——马西利王子马西尼萨。

马西尼萨的父王格拉去世后，不知为什么，他的继承权似乎没能得到国人的认可，西法克斯趁机出兵兼并了马西利，放逐了马西尼萨。这灭国之仇本就不共戴天，而此外还有一桩大恨，让马西尼萨与西法克斯更加十倍地不共戴天——索芙妮斯芭，她本是马西尼萨的未婚妻。

这样的国恨家仇足以让马西尼萨不择手段，敌人的敌人是我的朋友，迦太基大敌，舍大西庇阿其谁？于是，这个流亡海外的努米底亚王子走进了西庇阿的营帐，请罗马人帮他上演一出王子复仇记。

在哈斯德鲁巴击杀老西庇阿兄弟的卡斯托罗之战中，马西尼萨作为迦太基方的骑兵主将居功甚伟，因此也可以说，大西庇阿与他有着杀父之仇。但用人之际，西庇阿并不计较这些私人恩怨，他知道马西尼萨是一员良将，对他委以重任，还希望凭借他在努米底亚人中的影响力，把北非从迦太基人手中夺过来。

公元前204年，西庇阿大军起锚，直下非洲，此时他手上有3.5万名马步军，其主干是"坎尼团"，马西尼萨则作为骑兵指挥官从征。尽管远在罗马的费边又表示反对，但将在外君命有所不受，风烛残年的费边毕竟是上个时代的人物了，所谓剑老无芒，当年的罗马干城，也不可避免地和大多数老年人一样，变得因循守旧，舞台也应该交给年轻无极限的西庇阿一代了。老费边·马克西姆斯像蜡烛一样在最难熬的黑夜中为罗马保有了一丝光亮，但天快亮的时候，蜡炬也将成灰，不久后他就将死去，看不到这场战争的最终结局。

罗马舰队在突尼斯湾西北端，乌提卡附近的阿波罗角（现名麦基角）登陆。迦太基城进入临战状态。汉尼拔和马戈都在意大利战场，此时国内能战之将仅剩下吉斯戈一人，只能由他临危受命，勉为其难。吉斯戈自知不是西庇阿对手，还希望能和平解决，他让西法克斯出面居中调停。

西庇阿应邀遣使到西法克斯和吉斯戈的联营谈判，使者在他的授意下假意和谈，东拉西扯，净捡些不着边际的来说，谈了一整天，借此机会把迦太基军营中的部署看了个一清二楚。天色向晚，罗马人告辞，表示要回去考虑考虑。而当夜，西庇阿就给迦太基人来了个火烧连营，他的士兵们早就被告知了敌方的部署虚实，杀起人来放起火来轻车熟路。西法克斯和吉斯戈仓皇逃跑，还没开战就先输了一阵。

此后，西庇阿围攻乌提卡，围城40天无功而返；迦太基人几次试图将他赶出非洲，同样不能奏效。经过一年的相持，到了公元前203年春天，双方在巴格拉达斯河大平原展开决战。西庇阿亲率罗马骑兵在右路，马西尼萨带着这一年中从故国马西利招揽的努米底亚人居于左翼，正对着死敌西法克斯。此前迦太基人赖以制胜的努米底亚骑兵，现在罗马人也拥有了，迦太基人更落下风。最终，除了吉斯戈从西班牙带回的4000名步兵能抵挡一阵，其他各军种基本是一触即溃，罗马大获全胜，迦太基的主帅吉斯戈也阵亡了（一说吉斯戈逃回迦太基城后以丧师之罪被处决）。

仇人相见分外眼红，马西尼萨击溃了马塞西利骑兵之后，死追逃跑的西法克斯，后者落马被擒，由于西庇阿早有严令不得伤他性命，老头子才得以作为俘虏幸存下来。马西尼萨马不停蹄，急驱西法克斯老巢，从后宫中抢出了索芙妮斯芭。

也说不清索芙妮斯芭爱的究竟是马西尼萨还是西法克斯，就像说不清貂蝉爱的是吕布还是董卓一样，又或者在乱世之中，儿女之情本就是无足轻重的东西。比起老头子西法克斯，年轻的马西尼萨应该更像个英雄，索芙妮斯芭也就答应委身，与他再续前缘。本来故事到这里，也算完满了，但偏偏有人要出来破坏气氛，这厮就是西庇阿的呆鸟副将莱利乌斯，他向西庇阿举报，马西尼萨擅自掠夺了属于罗马的战利品。

西庇阿不是教条主义的人，要只是金银珠宝之类的，大概也睁一只眼闭一只眼，放过去算了，但这个战利品是索芙妮斯芭，她的艳名西庇阿也素有所闻，西法克斯一个老头子，尚且被她迷得死心塌地为迦太基卖命，如果血气方刚的马西尼萨也禁不住诱惑，因为她而重回迦太基阵营，那可为祸不小。于是西庇阿招来马西尼萨，向他推心置腹地剖析利弊，大致意思就是说：你是作为罗马的雇佣兵在打仗，就要遵守罗马法纪，按军规，一切缴获要归公，不得擅自藏匿；我们罗马军令如山，违背战争法则，其罪不小，你可要三思；况且此女红颜祸水，西法克斯因之失国，留之不祥，你年轻有为，切不可惑于女色；再说，你灭了马塞西利，复国在即，届时君临北非，南面称孤，虽日理万机，何患不能？所以我说，还是找个妥善的办法，处理了吧。

一席话让马西尼萨的满腔热情顿化冰冷，因为确如西庇阿所料，他对索芙妮斯芭已是倾心相许，决定风风光光地将她娶作夫人，而不是当作一个俘获的奴隶那样占有，他被索芙妮斯芭慑服了，就如李维所写"征服者反而成了俘虏的奴隶"。但西庇阿的话是不容申辩的，显然他已不可能同时保有罗马人的支持和索芙妮斯芭。"江山"还是美人？这是一个问题。

然而，当真的面临"江山美人"这道非此即彼不可得兼的单项选择题时，世人类李隆基辈甚众，能如爱德华八世者，几希！马西尼萨毕竟是政治动物，儿女情短，"英雄气"却很长，经过一段痛苦的思想斗争之后，他派人送给索芙妮斯芭一杯毒酒，并带话给她：我答应过你不会把你交给罗马人，但我也不能背叛我的恩主西庇阿。唉！世间安得两全法，不负罗马不负卿！我思来想去，只有这一个办法，喝吧，这杯酒叫"醉生梦死"，喝下去你就会忘记世间一切苦恼。

自从人类始祖夏娃女士被毒蛇诱惑吃下了禁果，美女和毒物似乎就建立了某种神秘的联系，多少名媛的结局与毒有关，正所谓宝剑赠烈士，毒粉赠佳人。据记载，索芙妮斯芭死得高雅从容，她似乎没有悲伤，倒有些看破红尘的解脱，叹一声"早知今日何必当初"，仰药而亡。

至此，迦太基山穷水尽，唯一的指望只剩一个：他们远在意大利的战神，汉尼拔。

25

碧血黄沙

公元前203年夏天,意大利南部布鲁提乌姆的克罗托内港,马鸣萧萧,此起彼伏。马是迦太基人的马,它们正成批地被昔日骑乘它们的主人屠戮,垂死的哀声,似是不解的诘问。

汉尼拔已经知道了巴格拉达斯河大平原之战惨败的消息,迦太基议院正在十万火急地征调他和远在意大利北部打游击的马戈回国,救亡图存。国事如此,汉尼拔别无选择,只能停止在意大利的苦撑,传令全军登舟,在向战斗了15年的罗马土地投去最后的苍凉一瞥后,迦太基船队起航南归。由于运载能力不足,他们不得不杀死了几乎全部的战马,以免资敌,那些蹄声曾让亚平宁半岛为之颤抖的骐骥良驹,不知遗革裹谁尸。

马戈没能回来,整兵南归之际,他在登船前的战斗中负了重伤,终于,没能再看一眼故土就死在了海船上。总结马戈在利古里亚的几年,可称有佳句而无佳章。他曾用一些奇谋妙计戏耍过罗马人,有的还被罗马兵法家弗龙蒂努斯作为经典个案写进了他的战争教科书《谋略》,但这些小伎俩影响不了整个战局,也没能为兄长分忧,倒是他的死,让大哥更加形单影只。

好在汉尼拔还是回来了,而且由于西西里的执政官西庇阿正在非洲,他途经这个罗马人防区的时候几乎没遇到什么阻拦,把部队全须全尾地带回了迦太基。但这已不是当年意气风发慷慨出师的那个汉尼拔了。昔我往矣,杨柳依依,今我来思,雨雪霏霏。如果说汉尼拔在意大利的最后几个年头是在平平淡淡中度过,那是为贤者讳,他的表现完全可以概括为庸庸碌碌,甚至浑浑噩噩。他所做的唯一一件事,就是在克罗托内的朱诺(相当于希腊的天后赫拉)神庙中,将自己一生的功绩铭刻在一根铜柱上。这为波利比乌斯等后世史家提供了便利,但在当时,此举并没有燕然勒铭的豪壮,反而像是无助地将手臂伸向不舍昼夜的时光洪流中，徒劳地试图做一遮挽。

据说，当一个人沉湎于昔日辉煌的时候，那就说明他已经老了。

而迦太基人却不明白此一时彼一时，他们记忆中的汉尼拔，还是13年前坎尼之战后，差人为他们送来"金戒指之雨"的那个"指环王"，似乎只要他一个"王者归来"，所有麻烦都能迎刃而解。这种刻舟求剑的眼光和不切实际的期待，让迦太基人在最不合时宜的时候迸发出原本最难得的爱国激情。本来大平原之败以后，议院中的主和派已经向大西庇阿请和，对方开出的条件主要有：一、以停火线为迦太基疆界，迦太基在战争中失去的西班牙和地中海的土地及属国维持现状；二、迦太基交出全部的军用船只，海军规模限制在20艘舰船以内；三、缴付战争赔款4000塔伦特白银，西庇阿军队的人马粮秣另算；四、撤回在意大利以及罗马盟邦地盘上的军队；五、承认马西尼萨对原西法克斯领地的所有权。

这固然是个苛刻的不平等条约，但作为战败国，也很难再谋得更有利的条款了，迦太基议院准备接受条约，罗马方面也想见好就收。可汉尼拔归来的"重大利好"刺激了迦太基的激进派，他们又反悔了，并且在春荒造成的饥饿驱使下，劫持了从西西里来为西庇阿运送军粮的补给船队，还粗暴对待了西庇阿派来交涉的使者。冲动是魔鬼，迦太基人的冲动让他们自己没了退路，只能孤注一掷。

西庇阿方面，坚定了用武力让迦太基人屈服的决心。他一边帮助马西尼萨兼并努米底亚诸部，一边在迦太基乡间烧杀抢掠，以图调动敌人出战，把当年汉尼拔在意大利的作为重演了一遍。迦太基没有像费边那样能审时度势的人物，他们只是不断地催促汉尼拔出兵。

汉尼拔的神经和位置都不如费边那么坚固，他顶不住压力，只好带领大军出发，与西庇阿对峙于大平原之南的扎马，距迦太基城120千米。他深知此时不宜开战，从战术上说，他手中的兵员不称手，主力是他从意大利带回来的老兵，不到2万人，其中包括几千没了马的骑兵；还有马戈手下的1万余名旧部，主要是来自意大利北部的利古里亚人和高卢人；此外就是迦太基临时招募的菜鸟兵，其战斗力还不如在吉斯戈手下战死的那些。这些兵疲的疲，弱的弱，赖以制胜的骑兵又严重缺货，拿这点家底去拼命，显然不是万全之策。而从战略上看，大西庇阿虽然堪称罗马军中之翘楚，但他的军队其实只是罗马的一旅偏师，在迦太基城下和他拼血本，纵然胜，也不过是胜了罗马一个地方军区司令员，人家还有源源不断的后续部队，而一旦失败，则有亡国之虞，这是以大搏小，任何有经验的赌徒都不会下注。

因此，汉尼拔想再最后尝试一下，避免动武，当然，此刻要还想着什么不战而屈人之兵，那未免太傻太天真，他所期待的最理想结局，应该是趁着手里还有谈判的筹码，争取一个不太苛刻的停战协议。

于是，公元前202年10月18日，汉尼拔和西庇阿，第二次布匿战争中最闪亮的两颗将星终于碰面了。据李维记载，会晤地点是在两军营垒之间的旷地上，双方都只各带了一个译员。当他们第一次近距离地面对面站在一起，三目相对(汉尼拔少了一目)，审视彼此，都觉惺惺相惜，情不自禁。这场双雄会的过程大致如下：

先是寒暄，汉尼拔以前辈的口吻赞扬比他小12岁的西庇阿后生可畏。接下来他话锋一转，讲了一堆谚语，什么"日中则昃月满则亏"，什么"强极必辱情深不寿"，什么"三十年河东三十年河西"，什么"别看现在闹得欢就怕将来拉清单"，凡此种种。接着现身说法，当年我坎尼大捷威震罗马，斯固一世之雄也，而今呢，却要和敌人商谈城下之盟。可见啊，生命就像一条大河，时而宁静时而疯狂，人一生的时运总是起伏跌宕，好运气不会永远跟随着一个人，战场上一时得志，往往接着便会急转直下。

这番开场白相当失败，汉尼拔越是表现得阅尽沧桑老气横秋，就越是显露出他心里没底，这种变相的示弱只会让他的对手更有信心。西庇阿心下暗笑：你当我是吓大的啊？

汉尼拔接着表示，这场战争已经打了16年，现在是时候给和平一个机会了。

西庇阿更加确信主动权是握在自己手里的，于是也不计较汉尼拔把他当后生晚辈来教训，只是问道，那么迦太基人愿意为和平付出什么代价呢？

汉尼拔再出昏着，他说，迦太基承认罗马人对西西里、萨丁尼亚和西班牙的主权，承诺永不再进犯意大利。

就算是想漫天要价，等着西庇阿落地还钱，这样的开价也未免太没诚意了，因为这个价码比迦太基人抢劫罗马运输船之前答应的那个还要低得多。西庇阿这次也不再给他的偶像留面子，直言指出，你说的这些地方现在都已经在我们控制之下了，你怎么能用已经输掉的筹码再来下注呢？况且，这个条约比上次的还不如，难道迦太基人出尔反尔破坏协议，最终还应该受到奖励吗？至于承诺不再进犯意大利，上次战争的停战协议上也是这么写的，谢了，"布匿信誉"我们已经领教过了。

汉尼拔又解释，上次的意外与自己无关，这一次他可以以"汉尼拔的名誉"做担保，迦太基一定恪守协议。

西庇阿有点不耐烦地表示，我们罗马乃是共和体制，在下奉将命于外，军国大计，非敢自专，阁下所提的协议，就算我点了头，元老院也必然否决。言下之意是告诉汉尼拔，空谈无益，要么开个像样的价，要么就趁早别费口舌，留着精力战场上见吧。

汉尼拔却似没听出来，宣布谈判破裂，两人不失风度地互道珍重，相约明日沙场会猎。

与其说关上和谈之门的是西庇阿，不如说是汉尼拔自己。历史上，舌辩之士一篇言词说退大军的事并不是没有，但那都需要背后的"势"与"力"作为依托，说客因势利导，方得其便，绝不是简单地摇唇鼓噪大言欺人。汉尼拔这个避实就虚的和平提议，以及诗人般充满修辞的命运咏叹，其说服力约等于零，这不仅让人怀疑，他希望的到底是战还是不战。

次日重逢，已是在疆场，此刻不能再那么文质彬彬从容不迫，汉尼拔与西庇阿之间横亘着的是无可回避的宿命对决。

双方的作战序列：汉尼拔有约2万本部人马，都是步兵，1万马戈旧部，数量不详的迦太基新兵，步兵总数在4万上下；骑兵方面，有西法克斯的亲戚提察欧斯赞助的2000名努米底亚骑兵，和若干临时拼凑的迦太基骑兵；此外还有80头大象，不过它们也都是新入伍的，还没经过充分训练。西庇阿方面，核心班底是从西西里带过来的"坎尼团"2.4万人，按照罗马军团的通用配置，其中骑兵应在2000人左右，此外马西尼萨所部的4000名骑兵和6000名步兵也及时赶到。这次两军的兵力配比，刚好是把坎尼战役时的情况倒过来：罗马方面骑兵人数占优，迦太基则拥有更多的步兵，而且跟当时的罗马军团一样，汉尼拔手下有近1/4的新丁，缺乏作战经验。

西庇阿排出罗马人招牌的三列阵，由于地势开阔，各个方阵之间有了足够的空隙，而马西尼萨的精锐骑兵，让罗马人的侧翼空前有力。骑兵数量质量都处下风，汉尼拔这次无法使用惯常的两翼包围，他也把手下三个部分的士兵排成三条战线，马戈余部的利古里亚人和高卢人打头阵，迦太基新兵居中，自己的核心班底"汉家军"压阵。至于大象，汉尼拔将它们组织在中路最前方一字排开，希望用它们的冲击力，冲破敌人的第一道阵线。

汉尼拔一遍遍地用在意大利的光辉岁月激励士气，西庇阿则号召手下的士兵，打赢这一仗，就能建立征服迦太基的不世功勋。双方的轻步兵稍作试探之后，战斗正式打响了。非洲大象发起冲锋，西庇阿早有准备，他在两边骑兵阵线的前列，排出的都是熟悉大象的努米底亚马，它们对战象并不畏惧，还能灵巧地绕着这些巨兽奔跑，背上的骑手们则寻机用标枪刺击大象甲胄保护不到的腹部。中路步兵的大间隔方阵，也是为大象定做的。罗马战士先是鼓角齐鸣，吓阻这些尚处在实习期的大象，有的还没冲入敌阵就掉头回跑，待得它们冲近前来，整个方阵移动让出通道让大象冲过，然后从两侧合围斩杀。最终，只有中路的少量重装步兵因移动不便遭到踩踏，其他部分基本无损。

有的大象受惊后乱跑，掉头冲向迦太基方的骑兵，马西尼萨和另一侧的罗马骑兵官莱利乌斯乘势出击，两下的骑兵也战在了一处。

此时汉尼拔不得不发动冲锋了，他必须在己方的骑兵还能与敌缠斗之际放手一搏，否则他将和无数自己的手下败将一样被敌军四面合围。最前线的利古里亚人和高卢人冲上去了，与罗马人展开贴身肉搏，他们一度占优，但随着战事发展，更加训练有素配合默契的罗马人又占了上风。一贯打得快逃得也快的高卢人见势不妙，就掉头撤退，但汉尼拔已决心牺牲他们来尽可能多地杀伤敌人，为自己最精锐的本部人马归师清场，同时也由于怕他们把溃败的恐惧传染给新兵，他严令第二阵线不许放高卢逃卒撤回。于是，很多迦太基第一阵线的士兵在敌阵中逃得残身，却死在己方督战队的矛下。接下来第二阵线投入战斗，西庇阿的步兵人数处于劣势，因此他也要保存实力，不许自己的第二梯队接应，苦战得胜的罗马第一梯队，也不得不面对敌人的车轮战。终于，这些垫场的士兵死伤殆尽，汉尼拔最后的主力部队出手了，西庇阿也立即把自己全部的赌本压上去。决战中的决战开始了，双方目睹友军死伤的惨状，早就红了眼，一经交手就拼尽全力死战不退。此战的意义如此重大，如李维所写，"在夜幕低垂之前，他们将可以知道在罗马和迦太基之间，谁将是世界的支配者——不仅是非洲，也不仅是意大利。胜利的酬劳就是整个世界"。

阿庇安还描述了一个更令人血脉偾张的场面，汉尼拔和西庇阿指挥的部队迎面对冲，两人在万军之中撞见，展开一对一的单挑，西庇阿的标枪被汉尼拔用盾牌荡开，而汉尼拔则刺中了对手的坐骑，后者被掀翻在地，在卫队的救护下换马再战，这一次西庇阿的标枪又偏出，刺倒了汉尼拔身边的一个亲兵。不过这十有八九是出于他的想象，毕竟万马军中双方主帅单打独斗，这种情节只会出现在小说里，或许阿庇安在记述这段他没经历过的历史时参考了《伊利亚特》，他把汉尼拔和西庇阿当成阿喀琉斯和赫克托耳来写了。

就在双方激战正酣难分高下的时候，马西尼萨和莱利乌斯全歼了迦太基方的骑兵，赶回来从后面直冲汉尼拔的阵地。尽管经过不惜血本的拼杀，马西尼萨的4000名骑兵也只剩了一半多，但就是这最后一根稻草，将拥有骆驼一般耐力的汉尼拔老兵压得轰然倒地。阵型溃散了，这些人承受了太大的伤亡，已经是强弩之末，尤其现在的局面，让那些经历过坎尼之战的老兵清楚地看到当年敌人的可怕命运就要在自己身上重演。他们再也无心恋战，恐惧的气氛蔓延开来，迦太基军不是夺路逃生就是弃械投降，任凭汉尼拔再怎么呼喝指挥也无济于事。

迦太基统帅只能在一小队亲兵的护卫下，逃离战场，遁向东北沿海的哈德鲁姆，这成了真正的败"北"。据说途中马西尼萨追至，被汉尼拔刺伤了左臂退去。此后，汉尼拔两天两夜驱驰500千米，逃到安全地带，然后收拢残兵败将，最终带着6000余人，还有战败的消息，回到迦太基。

历史将铭记这一天，公元前202年10月18日，扎马战役为汉尼拔纵横无敌的前半生画下了句号，这一战也是他打得最惨烈的一次，约2.5万人阵亡，8000余人被俘。固然，他最拿手的骑兵缺席，各部分兵员之间缺乏训练和默契，但步兵人数上的优势，尤其是新兵表现出的超出预期的勇敢与血性，也使他整体实力上并不落后对手太多。至于他的核心团队，在战役后半程几乎是以一个梯队抵住罗马第二第三两个梯队，直到马西尼萨赶回来之前，丝毫不落下风，如果他不过分顾惜这支精兵，在自己的第二梯队完败之前就把他们投入战场，战胜罗马步兵也不是完全没机会。还有大象，汉尼拔对它们的使用显然失之轻率，迦太基人与罗马人的战役中，战象正面冲锋打法，只在桑提普斯对阵从没见过大象的雷古鲁斯时得手过一回，其他时候多半是"阵前倒戈"，能少踩死些自己人就算不错，汉尼拔以往对大象的使用一向很克制，这回的生死关头，竟想凭这些实习战象"飞象过河"，实在是有些不可思议。因此汉尼拔此役的指挥，最多只能算作是及格，在被动的主力决战中，这个成绩也不算太糟，但与他的赫赫声名相较，实在有些不匹配。

但也并不能因为这一战，就认定西庇阿超越了汉尼拔。BBC拍的科教电影《战略之父汉尼拔》中有一段场景，西庇阿对汉尼拔说："正是你教会了我如何打败你。"这句不见诸史籍的台词倒是说出了实情。

西庇阿获胜的原因在于，首先，他完全拥有战争的主动权，迦太基人承受苦难的能力较之罗马差得太多，因此，汉尼拔欲行之于意大利而不逮的战略，他一个拿来主义，以彼之道还施彼身，就顺利得手。其次，他在扎马战役时的兵力虽不占上风，但拥有的战争资源绝对在汉尼拔之上。在西班牙和努米底亚，他实现了汉尼拔在意大利做不到的以战养战、夺取同盟的战略，这又是汉尼拔思想的翻版。而西庇阿之所以在这两项上取得成功，归根结底，这又要说到已数次赘述的体制差异上。在战术上，西庇阿观察汉尼拔，从后者身上取长补短，他的骑兵两翼战术，以及此役中用方阵间隔放过战象攻其侧面等打法，很有几分汉尼拔的坎尼故智，甚至有青出于蓝之势。可以说，扎马战役西庇阿的胜出，正是因为他站在了汉尼拔的肩膀上。

同在这一年，遥远的东方也发生了一件事：和汉尼拔一样平生未逢敌手的西楚霸王项羽，遭遇汉军围攻，兵困垓下，十面埋伏之下，四面楚歌之中，时不济兮骓不逝。终究，空有拔山盖世之雄的楚霸王，在乌江边上横剑自刎，当时距离汉尼拔在扎马的失利，仅隔了两个月。东西方两大将星，同样横行半世功盖一时，又同样一朝兵败丧国亡身，时也运也，令人唏嘘。而比起一手好牌自己打烂的项王，似乎汉尼拔更有资格感叹，"此天亡我，非战之罪"。

接下来是迦太基外交人员的表演时间了，从第一次布匿战争时代存留至今的资深投降派"伟人"汉诺再度出场，他和另一名议员哈斯德鲁巴·伊利福斯（本书中出现的第四个哈斯德鲁巴）一道，着白袍乘小舟，一路高举节杖，来到西庇阿的军营。

伊利福斯向罗马统帅哭诉：我们自知有罪，为之乞求宽宥。恻隐之心，人皆有之，这样的乞求应有助于使胜利者将其仁德悲悯之心推及于他人，他们会看到，今日的恳求者正是昔日的强大者。迦太基曾经强大，统治非洲近700年，而今天它的命运不是寄托在它的领土、领海、军队、财富上，而是操于将军之手。这就是命运女神不可捉摸的安排，看在她的分上，务请您在决定迦太基的命运时，做出无愧于罗马伟大雅量的裁决……迦太基人已经对他们愚蠢而有罪的过去深恶痛绝，我们即将面临的惩罚，足以使我们永不敢再变心，己所不欲，勿施于人，请你们不要重演迦太基过去的罪恶，保全迦太基，对罗马也是有利的，这会让普天之下都看到你们既有征服它的强大武功，又有包容宽待它的博大胸襟。至于和平的条件，不需在这里探讨，我们的命运悬于君手，对您的任何条件，都完全没有异议。君将哀而生之乎？！

伊利福斯和"伟人"汉诺一说一搭，声泪俱下。忍辱负重也好，摇尾乞怜也罢，都无可指责，因为这是迦太基人免于亡国灭种的不二途径。他们的这番说辞，以及对迦太基城坚固城墙的顾虑，最终让西庇阿决定接受他们的请和或曰请降，为此他开出了如下条件：

1. 迦太基的领土仅限于其非洲部分（大约相当于今日的突尼斯疆界），承认马西尼萨领有全部努米底亚，并脱离迦太基独立。
2. 迦太基交出全部的战象；三层桨规格的战船只允许保留不超过10艘（比上次和议少了一半）；遣返全部的罗马逃兵。
3. 未经罗马同意，迦太基不得在包括非洲在内的任何地区进行战争。
4. 迦太基必须交出100名贵族子弟作为人质，其人选须经西庇阿批准。
5. 迦太基支付战争赔款白银1万塔伦特（比上次和议增加了1.5倍）。
6. 迦太基交还上次劫获的罗马补给船以及货物并赔偿损失，供应和谈期间西庇阿军队的全部吃穿用度。

这就是罗马人提出的全部条款，注意，西庇阿并没有要求惩办"头号战犯"汉尼拔。

迦太基人已没有了讨价还价的资本，只能全盘应承下来。至此，累计夺走了20万条人命的第二次布匿战争，宣告结束。

公元前201年，西庇阿大胜班师，带着数不清的战利品、来自迦太基显贵家庭的人质，以及非洲大象，这些象将在罗马的大斗兽场中度过它们或长或短的余生。罗马元老院举行了空前隆重的凯旋仪式，并为胜利者赐名西庇阿·阿非利加努斯，意为"非洲的征服者西庇阿"。

人们也没忘了在扎马战役前病故的老费边，尽管他反对出兵，但正是他的努力，让罗马人撑到了有能力出兵的这一天。人们特地在他的墓碑上放置了一顶桂冠，罗马世界普天同庆的日子里，冢中之骨，也同享欢愉。

解除了武装的迦太基，从此回到了祖辈夹着尾巴做人的"推罗时代"，再也无力和罗马人角逐地中海霸主的地位。到了履约交付首期赔款时，更是一片凄凄惨惨戚戚，国库空虚，议员们不得不自掏腰包凑份子，这尤其令一些人痛断肝肠，有人作爱国愤青状痛斥和议丧权辱国，说得大义凛然慷慨激昂。

悲愤的人群之中，汉尼拔忽然纵声而笑："我在意大利支撑危局的时候，敌人兵临城下祖国面临危亡的时候，你们心如铁石不为所动，现在自己破了点财，却如丧考妣！你们不知道吗？这已经是战败国能得到的最优惠的条件了。"

格格不入的笑谈，打破了举国哀痛的恸人气氛。

> **按**
>
> 扎马战役的具体日期在古代史料中记载比较含糊，蒙森《罗马史》的注释中提到，公元前202年发生了一次日食，有研究者根据这一记载推断出扎马战役发生在当年的10月19日。

26
断肠人在天涯

公元前195年,和约缔结后的第六个年头,汉尼拔的坐船又一次出现在地中海上。但这次没有舳舻千里,没有旌旗蔽空,因为他是在逃亡。

停战以后,汉尼拔在莱塔苏斯的庄园中过着求田问舍的生活,那是他的祖产,不少昔日麾下的士兵,改作佃户为他种植橄榄树。但汉尼拔并不甘心这样空老于林泉之下,一年前,到了知命之年的他重返政坛,当选为执政官。当时,解除了武装的迦太基专注于经济建设,凭他们基因里的商业天分,这些年来竟保持了GDP的高速增长——这与猪被劁掉以后更容易长膘同理,与之俱来的是特权阶级的腐败横行、中饱私囊,尤其是借着支付战争赔款的名义征派捐税。

汉尼拔的政治抱负就是打倒这个祸国的蛀虫集团,可惜他在政治方面的才华显然不如在战场上,以一己之力挑战庞大的既得利益团体,不消一年就败下阵来。迦太基的贵族们不但让他的政令寸步难行,还向罗马人打小报告,说汉尼拔准备卷土重来。这触痛了罗马人最敏感的那根神经,尽管有大西庇阿竭力为他的对手辩白,但元老院还是决定,宁可错杀,决不放过,他们派了使者到北非,要求迦太基交出汉尼拔。

汉尼拔只能选择逃走。

他把落脚点选在了地中海的东岸。600多年前,推罗公主爱丽萨就从那里向西出奔,在北非一振迦太基先声;而今,迦太基最优秀的儿女,又要逆着先人的航线,开始新一轮的流亡。

溯洄从之,道阻且右。几经周折,汉尼拔终于在叙利亚登陆,他从不曾见过的那个故国推罗早就没有了,当前这里是受塞琉古帝国的统辖。当年亚历山大暴毙后,他的部将塞琉古在此据地称王,已历五世。该国的政治风气是推行对领导人的个人崇拜,历代君主的谥号一个赛一个地圣武神文,颇有些肉麻当有趣的娱乐精神。开国君主塞琉古一世号"胜利者",以他的立国之功,也还不算过分;他的儿子安条克一世功绩不及老子,名头却再上层楼,号称"大救星";接下来的安条克二世更是登峰造极,自称"神";这"神"的儿子塞琉古二世想不出更吓人的词,就另辟蹊径,把太爷爷的名讳做了个改良,曰"英俊的胜利者",实力派偶像派通吃;时下的塞琉古王,乃英俊胜利者之子,安条克三世,江湖上报号"安条克大帝"的便是。

汉尼拔战争的时候,塞琉古帝国和托勒密王朝的埃及是地中海周边仅有的两家没跟着掺和的——他们在忙着彼此单挑,难分高下。终于,大帝命长,挨到了让他没脾气的埃及法老"至孝者"托勒密四世去世,之后很从埃及人手里抢了些地盘,现下正雄心勃勃,准备找罗马人练练。因此,当"罗马人的噩梦"汉尼拔辗转来到他位于小亚细亚以弗所城的宫殿中时,大帝喜出望外降阶相迎,说:"叟不远千里而来,必将有以利吾国。孤王正欲跟罗马一决高下,为孤善谋划之。"于是礼遇汉尼拔,待为上宾。

然而,汉尼拔很快就发现这位大帝是典型的色厉胆薄,好谋无断。在开战前的部署中,他屡次献策,总是忠言不纳。

但作为迦太基垮台之后地中海仅剩的一个竞争者,安条克的动向还是引起了罗马人的警觉。公元前193年的暮春时节,他们派了一个使团来到以弗所,想摸摸东方大帝的底牌。

据说,使团中还有一位特殊的成员——大西庇阿。在这座充满东方风情的异国宫廷中,两个老对手再次谋面了。时过境迁,他们的重逢已没了剑拔弩张,反而有了那么点青梅煮酒论英雄的意思。在安条克三世的御花园里,当着塞琉古群臣,大西庇阿问汉尼拔,谁是有史以来最伟大的将领?大约他很希望从对方口中听到诸如"天下英雄,唯将军与拔尔"之类的话,但汉尼拔的回答让他失望,这个罗马的终身之敌即便现在只能逞些口舌之利,也还是不愿让老对手受用,他给出了两个名字:"亚历山大!皮洛士!"

在当时的西方武人心目中,亚历山大确是无可比拟,把他搬出来,就像中国穷酸斗嘴时抬出孔圣牌位一样,具有无可辩驳的权威性。至于皮洛士,虽然最终败于罗马人之手,也算智勇冠于一时,令人敬畏。因此,大西庇阿明显地感觉到汉尼拔是在故意跟他斗气,拿古人来压他一头,微感不快。

但他转念又想,这两位前辈再怎么厉害也是"俱往矣",要数今朝的风流人物,那汉尼拔无论如何也得给他"非洲征服者西庇阿"一个适当的评价吧?于是他微笑着表示赞同,并追问道:"那接下来呢?"

"接下来,那就是我汉尼拔了!"孰料,迦太基人竟这样理直气壮地答道,"我父子两代白手起家经略西班牙,群蛮拜服;我千里奔袭踏平天险,兵出阿尔卑斯山,势同天降,神鬼莫测;我内无粮饷外无援军,却能席卷亚平宁,当者披靡,大小四百余阵战无不胜;我在坎尼以少胜多,全歼瓦罗七万大军,直杀得尸积如山;我立马科林门,睥睨罗马城,令费边鼠辈不敢开关应战,罗马小童闻我之名夜啼噤声……虽古之良将,用兵未必过此。"

大西庇阿万没想到,这个手下败将居然能这么毫不脸红地当着曾彻底击溃他的人胡吹大气,不过这一来他不怒反笑,用嘲讽的眼神看着汉尼拔,揶揄道:"汉尼拔啊,我真想不出,如果你不是在扎马战役中被我全歼,那你还会自吹到何等程度?"

"那样的话,我会把自己排在亚历山大之前!"汉尼拔从容地答道。

原来他是夸赞我曾击败了一个足以和亚历山大比肩的人物!西庇阿这才听出了汉尼拔的嘉许,感动莫名。

李维用赞叹的笔触记述了这次华山论剑式的巅峰对话,名将风采,令人思之神驰。两人之间高贵、磊落又迥异寻常的惺惺相惜,就像三国时的羊祜和陆抗,中世纪的萨拉丁和狮心王,日本战国的武田信玄和上杉谦信,美国南北战争的格兰特和李将军。这些人本来都很适合做朋友,只是身在不同阵营,形格势禁之下成了敌人。这固然是一种"罗密欧与朱丽叶"式的不幸,但反过来想,英雄在世,得逢一个旗鼓相当的伟大对手,可以师之以自强,可以念之以自励,可以作为衡量自己的尺规,可以作为评判得失的镜鉴,与之奋斗其乐无穷,不必抱憾无敌寂寞独孤求败,不必感慨高处不胜寒四海空无人,这又何尝不是一种风云际会,一种上天之赐?

汉尼拔成就了西庇阿,让他踩着自己的肩膀登堂入室;西庇阿也成就了汉尼拔,让他身上多了一层古典悲剧式的失败美学。喜剧总是短暂的,悲剧才是永恒的,只是——正如路德维希在《地中海传奇》中所说——这个悲剧的剧本莎士比亚忘了写出来。

> **按**
>
> 关于西庇阿与汉尼拔在以弗所的会面，李维以来的史家多有记述，但他们似乎把时间搞混了，如果大西庇阿确实来过以弗所并与汉尼拔会面，那时间应该是在公元前193年冬天，因为当年上半年那个罗马使团出使塞琉古时，西庇阿正奉命在北非公干。

27

魂魄毅兮为鬼雄

可惜罗马政治人物的心胸,不都似西庇阿这般光风霁月。汉尼拔给他们造成的心理阴影太深了,此人一天不除,他们就寝食难安。罗马人先是严厉警告迦太基,务必清算汉尼拔余党,接着又在安条克大帝面前使出反间计,让后者相信汉尼拔不过是想利用他——当然,实情也差不多。果然,汉尼拔逐渐被排斥在高级别军事会议的门外。终于有一天,他当众对安条克讲了自己幼年发誓终身与罗马为敌的故事,并对他的雇主说:"如果你对罗马人心存好感,瞒着我是明智之举;而如果你决意和罗马人开战,不让我当统帅,你会自食其果。"

大帝向来注重形象工程,当场逊谢怠慢之过,以示礼贤下士,但随后还是不肯重用汉尼拔,在战争打响后,只拨给他一个海岸警备队。公元前190年,安条克在马格尼西亚战役中大败于西庇阿的兄弟路西士(老西庇阿的另一个儿子),折兵5万,威风扫地。他不得不向罗马求和,罗马人开列的一揽子条件中包括一项:引渡汉尼拔。

汉尼拔自然不会把命运操在大帝的义气上,一得知安条克战败求和的消息,他马上自行离境,先在克里特岛上躲藏了一段时间,又转投了从塞琉古帝国分裂出去的亚美尼亚,最终再次跳槽到小亚细亚西北部比提尼亚王国的国王普鲁西阿斯处。奈波斯的《外族名将传》记载了汉尼拔最后的岁月,他为普鲁西阿斯讨伐敌人,罗马的盟友帕加马国王欧墨奈斯与后者展开海战,对方实力远强于己,汉尼拔决定采取斩首战术,先干掉欧墨奈斯的指挥船。他先假意派人递降书,并远远看见自己的信使被带到一条船上,那必是国王的旗舰无疑。那封信里其实只写了一些挑衅之词,对方被激怒发起进攻,于是汉尼拔命令手下的轻便快船向欧墨奈斯的坐船靠拢,把大量的陶罐抛上船去,罐子在甲板上摔碎,里面爬出一团团的毒蛇,原来这是汉尼拔事先准备好的生物武器。

就这样，对方大败，然而汉尼拔在比提尼亚的消息也随之传开，到了公元前183年，风声传到了罗马人耳朵里。就在这一年，汉尼拔最伟大的对手大西庇阿已经先于他郁郁而终，罗马仅有的为汉尼拔说话的微弱声音也已消失。罗马派使者到普鲁西阿斯处要人，威逼利诱之下，他将汉尼拔的住处指给了罗马人。

狡兔三窟，汉尼拔的宅第里自然也少不了各种逃生的暗道，但当得知已被罗马人包围时，他不屑再躲藏，更不愿做他们的俘虏。罗马的终身之敌嘲笑对方道："既然你们连我这样一个老头子咽气都等不了，那不如让我来结束你们的恐惧吧。"言罢，取出一直藏在戒指里的毒剂倒进酒杯，一饮而尽。

没能像父亲和弟弟一样战死疆场，汉尼拔的结局似乎有欠壮烈，但至少他避免了像萨达姆那样被从地洞里掏出来，也算得上"终刚强兮不可凌"。

对于汉尼拔，李维一向不乏微词，但当迦太基战神盖棺之时，他对后者的定论也不得不极尽称道：

> 我确实不知道，处于逆境中的他是否该比诸事顺利中的他更值得人们钦佩。他率军出征历时13年[①]，如此远离国土，终究常胜不败；况且这支军队的成员并非他的同胞国人，而是各国社会的无用之辈。他们没有共同的法律、习俗与语言；其外貌、衣着、武器、宗教礼仪甚至其所膜拜的神祇也各不相同。然而他却用某一种纽带把他们非常有效地联结在一起，故而虽则身处敌国，常常缺少粮饷，但是在士兵内部或将士之间却从未发生过任何骚乱……尤其是在哈斯德鲁巴阵亡、其军队被歼、全部胜利的希望毁于一旦而汉尼拔只得撤至布鲁提乌姆一隅之地以后，他的营中依然军心不乱，又有谁能不为此叹奇呢？

汉尼拔从仇恨中解脱，罗马人从恐惧中解脱。这一年是公元前183年，迦太基人汉尼拔·巴卡，终年64岁。

汉尼拔葬在小亚细亚半岛，马尔马拉海滨。公元前1世纪的博物学家老普林尼曾看过这座墓地，并称那不过是个简单的土堆。另据后来的一位拜占庭史学家记载，公元2世纪，有闪米特血统的罗马皇帝塞维鲁下令，在坟上加筑了一

[①] 应为15年。

层白色大理石。今日，一代将星的埋骨之冢早已隐没在历史的层层雾霭中，但"汉尼拔"三字并不需要石碑来成就其不朽，生当作人杰，死亦为鬼雄，这个名字在他身后成为一种符号，先后被各色人等赋予不同的意义，也是迦太基留给世界的一项遗产。

尽管曾给一代罗马人留下了挥之不去的恐怖阴影，但最终实现了大翻盘的意大利人也就没怎么记恨他（老加图除外），在民间的邪魔恶棍排行榜上，汉尼拔似乎还数不着。相反，在他曾长期鏖战的坎帕尼亚地区，还有不少人用他的名字命名下一代。到了文艺复兴时期，但丁在《神曲·地狱篇》里，以灭尽权贵的气概，把亚历山大、皮洛士、阿提拉都当作卤煮火烧，扔到地狱的血河里咕嘟着。汉尼拔破坏意大利的"功绩"并不逊于上帝之鞭，更远胜他推崇的那两位前辈，可是不知为何，但丁却没为他安排这种难看的命运。

进入20世纪，反帝反殖的非洲独立运动风起云涌，在这个大背景下，作为古代非洲名人的汉尼拔又肩负了新的时代意义。1975年，一生致力于成为第三世界代言人的塞内加尔诗人兼总统列奥波尔德·桑戈尔写了长诗《沉思之地》，赠给突尼斯共和国的开国总统哈比卜·布尔吉巴，文采飞扬的诗篇，将汉尼拔塑造为反抗罗马强权的古代版革命战士，可惜的是，他弄错了汉尼拔的肤色。

而在几乎同期的美国，曾带给罗马人无数个噩梦的汉尼拔又重返恐怖惊悚领域，"汉尼拔"先后被托马斯·哈里斯和乔纳森·戴米拿来吓唬现代人。但他们写出、拍出的这个"Hannibal"其实更适合叫作"Cannibal"（食人族），相比之下，真的汉尼拔曾带给罗马人的那种深入骨髓的恐惧，却是难以复制的。

但与亚历山大、恺撒、拿破仑并称为西方四大名将的汉尼拔，更多还是被后世武人拿来作为衡量自己的标杆。1902年，17岁的巴顿在日记里很愤青地写道："迦太基代表了东方奴隶制创造的财富以及由此产生的邪恶，罗马则代表了自由和身心纯洁，而对立的两国又恰恰是商业竞争对手，最后打起来也不足为奇。"尽管坚定地站在"古代美国"罗马一边，但当30年后带兵打到了汉尼拔的故国时，被艾森豪威尔称为古代名将转世的巴顿仍然忙里偷闲，跑去迦太基的遗迹前凭吊，在汉尼拔同志战斗过的地方沉思良久。

这一幕后来出现在1970年法兰克林·沙夫纳的电影《巴顿将军》中，影片第29分钟，乔治·斯科特饰演的乔治·巴顿蹲在那一片残垣断壁间，久久不语，忽然，他站起身，转过头来对随行人员说："2000 years ago, I was here."

28 这是最后的斗争

"人生五十年，一切恍如梦幻。"

公元前150年，迦太基和罗马的停战协议签署至今，已经过去51年了。汉尼拔死了33年，大西庇阿死了33年，费边死了53年，吉斯戈死了53年，马戈死了52年，西法克斯死了51年，哈斯德鲁巴死了57年，老西庇阿兄弟死了61年，马塞鲁斯死了58年，阿基米德死了62年……第二次布匿战争中的风云人物，多已风流云散。

马西尼萨没死。非但没死，这个80多岁的老头子还身体倍儿棒吃吗吗香。在他漫长的一生中，马西尼萨使努米底亚结束了作为迦太基附庸的不光彩历史，开启了改作罗马附庸的新篇章，但即便有这样的丰功伟绩，暮年的老马还是志在千里，丝毫没有"干了一辈子革命工作也该歇歇了"的倦怠，对打压迦太基不遗余力。这些年来他已从昔日宗主国手中夺得了不少地盘，现在，新的目标是叫泰斯卡的大田野，面积有50个城镇。

忍气吞声这么多年的迦太基也按捺不住了，他们向罗马求助，请他们主持公道。

罗马人应邀派来了一个观察团，但他们自然不会在仆从国和假想敌之间一碗水端平，阿庇安的《罗马史》中称，观察员们出发前就被要求，尽量偏袒马西尼萨。

这个使团中有一位德高望重的罗马元老，87岁的马尔库斯·波尔基乌斯·加图，简称老加图。此人是当时罗马的道德楷模，他的伟大品格包括反对一切奢侈，反对一切修饰，反对一切艺术，反对一切娱乐，认为这些都是堕落的，在风化问题上尤为一丝不苟。他任户籍官时曾经将一个议员曼利乌斯逐出元老院，罪名是后者曾在白天当着女儿的面亲吻他自己的妻子，简直是伤风败俗。至于他的圣德巍巍，主要体现在以下两句名言：第一，"奴隶只要不是睡着就必须工作"。第二，"上了年纪的奴隶和牛马一样，当他们干不动活的时候就必须卖掉"。他像葛朗台那样勤于聚敛却吝于花销，以至于普鲁塔克在《希腊罗马名人传》中都禁不住发问："既然你占有那么多财富，为什么只享用一点点就满足，并以此自诩呢？"威尔斯在《世界史纲》中对此公的评价更有趣：支配他的感情似乎是对他个人的幸福以外其他任何人的幸福的仇视。

加图这种迥异常人的心态可能源自汉尼拔的战争留下的阴影，他生于汉尼拔宣誓与罗马为敌的那一年，据他本人称，他还参加过特拉西美诺战役，是那场猎杀中为数不多的幸存者之一。算起来那时他年方二十，可以说，对迦太基的仇恨贯穿了他冗长的后半生。

加图到达北非之后，对土地争端孰是孰非并没有什么意见，倒是留意到半个世纪没打仗的迦太基已恢复了生气，城市不够破败，民生不够凋敝，士绅工商各有所安的局面看得他气不打一处来。

回到罗马之后，加图开始宣传迦太基威胁论，声称昔日可怕的魔鬼即将冲破封印，重到世上为祸。"必须消灭迦太基！"这是他每次在罗马元老院发言时必用的结束语，不厌其烦，简直是一种祷告。

得益于老加图的宣传，罗马人的忧患意识又被唤醒，觉得确有必要除去迦太基这个心腹大患。

另一边，迦太基人等到公元前149年，罗马的最高指示还是没下达，一些爱冲动的热血分子决定自己解决问题。在主战派的号召下，迦太基人组织起5万人去对抗大军压境的马西尼萨，可惜此时他们已没有惯战良将，司令官哈斯德鲁巴（本书中出现的第五个哈斯德鲁巴）不是老马西尼萨的对手，5万军队损失大半，地盘也丢给了努米底亚人。

这时，罗马的使者到了，但不是来调停，而是来问罪。迦太基人眼睛都直了："我们哪里得罪了上国？能不能给个理由？"

"理由？这还不清楚吗？你们违背了停战协议，不经我们允许就擅自打仗。"罗马人回答。

"请您明鉴，不是我们擅自打仗，是马西尼萨打到我们境内，我们被迫自卫，而且我们输了，已经挨过打了。"迦太基方面还在做着毫无意义的申辩。

罗马人不耐烦了："没经过我们允许，你们擅自挨打，这也是违约。"

紧接着传来了消息，罗马的军队正在意大利南部集结，目标不言自明。迦太基的使团数次徒劳往返，但罗马已下定了决心，非借这个机会把迦太基铲平不可。两位执政官，步兵指挥曼尼阿斯·曼尼略和海军指挥马西阿斯·森索里纳斯率领8万名步兵，4000名骑兵，50艘五排桨战舰，浩浩荡荡涌向非洲。罗马以及意大利盟邦的公民都踊跃报名，希望参与毁灭迦太基的历史性一战。大西庇阿之子的养子科利尼阿斯·西庇阿·纳西卡也在其列（本书中出现的第四个西庇阿，称小西庇阿），他作为一名骑兵军官随军出征，还带了一队侍从，其中就包括了将作为这段凄煌历史见证人的希腊裔文士，波利比乌斯。

罗马和马西尼萨联军的数目足有扎马战役时的4倍，巨石压卵之势让迦太基最古老的盟友乌提卡变节，宣布向罗马人敞开港口。

当罗马大军在西西里停留时，迦太基派来使者，还想争取一点回旋的余地，宁为瓦全。百般哀求之下，善辩的罗马海军司令森索里纳斯不知是得自元老院的授意还是自己灵机一动，开出一个条件：先交出300名贵族儿童作为人质，其他的条件等到了乌提卡再说。

使者们没有选择，只好回去动员迦太基的显贵们，以国事为重。迦太基议员也不敢稍有违拗，在限定时间前，他们就从哭泣的母亲怀中抢走了300个孩子，准备装船发往西西里。尽管迦太基依据闪米特人的宗教习惯，常有以婴儿祭神的事，但这次的情况另当别论，起航的那天父母们跑到海滩上，抓住缆绳，抓住船舷，抓住铁锚，请求水手不要把船开走，但船最终还是开了，这些人有的跳入海中追着船游出很远，有的跪倒在沙滩上捶胸顿足撕扯头发……没人知道这些孩子后来的命运，阿庇安评价道：在他们看来，交出孩子，就意味着交出了城市的未来。

但这还没完，抵达乌提卡后，森索里纳斯下达了第二项指令："既然你们想要和平，那还留着武器干什么呢？交出城中全部的武器，不论公有私有，统统交出来。"他派小西庇阿和另一名军官一同去接收。已经麻木了的迦太基，把20万副盔甲、2000架弩炮，以及数不尽的标枪、弓矢、刀剑用牛车运到罗马人那里。

森索里纳斯也为这么庞大的军备而惊讶，接下来，他亮出了最后的底牌："迦太基人，你们在交出人质和武器方面表现出的恭顺，我深表赞赏，但现在，我们不必多费言词，请你们继续勇敢地承担罗马元老院的命令，把迦太基城交给我们，退到至少离海岸80斯塔迪昂（约合15千米）的地方。因为，我们已经决定把你们的城市夷为平地。今后就在非洲内陆享受我们赐予的和平吧。"

震惊、愤怒、悲伤、耻辱、绝望……迦太基人得知罗马的要求后全都疯了。但当这些激烈的情绪逐渐平息下来，他们还是派出了一个乞愿团，做最后的求告。富有名望的议员班诺向两位罗马执政官沉痛地申辩，先是说这50年来迦太基严格履行停战协议，解除了武装，要钱给钱要人给人，没做半点对不起罗马的事。随后他们申明迦太基人祖祖辈辈靠海吃海，退居内陆，就等于鱼上了岸，没有活路，求罗马人看在迦太基城是他们世代居住之地，宗庙社稷所在，不要毁坏城市，"因为它从来都对你们无害，如果你们愿意，请把我们杀掉，而不要对寺庙、神祇、陵墓和一个无辜的城市泄愤"。最后他请求执政官珍惜罗马的仁慈美名，再给一点宽限的余地。

这段哀恳求告记录在阿庇安《罗马史》第8卷第12章节，这位罗马史家，都把该节命名为《迦太基人的乞怜与罗马侵略者的无理要求》，足见迦太基人的哀婉凄怆，字字啼血。但森索里纳斯不为所动，他表示元老院的命令必须执行，还极其不厚道地对迦太基人说，内陆生活其实没什么不好，我们才让你们退后80斯塔迪昂而已，而我们罗马城，离海岸线有100斯塔迪昂呢。

多言无益，迦太基在绝望的悲愤中展开自救，武器库已经空了，所有人——贵族、平民、奴隶——都集中起来夜以继日地赶制武器，每天100个盾牌、300把剑、1000个投石弹弓、500支标枪，木料不够就拆毁房屋，金属不够就融化雕像，没有足够的纤维，全城妇女剪下长发，用来制作弩炮的绳索。同时传檄给带着败军在外的哈斯德鲁巴，赦免他丧师之罪，请他放下前嫌，回来保家卫国。

于是，地中海争霸战进入了尾声处的高潮：第三次布匿战争，700年迦太基的最后一战。

29

覆巢之下

出乎罗马人意料，战争的进程并不如他们想象的那样摧枯拉朽，先后失去了战船、大象、雇佣军以及全部常规武器的迦太基城竟然凭着坚实的城墙，和比城墙更坚实的生存意志挺到了第三个年头上。

这之前的一年（公元前148年），马西尼萨老死了，欺骗了迦太基的森索里纳斯因为久战无功，被改派别任，他的搭档曼尼略数败于哈斯德鲁巴以及游击队长法米阿斯，也身心俱疲挂印回国。倒是曼尼略麾下的小西庇阿屡有闪光，这个"马其顿征服者"保卢斯家族过继给"非洲征服者"西庇阿家族的将门之后，果然是系出名门品质天成。他扶植了马西尼萨众多儿子中最听话最易于控制的米西普萨继位，确保了罗马在非洲的盟友继续尽忠，又单枪匹马劝降了令罗马人头疼不已的法米阿斯，断了迦太基孤城之外的最后一支抵抗力量。凭这些表现，小西庇阿破格当选为公元前147年的执政官，握有战争最后阶段的指挥权。

这一年，双方都已疲惫不堪。迦太基军民在重压之下，变得越发乖戾，撤进城里的哈斯德鲁巴无法和另一个与他同名的努米底亚裔将领共处，便用阴谋夺了后者的指挥权，自己权领全城防务。不久后小西庇阿抓住迦太基人一次疏忽，偷袭了麦加拉城区外一座与城墙等高的塔楼，从上面架设飞桥，攻入迦太基城中。迦太基人以为整个城区已经陷落，仓皇逃入另有一道城墙保护的内城毕尔萨区，这里，也正是当年爱丽萨公主剪碎牛皮圈出的那块地，迦太基城真正的源头。

罗马人在麦加拉纵火焚烧。次日，哈斯德鲁巴出于报复，在内城的城墙上虐杀罗马俘虏，试图使敌人畏惧，结果适得其反，非但罗马士兵个个怀愤，连迦太基自己人都觉得，危难之际滥用暴力，恐怕会上干天怨，招致不祥。全挤在毕尔萨区的迦太基人，回旋空间更小，粮食储备告急。他们的骑兵司令比泰亚奉命乘船从重建的港口出去筹粮，结果小西庇阿尾随而至，又趁势夺下了港口。现在迦太基的版图仅剩下毕尔萨，距离最终陷落已经指日可待。

公元前146年，总攻开始了。罗马人冲进了这个六层高楼林立的城区，迦太基人在楼上朝他们射击，用惨烈的巷战为这场战争收尾。小西庇阿下令放火焚烧整个城区，火势蔓延，房倒屋塌，一片狼藉。罗马的工兵出来清场，为了让军队通行，他们把所有路上的障碍，不论是死尸还是一息尚存的受伤者都扫到路边的沟里，就像清扫杂物一样，垂死者在废墟下苟延残喘。

接下来是屠杀。整整六天六夜，罗马士兵采取了轮换制，免得杀人杀到手抽筋。只有西庇阿，积极发挥先进带头作用，一刻也不休息，始终奔走在杀人放火第一线指导工作。

第七天，只剩下最后一批迦太基人坚守在财神庙里，迦太基祭司戴着圣冠，拿着橄榄枝，拜伏于罗马统帅脚下。小西庇阿同意饶恕残存者，但要求所有的军人必须缴械投降。

神庙大门洞开，劫后余生的人们行尸走肉一般挪将出来，哈斯德鲁巴也自缚来降，小西庇阿命令他坐在自己脚边。

这时，神庙中冲出了哈斯德鲁巴的妻子，她身着盛装，仿佛要去出席晚会，双手领着他们的两个孩子。她嘶喊道："罗马人，我知道这是战争，因此我不求神惩罚你们。"接着，这个女人戟指着丈夫："而你，哈斯德鲁巴，我以国家神灵的名义，诅咒你这个背叛妻子、孩子、国家和神明的无耻懦夫！愿罗马人给你最严酷的惩罚！这大火将是我和孩子们的坟墓，使我们免遭奴役，但是你，你这个蜷伏在罗马人脚下的迦太基统帅，你会在他们的凯旋仪式上扮演一个什么样的丑角呢？！"言罢，她抱着孩子跳入火中，母子三人一同焚死。

迦太基城的肇建，源自一个女人的智慧，而当它毁灭的那一天，为之殉葬的是另一个女人的刚烈。前前后后近700年中的一切，在燃烧了12个昼夜的焚城大火熄灭的那一刻，尘归尘，土归土。

第三次也是最后一次布匿战争，以迦太基城被焚毁殆尽而告终。公元前149年开战之前，迦太基有70万人口，灭国之后，作为奴隶幸存下来的不足5万人。传说罗马人还在土地上撒了盐，为的是让这里以后寸草不生。这个说法纯属无稽之谈，且不说小西庇阿没那么心理变态，就说盐这东西，在当时是很值钱的，岂可这么毫无意义地挥霍？土地撒盐这事，倒是后来的德皇"红胡子"腓特烈一世干过，不过要等到1300多年后才上演，而受害的，正是意大利。

显赫一时的非洲地中海霸主，在欧非两块大陆间的历史上首次的对决中完败，欧洲人一统地中海。此后的几千年间，非洲文明居于从属地位，以至于萨缪尔·亨廷顿在开列他的世界七大文明体系时，对是否存在一个"非洲文明"，都打上了问号。从东非高原的"夏娃"露西，到金字塔埃及，再到迦太基、阿非利加，这块孕育了人类最初的生命与文明的早慧大陆，她最后一个资质上佳的孩子，也在西方古典时代方兴未艾的时候，黯然夭折了。

此时，亲手导演了这出毁灭的人却似乎并不觉得愉悦，就像希腊神话里雅典娜曾为仇敌特洛伊的陷落而哭泣一样，站在自己功业顶峰的小西庇阿，此刻潸然泪下，不能自已。他这并非喜极而泣，更不是表达忏悔，而是从火光中看见了罗马未来那不可更改的命运。他吟诵起荷马的诗句："终有一天，我们神圣的特洛伊、普里阿摩斯王和他持矛统治的人民，都会毁灭。"

小西庇阿有生之年所见到的，都是罗马毁灭别人，并没有目睹类似的命运降临在永恒之城自己头上。但他的感叹和预言没有错，从赫梯、亚述、波斯，到斯巴达、马其顿、迦太基，自古无不亡之国，或迟或早而已。600余年后，正是窃据迦太基人故地的汪达尔王盖瑟里克，率众再次洗劫了早已千疮百孔的罗马城，在这个摇摇欲坠的老大帝国背上推了最后一把。终于，在那之后20年，公元476年，光耀西方12个世纪的罗马寿终正寝。历史的车轮，碾过帝国的一片金瓯瓦砾，驶进了欧洲的中世纪。

30

遗响悲风

毁灭不是终结，这片土地此后仍是无数英雄竞折腰的舞台。但无论登台的是继汉尼拔之后又一个挑战罗马的北非枭雄朱古达、变罗马共和国为帝国的奥古斯都屋大维、写出《上帝之城》的基督教神学大宗师圣奥古斯丁、洗劫过罗马城的汪达尔王盖瑟里克、打遍亚非欧三大洲的东罗马战神贝利撒留，还是阿拉伯帝国的征服者哈桑·努阿曼、名震地中海的海盗王海雷丁·巴巴罗萨、沙漠之狐隆美尔、法兰西第五共和国缔造者戴高乐、突尼斯共和国首任总统哈比卜·布尔吉巴，这些显赫的名字都与迦太基无关。真正的迦太基永远地停留在了毁灭的那一天。

何以欢乐过后此等空虚，何以荣华过后此等贫寂？向为城市，而今废墟。谁在回答，唯有风泣。拂去诗人的歌，驱散灵魂聚着的往昔。

这是11世纪的阿拉伯诗人西迪·马雷兹献给迦太基的挽歌。后来，在一轮又一轮的重建与毁灭中，在数不胜数的血火刀兵中，这座命运多舛的城市终于变成一片残破的地基，荒烟衰草，乱鸦斜日，凝固的时间，供一代代的骚人们故国神游。直到1979年，联合国教科文组织将这块文明的碎片拾起，放进了《世界遗产名录》。

剧情已落幕，爱恨已无助。但风烟俱净后，做掩卷之思，很难不触及一个问题：为什么最后的输家是本来实力占优的迦太基？面对这个过于宏大的、被历代方家高屋建瓴地论述过N次的问题，这里能阐发的也仅仅是一点从前人牙慧间拾取的浅见。不从罗马身上找胜因，只从迦太基身上找败因，找到了以下几条。

一曰雇佣军。

论人口，迦太基比罗马只多不少，但他们没有罗马那样的公民兵役制度，无论哈米尔卡还是汉尼拔，其麾下服役的本国公民都少之又少，即便有，也多是一些作为骑兵的贵族化士兵。绝大多数迦太基人对待兵器的态度是"圣人"式的：不得已而用之。所以，这个缺少战争锤炼的民族自然不是罗马百战雄师的对手。尽管他们与城市共存亡的最后一仗打得可歌可泣，但哀兵并不必胜，作战能力与经验的长期匮乏，使他们最终无法免于国破家亡的命运。

这与迦太基商业民族的性格有关，他们继承了腓尼基先辈对战争条件反射般的回避心理。可惜在奉行丛林法则的早期人类社会，生存之战是无法回避的。

凭借财力扬长避短，雇请佣兵代为打仗，这是个解决问题的办法，但雇佣兵的作用有其最大值。汉尼拔的征战历程就是迦太基与罗马争霸史的缩影，都是开头大占上风，最终先赢后输，这就是雇佣兵达到极限后必然会回落的反映。

许多人将汉尼拔远征军后期战斗力下降归咎于加普亚的安逸生活，对此孟德斯鸠说了几句设身处地的公道话："人们说汉尼拔的军队在加普亚变得孱弱不振，但这不是根本原因，像这样一支多次大胜后富裕起来的军队，岂不是随处都可以找到一个加普亚吗？"

法国老孟的观点与中国老孟孟子的观点正可互为印证。孟子曾经说过，有恒产者有恒心。放在雇佣兵的语境中，可以这样解读：雇佣兵打仗为了什么？钱。那有了钱之后呢？固然有一部分雄兵悍将想扩大战果，越赚越多，但战争财毕竟不是那么好发的，尤其是对一线厮杀的士兵来说，他们大多懂得"战场有风险入市需谨慎"。没钱的时候烂命一条半卖半送，而当他们从一个胜利走向另一个胜利，作为"恒产"的战利品越来越多，保身惜命的"恒心"也就越来越重，而"有恒心者"的比例也越来越大。这就是雇佣军弱于罗马的公民军的原因。雇佣军是在种公社的公田，差不多了就大水漫灌；公民军则是在侍弄自己的土地，自然会精耕细作。所以说，为了物质利益而打仗的雇佣兵，其战斗力轨迹就是一条开口向下的二次函数曲线，总有一个无法超越的峰值，达到之后战斗力就要回落。纵然是把雇佣兵使得出神入化的汉尼拔也一样无能为力。

二曰制海权。

再具体到战术层面，迦太基从第一次布匿战争之后，就丧失了制海权。否则，汉尼拔将不必以非战斗性减员近半的惨痛代价，上演翻越阿尔卑斯山的

"壮举"，哈斯德鲁巴也不必以改变意大利战局的最后一点希望为赌注铤而走险。

近代海权理论之父美国人马汉上校在《海权对历史的影响》绪论中，以此为例做了论述："为了推翻罗马人，迦太基人必须攻击罗马在意大利的力量中心……为了达到这一目的，迦太基人需要一个坚不可摧的基地，和一条安全可靠的交通线。前者已由天才的巴卡家族在西班牙建立起来；而后者迦太基人却从没有得到过。"马汉进一步论述，迦太基人从西班牙进军意大利，只能选择险阻重重的路线，这正是因为"罗马人控制了海洋，而迦太基人从未威胁到罗马人对海洋的控制"。

战争不仅是决机于两阵之间，很大程度上比拼的是后勤保障，古今皆然，尤其是这种涉及两个国家民族命运的"全面战争"。制海权的丧失导致了迦太基军在后勤方面全落下风。李维谈到汉尼拔困守布鲁提乌姆的窘境时说："他从未收到过来自迦太基国内的任何补给，那里的人们在为能否保住西班牙而焦虑，似乎意大利的一切都在顺利进展。"一边是罗马人越挫越勇不断扩军，一边是汉尼拔孤立无援后继乏力，辛苦得来的优势就这么挥发掉了。"我等的船还不来，我等的人还不来。"望着地中海蓝色的波涛，汉尼拔只能一次次这样无助地哀叹。

非洲援兵运不到前线，这固然是丧失制海权造成的技术性难题，但迦太基政府也难逃不作为的嫌疑。其实在那个没有雷达的年代，海军很难真正实现海上封锁，迦太基两次小规模增兵都平安抵达，汉尼拔和马戈先后回国时，更是把总数近3万人的大军都顺利带回了非洲。可见，罗马海军也不是无处不在，说到底还是事在人为。另外，迦太基享有海上优势凡600年，一朝受挫于罗马人，竟就此一蹶不振，制海权被一只小小"乌鸦"衔走，这未免太不可思议。（事实上罗马的乌鸦船虽然在对战中占有优势，但乌鸦飞桥导致船只头重脚轻运转不便，一旦遇上风暴很难幸免，因此在第一次布匿战争后期，罗马已停止制造乌鸦船，并限制这种船只投入远洋作战。）这里固然有客观原因，比如北非多沙漠，用于造船的木材资源不如欧洲丰富，但第一次布匿战争后，迦太基破罐子破摔的回避心态，也是海权旁落的重要原因。

三曰战略纵深。

蒙森说，敌军在意大利登陆，战争才刚刚开始；而敌人兵临北非，则意味着战争就要结束了。前后三次布匿战争，都是如此，敌人一兵临城下，迦太基就束手无策，只能拼上最后的赌本，结果只有第一次运气好，挫败了轻敌的雷古鲁斯，后两次则一败丧师，再败亡国。

这就是他们没有足够的回旋余地所致，这也是海商民族的必然。蒙森在介绍罗马与迦太基的不同时还说，迦太基人置财富的价值于土地之上，而罗马正相反。以商业立国的迦太基一切为海洋贸易让路，对内地的经营不够扎实。须知真正的海权大国，不是仅仅悬于海上，背后都有坚实的陆地作战略保障。比如"二战"时的英国，能在美国参战前独力对抗占据了几乎整个欧洲大陆的第三帝国，靠的可不全是丘吉尔的"热血、辛劳、眼泪和汗水"，作为战略大后方的印度同样居功甚伟，当然，这也得益于英国强大的海上实力，尤其是对苏伊士运河和直布罗陀海峡的掌控力。所以说即便对海权国来讲，陆地也须齐抓并举不可偏废，跛脚的迦太基就是教训。

而这又与迦太基高层的政策有关。从地理位置上看，布匿战争固然可以视为迦太基代表的非洲与罗马代表的欧洲的争霸，但作为迦太基人，他们始终没能真正融入非洲，无论文化、宗教、生活方式，可能还有思维方式，他们都还是闪米特-希腊式的。而且迦太基人似乎有意识地强调这种血统与门第，决不让非洲属民与自己享有平等的权利，也没有迹象表明他们曾将自己的文化与生活方式推及于后者。这样，他们将自己人为地定位为一个与周边臣属格格不入又高人一等的外来统治集团，拒绝做出本土化的努力。迦太基人与非洲当地人的关系有类于斯巴达人与其统治的希洛人，尽管不似后者那样暴虐，但性质都是单纯的有"统"无"治"。这就导致迦太基人立足非洲逾600年，而其在当地的根基，仍像是建在北非沙地上的城堡。

四曰党争之祸。

孟德斯鸠认为，在迦太基得势的有两派，一派总是希望战争，而另一派总是希望和平，结果把自己弄得既不能享有和平，又不能很好地进行战争。

提倡"限制绝对权力"的老孟，竟在此处鼓吹党外无党的帝王思想吗？当然不是！多党固好于一党，但如果仅有两个或多个党派彼此之间的互为牵制，那还是不够的，没有法律机制的制约与调节，这种纯权术性质的制衡只会变质为狗咬狗式的党争。

就拿迦太基来说，他们这些政党考虑问题的方式，都是把自己的集团利益置于国家利益之上。比如哈米尔卡汉尼拔父子代表的商业奴隶主阶级，需要用战争维护商业垄断利益，因此他们在西班牙的经营，也念念不忘以打败罗马为目标；

而"伟人"汉诺代表的地主奴隶主阶级,希望和平,因为那样符合他们的利益,于是在战争期间也对前线多有掣肘:保守派政府宁愿把军队投放到西西里,而不愿尝试着把他们送到最能带好兵、也最需要人手的汉尼拔那里,不是不懂得战略资源优化配置,而是不希望自己的政敌凭借战功获得更大的发言权。

为什么把持政坛的总是这些重私利轻社稷的人呢?这是因为迦太基参与政治的民众范围越来越小,直到军国大计成为小圈子的私营业务。

迦太基的民主框架比罗马还完备,他们的上层建筑和罗马相似,也有执政官、议院、监察院、公民大会。其中不乏亮点,比如他们在防范军人独裁方面就做得比罗马更好——执政官没有兵权。故而亚里士多德在《政治学》中对迦太基政体倍加推崇,但他在该书中还有过一句名言:"众人,而非一个人单独占有权力,是好的,这也是可能的。"审视迦太基政权结构的沿革,正好与这一原则背道而驰,他们看似缜密的分权结构也不过是徒有其表。比如议员,虽由选举产生,但基本是终身制;名义上应该是最高权力机构的公民大会,其实没有具体的行政权力,与罗马的民众大会不可同日而语。诚然,罗马元老院的职位后来也渐渐被大家族垄断,但罗马的保民官在战时独裁体制下都保有权力,而像这样的民众代言人,在迦太基的政治结构中是找不到的;至于从字面上看应该属于司法系统的监察院,很快就兼并了立法权,人员构成也过渡成了清一色的贵族——我们都很清楚,让"统治阶级"自己监督自己,那会出现什么情况。

后世岳飞抗金屡战屡胜,金酋胆怯欲走,被一汉人书生劝住:"自古未有权臣在内而将能立功于外者。"迦太基不是君主制国家,没有我们惯常理解的那种权臣,但是迦太基政府的思维模式是我们熟悉的"权臣式",即一切以本集团利益为优先。政权被寡头集团占有,民众对政治的参与途径被堵塞,对行政的有效监督能力丧失。

"虎兕出于柙,龟玉毁于椟中,是谁之过欤?"出现这样的局面,迦太基人民也不能仅仅被看成受害者,某种程度上说,正是迦太基公民们把统治者放出牢笼的。对此房龙有进一步的阐发:对(迦太基)民众而言,只要有足够的工作,较高的工资,市民中的大部分就会心满意足地接受比自己"优秀"的人的统治,而且不会无理地要求什么。民众吃得饱饭,满足于安闲享乐的生活,就忘了自己"国家主人"的身份,觉得"人权首先是生存权",忽略了对政治进程的参与意识,没有想到公民对政权进行监督的权利同时也是义务,是不可以放弃的。这种麻木不仁，这种"拿民主换面包"，这种公民的"不作为"，变相地帮助贵族集团窃据国器。

在统治集团的利益面前，国家民族的利益被忽略，这必将导致"忠不必用，贤不必以"的局面。这样就能理解，为什么即便到了第三次布匿战争前仍握有70万人口、20万精良装备的迦太基，要让汉尼拔陷入孤军苦斗的境地了。

综上，一切成败还是由体制决定的。体制决定论并不新鲜，而且在短时段内反例多多，比如斯巴达胜雅典、哥特人破罗马、阿拉伯征服萨珊波斯、蒙古灭宋……但如果把考虑的时间放长，则不难发现，体制决定成败，却是称得上"世界潮流浩浩荡荡，顺之者昌逆之者亡"——那简直是一定的。

最后再多说一下获胜后的罗马，他们的胜利也绝非兵不血刃，这里不是说被汉尼拔消灭的那十几万军队，而是三次布匿战争带给罗马的反作用力。

罗马的地盘越来越大，其早期的盟邦政策也就逐渐不能适应新的情况。"这个国家的精神变得野蛮而鄙陋了，不再扩大公民权的范围，不再对异族公民做出使其同化的慷慨努力"。

对此，斯塔夫里阿诺斯的《全球通史》提供了一个例证：

> 罗马给这些新获得的领土的待遇并不如它早期对意大利的那样，元老院只有当官员定期向母国输送足够的税金、贡品、谷物和奴隶时才可以使他们不受政府限制地实行自由管辖。于是就导致了各地资源的过度开发以及对人民各种形式的勒索。西塞罗对于西西里总督加以斯·威勒斯（公元前73—前71年）贪污行为的描述，很完整地概括了当时官员盛行的贪赃枉法的风气，其文节选如下：

> 在他们肆无忌惮的管理之下，难以量计的钱财被从农民身上榨取出来。我们最忠实的盟友遭到了国家公敌一般的对待，罗马市民则像奴隶一样被终日劳作折磨。十恶不赦的罪犯通过贿赂就能获得无罪释放，而实际上诚实且清白的人却……将秘密地被审判和流放。严加防卫的港口和城市对海盗和罪犯开放。我们的朋友，西西里的士兵和水手，反而因饥饿而死。装备精良的高级舰队因为是我们"国家的耻辱"而被摧毁。一些富有国王的赠礼——古老的著名艺术作品等——也同样被这位总督大人糟蹋殆尽。而他糟蹋的还不只是公民塑像或艺术品，他大胆到了敢于掠夺最受人民敬重的圣所。总之，

他根本没有为西西里的人民剩下一尊拥有古典艺术价值的神像。

就这样,保障原来的共和政体正常运转的机制与法律,在地盘空前扩张的时候已显得鞭长莫及。新领地的公民权利得不到保障,集权和腐败得不到制约,而这种不良风气是会传染的。

此外,在第二次布匿战争以来,为了对抗汉尼拔,罗马的军权有所强化,士兵和将军都逐渐向职业化发展,公民军团的时代也逐渐过去了。这固然是战争的需要,但战事结束后,罗马人没有做出努力,来消解这种军事极权化倾向对共和精神的伤害,反而听任军人的势力越来越大。如威尔斯所说,在布匿战争前,有政治抱负的人讨好选民,而在那之后他们转而讨好军队了。最终,随着马略、苏拉、庞培、恺撒、安东尼、屋大维等几代武人不断扩张权力,罗马共和国变成了帝国。

这还不算,随着边境的扩大和城市居民生活水平的提高,参军这样的苦差事逐渐不为罗马公民所喜,支撑罗马崛起的尚武精神逐渐衰颓。而随着对周边蛮族的征服,打败了迦太基雇佣军的罗马,竟重蹈手下败将的覆辙,本来由公民组成的罗马军队也逐渐蛮族化、佣兵化了。对蛮族战士和属国,统驭稍有不慎就会出麻烦,远的不说,单是第二次布匿战争之后扶植起来的努米底亚,到了马西尼萨的孙子辈,就出了个朱古达,为祸一方,成罗马之大患,其时距离迦太基的覆亡仅过了30年。

再后来,随着日耳曼血统的雇佣军不断凭军队支持进入政界,罗马更是军事僭主层出不穷。天子,兵强马壮者为之,宁有种乎?而最终毁灭罗马的,也正是掌握了罗马军权的日耳曼蛮族将领们。

如同西晋困顿于五胡,黑衣大食疲弱于突厥,所谓先进民族总自恃文化上的优越、血统上的高贵,想以此为凭,役使所谓落后民族,把他们当作甲胄干橹、爪牙炮灰,一次次历史的结论表明,这并不那么容易。"天子有道,守在四夷。"道理或许没错,然而无论古今中外,在君权体制下,天子无道似乎更像是历史的常态。

罗马政治体制的嬗变,乃至最终灭亡的祸端,在其打倒迦太基、霸业发轫的时候,即已经悄悄埋下了,所以,究竟是谁,杀了谁呢?

附录1

波斯希腊大事年表

年份	西方世界	东方世界
公元前约3000年	印欧语系诸部落离开黑海沿岸，开始向四处迁徙。	传说时代。
前727	米底人领袖戴奥凯斯建国，筑埃克巴塔纳城。	周平王四十四年，无特别重大事件。
前612	米底王库阿克萨列斯联合新巴比伦王子尼布甲尼撒攻灭亚述帝国。	周匡王继位为天子。
前589（？）	兼具波斯米底两国王室血统的居鲁士出世，遭遗弃后被牧人收养。	晋齐鞌之战，齐顷公败，晋人持逢丑父。
前559	居鲁士继波斯王位，是为居鲁士二世。	晋军攻秦，败绩；楚军攻吴，败绩。
前553	居鲁士出兵攻打米底。	晋侯盟诸侯于澶渊。
前550	居鲁士攻克米底都城埃克巴塔纳，米底并入波斯。	晋国豪强栾盈与范宣子相争，栾氏败，被族诛。
前547—前546	吕底亚王克洛伊索斯出兵进攻波斯，居鲁士将其击退，并于次年初攻灭吕底亚，收降克洛伊索斯（？）。	齐国权臣崔杼弑其君庄公，并连杀直书此事的史官兄弟三人（前548），后崔氏被族诛（前546）。
前539	居鲁士进军新巴比伦王国，灭其国，释放被拘禁的犹太人。	齐相晏婴使晋，泄露国家机密"齐政归田氏"。
前530	居鲁士进攻中亚的马萨格泰人，战死草原。其长子冈比西斯继位。	晋国与鲁国外交危机。
前525	冈比西斯出兵征服埃及，创立埃及历史上的波斯王朝。	吴楚长岸之战，楚师败绩。
前522	冈比西斯离奇身死，麻葛僧高墨塔篡位，波斯宗室大流士等人刺杀高墨塔夺回王统。	楚王诛杀太子之师伍奢，伍奢次子伍子胥逃亡吴国，准备复仇。
前521	大流士成为波斯新君主。	周景王铸无射钟。
前518	趁高墨塔之乱叛离波斯中央政府的最后一股割据势力巴比伦城被攻陷，波斯重新统一。	吴国灭巢国与钟离国。
前514（？）	大流士远征斯基泰人，波斯首次进军欧洲。	吴王阖闾继位。
前512（？）	大流士失败，返回亚洲，波斯人开始经营色雷斯。	伍子胥献计疲弱楚国。
前509	雅典驱逐僭主希庇亚斯，实现民主制度。	鲁国八月降霜，被视为不祥之兆。
前499—前498	米利都僭主阿里斯塔戈拉策动小亚细亚希腊城邦反抗波斯，爱奥尼亚大起义爆发。雅典援助起义，并参与起义军焚毁萨狄斯之役。	孔子去鲁适卫。
前494	米利都沦陷，爱奥尼亚起义基本平定。	吴王夫差大败越国，越王勾践投降。
前492	波斯海军第一次出征希腊，于阿托斯山遇风暴全军覆没。	鲁国地震，孔子适宋。
前490	马拉松战役，雅典人大败波斯远征军。	秦国悼公继位。
前486	埃及爆发起义，大流士崩殂，嫡长子薛西斯继位。	吴国修筑的运河竣工，连通了长江与淮河。

（续表）

年份	西方世界	东方世界
前483	雅典发现大银矿，将军地米斯托克利说服民众将银矿产出用于兴建海军，造战舰200艘。	周敬王三十七年，无特别重大事件。
前480	薛西斯率史上最大规模的远征军入侵希腊，8月血战温泉关、月神岬，9月波斯海军大败于萨拉米斯，同时巴比伦叛乱，薛西斯率主力撤回亚洲。 与波斯人有协议（？）的迦太基人进攻西西里岛的希腊城邦叙拉古，在希梅拉被打败。	孔子的弟子子路去世。
前479	希腊联军在普拉提亚战役中消灭了驻留在欧洲的波斯军。	孔子逝世。
前478	雅典牵头组建反波斯的提洛同盟，并驱逐欧洲和小亚的波斯势力。	楚国灭陈国；晋国齐国先后进攻卫国，扶植倾向于自己的国君。
前476	雅典将军客蒙攻陷了波斯在色雷斯的重镇爱昂城。	秦国厉公继位；楚国攻打东夷。
前465（？）	薛西斯死于宫廷政变，其次子阿塔薛西斯继位；地米斯托克利被雅典人通缉，投奔波斯；斯巴达大地震。	越王勾践卒。
前462	地米斯托克利卒。	周定王七年，无特别重大事件。
前449	雅典波斯签订《卡里阿斯和约》，划分各自势力范围，第一次希波战争正式结束。	燕国成公继位。
前431	雅典与斯巴达两大集团爆发武力冲突，史称伯罗奔尼撒战争。	周考王十年，无特别重大事件。
前412	斯巴达与波斯结成同盟，波斯干涉伯罗奔尼撒战争。	周威烈王十四年，无特别重大事件。
前404	雅典投降，伯罗奔尼撒战争结束；波斯王大流士二世卒，阿塔薛西斯二世继位。	周威烈王二十二年，无特别重大事件。
前401—前400	阿塔薛西斯二世之弟小居鲁士出奇兵造反，率1万希腊雇佣军从小亚细亚向苏撒进军。小居鲁士旋即战死，希腊雇佣军首领色诺芬率军回国，后著《长征记》。	韩赵魏联军伐楚。
前387	波斯与希腊驻城邦签订《国王和约》，重新划分小亚势力范围，波斯在和约中大占便宜。	蜀国攻秦，取南郑。
前386	波斯镇压埃及与塞浦路斯的起义，收复上述两地。	赵国内乱，赵武公之子逃往魏国。
前356	亚历山大诞生。	韩国在亥谷以南修筑长城。
前338	波斯巨宦巴戈阿斯毒杀阿塔薛西斯三世，拥立傀儡国王阿西斯。 马其顿王腓力二世召开科林斯大会，组建泛希腊同盟，准备对波斯用兵。	秦孝公薨，惠文王继位，车裂商鞅。
前336	波斯末代君主大流士三世继位，诛巴戈阿斯。同年，腓力二世遇刺身亡，亚历山大继位，年仅20。	周天子贺秦新君。
前334	亚历山大进军波斯。	齐国与魏国互相承认对方国君为王，惠施相魏，与庄子友善。
前333	亚历山大在伊苏斯战役中大败波斯。大流士三世逃跑，王室女眷尽数被俘。	齐国攻燕，取其十城。
前331	大流士三世修书求和许以割地赔款，被拒绝。亚历山大在高加米拉战役中再败波斯军，随后连陷巴比伦、苏撒。	秦国平定义渠内乱。
前330	亚历山大焚毁波斯波利斯王宫，大流士三世逃亡途中被部下柏萨斯所杀，波斯帝国灭亡。	秦国攻魏，魏国尽割河西之地于秦。

笔者按：年份一栏中标注（？）处，表示时间尚无最终定论；事件一栏中标注（？）处，表示事件真实性尚无最终定论，后表同。

附录 2

迦太基大事年表

年份	西方世界	东方世界
公元前 11 世纪	腓尼基人活跃于地中海东岸，建推罗、西顿、毕布勒诸城邦。	西周王朝达到鼎盛。
前 814	来自推罗的腓尼基移民在北非筑迦太基城。	公元前 841 年国人暴动流放周厉王，周公召公摄政，是为共和元年，这是中国历史上第一个有确切记载的年份。
前 7 世纪中期	迦太基人殖民西西里岛。	齐桓公时代。
前 7 世纪末	迦太基人殖民科西嘉岛。	楚子问鼎洛水饮马黄河。
前 425	迦太基航海家汉诺船长航行到几内亚湾，沿途建立殖民点。	晋国衰落，被瓜分在即。
前 348	迦太基人与向南拓展势力的罗马人接触，并签订协议。	秦国首府已经迁至咸阳，庄子正年轻。
前 332	马其顿王亚历山大攻陷推罗，至此腓尼基世界的中心彻底转移到迦太基。	齐国魏国入侵赵国，赵人决黄河之水退敌。
前 310	叙拉古领主阿加索克利斯攻打迦太基城，历时约半年，不遑而退。	无特别重大事件，公元前 313 年张仪欺楚，秦楚交兵。
前 280	伊庇鲁斯王皮洛士入侵意大利，次年迦太基与罗马签订盟约，共同对付皮洛士。	无特别重大事件，公元前 284 年，乐毅领衔五国伐齐；公元前 279 年，田单火牛阵大破燕军。
前 264	迦太基与罗马因西西里的争端而反目，第一次布匿战争爆发。	秦国大将白起伐韩，陷其九城；赵国任命田单为相。
前 260	罗马新式武器"乌鸦船"首次投入战斗，于密列海战大败迦太基舰队。	秦赵长平之战，白起大败赵括，坑杀赵国降卒 40 万。
前 256	埃克诺穆斯角大海战，迦太基战败，罗马军队首次在北非登陆，罗马执政官雷古鲁斯进攻迦太基城，于途被桑提普斯打败，雷古鲁斯被俘。	秦国灭东周，东周末代天子赧王卒，秦取其九鼎，迁周宗室于秦，至此东周灭亡；秦军攻掠韩、赵，破楚国都城。
前 247	哈米尔卡出任迦太基驻西西里军最高指挥官，同年汉尼拔出世。	秦国占韩国上党，魏公子信陵合纵抗秦。
前 241	哈米尔卡代表迦太基与罗马签订停战协议，第一次布匿战争战败。	楚赵韩魏卫五国合纵攻秦，至函谷关兵败。楚国迁都于寿春。
前 240	迦太基政府欠饷激起雇佣军叛乱。	秦国夏太后薨，将军蒙骜卒；次年秦王嬴政之弟长安君成蟜叛乱，旋被平定。
前 237	哈米尔卡平定雇佣军之乱。	吕不韦罢相，李斯作谏逐客书。
前 236	哈米尔卡当选为资深执政官，随后率部西征，开始经营西班牙。	无特别重大事件，次年吕不韦于蜀地自杀。
前 228	哈米尔卡死于西班牙土著之手，女婿哈斯德鲁巴继承其职位，迁殖民政府所在地于新迦太基城。	秦国大将王翦攻赵大获全胜，秦军俘获赵王迁。
前 226	哈斯德鲁巴与罗马使者签约，划埃布罗河为界。	秦军攻燕，燕王迁都。

附录 2 迦太基大事年表 331

（续表）

前221	哈斯德鲁巴遇刺身亡，汉尼拔接掌西班牙大权。	秦灭尽六国，一统华夏，秦王嬴政称始皇帝。
前219	汉尼拔陷萨贡托城，与罗马决裂。	秦始皇派徐福出海寻访长生不老药。
前218	罗马元老费边·布提欧在迦太基宣战，第二次布匿战争爆发；汉尼拔出师远征翻越阿尔卑斯山，当年12月底，于特拉比亚河大败罗马执政官桑普罗尼乌斯，歼敌两万余人。	张良携力士狙击秦始皇于博浪沙，未遂。
前217	汉尼拔于特拉西美诺湖伏击罗马执政官弗拉米尼乌斯，尽歼其所约3万人。	秦始皇三十年，无特别重大事件。
前216	汉尼拔在坎尼以寡击众，大败罗马8个军团，歼敌4.7万，生俘1.9万，阵斩罗马高级将领120余人，意大利第二大城市加普亚倒向迦太基。	无特别重大事件，次年秦始筑万里长城。
前212	与迦太基结盟的叙拉古被罗马攻破，罗马指挥官马塞鲁斯屠城，阿基米德罹难；汉尼拔夺取塔兰托城。	秦始皇焚书坑方士，公子扶苏劝谏被逐。
前211	罗马收复加普亚，汉尼拔兵抵罗马城下无功而返。同年，在西班牙战场罗马指挥官老西庇阿兄弟于卡斯托罗兵败身死。	陨石落于东郡，上有文字：始皇死而地分。
前210	大西庇阿赴任西班牙战场，奇袭新迦太基城，夺取了迦太基人在西班牙的首府。	秦始皇东巡，归途中崩殂。赵高李斯沙丘之谋，矫诏赐死始皇长子扶苏与大将蒙恬，扶立公子胡亥，是为秦二世。
前209	罗马收复塔兰托，同年小哈斯德鲁巴在贝库拉战役中败于大西庇阿，率部遁向意大利。	陈胜吴广大泽乡揭竿而起。
前207	小哈斯德鲁巴成功翻越阿尔卑斯山之后抵达意大利战场，但于梅陶鲁斯河谷中伏，全军覆没。	漳污之战后，章邯降项羽。
前206	大西庇阿在伊利帕战役中打败马戈与吉斯戈，将迦太基势力完全逐出西班牙。	刘邦入咸阳，秦三世子婴降，秦亡。
前204	大西庇阿在北非登陆。	韩信背水一战大破赵兵。
前203	大西庇阿在马西尼萨的帮助下取得巴格拉达斯河大平原战役胜利，同年夏天，汉尼拔和马戈从意大利战场撤兵归国，后者死于途中。	项羽刘邦约中分天下，以鸿沟为界。
前202	扎马战役中汉尼拔被西庇阿打败，次年迦太基接受城下之盟，第二次布匿战争以失败告终。	垓下之战，楚霸王项羽兵败，乌江自刎。
前195	为躲避迦太基政府中反对派的迫害，汉尼拔流亡至赛琉古帝国，为安条克三世做幕僚。	汉高帝刘邦崩。
前183	流亡在小亚细亚的汉尼拔服毒自杀，同年，下野的大西庇阿稍早于他在意大利去世，死因不详。	吕后乱政，匈奴犯边，南越王赵佗称帝。
前150	迦太基与马西尼萨发生领土争端，引起罗马干预。	汉景帝七年，无特别重大事件。
前149	百般刁难之后罗马要求迦太基人弃城迁往内陆，第三次布匿战争爆发。	汉景帝中元年，无特别重大事件。
前146	小西庇阿攻陷迦太基，纵火焚烧，迦太基人败城毁尽归臣房，第三次布匿战争结束。至此迦太基共和国灭亡，立国667年。	汉景帝中四年，无特别重大事件。（文景之世，以其无为与民生息，连年无可书之事，可称治矣。）
前29	获"奥古斯都"头衔的屋大维在迦太基故地重建城市，该城于1世纪成为罗马帝国阿非利加行省的首府。	汉成帝在位，长安日食。

参考书目

古籍

Titus Livius Livy, *War With Hannibal,* Penguin Classics, 1965.

阿里安著,李活译:《亚历山大远征记》,北京:商务印书馆,1979年。

奈波斯著,刘君玲译:《外族名将传》,上海:上海人民出版社,2005年。

普鲁塔克著,陆永庭、吴彭鹏等译:《希腊罗马名人传》,北京:商务印书馆,1990年。

塞·尤·弗龙蒂努斯著,袁坚译:《谋略》,北京:解放军出版社,2005年。

色诺芬著,崔金戎译:《长征记》,北京:商务印书馆,2009年。

色诺芬著:《居鲁士的教育》,北京:华夏出版社,2007年。

希罗多德著,王以铸译:《希罗多德历史》,北京:商务印书馆,1959年。

修昔底德著,谢德光译:《伯罗奔尼撒战争史》,北京:商务印书馆,1960年。

亚里士多德著,吴寿彭译:《政治学》,北京:商务印书馆,1965年。

当代研究

Barry Strauss, *The Battle of Salamis: The Naval Encounter that Saved Greece—and Western Civilization,* Simon & Schuster, 2005.

Azedine Beschaouch著,郭昌京译:《迦太基传奇》,上海:上海书店出版社,2004年。

阿卜杜·侯赛因·扎林库伯著,张鸿年译:《波斯帝国史》,上海:复旦大学出版社,2011年。

阿彻·琼斯著,刘克俭等译:《西方战争艺术》,北京:中国青年出版社,2001年。

阿诺德·汤因比著,徐波等译:《人类与大地母亲:一部叙事体世界历史》,上海:上海人民出版社,2001年。

安东尼·帕戈登著,方宇译:《两个世界的战争:2500年来东方与西方的竞逐》,北京:民主与建设出版社,2018年。

奥姆斯特德著,李铁匠、顾国梅译:《波斯帝国史》,上海:上海三联书店,2010年。

彼得·伯恩斯坦著,黄磊、郑佩芸译:《黄金简史》,上海:上海财经大学出版社,2008年。

彼得·格林著，詹瑜松译：《马其顿的亚历山大》，北京：民主与建设出版社，2018年。

伯里著：《希腊史》（英文影印版），北京：北京大学出版社，2009年。

博斯沃斯著，王桂玲译：《亚历山大帝国》，西宁：青海人民出版社，2006年。

布雷斯特德著，李静新译：《文明的征程》，北京：北京燕山出版社，2004年。

查尔斯·欧曼著，陈乐译：《古希腊史：迄至亚历山大大帝驾崩》，北京：华文出版社，2019年。

戴尔·布朗主编，王淑芳译：《波斯人：帝国的主人》，北京：华夏出版社，2002年。

恩格斯著，中共中央马克思恩格斯列宁斯大林著作编译局编译：《家庭、私有制和国家的起源》，北京：人民出版社，2018年。

富勒著，李磊、琚宏译：《亚历山大的将道》，南宁：广西人民出版社，2006年。

富勒，钮先钟译：《西洋世界军事史》，桂林：广西师范大学出版社，2004年。

古斯塔夫·勒庞著，冯克利译：《乌合之众：大众心理研究》，北京：中央编译出版社，2014年。

哈蒙德著，朱龙华译：《希腊史：迄至公元前322年》，北京：商务印书馆，2016年。

何芳川、宁骚主编：《非洲通史·古代卷》，上海：华东师范大学出版社，1995年。

杰弗里·帕克著，傅景川等译，《剑桥插图战争史》，济南：山东画报出版社，2004年。

杰弗里·帕克著，石衡潭译：《城邦——从古希腊到当代》，济南：山东画报出版社，2007年。

勒内·格鲁塞著，常任侠、袁音译：《东方的文明》，北京：商务印书馆，2017年。

勒内·格鲁塞著，黎荔等译：《草原帝国》，北京：国际文化出版公司，2004年。

理查德·迈尔斯著，孟驰译：《迦太基必须灭亡：古文明的兴衰》，北京：社会科学文献出版社，2016年。

路易斯·亨利·摩尔根著，杨东莼、马雍、马巨译：《古代社会》，北京：商务印书馆，2012年。

罗伯特·奥康纳尔著，卿劼、金马译：《兵器史》，海口：海南出版社，2009年。

罗伯特·欧康奈尔著，葛晓虎译：《坎尼的幽灵：汉尼拔与罗马共和国最黑暗的时刻》，北京：社会科学文献出版社，2018年。

马汉著，安常容、成忠勤译：《海权对历史的影响》，北京：解放军出版社，2006年。

孟德斯鸠著，婉玲译：《罗马盛衰原因论》，北京：商务印书馆，1962年。

默里、诺克斯、伯恩斯坦著，时殷弘等译：《缔造战略：统治者、国家与战争》，北京：世界知识出版社，2004年。

奈波斯著，刘君玲译：《外族名将传》，上海：上海人民出版社，2005年。

尼科洛·马基雅维利著，潘汉典译：《君主论》，北京：商务印书馆，1985年。

钮先钟著：《历史与战略：中西军事史新论》，桂林：广西师范大学出版社，2003年。

彭树智主编，王新中、冀开运著：《中东国家通史 伊朗卷》，北京：商务印书馆，2002年。

普鲁塔克著，吴奚真译：《亚历山大大帝传》，北京：团结出版社，2005年。

赛格·兰斯著，琚宏、彭志军译：《汉尼拔：伟大的战略家》，南宁：广西人民出版社，2008年。

色诺芬著，叶拉美、梁鸿雁译：《希腊志》，北京：中央编译出版社，2019年。

斯塔夫里阿诺斯著，吴象婴译：《全球通史：1500年以前的世界》，上海：上海社会科学院出版社，1999年。

汤姆·霍兰著，于润生译：《波斯战火》，北京：中信出版社，2016年。

特奥多尔·蒙森著，李稼年译：《罗马史》，北京：商务印书馆，2015年。

威尔·杜兰著：《东方的遗产》，北京：东方出版社，2003年。

威尔·杜兰著，台北幼狮文化公司译：《恺撒时代：名人与时代》，北京：东方出版社，2005年。

韦尔斯著，曼叶平、李敏译：《世界史纲：生物和人类的简明史》，北京：北京燕山出版社，2004年。

维克托·戴维斯·汉森著，傅翀、吴昕欣译：《杀戮与文化：西方军队胜利的秘密》，北京：社会科学文献出版社，2015年。

雅各布·布克哈特著，王大庆译：《希腊人和希腊文明》，上海：上海人民出版社，2008年。

杨鲁萍、林庆春编著：《列国志·突尼斯》，北京：社会科学文献出版社，2010年。

于卫青著：《波斯帝国》，西安：三秦出版社，2001年。

郑振铎编著：《希腊神话与英雄传说》，上海：上海书店出版社，2006年。

文学作品

埃斯库罗斯著，罗念生译：《埃斯库罗斯悲剧六种》，上海：上海人民出版社，2016年。

居斯塔夫·福楼拜著，郑永慧译：《萨朗波》，上海：译林出版社，2000年。

帕特里克·吉哈尔著，蔡桂兰译：《哈尔米卡：沙漠之狮》，桂林：广西师范大学出版社，2003年。

帕特里克·吉哈尔著，蔡桂兰译：《哈斯德鲁巴：火烧麦加拉》，桂林：广西师范大学出版社，2003年。

帕特里克·吉哈尔著，蔡桂兰译：《汉尼拔：进攻罗马城》，桂林：广西师范大学出版社，2003年。

工具书

翦伯赞主编：《中外历史年表》，北京：中华书局，2008年。

徐翰林编译：《最伟大的演说辞》，北京：中国对外翻译出版公司，2006年。

杨慧玫译：《钱伯斯世界历史地图》，北京：生活·读书·新知三联书店，1981年。

© 民主与建设出版社，2022

图书在版编目（CIP）数据

逐陆记.1,从希波战争到迦太基共和国的兴亡/曲飞著.--北京：民主与建设出版社，2022.10
ISBN 978-7-5139-3778-8

Ⅰ.①逐… Ⅱ.①曲… Ⅲ.①战争史—世界—近代—通俗读物 Ⅳ.①E19-49

中国版本图书馆CIP数据核字（2022）第042288号

审图号：GS（2022）5261

逐陆记1：从希波战争到迦太基共和国的兴亡
ZHULUJI 1 CONG XIBO ZHANZHENG DAO JIATAIJI GONGHEGUO DE XINGWANG

著　者	曲　飞
责任编辑	王　颂
特约编辑	张宇帆　林立扬
封面设计	墨白空间·杨和唐
出版发行	民主与建设出版社有限责任公司
电　话	（010）59417747　59419778
社　址	北京市海淀区西三环中路10号望海楼E座7层
邮　编	100142
印　刷	嘉业印刷（天津）有限公司
版　次	2022年10月第1版
印　次	2023年1月第1次印刷
开　本	720毫米×1000毫米　1/16
印　张	21.5　插页12
字　数	351千字
书　号	ISBN 978-7-5139-3778-8
定　价	65.00元

注：如有印、装质量问题，请与出版社联系。